高等学校房地

U0685643

房地产开发项目管理

▶主　编　何元斌
▶副主编　袁　磊
　　　　　林　泉
　　　　　杜永林

中国教育出版传媒集团
高等教育出版社·北京

内容简介

  房地产开发项目管理作为房地产开发与管理专业的一门主干课程,涉及房地产项目的投资机会选择与决策分析、前期工作、项目建设、房地产租售和物业管理等过程。因此,本教材以房地产项目的开发流程为主线,在介绍房地产开发项目管理的基本概念、特征、模式等基础上,结合我国房地产业的发展变革与最新研究成果,对房地产市场及其运行规律、投资决策和前期工作、房地产市场调查与分析、项目定位与策划、可行性研究、项目投融资分析、项目管理与控制、税收管理、营销与推广、物业管理等环节的理论、方法与实践进行系统分析和阐述,并对房地产开发项目信息化管理的主要功能模块和互联网思维下的房地产开发项目管理等问题进行了深入探讨。

  本教材适合于房地产开发与管理、工程管理、工程造价等专业的高校师生以及房地产从业者参考使用。

图书在版编目（ＣＩＰ）数据

  房地产开发项目管理／何元斌主编. -- 北京 ： 高等教育出版社，2023.2

  ISBN 978-7-04-058181-2

  Ⅰ. ①房… Ⅱ. ①何… Ⅲ. ①房地产开发-项目管理-高等学校-教材 Ⅳ. ①F293.34

  中国版本图书馆 CIP 数据核字（2022）第 027353 号

Fangdichan Kaifa Xiangmu Guanli

策划编辑	杨世杰	责任编辑	杨世杰	封面设计	赵 阳	版式设计 张 杰
责任绘图	杨伟露	责任校对	任 纳 高 歌	责任印制	刘思涵	

出版发行	高等教育出版社	网　　址	http://www.hep.edu.cn	
社　址	北京市西城区德外大街 4 号		http://www.hep.com.cn	
邮政编码	100120	网上订购	http://www.hepmall.com.cn	
印　刷	北京汇林印务有限公司		http://www.hepmall.com	
开　本	787mm×1092mm　1/16		http://www.hepmall.cn	
印　张	20.25			
字　数	440 千字	版　　次	2023 年 2 月第 1 版	
购书热线	010-58581118	印　　次	2023 年 2 月第 1 次印刷	
咨询电话	400-810-0598	定　　价	48.80 元	

本书如有缺页、倒页、脱页等质量问题,请到所购图书销售部门联系调换
版权所有　侵权必究
物 料 号　58181-00

前　言

改革开放四十多年来，作为重要的先导性、基础性产业，我国房地产业拉动了相关产业发展，推动居民消费结构升级，改善民生，成为国民经济发展的助推器和重要的经济增长点。伴随着中国改革开放的全面深入，工业化和新型城镇化建设的持续推进，房地产业也必将迎来新的机遇和挑战。

未来房地产业发展将面临重大变革：产业发展模式之变——由规模和速度转向质量和效益，市场化与政府管理模式之变——长效机制的建立，投资格局之变——产业的跨界融合，因此，房地产业的持续、快速、健康发展，对相关人才提出新的、更高的要求，人才战略也将成为未来房地产企业发展的关键。

房地产开发项目管理是一门具有很强的理论性、综合性和实践性的课程，是工程管理专业、工程造价专业、房地产开发与管理专业的主要专业课程之一。根据教育部全面落实立德树人的精神和普通高等学校本科房地产开发与管理专业的课程设置要求，坚持以高质量发展为主题，本教材秉承"知识—能力—素质—品格"四位一体的教学理念，全面落实"回归常识，回归本分，回归初心，回归梦想"，旨在拓展学生知识面，开阔学生视野，引导学生"发掘问题"和"思维创新"。

按照工程管理、工程造价、房地产开发与管理及相关专业的培养目标和学科特点，本教材以教学价值目标为原则，突出技术经济、管理、金融和法律方面的特色，以房地产开发项目管理为主线，通过理论与实践性教学相结合，充实和深化课堂教学效果，系统阐述房地产开发与经营的基础理论、方法及其相关研究领域的最新理论与实践成果，力争把学生培养成为适应现代房地产业发展需要，具备房地产开发与经营基本知识、基本能力和素质，具有较强实践能力、创新能力、组织管理能力的复合型房地产管理人才，使学生加深对工程项目管理基本流程、工程项目管理实践的认识和理解，培养分析问题、解决问题的实际能力，为学生在毕业后从事相关工作奠定坚实的基础。

本教材由云南财经大学何元斌担任主编，袁磊、林泉和杜永林担任副主编。

本教材共分十二章，具体各章的分工如下：第一章、第三章、第七章、第八章、第九章、第十二章由何元斌编写；第二章、第四章由林泉编写；第五章、第十章、第十一章由袁磊编写；第六章由杜永林编写。本教材由何元斌最后统稿完成。

本教材在编写过程中，参阅了大量的相关教材，参考了同行专家、学者的论著等有关资料，并得到自然资源部不动产登记局姜武汉博士，住房和城乡建设部王永慧博士、林甦博士的热情帮助，在此表示衷心的感谢！同时，感谢高等教育出版社童宁编辑和杨世杰编辑对本教材的支持与帮助，使本教材得以顺利出版！

　　本教材编者致力于向读者奉献一本既有一定理论价值又有较高实用价值的教科书，但由于编者的学术水平有限和实践经验不足，加之时间仓促，书中难免有疏漏和不足之处，恳请各位读者批评指正，以使本教材不断完善。

编者
2022 年 6 月

目　　录

第五章　**房地产开发项目定位与策划**　/　102

第六章 房地产开发项目可行性研究 / 121

第七章 房地产开发项目投融资分析 / 152

第十章 房地产市场营销与推广 / 242

第十一章 物业管理 / 262

第十二章 房地产开发项目信息化和一体化管理 / 290

第一章

导　　论

本章学习目标

☐ 掌握：房地产的基本概念与属性；房地产业的基本内涵；房地产开发与经营的概念与开发程序。

☐ 熟悉：房地产开发特征、分类和模式；房地产开发企业的成立条件与程序、资质等级。

☐ 了解：房地产业的功能定位与作用。

第一节　房地产与房地产业

一、 房地产的概念与属性

（一）房地产（Real Estate）

对于房地产的含义，目前理论界流行的表述大致有以下几种：

1. 房产和地产统一论

房地产是房产与地产的总称，包括土地和土地上永久建筑物及其所衍生的权利。房产是指建筑在土地上的各种房屋，包括住宅、厂房、仓库和商业、服务、文化设施等。地产则是指土地及其上下一定的空间，包括地下的各种基础设施、地面道路等。房地产是房产和土地两种财产的合称(包亚钧,1998)。房地产是全国范围内的存量建筑物、用于建造这些建筑物的土地和其他所有的空置土地(丹尼斯·迪帕斯奎尔,威廉·C. 惠顿,2001)。房地产是指土地及定着在土地之上的建筑物、构筑物和其他附属物的总称(张红,2004)。房地产是房产及其所占的地产的总称，一般说来，房地产不等同于房产和地产之和，因为没有房产的地产不属于房地产的范畴(叶剑平等,2005)。

2. 房地产的广义和狭义论

广义的房地产是指土地、土地上的永久性建筑物、基础设施，以及诸如水、矿藏和森林等自然资源，还包括与土地、房屋权属有关的权利或利益；狭义的房地产是指房屋的建筑部分与建筑地块有机结合的整体和它们衍生的各种物权。在理论和实践中，房地产的含义为所有的设施（建筑物和构筑物）总体、在其上建造设施的土地以及空置土地和它们衍生的各种物权（刘琳，2004）。

3. 房地产即不动产论

不动产（Real Property）是指土地及附着于土地之上的定着物。这个定着物包括附着于土地之上的树木、矿藏等自然物体和建筑物、构筑物以及其他改良物。由于房屋及其占用的土地是不动产的主体和基本组成部分，因此将不动产认为是房地产的理论化概念。根据《不动产登记暂行条例》（国务院第 656 号令）规定，不动产是指土地、海域以及房屋、林木等定着物。

为了理解和辨析房地产的含义，曹振良教授认为[1]，首先要明确界定房地产定义的一般原则：① 房和地的耦合不可分原则，即房地产是由房和地有机整合而成的复合概念，"房依地而建，地为房载"；② 只有承载用地（建筑用地、城市用地等）才是构成房地产复合概念中的"地"，即对于养力用地（种植、养殖用地等）和富源地（森林、矿藏等地）两类用地，只有转化为建筑用地后，才能成为房地产中的"地"；③ 界定房地产一般要从房屋建筑出发，土地是先于房屋建筑而存在的，其是相对独立的概念，而房屋是后天依地而建的建筑物，因此，以房为基础，才能定义房地产；④ 房地产定义的层次性，即房地产的内涵有不同的层次（因房屋建筑的不同用途类型而形成不同的使用功能）。

可以用图 1-1 表示房地产、房产、地产和不动产的关系。

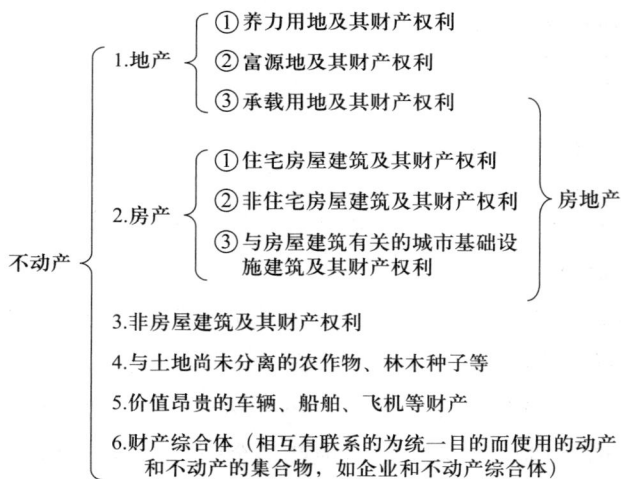

图 1-1　房地产、房产、地产和不动产的关系图

资料来源：曹振良，等. 房地产经济学通论. 北京：北京大学出版社，2003：3。

因此，按照上述的定义原则，房地产是指建筑地块和建筑地块上以房屋为主的永久性

---

1. 曹振良，等. 房地产经济学通论. 北京：北京大学出版社，2003：1-3。

建筑物及其衍生的权利。另外，需要注意的是，法律意义上的房地产本质是一种财产权利，即寓含于房地产实体中的各种经济利益及由此而形成的如所有权、使用权、典当权、租赁权等各种权利。房屋建筑和其占有的土地在实体上是不可分的，但是在法律上可能存在不同的产权主体，如在我国，城市土地是属于国家所有，拥有房屋产权（所有权）的业主，只拥有有限期的土地使用权[1]。

（二）房地产的属性

对于房地产的属性，可以从土地的资源属性、经济活动的物质载体、房地产产权交易的法律规范以及房地产的社会价值等来理解。相对于一般商品而言，房地产具有其特定的自然属性和经济属性[2]。对于住房而言，除了特定的商品属性外，还具有社会保障属性。

1. 房地产的自然属性

（1）房地产位置的固定性。它指的是房地产所在空间所占的位置具有固定性和不可移动性。首先，房地产位置的固定性决定了房地产的开发利用具有明显的地域特征。在一定程度上，位置是决定房地产的利用价值的主要因素，正如房地产业界的那句典训："一是位置，二是位置，三还是位置。"其次，房地产位置的固定性使得房地产在交易过程中，所有权和使用权可以分离，即房地产交易是指权利的转移，而并不发生实物的空间移动。尽管房地产的位置固定，然而房地产的交易取决于房地产的用途和其所涉及的权利，即交易可以跨区域进行。因此，房地产市场可以分为区域性市场、国内市场和国际市场。

（2）房地产使用的耐久性。作为房地产资产和权益的载体，土地可以被开采、腐蚀、荒废或是改变用途，但是土地一般是可以长久使用的。相对于一般商品而言，房地产的各种设施(建筑物或构筑物)使用年限较长，属于耐用消费品。房地产使用的耐久性就使得房地产商品可以在市场上一次或多次投入市场流通，实现房地产产权的多次交易。

（3）房地产的异质性。房地产位置的不可移动性决定了房地产单体建筑的独特性和唯一性，加上建筑物区位的自然、社会、经济条件的差异性，以及建筑物的式样、风格、朝向、使用功能、规模、装修以及设备等方面的千差万别，这就形成了房地产的异质性。房地产商品的异质性，意味着房地产市场不可能是一个完全竞争的统一市场，而这种异质性和一定时期内各分割市场的小交易量可能导致市场信息的不完全和不对称，使得房地产市场成为交易费用较高的具有区域性和垄断性的市场。因此，为了降低市场的交易费用，就需要房地产中介服务机构(房地产经纪、估价、营销、法律服务等)提供信息服务，提高市场运行效率。

1. 叶剑平，谢经荣. 房地产业与社会经济协调发展研究. 北京：中国人民大学出版社，2005：3。

2. 曹振良，等. 房地产经济学通论. 北京：北京大学出版社，2003：3-5。

2. 房地产的经济属性

（1）房地产的高价值特性。相对于其他商品而言，房地产的建造和购买都需要大量的货币支出。以北京的住宅房地产市场为例，2018 年北京市商品住宅的平均价格为 37 420 元/平方米，而人均年可支配收入为 62 361 元，假如家庭（每户按 3 人计算）年可支配收入全部用于住房消费，每户购买一套 100 平方米的住房至少需要 20 年。此外，房地产交易过程中还附有诸如房地产税、保险费、产权登记费等大量的费用支出。因此，房地产的高价值特性使得房地产开发、经营以及消费都高度依赖于金融市场，房地产的租赁也成了房地产交易的一种重要方式。

（2）房地产的稀缺性。房地产的稀缺性主要取决于土地供给的稀缺性和土地所有权的垄断性。首先，土地属于不可再生资源，其供给总量是固定的，在有限的可供开发利用的土地中，必须保证农业、生态环境等对土地的需求。随着城市化的发展和对土地需求的不断增加，城市的建设用地变得更加有限和稀缺。其次，土地的异质性和位置的固定性使得可开发利用的土地具有一定的垄断性。在特定地段和规划条件下，土地的短期供给是缺乏弹性的，这就意味着不可能通过重复利用土地资源或是在短期内转换土地用途来增加土地的供给，也就决定了房地产供给的刚性。因此，国家作为城市土地的所有者，有必要对房地产的开发、生产、流通以及消费等环节采取相应的控制措施，实行土地资源的社会集约化管理。

（3）投资与消费的双重性。房地产可以作为一种生产要素用于生产消费（如工业厂房、商业用房等），也可以作为居民生活消费（如住房）。另外，房地产位置的固定性、使用的耐久性、功能的异质性以及价值的增值性等，使得房地产也能成为一种重要的投资品。

住房货币化改革 20 多年来，我国房地产业发展规模之大、速度之快、格局变化之快都是让世界瞩目的。有关统计资料表明，1998—2018 年，我国房地产投资额和商品房销售额实现了持续快速增长，增幅逐年递增，而且每年销售额的增长率均高于房地产投资的增长率，总体上呈现出较强的需求拉动增长的态势。2000—2018 年全国房地产开发完成投资年平均增长约 19.3%。2017 年以来，政府继续采取一系列措施，通过加强土地市场建设、压缩房地产信贷、加快和完善房地产信息收集系统等，抑制部分地区增长过快的房地产投资，适当控制房地产市场价格，促进房地产市场健康发展。

（4）房地产的外部性。由于房地产与周围环境（如区位、交通状况、配套服务设施等）是密不可分地联系在一起的，房地产的利用及价值就常常受周围环境状况变化的影响，这就是所谓的相互影响、溢出效应或外部效应。

其具体表现在：首先是城市的发展规划（如交通状况、区位功能布局、基础设施的建设状况等）对房地产的开发利用价值的影响。比如在北京、上海等大城市的城市边缘地带，城铁等交通的便捷程度提高，学校、医院、通信、消防等基础设施的完善以及生活的便利和治安环境的逐步改善等，都能直接影响区域内的房地产的价值。其次是区域内房地产开发项目之间的相互影响，比如一些重要的国际性会议的召开（昆明 1999 年世博会的召开和 2008 年北京奥运会的成功申办等），都会伴随着大规模的诸如餐饮、娱乐、度假旅游以及休闲购物等基础设施项目的建设，这些都会极大地带动周围的房地产的发展，从而反映出较强的溢出效应。

3. 住宅房地产的社会保障属性

居住权是实现人权的基本保障。由于住房的社会保障属性和市场机制本身的缺陷，仅依靠市场机制无法解决住房领域的社会公平问题（尤其是低收入社会群体难以按市场价格购买或租赁住房）。国内外经验都表明，住房关系民生，特别是低收入家庭住房问题不仅是经济问题，而且是社会问题和政治问题。2016 年 12 月 14—16 日召开的中央经济工作会议明确提出：房子是用来住的，不是用来炒的。2017 年习近平在党的十九大报告中强调：坚持房子是用来住的、不是用来炒的定位，加快建立多主体供给、多渠道保障、租购并举的住房制度，让全体人民住有所居。

在国情基础上，房地产业健康发展的首要标志是"人人享有适当住房"，解决城市低收入家庭住房困难问题是房地产市场调控的重要内容，也是建设和谐社会的重要内容，是深受广大老百姓拥护的惠民工程，政府责无旁贷。因此，在充分发挥市场调节作用的同时，政府一方面以监管者身份对住房市场进行监管，实现市场机制对商品房市场进行资源的有效配置；另一方面以直接参与者的身份承担起住房保障的责任，尤其是对低收入家庭的基本住房保障责任，建立住房保障体系，并成立专门的住房管理机构，保障中低收入者的住房权利。

二、 房地产业的内涵与特性

（一）房地产业的基本内涵

所谓产业，是指由社会分工所形成的，在社会经济活动中能够生产或提供同一性质产品或服务并具有相当规模和社会影响的经济组织结构的集合体。社会各产业是整个国民经济的组成部分，各行业内的生产经营服务单位则是产业构成的微观基础。从产业在社会经济活动所承担的功能看，构成一个产业一般具备如下的几个规定性[1]：① 规模的规定性。即构成产业的企业数量、产出量必须达到一定的规模，一个或多个企业单元不一定构成一个产业。② 职业化的规定性。即由于社会分工，在社会各职业中形成了专门从事某一产业活动的职业人员。③ 社会功能的规定性。即产业的活动是指为一定的社会经济目标服务的各种活动，是在社会经济活动中必不可少的组成部分。

房地产业（Real Estate Industry）是指从事房地产产品生产经营的行业，它是房地产经济实际运行与发展的"载体"。尽管如此，目前我国学术界和有关实际工作部门对房地产的基本内涵和功能定位持有不同的观点。周诚（1997）认为房地产业是从事房地产开发、经营、管理、服务的行业。但其对房地产开发是否包含房屋的建设过程并不明确，即房地产

---

1. 戴伯勋，沈宏达. 现代产业经济学. 北京：经济管理出版社，2001：52。

业是流通领域的产业，还是生产与流通二者兼而有之的产业不明确。张永岳等(1998)认为房地产业是指从事房地产开发建设、租售经营以及与此紧密相关的中介服务(如融资、置换、装修、维修、物业管理)等经济活动的行业。其强调的是房地产业是兼有生产和服务(经营管理)职能的产业。叶剑平、谢经荣等(2005)认为房地产业是房地产开发、经营、管理与服务等一系列经济活动的总称，房地产业的经济活动主要限于流通领域，在国民经济分类中属于第三产业。房地产业具体包括：① 房地产开发经营业；② 房地产管理业；③ 房地产经纪与代理业。

对于房地产的产业定位的分歧实际上主要集中于房地产业是属于流通领域的第三产业，还是属于生产与经营兼备的生产经营型产业，即房地产是否具有第二产业的特性。曹振良[1](2003)则认为：从一般经济运行机理来说，现代房地产业是兼备第二、第三产业的生产经营型产业，可称为广义的房地产业；从国民经济核算和统计管理的角度看，房地产业应归类于流通领域的第三产业，可称为狭义的房地产业。

(二)房地产业的产业分类

1. 国际标准产业分类的划分

在产业分类中，联合国统计司于1948年出台了国际标准产业分类(ISIC)，并于1958年、1968年和1990年对这一分类标准进行了三次修订，1994年公布《全部经济活动的国际标准产业分类(ISIC/Rev. 3)》。国际标准产业分类分为A-T共20个部门(包括98个行业类别)。

房地产业被列为第11类(见表1-1)。

表1-1 国际标准产业分类表(ISIC/Rev. 3)

编号	产业分类名称	编号	产业分类名称
A	农、林、牧、渔业	K	房地产业
B	采矿业	L	租赁和商务服务业
C	制造业	M	科学研究、技术服务和地质勘查业
D	电力、燃气及水的生产和供应业	N	水利、环境和公共设施管理业
E	建筑业	O	居民服务和其他服务业
F	交通运输、仓储和邮政业	P	教育
G	信息传输、计算机服务和软件业	Q	卫生、社会保障和社会福利业
H	批发和零售业	R	文化、体育和娱乐业
I	住宿和餐饮业	S	公共管理和社会组织
J	金融业	T	国际组织

资料来源：大连市统计局网站《国民经济行业分类》与《国际标准产业分类》对照表。

---

1. 曹振良，等. 房地产经济学通论. 北京：北京大学出版社，2003：17-18。

2. 我国国民经济产业的分类

我国在 1994 年和 2002 年分别对国民经济行业分类进行修订，1994 年修订形成的《国民经济行业分类与代码》(GB/T 4754—1994)首次将房地产业作为一个独立的门类，被列为第 10 门类。

2017 年第四次修订形成的《国民经济行业分类》(GB/T 4754—2017)把国民经济的行业门类分为 20 个，并对第三产业进一步细分，房地产业被列为第 11 个门类，并细分为房地产开发经营、物业管理、房地产中介服务、其他房地产活动等四类(见表 1-2)。

表 1-2　我国国民经济行业分类中房地产业的细分表

代码				类别名称	说　　明
门类	大类	中类	小类		
K				房地产业	
	70			房地产业	
		701	7010	房地产开发经营	指房地产开发企业进行的基础设施建设、房屋建设，并转让房地产开发项目或者销售、出租商品房的活动
		702	7020	物业管理	指物业管理企业依照合同约定，对物业进行专业化维修、养护、管理，以及对相关区域内的环境、公共秩序等进行管理，并提供相关服务的活动
		703	7030	房地产中介服务	指房地产咨询、房地产价格评估、房地产经纪等活动
		709	7090	其他房地产活动	包括房地产交易管理、房屋权属登记管理、房屋拆迁管理、住房及房改公积金管理

资料来源：《国民经济行业分类》(GB/T 4754—2017)。

三、 房地产业的功能定位与作用

(一)房地产业的功能定位

房地产业的功能定位，主要是指房地产业在国民经济中的产业定位。关于房地产业的产业定位，学术界一直以来都有争论，特别是对于房地产业具有的基础产业、支柱产业、主导产业、先导产业属性的认识。但总的说来，对于房地产业的基础产业和支柱产业属性的认识基本一致，房地产业作为基础产业是永恒的，房地产业的支柱地位则是相对的，即存在于特定的经济社会发展阶段。在我国当前和今后一定时间内，房地产业既是基础产业，也是支柱产业。

1. 房地产业是国民经济的基础产业

（1）房地产业是社会经济活动的基本物质前提和基础，是居民生活消费的载体。房地产为社会一切产业部门提供不可缺少的物质空间条件，是构成整个社会经济和生产经营活动的基本要素。因此，作为从事房地产开发经营的房地产业对国民经济和社会的发展具有稳定的、长远的影响，是国民经济运行中不可替代的基础产业。另外，在现代化、工业化和城市化的进程中，土地、房屋建筑、道路及其基础设施是构成城市的基本框架，城市房地产作为城市经济活动存在和发展的空间，其发展水平（城市的规划布局、房地产的开发利用、配套基础设施的完善）直接代表一个国家和城市的现代化和文明的水平。因此，房地产业也是推动城市经济发展和城市现代化的重要基础。

（2）房地产业是社会物质财富创造的重要源泉，是社会经济健康发展的基本保证。通过房地产业的开发经营活动，将土地资源与科技、资金和社会需求有机地结合起来，创造出满足不同生产生活需求的房地产商品和服务，在土地自然价值的基础上实现了更高的经济价值。因此房地产作为一个高附加值的产业，在土地开发和房屋建设过程中，不仅给开发商带来经济效益，而且为社会创造出巨大的物质财富。据有关资料统计：美国不动产价值约占国民财富的 3/4（其中土地为 23.2%，建筑物为 50%，其他财富为 26.8%）。英国房地产价值约占国民财富的 73.2%。我国 2018 年完成土地开发购置 2.91 亿平方米，商品房的销售额达 15.0 万亿元，相当于 2018 年国内生产总值的 16.66%。

（3）房地产业是人口素质提高和社会全面进步的基本条件。社会经济的发展归根结底取决于社会生产力的发展，作为生产力中最活跃的要素——劳动者素质的提高是推动生产力发展和实现社会进步的重要前提。而住房作为最基本的生活消费品，是人类实现自身价值和创造社会经济价值的必要保障。据统计，近些年来我国以住宅产业为主体的房地产业发展迅速，2010 年全国商品房销售面积达到 10.5 亿平方米，并且逐年稳步上升，2018 年达到 17.2 亿平方米。城镇人口居住水平有了极大的改善，到 2018 年，我国城市人均居住面积达 39 平方米，约为 1978 年的 6.82 倍。从总体上看，我国城镇居民已经告别住房短缺时代，广大居民住宅的工程质量、功能、居住环境、综合配套设施和管理服务水平得到了明显的改善，也标志着我国进入增加住房面积和提高生活质量的新阶段。近年来，随着我国工业化、城市化进程的加快和城镇住房制度改革的不断深入，居民住房消费有效启动，以住宅为主的中国城市房地产业已逐步成为国民经济发展中的助推器和主要的经济增长点。

（4）房地产业是城市经济发展和城市现代化的重要基础。在城市经济发展过程中，土地、房屋、基础设施（如道路、水电气、管网等）以及公共服务设施（如教育、科技、文化、卫生、体育等）是构成城市的基本框架。城市土地和房屋不仅是城市经济发展和文明进步的空间，同时，一个城市是否具有高效益的经济活动，决定于建筑内部结构是否合理化和城市基础设施是否高效化，而这些又与房地产开发与物业经营管理和服务是密不可分的。从国外城市的发展经验来看，城市通过科学的规划、合理的布局，以不同的功能分区来划分和利用城市土地，并且保持不同用途土地的合理比例，能大大提高城市经济活动和社会活动的综合效益。由于城市是生态系统、土地资源系统和社会经济系统的有机统一体，在房地产开发和再开发过程中，应遵循生态文明、经济发展、资源可持续和社会进步的协调统一原则。构筑自然、社会和经济和谐的城市，能大大提高居民的生活质量，从而有助于构建起现代化的城市。此外，在工业化、城市化和现代化同步发展的过程中，越来越细的社会分工对城市基础设施的完善与协调提出更高的要求，社会的文明与进步需要更好的生活、工作、学习与社会活动环境。因此，房地产业发展是城市经济社会化、城市和生活现代化的客观要求。

2. 房地产业成为我国国民经济的支柱产业

改革开放以来40多年的发展历程中，我国经济保持着持续、快速、稳定的发展，人民生活水平不断提高，已经进入全面建成小康社会的新的历史时期。我国房地产业经历了起步和探索—急速扩张—调整与恢复的发展历程，对中国经济保持持续增长起到了举足轻重的作用。国务院发布的《关于促进房地产市场持续健康发展的通知》明确指出：房地产业关联度高，带动力强，已成为国民经济的支柱产业。

对于支柱产业的认识，美国学者罗斯托认为，在经济增长过程中，支柱（或主导）产业具有三个基本规定性：① 能吸纳新技术；② 产业本身具有较高的增长率；③ 能带动其他产业的发展，即具有扩散效应（包括高新技术的应用和扩散）。张永岳、陈伯庚（2005）则认为：所谓支柱产业，是指一国的产业结构中，产业的增加值在GDP（国内生产总值）中占有较大比重；科技含量高；具有较大的市场发展空间和增长潜力；产业关联度强，带动系数大，对整个国民经济的发展起着重大影响作用的关键产业部门[1]。根据上述标准，房地产业已成为我国国民经济的支柱产业。

（1）房地产业对国民经济增长的贡献较大。房地产业无论是在国民经济GDP中的比重，还是产业增长的速度，都具备了支柱产业的条件。据资料统计，美国房地产业对GDP的贡献率约为15%，而其中房地产全部投资的50%以上属于国内私人投资。日本1980—1990年房地产业产值占GDP的9.4%~10.9%，与建筑业持平或略高于建筑业。目前，法国、日本、美国、韩国、挪威等国家的房地产业增加值占GDP的7%~11%。从投资的角度来看，我国2000—2012年房地产开发投资规模持续保持着平均24.9%的高增长态势，远远高于GDP的增长速度；房地产开发投资完成额在全社会固定资产投资中的占比一路攀升，在2011年时占比近20%。从房地产开发企业主营业务收入占国内生产总值比重来看，自2004年后超过8%，2013年达到峰值12%。经叶剑平、谢经荣（2005）测算，2001年我国房地产业增加值占GDP的比重为8.93%（经修正），仅次于制造业和农林牧渔业[2]。根据国际经验数据，一个产业的增加值占GDP的比重达到6%~8%时就成长为主导产业。由此

1. 张永岳，陈伯庚，孙斌艺. 房地产经济学. 北京：高等教育出版社，2005：221。

2. 叶剑平，谢经荣. 房地产业与社会经济协调发展研究. 北京：中国人民大学出版社，2005：31。

可见，我国的房地产业已成为国民经济的支柱产业。

（2）房地产业的关联度高、带动力强。房地产业贯穿于生产、流通、分配和消费各个领域，其产业链长、关联度大、带动力强，直接或间接地影响和引导其他相关产业的发展。据中国人民银行的测算显示，2001年房地产开发投资对我国 GDP 增长的直接贡献率为 1.3 个百分点，间接贡献率为 0.6 到 1.2 个百分点，两者相加共计 1.9 到 2.5 个百分点[1]。据经济合作与发展组织（OECD）统计，美国、英国、日本等国的房地产业带动系数为1.33~1.83。据我国有关部门统计测算，被房地产业直接或间接带动的相关产业达 50 多个，我国房地产业对上游产业（煤炭、化工、有色、钢铁、建筑、建材等行业）的带动率为1.9~2.0，对下游产业（包括家具、家电、装修装饰等行业）的带动率为 1.13~1.14。房地产业的产业链如图 1-2 所示（资料来自长江证券研究所）。

王国军、刘水杏（2004）测算，OECD 各国房地产业对各产业的带动效应是：美国1977—1990 年在 1.264~1.462 之间，平均为 1.333；日本 1970—1990 年在 1.491~1.679之间，平均为 1.563；英国 1968—1990 年在 0.769~3.90 之间，平均为 1.83；澳大利亚1968—1989 年在 0.838~1.228 之间，平均为 1.03。OECD 成员国房地产业都具有波及面广、带动作用大的产业特性，35 个产业中有 23 个与房地产业密切关联，且房地产业的带动效应基本上随时间的变迁渐趋增大，对相关产业的影响程度不断加深。在中国 40 个产业中，除废品及废料业外其余 39 个产业均与房地产业有关联，房地产业总带动系数为1.416，对国民经济各产业具有明显的带动效应。

（3）房地产业的发展有利于高新技术的应用与扩散。房地产业的发展为新技术的扩散、新型材料的运用提供了广阔的空间。在建筑设计方面，AUTOCAD 等计算机辅助设计软件及其相关的设计软件系统的应用极大地提高了建筑设计的效率，保证了设计的质量。房地产开发、经营以及中介服务方面，在土地开发、开发决策分析、交易评估、物业管理、产权产籍管理以及咨询服务等过程中，决策分析系统（DSS）、地理信息系统（GIS）以及其他计算机网络、通信技术等现代化技术的推广与应用，有效地节约了建筑的成本，提高了房地产业的生产率水平。同时，房地产业的发展也推动了节能环保的新型建筑、装饰材料的研发和利用。房地产业作为国民经济的第三产业，其发展提升了第三产业在国民经济中的比重和地位，符合产业结构演进方向，有利于产业结构的转换与高级化。

此外，房地产业作为劳动密集型产业，其发展能为社会提供广阔的就业空间。据统计，到 2018 年我国房地产企业从业人员达 289 万人，建筑企业的从业人员达 5 563 万人。因此，房地产业的发展带动了相关产业的发展，并通过劳动力的转移流动促进了产业结构的调整优化，提升了整个国民经济的发展质量。从产业的生命周期来看，房地产业在大多数发展中国家处于产业革命周期的成长阶段，因而能够在较长时期内保持较快的增长速度。

---

1. 参见《中国证券报》，2002-04-29。

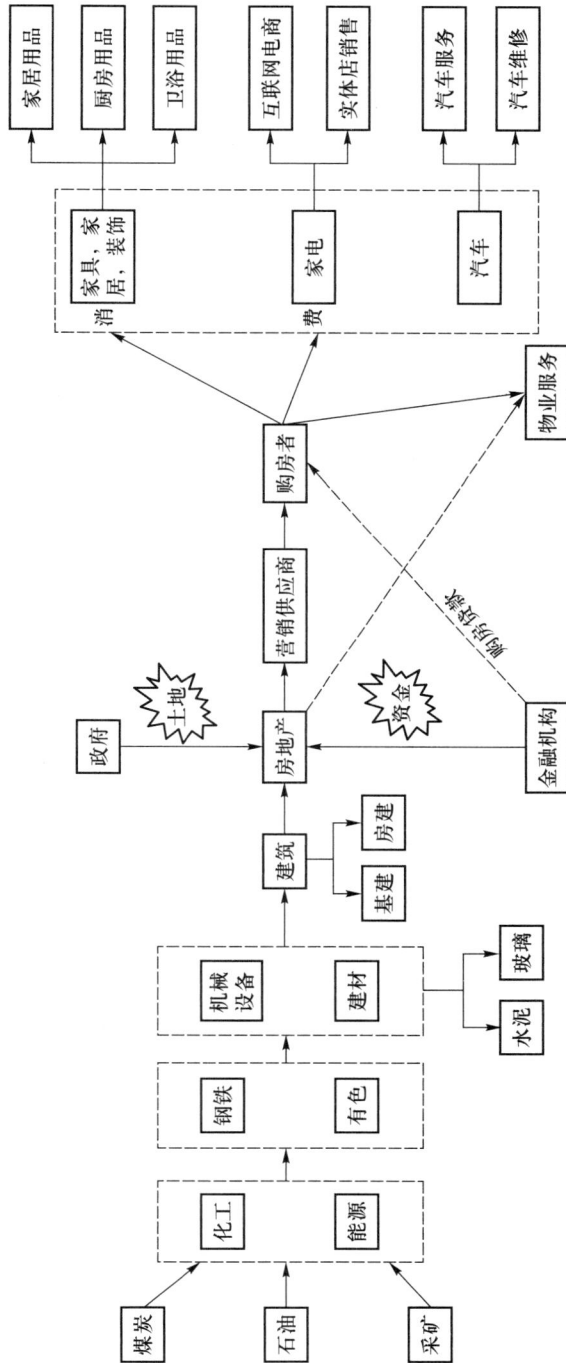

图1-2 房地产业的产业链示意图

总而言之，房地产业既是国民经济的基础产业，又可以作为国民经济的支柱产业。房地产业的基础地位是毋庸置疑的，其支柱产业的地位则是相对的，即是相对于一定的经济发展水平而言的。在我国的现阶段和今后相当长的时期内，房地产业都将是我国经济发展中的基础产业和支柱产业。

（二）房地产业在国民经济发展中的作用

房地产业是社会一切产业部门不可缺少的物质空间条件，更是构成各个产业部门不可或缺的基本要素。具体而言，适度发展的房地产业在国民经济发展中的作用主要体现在以下几方面。

1. 房地产业发展有利于扩大投资需求和消费需求

从各国和各地区的情况来看，房地产业的投资通常在固定资产投资中占很高的比重，并且能够带动其他产业的投资。在消费需求方面，住宅消费在大多数国家和地区都成为消费热点，住房消费支出在大部分的居民家庭消费支出中，已处于第二、三位。因此，在特定的经济发展时期，房地产业的发展无疑是扩大国内需求、拉动经济增长的重要力量。

2. 房地产业发展有利于社会财富的创造

房地产业发展对社会财富的创造主要体现在三个方面：一是指房地产业增加值占GDP的比例通常居于各产业的前列，房地产业发展对经济增长发挥着非常重要的基础性作用。二是指土地使用，回收了大量土地资产收益。房地产业的发展为提高土地资源配置效率，实现土地保值增值提供了条件，也为各地区、各城市积累了大量资金，从而有助于加快城市基础设施建设和旧区改造。三是房地产业的发展带来房地产税收的大量增加，提高了国家和地区的财政收入。

3. 房地产业发展有利于促进区域经济增长和城市经济的进步

一个地区的人口构成和技术组合、现有劳动力素质，提供了本地区相当重要的劳动力资源。要满足这些劳动力资源的生活、生产条件，必须提供合理数量和质量的房地产存量。一个地区的房地产存量(住宅、商业房地产、办公房地产、工业房地产等)取决于其开发能力。可见，一个地区不断增加其房地产供给的能力是确保经济持续增长的至关重要的因素，房地产业的健康发展，能够推动地区经济的持续增长。

同时，房地产业是城市经济发展和城市现代化的重要基础，城市土地和房屋不仅是城市经济发展的空间，也是一个城市形象的物质外壳和主体。从国外城市发展的情况来看，通过房地产综合开发及科学规划、科学布局，以个性化的功能分区来安排城市的用地方向，并且保持不同用途土地的合理比例，能大大提高城市经济活动和社会活动的综合效益。

4. 房地产业发展有利于扩大社会就业

由于房地产业是劳动密集型行业，其发展能提供大量的就业机会。我国当前房地产行业从业人员除房地产企业的从业人员外，还包括了规划设计、经营管理和销售、评估等多个专业门类的人才。更重要的是，房地产业在促进农村劳动力流动，增加农民就业方面也能够发挥重要作用。房地产业的发展吸纳了大量的农民工，增加了大量的就业岗位。

根据对中国房地产业发展与国民经济关系的实证研究，在经济体制转轨过程中，房地产投资与 GDP 之间的互动关系，发生了较大的结构性变化。GDP 对房地产投资富有弹性，是决定房地产投资增长的重要因素。而房地产投资的冲击对国民经济有着大约 10~20 年的同向影响。由此可见，房地产业作为支柱产业对经济增长起着举足轻重的作用。

第二节 房地产开发与经营

一、 房地产开发与经营的概念及内涵

（一）房地产开发与经营

《中华人民共和国城市房地产管理法》（1994 年 7 月 5 日由第八届全国人民代表大会常务委员会第八次会议通过，2019 年 8 月 26 日第三次修订）第二条规定：房地产开发，是指在依法取得国有土地使用权的土地上进行基础设施、房屋建设的行为。房地产开发是城市规划的实施过程，是房地产企业生产和再生产、完成房地产产品的生产和建设的过程。房地产开发是追求经济效益、社会效益、环境效益全面实现的过程，而这也是房地产开发应当追求的目标。房地产开发是提高土地使用的社会经济效益的过程。房地产开发是通过多种资源、多种专业知识的组合和再造，为人类提供生产、生活空间，并改善人们赖以生存的居住环境的过程。

《城市房地产开发经营管理条例》第二条规定：房地产开发经营，是指房地产开发企业在城市规划区内国有土地上进行基础设施建设、房屋建设，并转让房地产开发项目或者销售、出租商品房的行为。房地产开发经营是按照经济效益、社会效益、环境效益相统一的原则，实行全面规划、合理布局、综合开发、配套建设的经济活动过程。广义的房地产开发经营不仅包括房地产开发环节的生产建设、流通环节的营销活动和中介服务活动等，还包括消费环节中的物业管理服务活动。因此，房地产开发经营活动是以房地产市场为背景进行的，随着我国房地产市场的规范化和不断完善，房地产经营将会起到越来越重要的作用。

我国房地产法律法规对开发经营房地产是有主体资格要求的（《城市房地产开发经营管理条例》第九条规定，房地产开发企业应当按照核定的资质等级，承担相应的房地产开发项目），而房地产开发不一定要求具有房地产开发经营资格，比如拥有国有土地使用权的企业自建房。因此，合资、合作开发经营房地产合同的当事人一方必须具有房地产开发经营资格，这是对此类合同的主体资格要求。房地产开发经营涉及国家的重要产业，对国民

经济有重要影响，资金投入量很大，最重要的是涉及土地资源的利用，所以国家对房地产开发经营的资格有严格的要求，不具有房地产开发经营资格的企业不能进行房地产开发经营。

综上所述，房地产开发与经营是指房地产开发经营主体在国家法律允许范围内，通过对土地、建筑建材、基础设施、劳动力、技术、信息及管理等要素资源的组织整合与利用，进行基础设施建设、土地开发和房屋建设，并能够顺利进入市场消费、流通运营和服务管理，实现房地产商品价值的复杂的系统过程。

房地产开发与经营包含以下两层含义：第一，房地产开发与经营的全过程必须在国家法律框架下进行。例如，开发商在取得开发土地使用权过程中，须遵守《中华人民共和国土地管理法》《中华人民共和国城乡规划法》《中华人民共和国环境保护法》和《中华人民共和国土地管理法实施条例》等相关法律法规；在基础设施建设、房屋建设过程中，必须遵守《中华人民共和国建筑法》《中华人民共和国民法典》《中华人民共和国招标投标法》和《建设工程质量管理条例》等相关法律法规；房地产商品交易及流通过程还须遵守《中华人民共和国民法典》《中华人民共和国城市房地产管理法》《城市房地产开发经营管理条例》和《中华人民共和国企业所得税法》。第二，房地产开发与经营是一个系统过程，是房地产商品从开发投资决策、勘察、规划设计、招投标建设到竣工验收，并能够顺利进入市场流通和运营管理，从而实现房地产商品价值和开发商预期目标的系统的经济活动过程。

（二）房地产开发与经营的主要参与者

房地产开发与经营活动是一项庞大的系统工程，需要由房地产开发与经营的各主体参与组织管理，使开发项目能够按计划顺利完成。房地产开发与经营的主要参与者包括以下几方：

1. 房地产开发商

房地产开发商是指从事房地产开发经营活动的企业或个人，参与并控制房地产项目产品从策划、规划设计、建造、销售到售后服务和管理的全部过程，是房地产市场中最主要的开发与经营主体(房地产产品和服务的主要供给者)，是房地产开发项目的出资者、组织者、管理者与协调者，也是房地产开发项目工作的直接决策人、受益人和责任人。房地产开发商开发与经营的目的就是在兼顾社会效益和环境效益的前提下，通过项目的开发与经营获取经济效益的最大化。

2. 投资商

房地产开发项目具有资金需求量大、投资回报较高等特点，吸引着众多的投资者进入房地产业。投资的目的就是获取未来的收益或价值增值。房地产开发投资商主要有各类企业和私人投资者。按房地产投资形式，投资商的投资行为分为直接投资和间接投资两大类。房地产直接投资是指投资者投资于房地产开发或购买房地产，并参与有关的投资管理。根据直接投资的目的不同，进一步分为房地产开发投资和房地产置业投资。房地产开发投资是指投资者从购买土地使用权开始，通过规划设计、施工建设等一系列活动，建成可以满足人们需要的房产，然后租售给其他投资者或使用者，从而收回投资成本，实现投资利润。房地产置业投资是指投资者购买已建成物业（包括新建增量房地产和存量二手房）的行为，目的是通过转售或出租来获取资本收益或者稳定的经常性收入。间接投资一般不直接参与房地产经营管理活动，具体形式包括购买房地产开发、投资企业的股票或债券，投资于房地产投资信托基金或房地产抵押贷款证券等。

3. 建筑承包商

建筑承包商（或称施工单位）是房地产项目开发过程中建筑产品的直接生产者，主要负责房地产开发过程中规划设计、建筑施工、物资供应、建筑质量、成本投入等工作。建筑承包商主要承担房地产开发项目的建筑施工任务，不参与项目的经营收益，只是通过工程建设施工获取利润，因此，其承担的风险相对较小。建筑承包商在项目建设过程中起着十分重要的作用，其资质等级、管理水平等直接关系着房地产开发项目的产品质量，因此，房地产开发商在选择承包商时，应对承包商的资质、信誉、业绩、资金实力和技术水平等进行严格审查，以确保项目施工的顺利进行。

4. 政府及相关行政部门

房地产开发与经营受到项目所在城市政府及相关行政管理部门的监督、管理和约束。房地产开发项目从立项审批、获取土地使用权、开发建设，到房地产的租售及经营，几乎每一个环节都要受到各级政府及相关行政管理部门的监管。按照现行的法律规定，作为城市土地的所有者，政府在行使管理职能的同时，也参与房地产开发，是房地产市场的供给主体之一。对于一些公益性项目（医院、学校、保障性住房等）或重大建设项目的开发建设和经营，各级政府则以投资或经营主体的身份参与房地产开发与经营。

此外，政府通过一系列相关政策、法律法规的制定影响着房地产开发与经营，自1998年实现住房分配货币化后，我国加快个人住房消费，加大金融对住房建设与消费的支持力度，推动了房地产市场的快速、持续、健康发展与繁荣。2004年以来，一系列的宏观调控政策实施，土地使用权和商品房交易市场逐步规范，房地产金融市场的监管逐步完善，保障性住房政策进一步推动，基本实现房地产开发投资平稳较快增长，引导理性住房消费，住房供应体系逐步完善，推动房地产业转型升级，实现住宅产业、商业地产、旅游地产和其他类型地产的多元化发展。

5. 金融机构

金融机构是房地产金融市场中重要的资金供给者，它不仅为房地产开发经营活动提供资金支持，而且为房地产消费者提供消费信贷资金支持。

6. 中介服务机构

由于房地产开发与经营过程相对较为复杂，房地产开发与经营的主要参与者（特别是开发商、使用者和消费者等）不可能有足够的经验和技能处理房地产开发与经营中遇到的所有问题。因此，房地产开发与经营参与者有必要在项目开发建设和交易的各个阶段聘请专业的中介机构为其提供咨询服务。中介服务机构包括规划设计单位（建筑师、工程师等）、会计师事务所、造价咨询机构（造价工程师、经济师等）、房地产经纪/估价与代理机构、律师事务所、营销策划机构和物业管理机构等。各专业中介服务机构在房地产开发项目实施的各阶段承担着不同的专业服务，它们和其他的各参与主体的分工协作是房地产开发项目能够顺利完成并实现项目的开发与经营效益的重要保证。

7. 使用者和消费者

使用者和消费者是房地产商品的需求方，也是房地产开发经营活动收益的最终实现者。使用者和消费者包括个人、集体、公共组织以及政府单位。

按照房地产市场构成要素划分，房地产市场的基本组成要素分为房地产市场的主体（市场主要参与者）、房地产商品及其相关的权属（市场交易的客体）和房地产市场交易组织（市场交易场所）。房地产市场的主要参与者有四类[1]：① 房地产的使用者和消费者，包括个人、集体、公共组织以及政府单位；② 房地产的供给者，包括土地供应方（土地所有者——中央政府/地方政府）、房地产开发商（企业和个人）、资金供应方（金融机构、投资商）等；③ 作为管理者出现的政府，包括中央政府和各级地方政府；④ 建筑承包商和各种中介服务机构，即房地产项目的直接生产者和从事于房地产金融、估价、经纪、法律以及物业管理等服务的组织。房地产市场主要参与主体的关系图如图1-3所示。

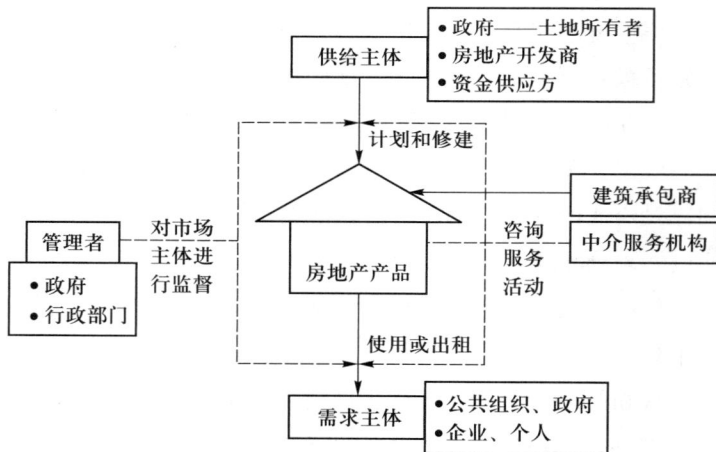

图1-3 房地产市场主要参与主体的关系图

房地产市场交易主要是指以一定数量的土地及房屋建筑设施等作为交易的物质基础，通过产权在市场的流通和转移而实现房地产商品价值的过程。因此，房地产商品及其相关的权属就构成了房地产市场的交易客体。此外，货币资金、房地产抵押贷款、房地产证券也被视为房地产交易的客体。由于房地产具有投资大、周期长、高风险以及交易的复杂性

1. 刘琳. 房地产市场互动机理与政策分析. 北京：中国经济出版社，2004：29。

等特点，需要一个专门的中介机构为房地产市场的供给者、需求者以及管理者提供服务。因此，房地产市场交易组织是房地产市场不可缺少的组成部分，它为房地产市场交易的各活动主体提供交易活动的场所。

二、 房地产开发的特征与分类

（一）房地产开发与经营的特点

鉴于房地产自身的特点，房地产开发与经营具有以下特点。

1. 房地产开发和经营的复杂性与长期性

房地产开发与经营的复杂性主要表现：一是开发过程中协调工作复杂。由于房地产业关联度高、参与主体较多，开发与经营活动需要人力、物力、财力等各方面资源进行优化组合，这使得房地产开发与经营活动涉及各参与主体、利益相关者和管理部门，可见房地产开发与经营活动所需要协调的关系和程序较为复杂。二是房地产开发项目运作的复杂性。房地产开发与经营包括生产、流通和消费三个基本环节，每个环节都包含专业性较强的各项工作，而且每个项目所面临的宏观环境、市场条件、资源条件等各项影响因素均不相同，这些问题必然使得房地产开发与经营项目运作较为复杂。因此，房地产开发商应进行综合分析、统筹安排，制订完善的开发与经营方案。

房地产开发与经营活动从资本投入到资本回收和实现效益最大化，需要集中大量的资金和劳动力，通过各种资源的整合利用从土地使用权获得、规划设计、施工建设，到验收合格形成房地产产品并交付使用，整个过程需要较长时间。一般而言，房地产开发项目短则需要 2~3 年，长则需要 5~6 年，甚至更长时间。同样，房地产经营活动从投资到持续经营收回成本，实现盈利则需要更长的时间。

2. 房地产开发与经营的地域性限制

房地产的位置固定性和不可移动性决定了房地产市场是一个区域性的不完全竞争市场。从宏观层面看，房地产开发与经营的区域特性主要表现在投资地区的社会经济发展水平、城市化水平、居民收入状况、历史文化背景以及相关政策等对房地产开发与经营项目的影响，进而使得不同地区房地产开发投资环境、开发项目类型、市场需求状况、市场消费结构和行为存在明显差异。从微观层面看，房地产开发与经营项目的所在区位决定了其交通、基础设施、环境、升值潜力等重要因素。因此，房地产开发应充分了解宏观经济环境、区域市场特征、市场的供给与需求特征，并结合企业自身发展战略，因地制宜地选择开发项目。

3. 房地产开发与经营的专业性较强

房地产开发与经营是一项专业性较强的活动，从获取土地使用权、项目投融资、规划设计、施工建设管理、营销策划到物业管理等各个环节都需要专门的知识和管理能力，才能确保开发项目的顺利进行。此外，房地产开发风险较大，还需要造价工程师、会计师、律师等行业的专业服务，以降低项目风险，提高开发与经营的总体效益。

4. 房地产开发与经营的风险与收益并存

在城镇化进程中，由于人口的增加、社会经济的发展，人们对房地产的需求日益增加，而房地产供给受到土地资源稀缺性的约束，使得房地产价格不断上涨，从而刺激房地产投资的增加。此外，房地产具有保值增值的特性，具有较好的抵抗通货膨胀的能力，使得房地产开发与经营活动具有较高的投资回报性。与此同时，由于房地产开发与经营环节较多、周期较长、投入资源较多，不确定性因素较多，加之财务杠杆的双刃性，使得房地产开发与经营活动具有高风险性。

5. 房地产开发与经营的政策性影响明显

房地产的特点、地位和作用决定了房地产开发与经营受政策的影响较大。房地产业是国民经济的基础产业和支柱产业，直接关系到社会经济发展、社会全面进步、城市经济和城市现代化以及国计民生等重大问题。因此，国家及各级政府对房地产业、房地产市场、房地产市场主要参与主体的经营活动均十分重视，并通过制定一系列法律法规和相关政策（如土地供给、金融政策、住房政策、城市规划和税收政策等），调整房地产开发与经营过程中的法律和经济利益关系，以规范房地产市场交易秩序，确保房地产业的持续、健康、平稳发展。房地产开发与经营活动须在国家法律法规许可的框架下进行，相关的法律法规和政策都会影响到房地产市场的供给与需求和价格的变化，进而影响到项目开发投资的效益。

（二）房地产开发的分类

房地产开发的形式多种多样，从不同的角度可以划分出不同的开发形式。从房地产开发实践来看，主要有以下分类方式：

1. 按开发的区域划分

根据被开发区域的性质，可将房地产开发分为新区开发和旧城更新改造两种形式。

新区开发主要是指按照城市总体规划，在城市现有建成区以外一定地段，进行集中成片、综合配套的开发建设活动，使之建设成为新的城区。新区开发是随着城市经济与社会发展、城市规模扩大，为了满足城市日益增长的生产、生活需要，逐步实现城市不同阶段发展目标而推进的城市开发活动，它是城市建设和发展的重要组成部分。

2007 年颁布的《中华人民共和国城乡规划法》（2019 年第二次修正）第三十条规定，城市新区的开发和建设，应当合理确定建设规模和时序，充分利用现有市政基础设施和公共服务设施，严格保护自然资源和生态环境，体现地方特色；在城市总体规划、镇总体规划确定的建设用地范围以外，不得设立各类开发区和城市新区。

旧城更新改造是对城市建成区一些区域内的建筑和城市基础设施进行功能和形象的再造，其目标是要改善环境质量、交通运输和生活居住条件，加强城市基础设施和公共设施建设，旧城更新改造是改善人居环境，实现土地利用集约化、提高土地综合效益的重要途径，是激发城市生机与活力的重要手段。旧城更新改造是个不间断的过程，取决于城市的发展方向和速度。

《中华人民共和国城乡规划法》第三十一条规定，"旧城区的改建，应当保护历史文化遗产和传统风貌，合理确定拆迁和建设规模，有计划地对危房集中、基础设施落后等地段进行改建；历史文化名城、名镇、名村的保护以及受保护建筑物的维护和使用，应当遵守有关法律、行政法规和国务院的规定。"

2. 按开发的深度划分

按照房地产开发的深度可以划分为土地一级开发、房屋开发。

土地一级开发是指由政府或其授权委托的企业，对一定区域范围内的城市国有土地、乡村集体土地进行统一的征地、拆迁、安置、补偿，并进行适当的市政配套设施建设，使该区域范围内的土地达到"三通一平"（通电、通路、通水、土地平整）、"五通一平"（通电、通路、通给水、通信、通排水、土地平整）或"七通一平"（通电、通路、通给水、通信、通排水、通热力、通燃气、土地平整）的建设条件（熟地），再对熟地进行有偿出让或转让的过程。

房屋开发是指土地使用者经过开发建设，将新建成的房地产进行出售和出租的过程。房屋开发一般包括住宅开发、生产与经营性建筑物开发、生产和生活服务性建筑物的开发、城市其他基础设施的开发等四个层次。

3. 按开发项目的使用功能划分

根据开发项目的使用功能或用途，可分为居住房地产、商业房地产、工业房地产、特殊用途房地产等。不同使用功能的房地产，其需求对象、风险大小和收益水平也不尽相同。

居住房地产开发主要是为人们提供生活居住的场所，包括普通商品住宅、高档公寓和别墅以及保障性住房（经济适用房、公共租赁房、廉租住房）等多种类型。对居民的住宅需求是随着社会经济的发展和人口的增长而不断增长的，对特定住宅的需求还取决于其区位和环境等因素。同时，随着人们生活水平的提高和支付能力的增强，对区位和环境的要求日益向高层次发展，因此，居住房地产投资市场潜力较大，风险相对较小。

商业房地产（经营性房地产）主要包括写字楼、商场、酒店和旅馆等，这类房地产主要以出租经营为主，收益较高，风险较大。区位条件关系到城市级差地租所能产生的超额利润及其增值潜力，商业房地产经营者的效益在很大程度上取决于其与社会接近的程度，因此商业房地产开发对其所在的区位条件和客流量要求很高，是投资者获利的先决条件。

工业房地产通常指为人们的生产活动提供空间，包括轻工业厂房、重工业厂房、高新技术产业用房等。一般来说，工业用房地产适用性差、技术性强、变现能力弱。工业房地产投资对交通、水、电、通信要求高，投资成本相对较低。

特殊用途房地产主要包括加油站、停车场、码头等。这类房地产交易量小，适用性较差，同时其经营内容常常受到政府的管制，因此这类房地产的开发投资多属于长期投资，投资者靠日常经营活动的收益来回收投资，取得收益。

4. 按房地产开发规模划分

根据房地产开发规模的大小，可划分为单项开发、小区开发和成片开发三类。

单项开发是指开发方式规模小、占地不大、项目功能单一、配套设施简单的开发形式。小区开发是指新城开发中一个独立小区的综合开发或旧城区改造中一个相对独立的局部区域的更新改建，即相对独立街坊的更新改造。这类开发形式要求开发区域范围内做到基础设施完善，配套项目齐全。成片开发是指范围广阔（其范围大到可以相近于开辟一个新的城区）、投入资金巨大、项目众多、建设周期长的综合性开发。如海南洋浦开发区、上海浦东开发区等诸如此类的著名的成片开发项目。在成片开发中，房地产开发往往成为基础产业和先行项目，发挥其启动和引导作用。

（三）房地产经营的分类

1. 按照经营对象划分为地产经营和房产经营

广义的城市地产经营，是指通过土地资源的开发利用、市场流通及消费使用，以获取经济效益的过程中所有经济活动的总称。狭义的城市土地经营主要是指土地流通过程中的经营活动，即土地出让、转让、出租、抵押等有偿流转的过程。城市土地经营分为两个层次：

（1）土地出让。国家以土地所有者的身份将土地使用权在一定年限内让与土地使用者，并由土地使用者向国家支付土地使用权出让金的行为。土地使用权出让的实质是国家按照土地所有权与使用权分离的原则，把国有土地以约定的面积、价格、使用期限、用途和其他条件，让与土地使用者占有、使用、经营和管理。土地出让市场属于一级土地市场，是国家垄断市场。土地出让采用的主要形式有协议、招标、挂牌和拍卖。

（2）土地转让、出租、抵押。土地转让是指土地使用者将土地使用权再转移的行为，包括出售、交换和赠与。土地出租是指土地使用者作为出租人将土地使用权随同地上建筑物、其他附着物租赁给承租人使用的行为。土地抵押是土地使用者将其土地使用权向资金持有人抵押获取贷款的行为。上述的土地转让、出租、抵押构成城市土地经营的第二层次，属于土地市场结构的二级市场，是在国家控制和调节下有竞争性的土地经营。

房产经营是指房屋作为商品在市场上的流通，其主要形式有出售、出租和抵押。由于房地的不可分离性，房产和地产交易通常是整体发生的，这里强调房产交易分类是针对房、地产权的特性及在实际经营处理中的方式上的差别而提出来的。

2. 按照经营规模和方式分为专项经营、综合经营、集团经营和跨国经营

专项经营是指房地产企业只从事或主要从事某一方面或环节的经营业务。这种经营方式的优点是专业化程度较高，经营项目单一、经营要素集中，有利于在专业化方面取得较好的经济效益。

综合经营是指房地产企业从事多项房地产经营业务，其优点是能够提供一条龙的配套服务。

集团经营是指具有雄厚经济实力的企业集团从事土地开发、基础设施建设、房屋开发建设、工程管理、咨询服务、销售及维修服务等全面的经营形式，其优点是具有强大的市场竞争能力和风险抵御能力。

跨国经营是指国与国之间的合资、合作或到国外投资经营房地产的经营方式。这也是未来世界经济发展国际化的必然趋势。

3. 按照经营活动的过程分为房地产开发经营、房地产流通经营、房地产消费及使用经营

房地产开发经营是指房地产开发过程中的所有经济活动的总称，其包括对建筑地段土地的开发和再开发(土地一级开发、熟地的再开发)、房屋和配套设施的开发和再开发(再开发是指旧房改造或旧城的改造与更新)等一系列环节。

房地产流通经营主要是指土地使用权出让、转让、租赁、抵押及房屋的买卖、交换、抵押等经济活动，是实现房地产价值的重要环节，一般借助房地产经纪、代理、估价等机构进行。因此，从房地产经济运行来看，房地产咨询服务业的发展水平，对房地产营销、房地产价值的实现有着至关重要的作用。

房地产消费及使用经营主要是指物业管理服务，包括租赁管理、使用管理、修缮管理、代办管理等，主要通过物业管理机构完成。因此，物业管理服务的水平，是房地产价值最终实现的重要保证。

三、 房地产开发模式

房地产开发实践中形成很多的开发模式，大都是在房地产企业发展模式背景下形成的，因此本节谈到的房地产开发模式实质上是结合房地产企业发展模式来阐述的。

（一）多元化开发模式

传统的房地产开发模式是以房地产开发商为主导，开展征用土地、建筑、销售和管理房屋等为一体的众多业务。这种模式要求房地产企业能够基于自身的发展方向，完善战略性主导项目，并加强与房地产相关性企业的合作关系，形成互为补充、相互促进的产业链。推动房地产业由传统模式向多元化充分协调发展转型，是加快新兴地产模式的探索和拓展，即把商业地产、旅游地产、养老地产、文化地产、工业地产等作为特色重点，积极培育新的增长点，建立多元化房地产开发产业链，助推房地产企业实现优化升级。

多元化开发模式包括混业开发(横向一体化)、纵向一体化开发和综合项目开发等。

1. 混业开发

混业开发是指开发企业跨行业的相互渗透与互动发展，包括涉足金融业、建筑材料行业、建筑施工及装饰装修行业等。以涉足金融投资行业为例，这种经营方式，能够适应房地产开发资金量大的需求，有效改善开发项目的现金流状况。

房地产行业，具有"混业"的功能。因此，将金融、策划、开发、销售、建筑、资产管理和物业管理等要素组织在一起，形成一个"混业"开发企业，房地产业务流程中每个节点都有专业人士参与经营管理链，用全程参与的方式完成房地产的投资开发，特别是商业地产的投资、开发、建设、管理、经营。

随着我国房地产市场深度调整，房地产消费结构也在发生变化，房地产企业加快了探索城市更新与新业态融合发展的步伐，从住宅地产、商业地产拓展到文化地产、旅游地产、休闲体育度假地产、智慧地产、物流地产、房地产互联网金融，房地产的开发模式已经发生了翻天覆地的变化，形成了以房地产为主业的"房地产+X"模式和以其他业务为主业的"X+房地产"模式。

2. 纵向一体化开发

纵向一体化开发是指开发企业实行房地产开发建设与物业资产管理并举的经营方式。房地产企业采取纵向一体化的开发模式能有效地发挥业务的协同效应，在实践中证明是优于单一地产或单一建筑的业务模式。房地产企业纵向一体化可以使得房地产与物业资产管理贯穿于房地产项目从项目策划、规划设计、建设到物业服务的全寿命周期，将整条房地产产业链整合集中在自己手上，有利于协调和统一管理，有利于企业避税，防止企业利润外流，并提高房地产的开发效率和品质，实现房地产价值最大化。当然，一体化开发模式也可能带来管理难度和管理成本的增加（如施工人员增加、工作协调和管理难度增加）。另外，随着房地产业务的跨区域发展，要在异地区域实现一体化，需要在异地建立相应的建筑子公司或项目部，管理成本也会随之增加。

富力地产的一体化经营，基本包括了房地产开发的上下游产业，即从选址、购地、策划、设计、工程、销售到物业服务、中介代理，富力地产都是通过自己的专业公司来完成。碧桂园的一体化开发模式，是从项目的设计、建筑、装修、销售直至项目建成后的物业管理均由公司自行承担及实施，从而确保能够长期有效地控制综合开发成本，并同时赚取开发程序中的每一笔利润。

3. 综合项目开发

综合项目常见于诸如集居住、商业、旅游、娱乐于一体的主题社区，具有购物、餐饮、休闲娱乐、综合服务等功能的集合式商业经营地产项目等一类开发项目。在新常态下，房地产行业正经历着从简单的住宅产品生产，到复合、跨界、相互融合共享的服务平台的转变。随着互联网、信息经济、智能技术向房地产领域的渗透和拓展，房地产的定位、功能也有所变化。

深圳的华侨城包含了住宅、商业、酒店、主题公园、社区公园、体育健身、教育设施等多种业态；恒大集团转型进军互联网、文化、健康等多个领域；绿地集团跨界民宿、文化城等领域；雅居乐形成"物业管理、教育、环保、地产"四大产业格局；华业、金茂、京投等品牌地产企业都不约而同步入转型行列，开启多元化发展道路，为企业业绩增长提供新方向。

从房企跨界多元化经营看：一方面有利于拓宽利润渠道，分散经营风险；另一方面能够使房企在抵御市场竞争和环境变化所带来的风险时，更加灵活，也更具抵抗力。

（二）专业化开发模式

在专业化开发模式下，开发企业的投资经营活动集中在相对较窄的产品类型范围内，有利于房地产产品开发、经营与管理技术的不断成熟与创新，有利于减少产品转型所带来的成本。专业化开发模式可以从以下角度进行分类。

1. 特定物业类型开发

开发企业根据对自身资源（包括资金、实力和经营）的评价以及对所处市场的独特认识，可以选择某类物业作为企业相对专一的开发对象，实现专业化开发。如专注于住宅市场的专业化、标准化的万科开发模式；专注于大型商业综合体组团开发的万达模式；专注于城市中心商业综合体开发的 SOHO 中国模式。

2. 协作型开发方式

协作型开发方式是以开发流程管理为纽带的开发方式，其实质就是开发企业专注于自己最擅长的业务或核心业务，然后购买其他社会化专业机构提供的最擅长的业务服务，如市场专业咨询、报建专业代理、工程管理咨询、专业营销策划服务等，从而形成高协作性的开发流程，使得开发企业超脱一般的协调与技术细节，专注于企业战略管理和资金运作。当然，购买服务不是单纯追求最低成本，更重要的是获取开发品质和成本控制中的最优。比如，深圳地铁集团以土地注资形式入股万科集团，万科集团称未来双方将依托"轨道+物业"模式，通过联合开发，实现优势互补。万科集团在与新世界的合作开发中，双方采取的是联合竞买的模式，成立合资公司，以约 34 亿港元投得荃湾西站六区物业发展项目，万科置业只占有 20% 的权益。

3. 其他开发模式

（1）定向开发模式。定向开发的服务对象一般是机构客户，开发企业按客户的订购要求开发土地，进行房屋设计、建造和经营。在定向开发模式下，开发商能够较好地规避市场风险。定向开发房地产合同一般约定双方的权利义务是：开发商负责项目报建、建设、交付使用并为客户办理产权证；客户方负责确定房型和户数，按约定支付购房款或项目工程款。

我国的保障性住房建设、棚户区改造以及企事业单位安置房等房地产开发项目一般采用定向开发模式。定向开发模式也可采用专业代建，即开发商将市场定位、产品定位、设计营造、销售以及运营服务等一整套专业服务，通过商业代建、政府代建及资本代建三大业务模式，帮助房地产行业的投资人与合作伙伴在房地产开发中获得收益，并实现专业化、精细化、品牌化。作为房地产开发代建 4.0 体系的开创者，绿城管理集团坚持"品质、信任、效益、分享"的核心价值，通过项目管理整合资源，输出品牌及标准，以管理创造价值。

（2）服务性开发模式。服务性开发主要是指房地产开发商输出项目管理模式与服务，为大型产业地产项目提供市场分析、项目定位、规划建议、营销策略、商业模式设计、项目操作、资源整合、商业招商等整合运营服务。这种开发模式通常可认为是一种"虚拟"开发方式（服务对象是其他开发企业），以推动当地开发项目的实施。开发企业也可以提供一种纯咨询服务，通过提出开发项目的解决方案，开展业务服务，贯穿房地产开发项目的全过程。比如，专注于商业不动产全方位整合运营的恩次方商业集团，是中国商业不动产全方位整合运营服务机构。竞优国际集团成立于 1987 年，30 多年来始终如一地致力于为房地产开发、物业管理、建筑施工、酒店及高尔夫行业提供集成的业务解决方案，客户遍及 5 大洲 18 个国家和地区。

（3）"互联网+"的创新模式。互联网应用给我国经济社会带来了深刻的影响和变化，与传统产业融合也催生了许多新型业态和新兴产业。目前，"智慧城市""物联网""云计算""大数据"等新兴产业呈现出非常大的发展潜力，而房地产行业"互联网+"模式可以说是与上述新兴产业发展密切相关、相互促进。2014 年，万通提出了自由筑屋定制梦，就是搭建一个互联网平台，集结一群购房者，根据购房者的集体意愿，提供造房团队，由这个平台全程跟踪建造进程，提供后勤支援。2015 年 5 月，中国平安在入股碧桂园之后，双方携手推出首个"开发众筹"项目，项目以每平方米为单位而不是按套进行资金的募集，把项目包装成保险、债券或者余额宝那样的金融产品，将众筹建房的行为变成购买金融产品。稳盈财富成立于 2015 年 11 月，是金地集团旗下互联网金融平台，旨在依托于房地产生态，围绕客户"选家、筑家、居家"等生活场景，提供供应链金融、置业理财、消费金融等服务。

可见，在互联网经济时代，一方面通过业务流程再造，实现房地产企业差异化需求的整合能力和高弹性的建设组织能力，将形成房地产开发企业的核心竞争力。另一方面，通过战略合作的服务平台，整合开发商、建筑商、设计和其他投资方，实现资源整合和开发企业的结构调整及优化。

（4）产业地产开发模式。产业地产是指在新经济和城市经营背景下，以地产为载体，以实现财富的持续增长为目标，专业化地提供城市化、工业化、产业化集群空间物质载体的部门。产业地产作为一种新的城市发展空间理念逐渐兴起，在推动企业加速孵化、产业集聚、区域经济发展等方面具有重要作用。根据开发主体的不同，产业地产的开发模式主要分为产业园区开发模式、主体企业引导模式、产业地产商模式和综合运作模式等四种。

产业园区开发模式是目前我国最常见的产业地产开发模式，是以政府为主导，根据城市规划发展的需要，经招商引资、土地出让等方式引进符合相关条件的产业发展项目。主体企业引导模式是指在特定产业领域内具有强大实力的企业，获取大量的自用土地后建造一个相对独立的工业园区，通过土地再开发，建立完善相应配套设施，以出让、项目租售等方式引起其他同类企业的聚集，实现整个产业链的打造及完善。产业地产商模式是地产开发商在工业园区或其他地方获取土地，建设基础设施以及厂房、仓库、研发楼等，然后以租赁、转让或合资等方式进行项目的经营和管理，最后获取开发利润的开发模式。从本质上来说，产业地产商模式与传统的住宅开发模式并没有太大的差别。综合运作模式是指产业园区开发模式、主体企业引导模式和产业地产商模式混合运用的开发模式。综合运作模式既能充分发挥政府的指导性，同时也能发挥市场的灵活性，权责明确，有利于引入多元投资主体实施综合性、大规模成片开发项目。

四、 房地产开发程序

房地产开发与经营的周期一般较长，整个过程一般可以分为投资机会选择与决策分析、前期工作、项目建设、房地产租售和物业管理等五个阶段。

（一）投资机会选择与决策分析

投资机会选择与决策分析是整个房地产开发过程中最重要的一个环节，可分为投资机会选择和投资决策分析两个步骤。投资机会选择是在寻找投资机会的过程中，开发商首先要选择项目所处的城市或地区，再根据该城市或地区的社会经济、人口、房地产市场供求关系以及相关政策等，寻找并筛选出房地产投资机会。投资决策分析包括市场分析、项目财务评价两个步骤。市场分析主要分析市场宏观环境、政府政策、房地产供求关系、竞争环境、目标市场及其可支付的价格或租金水平。项目财务评价则是根据市场分析的结果以及相关的项目资本结构设计，就项目的经营收入、成本费用与盈利能力进行分析评价。而投资决策，则要结合企业发展战略、公司财务状况以及项目财务评价的结果，就是否进行本项目的投资开发做出决策，筛选出拟开发投资的项目。

（二）前期工作

房地产开发与经营的前期工作主要指通过投资决策分析确定投资项目以后，在购买土地使用权和项目建设过程开始以前进行的工作。前期工作主要涉及与开发全过程有关的各种合同、条件的谈判与签约，一是获取土地使用权（获取方式有招标、拍卖、挂牌、协议和划拨等方式）；二是确定规划设计方案和立项报批（包括项目的核准和备案、项目选址审批、申领建设用地规划许可证、设计方案审批、申领建设工程规划许可证和建筑工程施工许可证等）；三是建设项目的工程招标。

除了上述的主要工作，房地产开发过程的前期工作可能还包括征地、拆迁、安置、补偿；施工现场的水、电、路通和场地平整；市政设施的谈判与协议；与各方合作者进行谈判，签署合作开发、建设贷款和长期融资协议；对拟开发建设的项目寻找预租（售）的客户；进一步分析市场状况，初步确定目标市场、售价或租金水平；制定项目开发过程的监控策略；洽谈开发项目保险事宜等。

（三）项目建设

建设阶段是指项目从开工到竣工验收所经过的过程。开发商在建设阶段的主要工作目标，就是要在投资预算范围内，按项目开发进度计划的要求，高质量地完成建筑安装工程，使项目按时投入使用。开发商在建设阶段所涉及的管理工作，就是从业主的角度，对建设过程实施包括质量、进度、成本、合同、安全等在内的工程项目管理。房地产开发过程中的工程项目管理，可由开发商自己组织的管理队伍管理，也可委托代理机构负责管理。

（四）房地产租售

竣工验收后，投资者一般通过委托销售、自行销售、租赁经营等形式获取利润，实现其投资价值。这个阶段一般结合房地产广告促销和定价策略的综合运用，以帮助房地产投资目标顺利实现。房地产租售进度的安排要考虑工程项目的建设进度、融资需求、营销策略、宣传策略以及预测市场的吸纳速度。

（五）物业管理

物业管理是集房地产经营、管理、服务为一体的第三产业活动，也是房地产开发与经营活动的最后阶段。业主通过委托专业物业管理、进行更新改造和必要的市场推广工作，对房屋及配套设施和相关场地进行维修、养护、管理、修缮等，维护相关区域内的环境卫生和秩序，以延长物业资产的经济寿命，保持并提升物业资产价值，提高资产运行质量。

第三节　房地产开发企业

一、 房地产企业的成立条件与程序

（一）房地产企业的成立条件

《中华人民共和国城市房地产管理法》第三十条规定，房地产开发企业是以营利为目的，从事房地产开发和经营的企业。设立房地产开发企业，应当具备下列条件：

（1）有自己的名称和组织机构；

（2）有固定的经营场所；

（3）有符合国务院规定的注册资本；

（4）有足够的专业技术人员；

（5）法律、行政法规规定的其他条件。

设立房地产开发企业，应当向工商行政管理部门申请设立登记。工商行政管理部门对符合本法规定条件的，应当予以登记，发给营业执照；对不符合本法规定条件的，不予登记。

设立有限责任公司、股份有限公司，从事房地产开发经营的，还应当执行公司法的有关规定。房地产开发企业在领取营业执照后的一个月内，应当到登记机关所在地的县级以上地方人民政府规定的部门备案。

房地产开发企业的注册资本与投资总额的比例应当符合国家有关规定。房地产开发企业分期开发房地产的，分期投资额应当与项目规模相适应，并按照土地使用权出让合同的约定，按期投入资金，用于项目建设。

（二）房地产企业设立的程序

根据《城市房地产开发经营管理条例》（2020 年第五次修订）规定，设立房地产开发企业，应当向县级以上人民政府工商行政管理部门申请登记。房地产开发企业应当自领取营业执照之日起 30 日内，提交下列纸质或者电子材料，向登记机关所在地的房地产开发主管部门备案。

（1）营业执照复印件；

（2）企业章程；

（3）专业技术人员的资格证书和聘用合同。

二、 房地产企业的资质等级与管理

《房地产开发企业资质管理规定》（2022 年 3 月第三次修订）第四条规定，国务院住房和城乡建设主管部门负责全国房地产开发企业的资质管理工作；县级以上地方人民政府房地产开发主管部门负责本行政区域内房地产开发企业的资质管理工作。

（一）房地产企业的资质等级划分与核定

房地产开发企业按照企业条件分为一、二两个资质等级，详见表 1-3 所示。

表 1-3　房地产开发企业资质等级条件

标准	一	二
从事房地产开发经营	5 年以上	—
近 3 年房屋建筑面积累计竣工（万平方米）或累计完成与此相当的房地产开发投资额	30	—

续表

标准	一	二
上一年房屋建筑施工面积（万平方米）或完成与此相当的房地产开发投资额	15	—
建筑工程质量合格率达 100%	连续 5 年	连续 3 年
有职称的建筑、结构、财务、房地产及有关经济类的专业管理人员（中级以上职称的管理人员/持有资格证书的专职会计人员）	40（20/4）	5（—/2）
	具有完善的质量保证体系	

- 工程技术、财务等业务负责人具有相应专业中级以上职称
- 商品住宅销售中实行了《住宅质量保证书》和《住宅使用说明书》制度
- 未发生过重大工程质量事故

备注：根据《公司法》，住房和城乡建设部决定删除《房地产开发企业资质管理规定》（建设部令第 77 号）中关于注册资本金的要求。

申请核定资质等级的房地产开发企业，应当提交下列材料。

1. 一级资质

（1）企业资质等级申报表；

（2）专业管理、技术人员的职称证件；

（3）已开发经营项目的有关材料；

（4）《住宅质量保证书》《住宅使用说明书》执行情况报告，建立质量管理制度、具有质量管理部门及相应质量管理人员等质量保证体系情况说明。

2. 二级资质

（1）企业资质等级申报表；

（2）专业管理、技术人员的职称证件；

（3）建立质量管理制度、具有质量管理部门及相应质量管理人员等质量保证体系情况说明。

（二）房地产企业的资质管理

根据《房地产开发企业资质管理规定》，房地产开发企业资质等级实行分级审批。一级资质由省、自治区、直辖市人民政府住房和城乡建设主管部门初审，报国务院住房和城乡建设主管部门审批。二级资质由省、自治区、直辖市人民政府住房和城乡建设主管部门或者其确定的设区的市级人民政府房地产开发主管部门审批。资质审查合格的企业，由资质审批部门发给相应等级的资质证书。资质证书有效期为 3 年。申请核定资质的房地产开发企业，应当通过相应的政务服务平台提出申请。

各资质等级企业应当在规定的业务范围内从事房地产开发经营业务，不得越级承担任务。一级资质的房地产开发企业承担房地产项目的建筑规模不受限制。二级资质的房地产

开发企业可以承担建筑面积 25 万平方米以下的开发建设项目。

企业未取得资质证书从事房地产开发经营的，由县级以上地方人民政府房地产开发主管部门责令限期改正，处 5 万元以上 10 万元以下的罚款；逾期不改正的，由房地产开发主管部门提请市场监督管理部门吊销营业执照。企业超越资质等级从事房地产开发经营的，由县级以上地方人民政府房地产开发主管部门责令限期改正，处 5 万元以上 10 万元以下的罚款；逾期不改正的，由原资质审批部门依法注销资质证书，并提请市场监督管理部门吊销营业执照。

企业开发经营活动中有违法行为的，按照《中华人民共和国行政处罚法》《中华人民共和国城市房地产管理法》《城市房地产开发经营管理条例》《建设工程质量管理条例》《建设工程安全生产管理条例》《民用建筑节能条例》等有关法律法规规定予以处罚。

第四节　本教材的主要内容框架与方法

一、房地产开发项目管理的主要内容

房地产开发与经营活动涉及房地产项目的投资机会选择与决策分析、前期工作、项目建设、房地产租售和物业管理等过程，也涉及不同性质的房地产开发与经营的企业和相关部门。因此，房地产开发项目管理的主要研究内容包括房地产开发项目管理导论、房地产市场及其运行规律、房地产开发投资决策和前期工作、房地产市场调查与分析、房地产开发项目定位与策划、房地产开发项目可行性研究、房地产开发项目投融资分析、房地产开发项目管理与控制、房地产开发经营中的税收管理、房地产市场营销与推广、物业管理、房地产开发项目信息化和一体化管理等。

本教材中房地产开发项目管理的主要内容结构框架如图 1-4 所示。

二、房地产开发项目管理的研究方法论

房地产开发项目管理是一门综合性的应用学科，应注重以经济学和现代经营管理理论为基础，汲取金融学、投资学、财税学以及工程项目管理等相关学科的专业知识，并将其灵活运用于房地产开发与经营活动中。因此，在房地产开发项目管理的研究中，既要注重理论研究，又要注重将理论研究运用于房地产开发与经营的实践中，根据房地产开发项目管理的特点与规律，建立相对完整的房地产开发项目管理的理论体系和内容框架。在研究方法方面，在理论分析的基础上，应结合具体实践引入相关的实务案例，能够使得研究内容直观、形象和生动；随着科学技术和管理水平的不断提高，定性和定量研究相结合也是房地产开发项目管理的常用研究方法论。

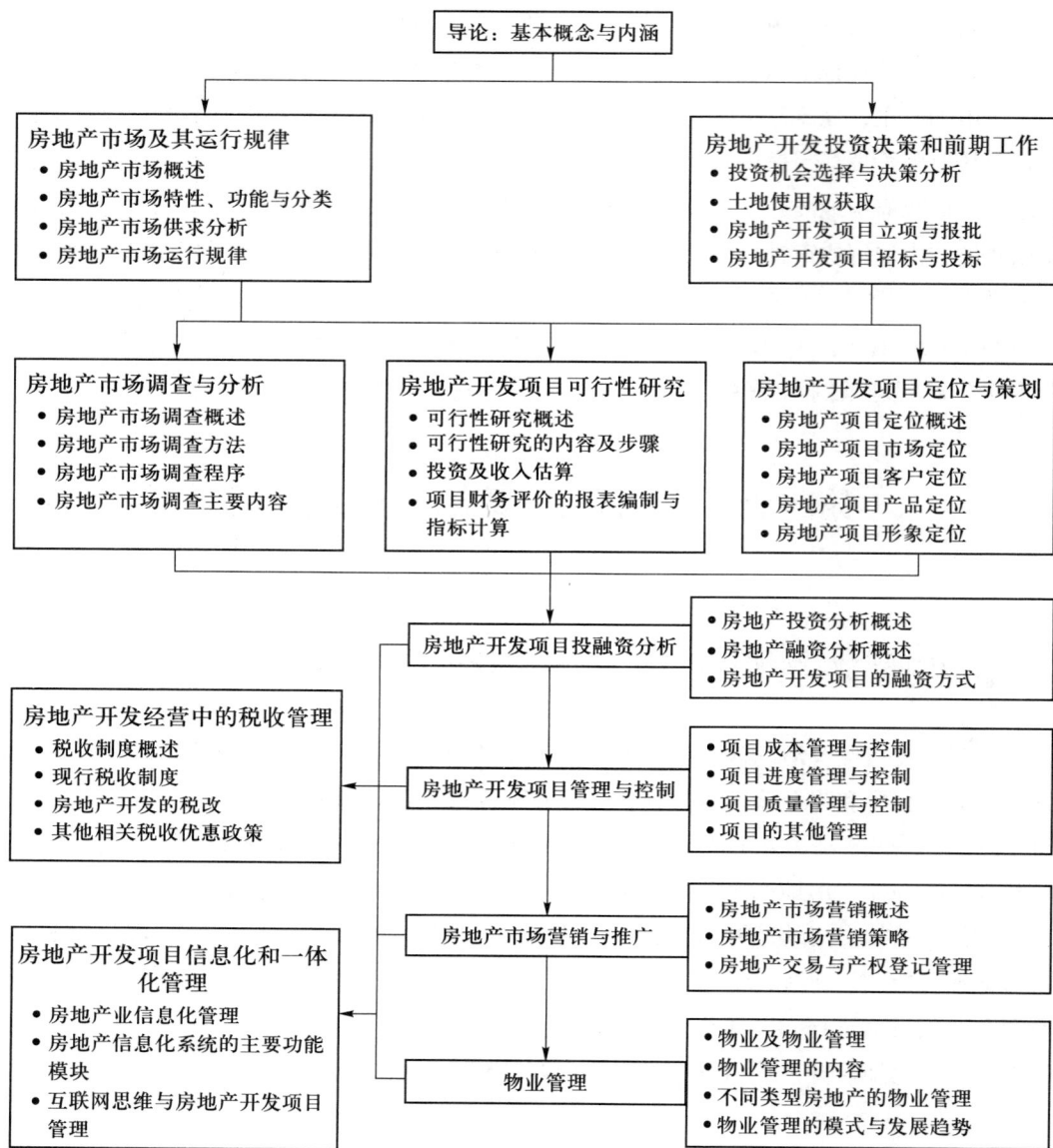

图 1-4   本教材的内容结构框架

本章小结

本章作为房地产开发项目管理的导论部分，首先介绍房地产与房地产业的基本概念、内涵等；其次介绍房地产开发与经营的概念与内涵、房地产开发的特征与分类、房地产开发模式和开发程序等；再次介绍房地产开发企业成立条件与程序、资质等级等；最后介绍本教材主要内容框架与研究方法论。

练习题

一、 即测即评

二、 思考题

1. 房地产的基本概念与属性是什么？

2. 房地产业的基本内涵是什么？

3. 如何理解房地产业的功能定位与作用？

4. 阐述房地产开发与经营的基本概念。

5. 房地产开发与经营的主要参与者有哪些？

6. 简述房地产开发的特点与分类。

7. 简述房地产的开发模式有哪些。

8. 简述房地产开发程序。

9. 简述房地产企业的成立条件与程序。

10. 申请核定资质等级的房地产开发企业， 应当提交哪些证明文件？

补充阅读

我国公积金制度的演进与发展

第二章

房地产市场及其运行规律

本章学习目标

□ 掌握：房地产市场的概念与运行环境；房地产市场特性、功能和分类；房地产供给、需求和价格分析——概念、特征及其影响因素。

□ 熟悉：房地产市场的运行规律。

□ 了解：影响房地产市场变化的社会经济力量；房地产市场景气循环、房地产周期的概念；房地产泡沫与过度开发及其原因。

第一节　房地产市场概述

要想准确了解房地产市场现状，把握其运行规律，首先要了解房地产市场的概念。

一、 房地产市场的概念

狭义的市场是买卖双方就某种商品进行交易的场所。广义的市场是指某一时间内的交易总和。房地产是一种特殊的商品，不可移动性是它与劳动力、资本以及其他类型商品的最大区别。虽然土地和地上建筑物不能移动，但可以被个人或单位拥有并且给拥有者带来利益，相应地产生了房地产买卖、租赁、抵押等交易行为。因此，传统意义上的房地产市场，是指从事房地产交易活动的场所。随着电子商务时代的到来，交易双方不再需要到一个特定的场所去交易，市场的概念就进一步扩大为一切途径和形式的交易活动安排。

房地产开发经营与管理活动中涉及的房地产市场，采用了房地产经济学中对房地产市场的定义，指潜在的房地产买者和卖者，以及当前的房地产交易活动。

可见，房地产市场由参与房地产交易的当事人、作为交易对象的房地产资产以及交易制度、促进交易的组织机构等构成。它们反映房地产市场运行中的种种现象，影响着房地产市场的运行质量和发展趋势。

二、 房地产市场的运行环境

房地产市场的运行环境是指影响房地产市场运行的各种因素的总和。在整个市场经济体系中，房地产市场并不是孤立存在的，它时刻受到社会经济体系中各个方面因素的影响，同时也会对这些因素产生反作用。按照这些影响因素的性质，可以将房地产市场的运行环境分为社会环境、政治环境、经济环境、金融环境、法律制度环境、技术环境、资源环境和国际环境。

（1）社会环境是指一定时期和一定范围内人口的数量及其性别、年龄、职业、教育等结构，家庭的数量及其结构，各地的风俗习惯和民族特点等。

（2）政治环境是指政治体制、政局稳定性、政府能力、政策连续性以及政府和公众对待外事投资的态度等。它涉及资本的安全性，是投资者最敏感的问题之一。

（3）经济环境是指在整个经济系统内，存在于房地产业之外，但又对房地产市场有影响的经济因素和经济活动。例如城市或区域经济总体发展水平、就业状况、居民收入与支付能力、产业与结构布局、基础设施状况、利率和通货膨胀率等。

（4）金融环境是指房地产市场所处的金融体系和支持房地产业发展的金融资源。金融体系包括金融政策、金融机构、金融产品和金融监管。金融资源则涵盖了针对房地产权益融资和债务融资的金融服务种类和金融支持力度等。

（5）法律制度环境是指与房地产市场有关的现行法律法规与相关政策，包括土地制度、产权制度、税收制度、住房制度、交易制度等。

（6）技术环境是指一个国家或地区的技术水平、技术政策、新产品开发能力以及技术发展动向等。

（7）资源环境是指影响房地产市场发展的土地、能源、环境和生态等自然资源条件。

（8）国际环境是指经济全球化背景下国际政治、经济、社会和环境状况或发生的事件与关系。它是一种动态的过程，是国家以外的结构体系对一国的影响和一国对国家以外结构体系的影响所做出的反应之间的相互作用、相互渗透和相互影响的互动过程。

房地产市场运行环境及其影响因素如表2-1所示。

表2-1 房地产市场的运行环境及其影响因素

房地产市场的运行环境	影 响 因 素
社会环境	人口数量和结构、家庭结构及其变化、家庭生命周期、传统观念及消费心理、社会福利、社区和城市发展形态等
政治环境	政治体制、政局稳定性、政府能力、政策连续性，政府及公众对待外资的态度等

续表

房地产市场的运行环境	影响因素
经济环境	经济发展状况、产业与结构布局、基础设施状况、工资及就业水平、家庭收入及其分布、支付能力与物价水平等
金融环境	宏观金融政策、金融工具完善程度、资本市场发育程度等
法律制度环境	土地制度、产权制度、税收制度、住房制度、交易制度和城市发展政策等
技术环境	建筑材料、建筑施工技术和工艺、建筑设备的进步，信息技术和节能减排技术、可持续发展技术的发展和应用等
资源环境	土地、环境和能源等资源约束
国际环境	经济全球化和国际资本流动、一带一路等

三、 影响房地产市场变化的社会经济力量

房地产业的发展与经济社会发展息息相关，其中影响房地产市场转变的主要力量包括：

1. 金融业的发展

房地产业作为产业出现时，金融资本供给方的决策会直接影响房地产市场的价格，进而影响市场供给及人们对房地产价格和租金水平的预期，从而导致空置情况及实际租金水平的变化。金融和资本市场的支持，对我国房地产市场迅速发展和房地产价格水平的提升，起到了不可替代的重要作用。

2. 信息、通信技术水平的提高和交通条件的改善

信息、通信技术水平的提高和交通条件的改善大大缩短了不同物业之间的相对距离，推动了不同地域消费品的交流，降低了全社会的沟通成本和时间成本，这无疑会改变人们固有的物业区位观念，增加对不同位置物业的选择机会，促进不同地区间的资本流动。

3. 生产和工作方式的转变

第三产业的发展壮大、劳动密集型产业向资金密集型和技术密集型产业的转变、高新技术产业的发展等，促进了人们工作和生活居住模式及观念的转变，居家办公、网上购物、跨区域甚至跨国服务采购与外包等模式的出现，使房地产空间服务需求特点发生了重大改变。

4. 人文环境的变化

社会老龄化、家庭小型化、受教育程度的提高等，使人们对住房的认识以及住房消费观念与消费模式发生了巨大变化，老年住宅、青年公寓、第二居所和季节性住宅等概念应运而生。

5. 自然环境的变化

城市环境污染、农村人口大量涌入城市所产生的社会问题等导致住宅郊区化；环境问题和社会问题的解决、土地资源的约束，使城区内住宅重新受到青睐。

6. 政治制度的变迁

住房问题的社会政治性特征，使各国政府都将住房政策作为其施政纲领中的重要内容。为了实现住房政策中关于提供公平住房机会，稳定住房市场的目标，政府会根据不同时期住房问题的特点和社会经济发展状况，通过产权政策、土地政策、金融政策、税收政策、市场规制政策和财政补贴政策等，对房地产市场进行不同程度的干预。

第二节　房地产市场特性、功能与分类

一、房地产市场的特性

房地产市场作为市场体系的组成部分，具有市场的一般规律性，如受价值规律、竞争规律、供求规律等的制约。但由于房地产具有区别于其他商品的特性，所以房地产市场具有一系列区别于一般商品市场的特性，包括市场供给的垄断性、广泛的经济外部性和市场信息的不对称性等。

1. 市场供给的垄断性

由于房地产的供给量在短期内难以有较大的增减，房地产市场供给在短期内缺乏弹性；由于房地产的位置、环境、数量、档次的差异，市场供给具有异质性；由于土地的有限性、不可再生性和土地所有权的排他性，导致房地产供给难以形成统一的竞争性市场，使表面存在激烈竞争的房地产市场很容易形成地域性的垄断。一般来说，在垄断的房地产市场中，开发企业会倾向于使用减少供给从而获得垄断价格的手段对消费者进行价格歧视，这将在总体上造成社会福利的损失。如北京市虽然有很多房地产开发企业，但它们实际上并非在同一市场上进行竞争，其定价采取了价格领袖制的形式。

2. 市场需求的广泛性和多样性

房地产是人类生存、享受、发展的基本物质条件，是一种基本需求，市场的需求首先具有广泛性。与市场供给的异质性相吻合，需求者购置房地产时通常有不同的目的和设想，可以是自用或投资，也可以是常住或季节性使用，因而需求具有多样性。

3. 市场交易的复杂性

由于房地产商品本身不能移动，房地产市场交易是房地产产权的流转及其再界定。房地产交易通常需要经过复杂和严密的法律程序，耗费时间较长，交易费用较多；加之缺乏市场信息，市场交易通常需要房地产估价师或房地产经纪人等专业人员提供服务。

4. 房地产价格与区位密切相关

房地产的不可移动性,使房地产价格与其所处的区位密切相关,区位可以决定房地产价格的 60%~70%。由于人口不断增长、土地资源不可再生和经济社会不断发展,房地产价格的长期趋势是总体向上发展;但现实价格是在长期上涨趋势下个别形成的,受到经济周期、市场预期、社会经济政治事件及交易主体个别因素影响而呈现出短期波动。

5. 广泛的经济外部性

经济外部性是指一个经济主体的活动对另一个主体的影响并不能通过市场运作而在交易中得以反映的那一部分,分为正外部性和负外部性。正外部性是某个经济行为个体的活动使他人或社会受益,而受益者无须花费代价。负外部性是某个经济行为个体的活动使他人或社会受损,而造成外部不经济的人却没有为此承担成本。

房地产市场的外部性问题非常突出。例如,房地产市场的发展为地方政府带来了丰厚的土地出让收入,使之能有更多的资金用于城市基础设施建设和环境改善,从而产生了正外部性;房地产价格迅速上升,会导致居民家庭住房支付能力下降,引发住房问题,也会导致潜在金融风险增加甚至引发金融危机,进而影响整体经济的持续稳定发展,从而产生了负外部性。

6. 市场信息的不对称性

信息不对称性,是指在市场交易中,产品的卖方和买方对产品的质量、性能等所拥有的信息是不对称的,通常产品的卖方对自己所生产或提供的产品拥有更多的信息,而产品的买方对所要购买的产品拥有很少的信息。由于房地产具有的不可移动性、异质性、弱流动性和价值量大等特性,导致房地产质量离散,交易分散、不频繁且私密性强,使卖方对房地产信息的了解程度要远远高于买方,进而导致房地产市场中存在更严重的信息不对称问题。因此,在缺乏完善的法律保护的情况下,消费者的利益就很容易受到损害,甚至出现"逆向选择"和"道德风险"等问题。解决房地产市场信息不对称问题的主要途径是发展房地产估价等专业服务业,加强房地产市场信息的发布工作,提高房地产市场的透明度。

以上六个方面是房地产市场的主要特征,但具体到某一国家或地区的房地产市场,还要受其社会经济环境的影响,尤其是受到社会体制的制约。因为不同社会体制形成了不同的房地产所有权与使用权制度,从而使房地产市场的上述特性也存在较大差异。例如在我国土地公有制下,房地产权益通常是由一定期限的土地使用权和永久的房屋所有权组成;而在土地私有制国家,房地产权益通常包括了永久的土地所有权和房屋所有权。

■ 二、 房地产市场的功能

在任何市场上,某种商品的均衡价格反映了当时的市场供求状况。价格不仅预示市场的变化及其趋势,还可以通过价格信号来指导买卖双方的行为。简言之,价格机制是通过市场发挥作用的。房地产市场的功能表现为以下几个方面:

1. 配置存量房地产资源和利益

由于土地资源的有限性，以及房地产开发建设周期较长而滞后于市场需求的变化，所以房地产资源必须在各种用途和众多想拥有物业的人和机构之间进行分配。通过市场机制的调节作用，在达到令买卖双方都能接受的市场均衡价格的条件下，就能完成这种分配。

2. 显示房地产市场需求变化

可以通过一个简单的例子说明市场的这种功能。假如居民想搬出自己租住的房子而购买并拥有自己的住宅，则市场上住宅的售价就会上升而租金就会下降。如图 2-1 所示，售价从 OP 上升到 OP_1，租金从 OR 降到 OR_1。

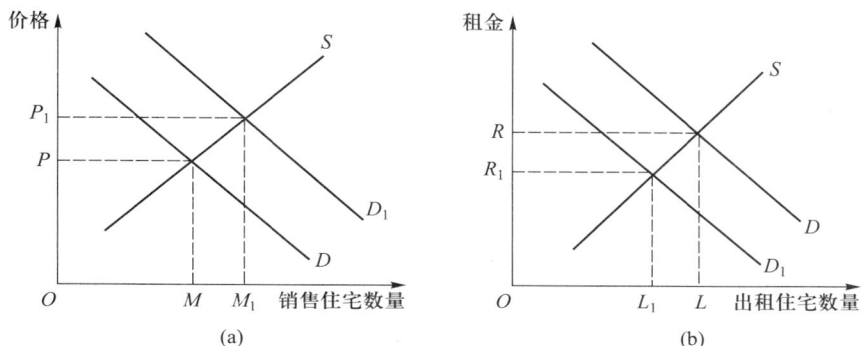

图 2-1　销售和出租住宅需求变化示意图

引起需求增加或减少的原因主要有：未来预期收益变化；政府税收政策的影响；收入水平变化或消费品位变化；原用于其他方面资金的介入和土地供给的变化。

3. 指导供给以适应需求的变化

房地产市场供给的变化可能由下述两个方面的原因引起：

（1）建设新的房地产项目或改变原来物业的使用方式。例如在图 2-1（b）中，由于部分需求从出租住宅转向出售住宅，租金下降至 OR_1，出租住宅的供给量从 OL 降到 OL_1，LL_1 就可以转换成出售住宅，因为出售住宅的需求量增加 MM_1。最后形成了均衡价格 OP_1 和均衡租金 OR_1。

（2）某类物业或可替代物业间的租售价格比发生变化。根据当地各类房地产的收益率水平，同类型的物业都存在一个适当的租金售价比例。如果售价太高，那么对出租住宅的需求就会增加，反之亦然。用途可相互替代的不同类型物业之间的租金售价相对变化也会引起需求的变化。

应该指出的是，房地产市场供给的这些变化需要一定的时间才能完成，而且受房地产市场不完全竞争特性的影响，这一变化所需要的时间相对较长。同时，对市场供给与需求的有效调节还基于如下假设：所有的房地产利益是可分解的，并且有一个完全的资本市场存在。但实际上这些假设条件是很难达到的。例如银行的信贷政策往往受政府宏观政策的影响，因此并非所有的人都能够获得金融机构的支持；为了整个社会的利益，政府还会通过城市规划、售价或租金控制等政策干预市场。房地产市场的不完全竞争性，使之不可能像证券市场、外汇市场及期货市场等一样在短时间内达到市场供需均衡。

由于房地产市场通常需要一年以上的时间才能完成供需平衡的调节过程，可能出现新的平衡还未达到，又出现新的影响因素而造成新的不平衡的情况，所以，用"不平衡是绝对的，平衡是相对的和暂时的"来描述房地产市场是再恰当不过的了。

4. 指导政府制订科学的土地供给计划

我国城市土地属于国家所有，这为政府通过制订科学的土地供给计划来适时满足经济社会发展带来的空间需求、调节房地产市场的供求关系提供了最可靠的保证。然而，制订土地供给计划首先要了解房地产市场，通过对市场提供的房地产存量、增量、交易价格、交易数量、空置率、吸纳率和市场发展趋势等市场信号的分析研究，结合政府在土地利用、耕地保护、城市发展和住房保障等方面的政策倾向，才能制订出既符合市场需要、可操作性强，又能体现政府政策和意志的土地供给计划。

5. 引导需求适应供给条件的变化

供给在很大程度上影响和引导着需求。例如调整住房供应的户型结构，增加中小户型供给，就会使居民逐渐减少对大户型住宅的依赖。再如，随着建筑技术的发展，在地价日渐昂贵的城市中心区建造高层住宅的综合成本不断降低，导致高层住宅的供给量逐渐增加，价格相对于多层住宅逐渐下降，城市居民就会纷纷转向购买高层住宅，从而减少了城市中心区对多层住宅需求的压力，也使减少多层住宅的供给成为很自然的事。因此，市场可以引导消费的潮流，使之适应供给条件的变化。

三、 房地产市场的分类

基于不同研究的目的，进行房地产分类的标准及分类的结果也不相同。通常，我国的房地产市场可以按区域、地上物类型、交易顺序和交易方式等进行分类。

1. 区域性房地产市场

根据房地产的地域特性不同，可以将房地产市场分为各个地域市场，如广东房地产市场、北京房地产市场、重庆房地产市场等。

2. 分类型房地产市场

根据房地产的类型，房地产市场可以分为土地市场和物业市场。就每一物业市场，根据物业类型的不同，还可以分解为许多子市场，如住宅市场、写字楼市场、零售物业市场等。对每一子市场，又可以按物业的档次和等级进行细分，如甲级写字楼市场、乙级写字楼市场等。

3. 分级别的房地产市场

根据房地产交易的顺序，可以将房地产市场分为一级房地产市场、二级房地产市场和三级房地产市场等。

4. 分交易方式的房地产市场

按照交易方式的不同，房地产市场可以分为房地产销售市场、租赁市场、抵押市场和保险市场等。

第三节　房地产市场供求分析

房地产市场供给与需求是房地产市场运行的基础，也是房地产市场价格的基本决定因素。房地产需求反映的是消费者和投资者的选择行为和决策过程；房地产供给则体现了房地产开发商或房地产资产所有者对市场的判断和对成本、收益的权衡。

一、　房地产供给分析

（一）房地产供给

经济学分析的供给是指在某一特定时期内，在每一价格水平上生产者愿意并且能够生产的一定数量的商品或劳务或生产出一定数量的商品后愿意并且能够售出的商品或劳务数量。从微观经济角度，房地产供给是指生产者（开发商）或房地产卖方（房地产拥有者）在某一特定时期内，在每一价格水平上愿意而且能够租售的房地产商品量；从宏观经济角度，房地产供给是指房地产总供给，即在某一时期内全社会或某一地区内房地产供给的总量，包括实物总量和价值总量。

由上述定义可见，形成供给有两个条件：一是房地产开发商或拥有者愿意供给；二是房地产开发商或拥有者（出售人或出租人）有能力供给，这主要取决于房地产开发商的经济实力和经营管理水平。如果房地产开发商或拥有者对某种房地产虽然有提供出售的愿望，但没有提供出售的能力，则不能形成有效供给。在现实中，某种房地产在未来某一时间的供给量为：供给量＝存量−拆毁量−转换为其他种类房地产量＋其他种类房地产转换为该种房地产量＋新开发量。

作为城市房地产开发主要的生产要素，城市土地的有限性、不可再生性以及稀缺性，决定了土地供给缺乏弹性，尽管随着技术条件的提高，可以改变土地的利用强度和实现多种用途的互相转换，但总的来说，土地的供给总量基本上是恒定的。其次是国家对土地的垄断性，我国实行的是土地所有权公有制，城市土地的所有权属于国家，在房地产交易市场中，交易的只是土地使用权，而各级政府是土地使用权市场的唯一供给者，因而城市土地市场的供给具有垄断性。城市土地供应的缺乏弹性和一级市场的垄断性决定了房地产供给受土地供应量、供应方式和供应结构的制约特别明显，因而土地供应也就成为政府对房地产市场实施宏观调控的重要手段之一。

另外，房地产的建设周期较长，一般需要 2~3 年时间，这就决定房地产产品不可能在短期内有较大的改变。但从房地产的长期供给看，城市土地利用强度的提高和用途的改变，会使得土地的市场供给有一定的弹性。

（二）房地产供给的影响因素

影响和决定房地产供给的因素是多方面的，主要有以下因素：

（1）房地产市场价格。房地产市场价格是影响房地产供给的首要因素，按照供给法则（Law of Supply），在成本既定和其他条件不变的情况下，市场价格的高低将决定房地产开发企业是否盈利和盈利多少，房地产供给曲线的斜率为正，即房地产价格越高，房地产供给量越大。一般而言，当价格低于某一特定水平，则不会有房地产供给，高于这一水平，才会产生房地产供给，而且供应量随着价格的上升而增加，随价格的降低而减少。

（2）土地价格和供给数量。城市房地产的供给能力，在很大程度上取决于能够供给城市使用的土地数量。土地价格是房地产成本的重要组成部分，土地价格的提高，将提高房地产的开发成本，对此房地产开发商一般会采用两种可选对策：一是增加容积率，使单位建筑面积所含的地价比重下降，消化地价成本的上升，从而有利于增加房地产供应；二是缩小生产规模和放慢开发进度，从而会引起房地产供给的减少。

一般来说，一个国家经济发展水平越高，特别是农业生产力越高，则可提供给城市使用的土地就越多。改革开放以来，中国农业发展迅速，为城市土地的扩大创造了条件。但也应注意到，中国人多地少，人地矛盾十分尖锐，对于不恰当地过多占用耕地，必须加以制止。

（3）资金供应量和利率。由于房地产的价值量大，开发建设需投入大量资金，除自有资本金投入外，还需银行等金融机构开发贷款的支持，据统计，房地产开发资金中直接和间接来自银行贷款的约占 60%，对银行贷款的依赖度很高。因此，国家的货币政策对房地产供给的影响极大。若货币供应量紧缩，对企业的开发贷款减少，建设资金紧缺，必然导致房地产供给量下降；反之亦然。同时，房地产开发贷款利率的高低也会给房地产供给带来重大影响，若银行的贷款利率提高，会增加利息成本，在销售价格不变的情况下势必减少利润，影响其开发积极性，导致供给量减少；反之亦然。所以，银行的信贷政策是调节房地产供给的重要因素。

（4）税收政策。税收是构成房地产开发成本的重要因素，我国各种税费约占房地产价格的 10%~15%。房地产税收制度的设立、调整，都直接和间接影响到房地产投资者的收益，影响房地产投资者对房地产的投入，从而影响房地产市场供给。如果实行优惠税收政策，如减免税收和税收递延，就会降低房地产开发成本，使同量资金的房地产实物量的供给增加，会提高开发商盈利水平，从而吸引更多的社会资本从事房地产开发，最终会增加房地产的供给量。反之，若增加税费，则会直接增加房地产开发成本，使同量资金的房地产实物量的供给减少，会降低开发商盈利水平，使开发商缩小其投资规模，甚至将资本转移到其他行业中去，从而会导致房地产的供给量的减少。

（5）建筑材料的供应和建筑技术。建筑材料如钢材、木材、水泥、平板玻璃以及建筑陶瓷等，其供应能力是制约房地产开发规模和水平的物质基础。建筑能力包括建筑技术水平、装备水平、管理水平以及建筑队伍的规模等因素，是决定房地产供应水平的直接因素。改革开放以来，中国建材工业和建筑业有了长足的发展，技术水平、装备水平、管理水平及职工队伍素质都有很大的提高，一方面，使得原来不能利用的土地变为可以利用，土地的集约利用提高了房地产开发的经济效益；另一方面，建筑技术的进步改变着城市不同种类房地产的供给状况。如建筑设计的创新、新型环保建筑材料的使用、施工技术的改进和产品质量的提高，能够为人们提供更便利、更舒适、更美观等更多、更强功能的房地产住宅及其他建筑物，从而寻求和扩大新的房地产供给。所以，房地产供给水平也必须与建材的供应能力相适应。

（6）房地产开发商对未来的预期。这种预期包括对国民经济发展形势、通货膨胀率、房地产价格、房地产需求的预期，以及对国家房地产信贷政策、税收政策和产业政策的预期等，其核心问题是房地产开发商对盈利水平即投资回报率的预期。若预期的投资回报率高，开发商一般会增加房地产投资，从而增加房地产供给；若预期的投资回报率低，开发商一般会缩小房地产投资规模或放慢开发速度，从而会减少房地产供给。

除上述的影响因素外，风俗习惯、公共舆论、环境意识、社会经济发展水平和社会需求等，对城市房地产供给也存在影响。由于城市房地产开发具有"扩散效应"，某地段的土地开发会对毗邻土地价值和使用价值产生影响，从而引起房地产供给的变化。人们对环境质量的关注，对土地资源保护的重视，对公园、绿地及公共服务设施的关注等，都会影响着城市某些特定用途的土地和建筑物的供给。

■ 二、房地产需求分析

（一）房地产需求

经济学分析的需求是指在一定的时期，在一既定的价格水平下，消费者愿意并且能够购买的商品数量。从微观经济的角度，房地产需求是指房地产消费者（包括生产经营性消费主体和个人消费者），在特定的时期内、一定的价格水平上，愿意购买而且能够购买的房地产商品量。这里的房地产需求是指有支付能力的需求，即有效需求。从宏观经济的角度，房地产需求是指社会对房地产市场的总需求，而在某一时期内全社会或某一地区内房地产需求总量，包括实物总量和价值总量。房地产需求形成的条件：一是消费者愿意购买，即有购买欲望；二是消费者能够购买，即有支付能力。

与一般商品的需求相比较，房地产需求具有显著的特点：一是房地产需求的整体性。由于房地产是地产和房产的结合体和统一物，土地是房屋的物质载体，二者不可分割，因而房地产需求包含了对房产和土地的需求。二是房地产需求的区域性。由于房地产空间的固定性且具有不动产的特性，其位置不可移动，这就决定了房地产需求的区域特性。一方面，一定地域或一个城市房地产市场需求绝大部分来自本地区或本区域内的工商企业和居民的需求；另一方面，在同一城市的不同地段房地产市场需求也可以有很大差异，如在市中心地区、次中心地区和城市郊区，人口密集度、地区级差和房价等不同，都会形成不同的房地产需求。三是房地产需求的层次性（主要是针对住宅房地产）。第一层是指住宅的功能性需求层次。住宅作为生活资料，可以满足人们生存性需求、享受性需求和发展性需求，随社会经济增长和收入增加，在满足基本生存需要的基础上，享受性需求和发展性需求会越来越上升到主要地位，因此，为适应这种需求的变化趋势，住宅的设计、房型、设施、科技含量、环境与品位也要不断提高。第二层是指住房消费需求的结构性层次。由于居民的收入结构和购房承受能力是分为不同层次的，因而相应的住宅消费需求结构也划分为不同层次，从档次结构看可以分为高档住房、中档住房和低档住房；从价位结构看可以分为高价位住房、中价位住房和低价位住房等。

房地产需求的性质可分为两种类型：

（1）生产性需求：是指物质生产部门和服务部门为满足生产经营需要而形成的对房地产商品的需求，其需求的主体是各类企事业单位和个体工商业者。如厂房、商铺、办公用房、服务行业用房以及其他生产经营性用房等产生的需求。

（2）消费性需求：是由人们的居住需要而形成的房地产需求，主要是住宅房地产需求，其需求的主体是居民家庭。居住消费需求类型又可以分为花园别墅、高层住房、普通住房等各种不同档次的住房需求。

（二）房地产需求的影响因素

影响房地产需求的因素主要有以下几方面：

（1）房地产价格。对于房地产产品和服务而言，按照需求法则（Law of Demand），房地产价格是影响房地产需求的重要因素，即在其他条件不变的情况下，某一房地产产品和服务的价格越低，消费者对该产品的需求量就越大；而该产品和服务的价格越高，消费者对该产品的需求量就越小，并可以推断房地产产品的需求曲线是一条从左上向右下倾斜、斜率为负的曲线。

（2）社会经济发展水平。一国或一个地区的社会经济发展水平是影响房地产需求的决定性因素。一般来说，房地产需求水平与国民经济发展水平呈现出一种正相关的关系，即一个国家或地区经济发展水平高，相应促使其房地产需求的水平也比较高，反之亦然。国民经济发展水平对房地产需求的影响主要来自两个方面：一是投资规模。投资规模的扩大，拉动生产经营性用房需求增加，从而扩大了对工业厂房、商铺、办公用房等的需求。二是国民收入水平。随着经济发展国民收入增加，企业的扩大再生产能力提高，个人的可支配收入增长，必然会增大对房地产的生产性需求和消费性需求。

（3）居民收入水平和消费结构。居民收入水平与房地产需求呈正方向变动的关系。从住宅消费需求的角度分析，在住房价格既定的前提下，居民的收入水平和消费结构对住房需求具有决定性作用。

首先，居民收入水平的提高直接拉动居住消费需求的增加。中国城镇居民长期以来受收入水平低的制约，居住水平和居住质量都比较低，改革开放以后随着收入较大幅度增加，改善住房条件的愿望十分迫切，促使住宅的需求数量和质量急速提高，从而成为房地产市场发展的强大推动力量。

其次，居民收入水平的提高，还促使居民的消费结构发生重大的、质的变化，在住房制度改革以前，由于实行实物福利分房制度，房租较低，房屋租金只占居民生活消费的2%~3%；住房分配货币化后，多数居民购买商品房，同时房租也逐渐上升到商品房租金水平，居住消费在家庭生活消费支出中的比例也相应上升到10%以上。此外，随着消费者的受教育水平的提高，及其对现代物质、文化生活的追求，进而提出对住宅内部结构、功能改变的要求，以及对整个居住的外部环境、城市的各类服务设施也提出新的需求。

（4）城镇化水平。城镇化是社会经济发展的必然趋势。城镇化包括城市数量的增加、规模的扩大和城市人口的增多等。城镇化水平的高低也是影响房地产需求的重要因素，主要体现在：一是伴随城市数量的增加和规模的扩大，必然要加快城市建设，例如，城镇化进程需要更多的厂房、商业办公楼、银行、学校、医院以及基础设施建设，对各类房地产提出更多更大的需求；二是城市人口的增多，既增加了对城市住宅的巨大需求，又增加了安排就业对生产经营性房地产的需求；三是城市建设的发展，需要进行旧区改造和实施重大建设工程，由此必然要进行旧城区的动拆迁，引致动拆迁户的大量住房需求。我国2014年常住人口城镇化率为54.77%，根据联合国预测，2015—2030年，中国城镇化水平仍有超过10%的提升空间，由此，大量农村人口进城就业和生活，房地产市场的潜在需求很大，必将带动中国房地产业长期持续发展。

（5）国家有关经济政策。房地产需求还受到土地政策、财政政策、货币政策和住房政策等国家有关经济政策的制约。土地政策和财政政策的调整会对房地产价格产生重大影响，进而影响房地产需求。同时房地产货币政策的变动还会增加或减少购房者的负担，发挥抑制或促进居民购房需求的作用：一是贷款利率的升高或降低，会影响投资成本和收益率，从而抑制或促进生产性需求和投资性需求；二是贷款利率的升高或降低会从开发商和居民消费等两方面影响房地产消费性需求。国家的住房政策也是影响住房需求的重要因素。实物福利分房制度，抑制对商品住房的需求；而改革以后实施住房分配货币化政策，则促使居民购买商品房，扩大了对商品住房的需求。

（6）消费者对未来的预期。对未来的预期主要是对未来经济发展形势的预测，是一种消费心理对房地产需求的影响，带有主观判断的色彩。一般而言，未来经济预期对房地产投资需求和消费需求的影响是有差异的。对于房地产投资需求而言，需求者更关心未来经济增长的趋势，未来经济增长对房地产投资需求的影响比房地产价格对房地产投资需求的影响更大。未来经济增长趋势的良好预期，将刺激房地产投资需求的增加；反之，将导致房地产投资需求的减少。居民对住宅价格的预期是影响房地产需求的主要因素。在住宅价格下跌时，即使下跌幅度很大，如果人们预期房价还会下跌，也会持币待购，不肯轻易入市；反之，当住房价格上涨时，如果人们预期房价还会上涨，也可能进入市场，使得需求不断增大。但从长期来看，未来经济的长期、持续、稳定发展趋势，使得土地资源更加稀缺，房地产价格将长期上涨，而房地产的投资需求和消费需求总是增加的。

总之，人们对房地产的需求，受到自然、经济、社会等多方面因素影响，而对房地产需求的影响程度，则会随着各种因素的变化而变化。

■ 三、 房地产价格及影响因素

（一）房地产价格

房地产价格是指建筑物连同其占用土地的价格，即房地产价格是土地价格和建筑物价格之和，是房地产经济运行和资源配置最重要的调节机制。房地产的内在价值是房地产价格形成的基础。当房地产企业在制定某一房地产商品的销售价格时，首先考虑的是生产成本，同时获取一定的利润。因此，商品房的价值构成即生产成本加开发利润就成为房地产价格形成的基础。作为消费者，在购房时，不仅要满足自己的使用需要，而且必然要考虑到"物有所值"，能带来相应的物质利益，房地产的内在价值也成为购房决策的重要依据。

与其他商品价格相比，房地产价格具有其自身的特征：

1. 具有明显的权属特征

现代产权经济学认为，商品交易的本质不是产品实物上的转移，而是一组权利的转让。因此，房地产价格实质上是权利价格。房地产权利是包括房地产所有权、使用权、抵押权等权利的"权利束"，即房地产权利是由一束权利组成的。房地产所有权是最完全、最充分的权利，由此派生出租赁权、抵押权、典当权。同时，又由于房地产使用价值的多样性，对于同一种房地产不同的人所需要的用途是不一样的，相应所需要的权利也就不一定相同，因而可以分享同一房地产的不同权利，这就形成不同权利价格，例如所有权价格、租赁权价格等。房地产产权是未来对房地产利用中如何获益、如何受损的权利。因此，能够用于交易并且具有价格形态的房地产产权一定是明确的、有收益能力的和可转让的。

2. 房地产价格形成机制的特殊性

房地产价格受到房地产需求量变动的影响比较大：一方面，由于城市土地供给缺乏弹性；另一方面，房地产建设周期长，供给有明显的滞后性，在一定时期供求关系不可能随时调整，一旦供过于求或供不应求，短时间难以对房地产供给做出及时调整。因此，房地产商品的供给相对缺乏弹性，房地产均衡价格(指市场供给和市场需求相平衡时的价格)的形成主要是由需求量的变动所决定的。另外，购房者投资置业，总是希望所购置的房地产能保值增值，因此，在购房时不只是考虑当前，而是更多地考虑未来的房地产发展趋势，因而价格预期的心理因素，就成为影响房地产价格长期走势的一个不可忽视的因素。

3. 房地产价格的地域性和差异性

相比一般商品存在的地区差价，房地产所在空间所占的位置具有固定性和不可移动性，决定了房地产的开发利用具有明显的地域特征。土地位置的差异影响到土地级差地租，进而影响到土地的级差地价。即使是设计、规格、品质等相同的房地产，位于不同的城市或在城市的不同区位(周边基础设施、邻里关系等存在差异)，其价格会有较大差异。一个按同一建筑设计方案所建筑的住宅小区，其中每一幢楼都有不同的具体位置，因而在出入方便程度、景观条件、受噪音影响程度等方面都互不相同，房价也必然有所差别；此外，同一幢楼中还有不同楼层、不同朝向、位置的区别，房价也会有差别，这就形成了房地产价格的差异性。因此，在一定程度上，位置(区位)是决定房地产的利用价值的主要因素。

4. 作为房地产价格基础的价值具有特殊性

一般商品都是人类劳动的产品，商品的价值量是由生产该商品的社会必要劳动时间来决定的。而作为构成房地产的主要生产要素，原始土地本身是非劳动产品，其价格是地租的资本化，只有在土地上的劳动才能以社会必要劳动时间来计量，因此，房地产不完全是劳动产品，房地产价格也不完全是由社会必要劳动时间决定的。由于土地是稀缺资源，不能再生，因而土地价格受到供求关系的影响较大，热点地区优质房地产市场需求的聚集性和土地供给的有限性，可能会拉动地价上涨，由此影响到房地产价格也呈现出上升的趋势。

5. 房地产价格总水平的趋势

一般商品的价格随供求关系的变动而上下波动，总趋势是随着劳动生产率的提高、单位产品成本的降低而趋于下降。而一个城市或地区的房地产价格总水平，虽然受供求关系影响会出现周期性上下起伏，但从一个较长时期看却大多呈现出上升趋势。我国商品房销售价格从 2000 年的 2 112 元/平方米上涨至 2018 年的 8 737 元/平方米，年平均涨幅达8.21%。房地产价格上涨主要是因为土地的稀缺性和供应量的有限性，需求拉动地价上升，同时，城市基础设施建设的展开，加之在土地上的劳动积累也使土地不断增值，地价上涨必然引起房地产不断涨价。此外，一个城市或地区房价还同经济发展水平密切相关，随着经济发展和收入水平提高，房屋的内在品质和外部环境不断改善，也使房价相应上升。当然，房地产价格上升不是直线式的，而是上下波动、螺旋式上升的。社会经济条件的改变，各种因素的影响(比如老龄化加剧以及人口出生数量减少)，也会使得不同地区的房地产价格上涨的幅度和速度有所差异。

6. 房地产价格具有较强的政策性

国家和各级地方政府政策法规、发展规划以及土地政策等直接或间接地影响着房地产市场，首先，政府直接参与了土地资源的配置、调控，政府的发展规划将对土地价格和房产的价格产生重大的影响。比如，新区规划为不同用途、区位地段的功能区，因其不同的潜在收益形成不同的市场价格。政府的财政政策、金融信贷政策以及经济适用房的开发等政策也将影响着房地产的投资开发、市场需求和价格变动。国家对"地根""银根"的紧缩政策，影响了消费者对购房的预期。房地产开发商利用市场信息的不对称，加之媒体宣传的放大作用，进一步强化了消费者的心理预期。由此可见，房地产价格具有较强的政策性。

（二）房地产价格的主要影响因素

根据各种影响房地产价格因素自身的性质，可以将其分为经济因素、社会因素、行政与政治因素、房地产内在因素和环境因素等，各种因素的影响通过市场的供求关系变化导致房地产价格的变化。

1. 经济因素

影响房地产价格的因素主要是国家、地区或城市的经济发展水平、经济增长状况、产业结构、就业情况、居民收入水平、投资水平、财政收支、金融状况。这些因素会影响房地产市场的总体供求状况，尤其是影响市场需求变化。一般而言，一个地区的经济发展水平越高，经济增长越快，产业结构越合理，就业率、收入水平和投资水平越高，财政收入越多，金融形势越好，房地产市场需求就越大，房地产价格总体水平也越高。反之，房地产价格总体水平越低。从我国的房地产业的发展历程看，尤其是住房货币化改革以来，经济发展水平、居民收入水平等一系列经济因素方面保持着持续、稳定、快速发展，房地产价格也一直保持长期稳定的增长趋势，而且，从全国范围的不同区域城市对比来看，由于经济因素方面存在的明显差异，导致北京、上海、广州、深圳等大城市与一般城市之间，房地产价格水平有较为显著的差异。此外，通货膨胀率、利率、汇率和股价也会对房地产价格产生直接或间接的影响。

2. 社会因素

影响房地产价格的社会因素包括人口、家庭、城市发展历史、城市化水平、社会治安、文化与教育等。其中，人口因素包括人口的数量、密度、结构（如文化结构、职业结构、收入水平结构等）；家庭因素指家庭数量、家庭构成状况等；文化与教育因素主要指文化氛围、风俗习惯、教育资源等。比如，房地产需求的主体是人，当人口数量增加时，其家庭单位也在增加，所需住房总量增加，引发房地产价格上涨；人口向城市地区集中的城市化进程，造成对城市房地产需求的不断增加，带动城市房地产价格上涨；随着社会的文明与进步，人们对提高教育水平的需求、对提升居住环境品质的要求，导致拥有良好教育资源、周边环境和完善的公共服务设施的住房，受到广大消费者的青睐，自然也会导致住房价格的上涨。此外，对于某一城市的某些特定区域，由于其独特的发展历史而始终成为房地产价格水平的高值区，如上海的外滩、徐家汇，厦门的鼓浪屿，青岛的八大关等。

3. 行政与政治因素

行政因素主要是国家或地方政府在财政、税收、金融、土地、住房、城市规划与建设、交通治安、社会保障等方面的一些制度、法规、政策和行政措施。政治因素主要指政局安定程度，国与国之间的政治、军事关系等。行政和政治因素都是由国家机器来体现的，因此它对房地产价格的影响作用也比较突出。如城市规划对一块土地用途、容积率、建筑高度等的约束条件，决定了这一地块价格的基本水平。与经济和社会因素不同，行政和政治因素对房地产价格影响作用的速度相对较快，如果说经济、社会因素的作用是渐变式的，则行政和政治因素的作用可以说是突变式的。如加强宏观调控，紧缩固定资产投资规模，收紧银根政策，会使所在地的房地产需求减少，房地产价格在较短的时间内迅速下跌。又如政府对个人购房给予减税、补贴、贷款优惠政策等都会导致房地产需求增加和房地产价格上涨。

4. 房地产内在和周边环境因素

房地产内在和周边环境因素主要是指房地产自身及其周边环境状态，如房地产的区位、面积、形状，建筑物的外观、朝向、结构、内部功能布局、设备配置状况、施工质量，以及所处环境的地质、地貌、气象、水文、环境污染状况等。首先，房地产自身的内在因素对房地产的建造成本和效用起着较大的制约作用，从而影响着房地产的价格。如地价上涨、建筑材料涨价，会带来成本推进型房价上升。商品房内在品质提高、效用增大也会造成内在品质提高型房价上涨。此外，房屋的朝向也会影响房价。在中纬度地区，朝南的住宅，就比朝北的住宅舒适，因而价格也更高。由于房地产的个别性，房地产价格受自身因素(特别是一些与自然有关的因素)制约的现象是非常明显的。另外，房地产的使用离不开其周围的环境，因此房地产周边环境的因素，也影响房地产的价格。如位于公园、绿地周边的住宅，由于其安静、空气清新、风景怡人的环境，价格往往也较高；反之，如果住宅紧临高速公路、机场等噪声源或垃圾处理场、臭河浜等视觉、空气污染源，则价格就较低。

除上述的影响因素之外，消费者的心理也是影响房地产价格的一个不可忽视的因素。比如，消费者的个人偏好、时尚风气、价值观等都会影响到房地产购买或出售的心理，进而影响房地产价格变化。

第四节　房地产市场运行规律

一、房地产市场的景气循环

经济社会发展带动或产生了对商业、居住和服务设施的空间需求，从而带来房地产市场的兴起。因此从本质上讲,房地产业的发展是由整体经济社会发展决定的。从一个较长的历史时期来看,经济社会发展表现为周期性的运动。相应地,房地产业的发展也存在周期性循环的特性。

1. 房地产景气循环的定义

房地产景气循环是指房地产业活动或其投入与产出有周期性的波动现象,且此现象重复发生。

2. 房地产景气循环的原因

房地产景气循环的主要原因包括:供需因素的影响,其中以金融相关因素的变动最为关键;市场信息不充分,导致从供需两方面调整不均衡的时间存在时滞;生产者与消费者心理因素的影响,如追涨不追跌、羊群效应、投机或非理性预期;政策因素的影响,如容积率控制、农地征用控制;政治冲击,如社会政治动荡;制度因素的影响,如预售制度的期货效应、中介等房地产专业服务制度的健全程度等;生产时间落差、季节性调整、总体经济形势等。

3. 传统房地产周期理论的主要内容

传统房地产周期理论的主要内容包括:在市场供求平衡的前提下,房地产市场会正常运作,且这种平衡性会持续一定的时期;在此时期内,投入房地产的资金的利润预期保持不变,投资者具有自我调节投资量的能力。房地产市场发展呈现一种自我修正的周期性,且不同周期之间的时间差异和投资回报差异微乎其微。

根据传统房地产周期理论,房地产市场的发展呈现出一种自我修正的模式。在每一个运行周期中,均经过扩张、缓慢、萧条、调节、复苏和再次扩张的各个阶段。具体是:确认对新入住或使用空间的需求,促使新建筑产生;受到新建筑的刺激而导致经济扩张;经济的持续扩张进一步刺激新建筑;新建筑超过空间需求,导致超额建筑;调节,因需求减少而导致新建筑活动剧烈减缓;复苏,需求开始增加而消化已有超额建筑;恢复到空间市场供需均衡状况;经济的持续扩张导致对新建筑需求的增加;确认对新入住或使用空间的需求,促使新建筑产生。

4. 分析房地产周期运动的新观念

上述传统房地产周期理论在政治、经济状况基本稳定或预期稳定的情况下是有效的。但是,均衡是瞬间的状态,不均衡才是真实的、永续的。因此,建立在市场均衡前提下的传统房地产周期理论在实践中不可能得到广泛的应用。从现代房地产周期研究的结论来看:经济扩张与创造就业已不再是线性关系;就业机会增加与空间需求也不再同比增长;经济活动的扩张不再立即导致新建筑增加(如经济复苏不会立即导致新建筑产生)。在一个稳定可预测的经济环境中,了解长期、未来力量及其内涵相对来说并不十分重要,但在不确定、不连续且正处于转变的经济环境中,必须强调对未来可能变化的全盘了解,而不仅是利用过去作预测。

5. 房地产市场的自然周期

不论供给是短缺还是过剩，需求是超过还是少于现存的供给数量，市场机制的作用总能在市场周期运动中找到一个供需平衡点(从供给的角度来说,在这平衡点上允许有一定数量的空置)。尽管不能精确地确定平衡点的位置，但研究表明，从历史多个周期变化的资料中计算出的长期平均空置率(又称合理空置率或结构空置率)，就是房地产市场自然周期中的平衡点。从供需相互作用的特性出发，房地产市场自然周期可分为四个阶段(图 2-2)。

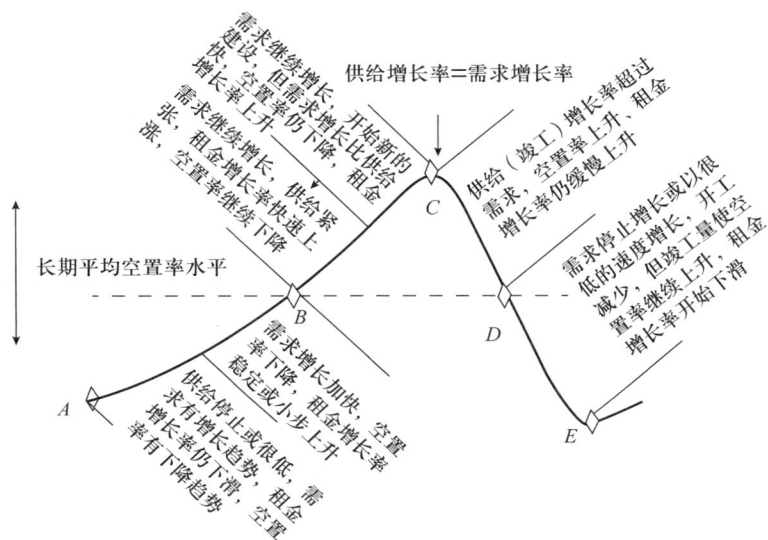

图 2-2　房地产市场自然周期

(1) 自然周期的第一个阶段始于市场周期的谷底。由于前一时期新开发建设的数量过多或需求的负增长导致了市场上供给过剩，所以谷底的空置率达到了峰值。通常情况下，市场的谷底出现在前一个周期中过量建设停止的时候。净需求的增长将慢慢吸纳先前过剩的供给，推动市场逐渐走出谷底。这时供给保持基本静止不变，没有或很少有新的投资性开发建设项目出现。随着存量房地产被市场吸纳，空置率逐渐下降，房地产租金从稳定状态过渡到增长状态。随着市场复苏阶段的继续，对于市场复苏和增长的预期又会使业主小幅度地增加租金，使市场最后达到供需平衡。

(2) 在自然周期的第二阶段(增长超过了平衡点)，需求继续以一定的速度增长，形成了对额外房屋空间的需求。由于空置率降到了合理空置率以下，表明市场上的供给吃紧，租金开始迅速上涨，直至达到一个令开发商觉得开始建设新项目有利可图的水平。在这个阶段，如果能获得项目融资，会有一些开发商开始进行新项目的开发。此后，需求的增长和供给的增长将会以一个大致相同的速率保持相当长的一段时间，令总体市场缓慢攀升，这个过程可能像爬山那样迟缓。当到达该周期的峰值点，即供求增长曲线上的"转折点"时，需求增长的速度开始低于供给增长速度。

(3) 自然周期的第三阶段始于供求转折点，此时由于房地产空置率低于合理空置率，所以看起来市场情况还不错。此时，供给增长速度高于需求增长速度，空置率回升并逐渐接近合理空置率水平。由于在该过程中不存在过剩供给，新竣工的项目在市场上竞争租户，租金上涨趋势减缓甚至停止。当市场参与者最终认识到市场开始转向时，新开工的开发建设项目将会减少甚至停止。但竣工项目的大量增加所导致的供给高速增长，推动市场进入自然周期运动的第四阶段。

（4）自然周期的第四阶段始于市场运行到平衡点水平并向下运动，此时供给高增长，需求低增长或负增长。市场下滑过程的时间长短，取决于市场供给超出市场需求数量的大小。在该阶段，如果物业租金缺乏竞争力或不及时下调租金的话，就可能很快失去市场份额，租金收入甚至会降到只能支付物业运营费用的水平。物业的市场流动性在这个阶段很低甚至不存在，存量房地产交易很少或有价无市。该阶段随着新开发项目的停止和在建项目的陆续竣工而最后到达市场自然周期的谷底。

6. 房地产市场的投资周期

在市场经济条件下，资本流动对房地产市场自然周期的许多外部因素有着重大的影响。因此，如果没有资本流动的影响，就不可能产生房地产市场自然周期。由于房地产交易在很大程度上存在着私密性，所以房地产市场信息与资本市场信息相比非常不完全，致使典型的资本市场投资者很难及时、准确地把握房地产市场。此外，单宗房地产投资往往数额巨大，房地产资产的流动性也相对较差。所以对房地产投资者来说，既有获取巨额利润的机会，也有被"套牢"的风险。随着自然周期的运动，投资于房地产市场上的资金流也呈现出周期性变动，形成投资周期。

（1）当房地产市场自然周期处在谷底并开始向第一阶段运动的时候，很少有资本向存量房地产投资，更没有资本投入新项目的开发建设。在这段时间，市场上只有可以承受高风险的投资者。由于租金和经营现金流已经降到最低水平，存量房地产的价格达到或接近了最低点。承受不住财务压力的业主或开发商会忍痛割售，大量不能归还抵押贷款的物业会被抵押权人收回拍卖。

（2）随着自然周期运动通过第一阶段，投资者对投资回报的预期随着租金回升而提高，部分投资者开始小心翼翼地回到市场当中来，寻找以低于重置的价格购买存量房地产的机会。这类资本的流入使房地产市场通过平衡点，并逐渐使租金达到投资者有利可图的水平。在自然周期第二阶段的后半段，由于投资者不断购买存量房地产和投入新项目开发，资本流量显著增加。

（3）当自然周期到达其峰值并进入第三阶段的时候，由于空置率低于平衡点水平，投资者继续购买存量房地产并继续开发新项目。由于资本不断流向存量房地产和新项目的开发，所以此时房地产市场的流动性很高。当投资者最终认识到市场转向下滑时，就会降低对新项目投资的回报预期，同时也降低购买存量房地产时的出价。而存量房地产的业主并没有像投资者那样快地看到未来市场会进一步下滑的风险，所以其叫价仍然很高，以致投资者难以接受，导致房地产市场流动性大大下降，自然周期进入第四阶段。

7. 房地产市场自然周期和投资周期之间的关系

房地产市场的自然周期和投资周期是相互联系和相互影响的，投资周期在第一阶段和第二阶段初期滞后于市场自然周期的变化，在其他阶段则超前于市场自然周期的变化。当资本市场投资可以获得满意的投资回报时，投资者拟投入房地产市场的资本就需要高于一般水平的投资回报，使资本流向房地产市场的时机滞后于房地产市场自然周期的变化，导致房地产市场价格下降，经过一段时间后，房地产市场上的空置率也开始下降。

如果可供选择的资本市场投资的收益率长期偏低，例如投资者在股票和债券市场上无所作为时，有最低投资收益目标的投资者就会在并非合适的市场自然周期点上，不断地将资金（权益资本和借贷资本）投入房地产市场中的存量房地产和新开发建设项目，以寻找较高的投资收益。这样做的结果，使初期房地产市场价格上升，经过一段时间后，房地产市场上的空置率也开始上升。

二、 房地产泡沫与过度开发

（一）房地产泡沫及成因

1. 房地产泡沫的定义

查尔斯·P. 金德尔伯格（Charles P. Kindleberger）在为《新帕尔格雷夫经济学辞典》撰写的"泡沫"词条中写道："泡沫可以不太严格地定义为一种资产或一系列资产价格在一个连续过程中的急剧上涨，初始的价格上涨使人们产生价格会进一步上涨的预期，从而吸引新的买者——这些人一般是以买卖资产牟利的投机者，其实对资产的使用及其盈利能力并不感兴趣。随着价格的上涨，常常是预期的逆转和价格的暴跌，由此通常导致金融危机。"

房地产泡沫是指由于房地产投机引起的房地产市场价格与使用价值严重背离，脱离了实际使用者支撑而持续上涨的过程及状态。房地产泡沫是一种价格现象，是房地产行业内外因素，特别是投机性因素作用的结果。

2. 房地产泡沫的成因

与虚拟经济膨胀的原因相同，房地产泡沫的产生同样是由于出于投机目的的虚假需求的膨胀，所不同的是，由于房地产价值量大，这种投机需求的实现必须有银行等金融系统的支持。一般来说，房地产泡沫的成因，主要有三个方面。

（1）土地的稀缺性是房地产泡沫产生的基础。房地产与人们和企事业单位的切身利益息息相关。居者有其屋是一个社会最基本的福利要求，人们对居住条件的要求是没有穷尽的；而与企事业发展相关的生产条件和办公条件的改善也直接与房地产密切相关。土地的稀缺性使人们对房地产价格的上涨历来就存在着很乐观的预期。当经济发展处于上升时期，国家的投资重点集中在基础建设和房屋建设中。这样就使得土地资源的供给十分有限，由此造成许多非房地产企业和私人投资者大量投资于房地产，以期获取价格上涨的好处，房地产交易十分火爆。加上人们对经济前景看好，再用房地产作抵押向银行借贷，炒作房地产，使其价格狂涨。

（2）投机需求膨胀是房地产泡沫产生的直接诱因。对房地产出于投机目的的需求与土地的稀缺性有关，即人们买楼不是为了居住，而只是为了转手倒卖。这种行为一旦成为你追我赶的群体行动，就很难抑制，房地产泡沫随之产生。

（3）金融机构过度放贷是房地产泡沫产生的直接助燃剂。从经济学的角度来说，价格是商品价值的货币表现，价格的异常上涨，肯定与资金有着密切的关系。由于价值量大的特点，房地产泡沫能否出现，一个最根本的条件是市场上有没有大量的资金存在。因此，资金支持是房地产泡沫生成的必要条件，没有银行等金融机构的配合，就不会有房地产泡沫的产生。由于房地产是不动产，容易查封、保管和变卖，使银行认为这种贷款风险很小，在利润的驱动下非常愿意向房地产投资者发放以房地产作抵押的贷款。此外，银行还会过于乐观地估计抵押物的价值，从而加强了借款人投资于房地产的融资能力，进一步加剧了房地产价格的上涨和产业的扩张。

（二）过度开发及诱因

1. 房地产市场中的过度开发

房地产市场中的过度开发有时也称为房地产"过热"，是指当市场上的需求增长赶不上供给增长的速度时，所出现的空置率上升、物业价格和租金下降的情况。

2. 过度开发的诱因

过度开发的诱因主要有三个方面，即开发商对市场预测的偏差、开发商的博弈和非理性行为以及开发资金的易得性。

开发商在进行开发决策时，会对市场上的需求状况进行预测。开发商在预测时，总是在很大程度上依赖于目前市场上的销售和价格情况。即使当前市场上的热销和价格上涨只是暂时现象，开发商也很容易会认为这种繁荣景象能够长久持续下去，于是产生对未来需求过分乐观的估计。研究表明，对未来需求预测的偏差程度基本上与目前市场价格增长速度正相关，即目前市场价格增速越快，对未来估计中过分乐观的程度就会越大。这时开发商往往会加大投资，大批项目开工建设，待到竣工时，市场形势已经不如所预期的那样喜人，就容易产生房屋积压、空置率上升的过度开发景象。

开发商之间的博弈和非理性行为也会加剧这种市场过度开发的情况。开发商只要一看到市场机会就会迫不及待地去投资开发，殊不知有时这些市场机会是有限的，只需少量开发商的介入就能满足。但是每个开发商都想抢先得到市场机会，而不会进行内部协调，于是一哄而上，生怕自己被落下了。况且如果已经得到土地，与其将土地空置产生机会成本，还不如赶快开工建设，除非市场预期为供不应求、房价持续上升，储备土地本身就能带来可观的等待期权溢价。这种非理性的行为往往会使过度开发现象更加严重。

从获取开发资金的难易程度来看，如果开发商很容易获得资金支持，只需投入较少的自有资金，则他们在进行投资决策时往往会缺乏仔细和审慎的考虑，从而产生道德风险。特别是开发商融资渠道单一时，无论是开发贷款还是预售商品住宅抵押贷款基本都是从商业银行获得，这种高杠杆式的融资方式，再加上房地产市场中信息不完全的程度较高，对高利润的追求将会使开发商难以对市场做出客观和冷静的判断。

（三）房地产泡沫和过度开发的区别与联系

1. 房地产泡沫和过度开发的区别

（1）过度开发和泡沫是反映两个不同层面的市场指标。过度开发反映市场上的供求关系，当供给的增长速度超过了需求的增长速度，就产生了过度开发现象；而泡沫则是反映市场价格和实际价值之间的关系，如果市场价格偏离实际价值太远，而且这种偏离是由于过度投机所产生的，房地产泡沫就出现了。

（2）过度开发和泡沫在严重程度和危害性方面不同。房地产泡沫比过度开发的严重程度更高，危害更大。且房地产泡沫一旦产生，就很难通过自我调整而恢复至平衡状态。

（3）过度开发和泡沫在房地产循环周期中所处的阶段不同。如果投机性泡沫存在，往往会出现在循环周期的上升阶段。过度开发一般存在于循环周期的下降阶段，这时供给的增长速度已经超过需求，空置率上升，价格出现下跌趋势。也就是说，当泡沫产生时，市场还处在上升阶段；而出现过度开发的现象时，市场已经开始下滑了。从另一个角度来说，如果泡沫产生，就必然会引起过度开发；但过度开发却不一定是由泡沫引发的。

（4）市场参与者的参与动机不同。"过热"表现为投资者基于土地开发利用的目的而加大投资，通常是为获得长期收益；而"泡沫"则表现为市场参与者对短期资本收益的追逐，他们不考虑土地的用途和开发，通常表现为增加当期的购买与囤积，以待价格更高时抛出。

2. 房地产泡沫和过度开发的联系

房地产泡沫和过度开发，虽然有很大区别，但两者也存在着一定程度上的联系。如果在房地产周期循环的上升阶段，投机性行为没有得到有效抑制（包括市场规则和政府政策），市场信息的不透明程度较高，且开发商的财务杠杆也比较高，那么开发商做出非理性预期的可能性就比较大，且投机性行为容易迅速蔓延。在这种情况下房地产泡沫比较容易产生，同时会伴随过度开发、银行资产过多地向房地产行业集中等现象。

（四）房地产泡沫的衡量

考察房地产市场上是否存在价格泡沫有多个角度。从房地产泡沫的成因入手，"实际价格/理论价格""房价收入比""房价租金比"等指标，都从某一个侧面反映了房地产泡沫的程度。由于房地产泡沫问题的复杂性，很难用单一指标来衡量房地产市场上是否存在价格泡沫，因此，国际上通常用综合上述指标构造出的房地产泡沫指数，来反映房地产市场价格泡沫的程度，减少了主观因素对有关结论的影响。

本章小结

　　本章首先介绍了房地产市场的基本概念、运行环境以及影响房地产市场变化的社会经济力量等；其次介绍了房地产市场特性、功能和分类；再次介绍了房地产市场的供给、需求和价格分析，主要包括房地产市场供给、需求和价格的基本概念、特征及其影响因素等；最后介绍了房地产市场运行规律，主要包括房地产市场的景气循环、房地产泡沫与过度开发等。

练习题

　　一、即测即评

　　二、思考题

　　1. 什么是房地产市场？　房地产市场的运行环境及其影响因素有哪些？

　　2. 影响房地产市场转变的社会经济力量有哪些？

　　3. 房地产市场的特性是什么？　如何进行房产市场分类？

　　4. 房地产市场的功能表现为哪几方面？

　　5. 什么是房地产供给？　影响房地产供给的因素有哪些？

　　6. 什么是房地产需求？　房地产需求分为哪几类？　影响房地产需求的主要因素有哪些？

　　7. 如何理解房地产价格及其特征？　影响房地产价格的主要因素有哪些？

　　8. 简述房地产景气循环的概念及其原因。

　　9. 如何理解房地产泡沫及其形成原因？

　　10. 如何理解房地产市场中的过度开发及其原因？　房地产泡沫和过度开发的区别与联系是什么？

第三章

房地产开发投资决策和前期工作

本章学习目标

 □ 掌握：房地产开发前期工作阶段的主要内容；土地使用权的获取方式；项目立项报批的程序与内容。

 □ 熟悉：房地产开发项目招标程序；房地产开发项目招标方式。

 □ 了解：投资机会选择与决策分析；土地储备与土地开发；房地产开发项目的核准和备案。

第一节　投资机会选择与决策分析

  投资机会选择与决策分析，是整个房地产开发过程中最重要的一个环节。该阶段最重要的工作，就是对开发项目进行逐步深入、细化的可行性研究。房地产开发项目管理的前期工作主要指通过投资决策分析确定投资项目以后，在项目建设过程开始以前进行的工作。前期工作涉及的工作主要有获取土地使用权、项目立项报批(包括项目的核准和备案、项目选址审批、申领建设用地规划许可证、设计方案审批、申领建设工程规划许可证和建筑工程施工许可证等)、建设项目的工程招标等。

一、　投资机会选择

  投资机会选择主要包括提出投资设想、寻找和筛选投资机会、细化投资设想三项工作。在结合投资设想寻找投资机会的过程中，开发商首先要选择项目所处的城市或地区，然后根据自己对该城市或地区房地产市场供求关系的认识，寻找投资的可能性，即我们通常所说的"看地"或"看项目"。此时，开发商可能面对多种投资的可能性，对每一种可能性都要根据自己的经验和投资能力，快速地在头脑中初步判断其可行性，以进行投资机会的筛选。细化投资设想，就是对筛选出的投机机会进一步分析比较，并最终将其投资设想落实到一个具体的地块上，进一步分析其客观条件是否具备，通过与土地当前的拥有者或使用者、潜在的买家或租户、自己的合作伙伴以及专业人士接触，提出一个初步的开发投资方案，如认为可行，就可以草签有关合作的意向书。

为了满足进一步投资决策的要求，开发商通常还聘请律师或估价师，对拟开发项目涉及的土地、建筑物的权利状况，以及对主要合作伙伴的设立、变更、存续和资产负债情况等进行尽职调查。

■ 二、 投资决策分析

投资决策分析主要包括市场分析、项目财务评价和投资决策三部分工作。市场分析主要分析市场宏观环境、政府政策、房地产供求关系、竞争环境、目标市场及其可支付的价格或租金水平。项目财务评价则是根据市场分析的结果以及相关的项目资本结构设计，就项目的经营收入、成本费用与盈利能力进行分析评价。而投资决策，则要结合企业发展战略、公司财务状况以及项目财务评价的结果，就是否进行本项目的投资开发做出决策。投资决策分析工作，应该在尚未签署任何协议之前进行，以便使开发商有充分的时间和自由度来考虑有关问题。

从我国房地产开发行业的实践来看，房地产企业越来越重视房地产市场分析与研究工作，也已经较好地掌握了房地产开发项目财务评价的技术与方法，但决策技术和决策方法的使用还不普遍，因为开发商更加相信自己的直觉判断。应当注意到，影响房地产开发项目投资决策的因素，已经逐渐超越了项目本身的盈利与风险特征，而与企业的增长或扩张战略，以及企业的开发管理、投资与融资等能力密切关联。

第二节　土地使用权获取

作为人类得以生存与发展的物质载体，土地是房地产开发项目实施的首要生产要素，是"一切生产和一切存在的源泉"。因此，当完成市场分析和其他前期研究工作并进行了项目评估决策之后，房地产开发项目实施过程的第一步就是取得土地使用权。

■ 一、 土地储备与土地开发

（一）土地储备

1. 土地储备概述

2018 年 1 月，为加强和规范土地储备管理，根据相关法律法规和国务院有关文件的规定，国土资源部、财政部、中国人民银行、中国银行业监督管理委员会联合修订了《土地储备管理办法》。土地储备是指县级（含）以上国土资源主管部门为调控土地市场、促进土地资源合理利用，依据土地利用总体规划、城市规划的要求，通过征用、收购、置换、收回、转制等方式依法取得土地，组织前期开发、储存以备供应的行为。土地储备工作统一归口国土资源[1]主管部门管理，土地储备机构承担土地储备的具体实施工作。财政部门负责土地储备资金及形成资产的监管。

土地储备机构应为县级（含）以上人民政府批准成立、具有独立的法人资格、隶属于所在行政区划的自然资源主管部门、承担本行政辖区内土地储备工作的事业单位。自然资源主管部门对土地储备机构实施名录制管理，即市、县级自然资源主管部门应将符合规定的机构信息逐级上报至省级自然资源主管部门，经省级自然资源主管部门审核后报自然资源部，列入全国土地储备机构名录，并定期更新。

各地应根据国民经济和社会发展规划、国土规划、土地利用总体规划、城乡规划等，编制土地储备三年滚动计划，合理确定未来三年土地储备规模，对三年内可收储的土地资源，在总量、结构、布局、时序等方面做出统筹安排，优先储备空闲、低效利用等存量建设用地。各地应根据城市建设发展和土地市场调控的需要，结合当地社会发展规划、土地储备三年滚动计划、年度土地供应计划、地方政府债务限额等因素，合理制订年度土地储备计划。

2. 土地储备制度演变与实践

土地储备（Land Banking）的概念来自国外。1896 年，土地储备制度首次在荷兰实行，随后土地储备制度被推广到瑞典、挪威、丹麦、英国、法国等欧洲国家，之后澳大利亚、加拿大、美国、马来西亚、韩国、中国台湾、中国香港等国家和地区也开展了土地储备。20 世纪 90 年代中期，国内部分城市开始试行土地储备制度。1996 年 8 月，上海市建立了国内首家土地储备机构——上海市土地发展中心。上海市 1997 年出台的《上海市国有土地使用权收购、储备、出让试行办法》中规定：收购是指由上海市房屋土地管理局依法征用土地、置换土地、收回国有土地使用权的行为；储备是指市政府对收购、收回的土地进行前期开发，并予以储存的行为。收购主体是市房地局，储备主体是上海市政府，都由土地储备机构具体实施。土地储备的主要环节为土地取得、整治和储存。根据杭州市 1999 年出台的《杭州市土地储备实施办法》相关规定，杭州市土地储备的主体是土地储备机构，土地储备主要环节为土地取得、整治、储存和预出让。北京市 2002 年发布的《北京市人民政府批转市国土房管局〈关于加强国有土地资产管理建立土地储备制度的意见〉的通知》则表示土地储备主体为北京市政府，土地储备环节包括土地取得、整治、储存和出让。

《土地储备管理办法》对土地储备主体与工作环节进行了界定，起到了统一规范土地储备工作，完善土地储备制度的作用，以"完善土地储备制度，加强土地调控，规范土地市

---

1. 根据自然资源部办公厅关于印发《土地储备机构名录（2020 年版）》的通知，以及《土地储备管理办法》（国土资规〔2017〕17 号）和《关于规范土地储备和资金管理等相关问题的通知》（财综〔2016〕4 号）等有关规定，自然资源部对土地储备机构名录进行了年度更新，由原来的国土资源部改为自然资源部。

场运行，促进土地节约集约利用，提高建设用地保障能力"。

3. 土地储备的范围与步骤

土地储备的范围包括依法收回的国有土地、收购的土地、行使优先购买权取得的土地、已办理农用地转用和土地征收批准手续的土地以及其他依法取得的土地。

土地储备的运作程序有以下四个步骤：

（1）收购，指土地储备机构根据政府授权和土地储备计划，收回或收购市区范围内国有土地使用权，征收农村集体土地使用权并对农民进行补偿的行为。

（2）开发整理，指根据城市总体规划、土地利用总体规划和经济发展的客观需要，对收购得到的土地通过行政、经济、技术和法律的方法有计划地进行旧城区综合改造，如房屋拆迁改造、土地平整归并，并进行基础设施建设。

（3）储备，指土地储备中心将已经完成土地整理和基础设施建设的"熟地"储备起来，等待供应。

（4）供应，指对纳入政府土地储备体系的土地，根据客观需要和土地供应计划，向市场供应。

4. 土地储备资金来源与使用

土地储备资金是指土地储备机构按照国家有关规定征收、收购、优先购买、收回土地以及对其进行前期开发等所需的资金，土地储备资金由地方政府土地储备中心在财政设立专户，专款用于土地储备的各项开支。

由财政部、国土资源部于 2018 年 1 月 17 日印发的《土地储备资金财务管理办法》规定：土地储备资金实行专款专用、分账核算，并实行预决算管理。土地储备资金来源于下列渠道：

（1）财政部门从已供应储备土地产生的土地出让收入中安排给土地储备机构的征地和拆迁补偿费用、土地开发费用等储备土地过程中发生的相关费用。

（2）财政部门从国有土地收益基金中安排用于土地储备的资金。

（3）发行地方政府债券筹集的土地储备资金。

（4）经财政部门批准可用于土地储备的其他财政资金。

土地储备资金使用范围具体包括：

（1）征收、收购、优先购买或收回土地需要支付的土地价款或征地和拆迁补偿费用。包括土地补偿费和安置补助费、地上附着物和青苗补偿费、拆迁补偿费，以及依法需要支付的与征收、收购、优先购买或收回土地有关的其他费用。

（2）征收、收购、优先购买或收回土地后进行必要的前期土地开发费用。储备土地的前期开发，仅限于与储备宗地相关的道路、供水、供电、供气、排水、通信、照明、绿化、土地平整等基础设施建设支出。

（3）按照财政部关于规范土地储备和资金管理的规定需要偿还的土地储备存量贷款本金和利息支出。

（4）经同级财政部门批准的与土地储备有关的其他费用。包括土地储备工作中发生的地籍调查、土地登记、地价评估以及管护中围栏、围墙等建设等支出。

值得注意的是，财政部、国土资源部、中国人民银行、银监会发布《关于规范土地储备和资金管理等相关问题的通知》（财综〔2016〕4号）指出，各地区应当结合事业单位分类改革，对现有土地储备机构进行全面清理，于2016年12月31日前完成，并且各地不得再向银行业金融机构举借土地储备贷款。

（二）土地开发

1. 土地开发概述

土地开发是指单位或个人通过采取各种措施，将未利用土地改造成农用地或其他用地的活动。按开发后土地用途来划分，土地开发可分为农用地开发和建设用地开发两种形式。农用地开发包括耕地、林地、草地、养殖水面等的开发；建设用地开发指用于各类建筑物、构筑物用地的开发。土地开发一般分为土地一级开发和土地二级开发。

（1）土地一级开发是指政府实施或者授权其他单位实施，按照土地利用总体规划、城市总体规划及控制性详细规划和年度土地一级开发计划，对确定的存量国有土地、拟征用和农转用土地，统一组织进行征地、农转用、拆迁和市政道路等基础设施建设的行为，包含土地整理、复垦和成片开发。

（2）土地二级开发是指土地使用者从土地市场取得土地使用权后，直接对土地进行开发建设的行为。

土地一级开发工作主要由政府授权或土地储备机构来完成，不管是包含农地征转用过程的土地一级开发，还是使国有土地由生地变熟地的土地一级开发，实施主体往往是政府授权的一级开发公司或土地整理储备机构。

一级开发后的建设土地，全部进入政府土地储备库。属于经营性用地的，全部采用招、拍、挂进行出让；属于非经营性用地的，按照国家规定，可以采用协议或划拨方式。

二级开发的建设用地的转让，要符合《城市房地产管理法》和《城市房地产转让管理规定》的规定，以出让方式取得土地使用权用于投资开发的，要按照土地使用权出让合同约定进行投资开发，属于房屋建设工程的，应完成开发投资总额的25%以上；属于成片开发的，形成工业用地或者其他建设用地条件。

2. 土地一级开发的程序

（1）计划编制。根据国民经济和社会发展规划、土地利用总体规划、城市总体规划以及土地供应计划、土地利用年度计划和土地储备开发计划，编制土地一级开发计划。

（2）前期策划。根据土地一级开发计划，原土地所有者或使用者在征得县（区）人民政府和镇级人民政府或上级主管部门同意后，向市级自然资源管理部门提出土地一级开发申请。市级自然资源管理部门受理申请并进行预审，委托土地储备机构编制土地一级开发实施方案。

（3）征询意见和审批。市级自然资源管理部门会同相关部门，包括规划、建设、交通、环保等部门，就土地一级开发实施方案提出原则意见。

同时，土地一级开发项目涉及征用土地的，土地储备机构根据计划和规划有关手续分别向所在区（县）政府提出征地申请，由区（县）政府按规定程序办理征地报批手续；涉及房屋拆迁的，向房管部门办理房屋拆迁手续。

土地储备机构通过委托或招标的方式确定土地一级开发主体，并下达土地一级开发批复，签订土地一级开发合同。

（4）组织实施开发。土地一级开发主体进行拆迁调查、评估，按相关政策文件协商制订拆迁安置补偿方案等，并需经过政府主管部门审查通过。与此同时，做出土地规划方案，以核定土地性质、使用功能、范围、规模、开发强度等技术经济指标，即可针对地块实施拆迁、拆除、三通一平或七通一平等工作。

（5）项目验收。土地一级开发项目完成后，土地储备机构负责实施，由市自然资源管理部门会同相关部门根据土地一级开发合同、计划和规划的批准文件进行验收。验收合格的建设用地，纳入政府土地储备库。

3. 土地储备开发成本

土地储备开发成本包括以下几部分：

（1）征收、拆迁补偿费及有关税费；

（2）收购、收回和置换过程中发生的有关补偿费用；

（3）市政基础设施建设有关费用；

（4）招标、拍卖和挂牌交易中发生的费用；

（5）贷款利息；

（6）土地储备开发供应过程中发生的审计、律师、工程监理等费用，不可预见费以及经政府财政和土地主管部门核准的其他支出。

在政府授权开发商负责实施土地开发时，由开发商负责筹措资金，办理规划、项目核准、土地征收、拆迁和大市政建设等手续并组织实施。招标底价包括土地储备开发的预计总成本和利润，利润率不高于预计成本的8%。

土地储备机构负责实施土地开发时，由土地储备机构负责筹措资金，办理规划、项目核准、土地征收、拆迁及大市政建设等手续并组织实施。土地开发过程中涉及的道路、供水、供电、供气、排水、通信、照明等基础设施建设和绿化、土地平整工作，通过公开招标方式选择工程实施单位，实施单位的管理费用不高于土地储备开发成本的2%。

二、 房地产开发土地的获取

《中华人民共和国土地管理法》（2019年第三次修正）删除了原法第四十三条关于"任何单位和个人进行建设需要使用土地的，必须依法申请使用国有土地"的规定。《中华人民共和国民法典》规定：设立建设用地使用权，可以采取出让或者划拨等方式，并严格限制以划拨方式设立建设用地使用权。

（一）土地使用权出让

根据《中华人民共和国城市房地产管理法》（2019 年第三次修正）规定：土地使用权出让，是指国家将国有土地使用权（简称土地使用权）在一定年限内出让给土地使用者，由土地使用者向国家支付土地使用权出让金的行为。土地使用权出让市场（土地一级市场）属于房地产一级市场，也称为土地批租市场。依照相关规定取得土地使用权的土地使用者，其使用权在使用年限内可以转让、出租、抵押或者用于其他经济活动，合法权益受国家法律保护。

土地使用权出让的地块、用途、年限和其他条件，由市、县人民政府土地管理部门会同城市规划和建设管理部门、房产管理部门共同拟订方案，按照国务院规定的批准权限批准后，由土地管理部门实施。《中华人民共和国城镇国有土地使用权出让和转让暂行条例》第十二条按照出让土地的用途不同规定了各类土地使用权出让的最高年限：

（1）居住用地 70 年。

（2）工业用地 50 年。

（3）教育、科技、文化、卫生、体育用地 50 年。

（4）商业、旅游、娱乐用地 40 年。

（5）综合或者其他用地 50 年。

为规范国有建设用地使用权出让行为，优化土地资源配置，建立公开、公平、公正的土地使用制度，2002 年 4 月 3 日国土资源部第 4 次部务会议通过《招标拍卖挂牌出让国有土地使用权规定》（国土资源部第 11 号令），并于 2007 年进行修订颁布了《招标拍卖挂牌出让国有建设用地使用权规定》（国土资源部第 39 号令），规定工业、商业、旅游、娱乐和商品住宅等经营性用地以及同一宗地有两个以上意向用地者的，应当以招标、拍卖或者挂牌方式出让。招标、拍卖或者挂牌出让国有建设用地使用权，应当遵循公开、公平、公正和诚信的原则，同时，市、县人民政府国土资源行政主管部门根据经济社会发展计划、产业政策、土地利用总体规划、土地利用年度计划、城市规划和土地市场状况，编制国有建设用地使用权出让年度计划，报经同级人民政府批准后，及时向社会公开发布。从加强国有土地资产管理、优化土地资源配置、规范协议出让国有建设用地使用权行为的角度出发，2003 年 6 月 5 日国土资源部第 6 次部务会议通过《协议出让国有土地使用权规定》（2003 年 8 月 1 日起施行，国土资源部第 21 号令），规定对符合协议出让条件的，市、县人民政府国土资源行政主管部门会同城市规划等有关部门，依据国有土地使用权出让计划、城市规划和意向用地者申请的用地项目类型、规模等，制订协议出让土地方案。

不适合采用招标、拍卖或者挂牌方式出让的，才允许以协议方式出让。根据《中华人民共和国城市房地产管理法》《招标拍卖挂牌出让国有建设用地使用权规定》和《中华人民共和国城镇国有土地使用权出让和转让暂行条例》等相关规定，土地使用权出让的方式主要有招标、拍卖、挂牌、协议出让方式。

1. 招标出让

招标出让国有建设用地使用权是指市、县人民政府国土资源行政主管部门（出让人）发布招标公告，邀请特定或者不特定的自然人、法人或者其他组织参加国有建设用地使用权投标，根据投标结果确定国有建设用地使用权人的行为。出让方选择合适的受让人，因此一般适用于开发性或有较高技术性要求的建设性用地。

招标出让的基本流程：

（1）投标人在投标截止时间前将标书投入标箱；

（2）出让人按照招标公告规定的时间、地点开标，邀请所有投标人参加；

（3）评标小组进行评标；

（4）招标人根据评标结果，确定中标人。

2. 拍卖出让

拍卖出让国有建设用地使用权是指出让人发布拍卖公告，由竞买人在指定的时间、地点进行公开竞价，根据出价结果确定国有建设用地使用权人的行为。

拍卖出让的基本流程：

（1）主持人点算竞买人；

（2）主持人介绍拍卖宗地的面积、界址、空间范围、现状、用途、使用年期、规划指标要求、开工和竣工时间以及其他有关事项；

（3）主持人宣布起叫价和增价规则及增价幅度，没有底价的，应当明确提示；

（4）主持人报出起叫价；

（5）竞买人举牌应价或者报价；

（6）主持人确认该应价或者报价后继续竞价；

（7）主持人连续三次宣布同一应价或者报价而没有再应价或者报价的，主持人落槌表示拍卖成交；

（8）主持人宣布最高应价或者报价者为竞得人。

竞买人的最高应价或者报价未达到底价时，主持人应当终止拍卖。拍卖主持人在拍卖中可以根据竞买人竞价情况调整拍卖增价幅度。

3. 挂牌出让

挂牌出让国有建设用地使用权是指出让人发布挂牌公告，按公告规定的期限将拟出让宗地的交易条件在指定的土地交易场所挂牌公布，接收竞买人的报价申请并更新挂牌价格，根据挂牌期限截止时的出价结果或者现场竞价结果确定国有建设用地使用权人的行为。

挂牌出让的基本流程：

（1）在挂牌公告规定的挂牌起始日，出让人将挂牌宗地的面积、界址、空间范围、现状、用途、使用年期、规划指标要求、开工时间和竣工时间、起始价、增价规则及增价幅度等，在挂牌公告规定的土地交易场所挂牌公布；

（2）符合条件的竞买人填写报价单报价；

（3）挂牌主持人确认该报价后，更新显示挂牌价格；

（4）挂牌主持人在挂牌公告规定的挂牌截止时间确定竞得人。

以招标、拍卖或者挂牌方式确定中标人、竞得人后，中标人、竞得人支付的投标、竞买保证金，转作受让地块的定金。出让人应当向中标人发出中标通知书或者与竞得人签订成交确认书。

4. 协议出让

协议出让国有建设用地使用权是指出让人与特定的土地使用者通过协商方式有偿出让国有建设用地使用权的行为。根据《协议出让国有土地使用权规定》（国土资源部第 21 号令）规定，以协议方式出让国有土地使用权的出让金不得低于按国家规定所确定的最低价。以协议出让方式取得国有土地使用权的土地使用者，需要将土地使用权出让合同约定的土地用途改变为商业、旅游、娱乐和商品住宅等经营性用途的，应当取得出让方和市、县人民政府城市规划部门的同意，签订土地使用权出让合同变更协议或者重新签订土地使用权出让合同，按变更后的土地用途，以变更时的土地市场价格补交相应的土地使用权出让金，并依法办理土地使用权变更登记手续。

协议出让土地方案应当包括拟出让地块的具体位置、界址、用途、面积、年限、土地使用条件、规划设计条件、供地时间等。协议出让的主要程序包括：

（1）申请土地受让方持有效证明文件向政府土地管理部门提出申请；

（2）出让方将出让地块的有关资料和文件提供给预期受让方；

（3）受让方在规定时间提供土地开发建设方案、出让金额以及付款方式等文件；

（4）出让方在规定时间给予答复；

（5）双方协商达成协议，签订合同；

（6）由土地受让方支付定金，受让方支付全部出让金；

（7）向土地管理机关办理土地使用权登记，并领取国有土地使用权证。

（二）土地使用权划拨

《中华人民共和国城市房地产管理法》（2019 年第三次修正）规定：土地使用权划拨是指县级以上人民政府依法批准，在土地使用者缴纳补偿、安置等费用后将该幅土地交付其使用，或者将土地使用权无偿交付给土地使用者使用的行为；依照本法规定以划拨方式取得土地使用权的，除法律、行政法规另有规定外，没有使用期限的限制。

按照《中华人民共和国土地管理法》及相关法律规定，建设单位使用国有土地，应当以出让等有偿使用方式取得；但下列建设用地的土地使用权，可以由县级以上人民政府依法批准划拨：

（1）国家机关用地和军事用地；

（2）城市基础设施用地和公益事业用地；

（3）国家重点扶持的能源、交通、水利等基础设施用地；

（4）法律、行政法规规定的其他用地。

在制度设计上，我国已经将划拨土地使用权定位在公益事业和国家重点工程建设上。目前在房地产开发中，对用于经济适用房、廉租房等社会保障性用房的开发建设项目用地，采用行政划拨方式。

（三）土地使用权转让与出租

1. 土地使用权转让

土地使用权转让是指土地使用者将土地使用权再转让的行为，包括出售、交换和赠与。未按土地使用权出让合同规定的期限和条件投资开发、利用土地的，土地使用权不得转让。土地使用权转让时，土地使用权出让合同和登记文件中所载明的权利、义务随之转移。土地使用者通过转让方式取得的土地使用权，其使用年限为土地使用权出让合同规定的使用年限减去原土地使用者已使用年限后的剩余年限。

《中华人民共和国城市房地产管理法》规定：以出让方式取得土地使用权的，转让房地产时，应当符合下列条件：

（1）按照出让合同约定已经支付全部土地使用权出让金，并取得土地使用权证书；

（2）按照出让合同约定进行投资开发，属于房屋建设工程的，完成开发投资总额的25%以上，属于成片开发土地的，形成工业用地或者其他建设用地条件。转让房地产时房屋已经建成的，还应当持有房屋所有权证书。

以划拨方式取得土地使用权的，转让房地产时，应当按照国务院规定，报有批准权的人民政府审批。有批准权的人民政府准予转让的，应当由受让方办理土地使用权出让手续，并依照国家有关规定缴纳土地使用权出让金。以划拨方式取得土地使用权的，转让房地产报批时，有批准权的人民政府按照国务院规定决定可以不办理土地使用权出让手续的，转让方应当按照国务院规定将转让房地产所获收益中的土地收益上缴国家或者作其他处理。

以出让方式取得土地使用权的，转让房地产后，受让人改变原土地使用权出让合同约定的土地用途的，必须取得原出让方和市、县人民政府城市规划行政主管部门的同意，签订土地使用权出让合同变更协议或者重新签订土地使用权出让合同，相应调整土地使用权出让金。

2. 土地使用权出租

土地使用权出租是指土地使用者作为出租人将土地使用权随同地上建筑物、其他附着物租赁给承租人使用，由承租人向出租人支付租金的行为。未按土地使用权出让合同规定的期限和条件投资开发、利用土地的，土地使用权不得出租。

土地使用权出租，出租人与承租人应当签订租赁合同。租赁合同不得违背国家法律、法规和土地使用权出让合同的规定。土地使用权出租后，出租人必须继续履行土地使用权的出让合同。土地使用权和地上建筑物、其他附着物出租，出租人应当依照规定办理登记。

（四）原有划拨土地上存量房地产的土地使用权转让

对于原有划拨土地上的存量房地产，如因企业改制或兼并收购等行为导致产权变更时，需办理土地使用权出让手续。在不改变土地利用条件的情况下，该土地使用权可采用协议方式获得，即由土地管理部门代表市政府与土地使用者以土地的公告市场价格或基准地价为基准，经过协商确定土地价格，采用国有土地使用权出让、租赁、作价入股或授权经营等方式，对原划拨国有土地资产进行处置，土地使用者获得相应条件下的土地使用权。值得指出的是，随着政府土地储备制度的建立，存量划拨土地使用权已经成为政府土地储备中心优先收回并纳入储备的重要对象，开发商直接获取该类土地的机会逐渐减少。

（五）与当前土地使用权拥有者合作

由于各种各样的原因，在房地产市场上存在许多拥有土地使用权的机构在寻求合作者。因此，对于拥有资金但缺少土地的开发商来说，通过土地转让、代建、并购或合伙等方式，与当前土地使用权拥有者合作，也是获取土地的一种重要方式。例如，鉴于土地市场的竞争激烈，万科集团持续探索多元化的土地获取模式，2016 年 59.5% 的新增项目是通过合作方式获取土地。

第三节　房地产开发项目立项与报批

一、　房地产开发项目的核准和备案

（一）项目核准和备案的一般规定

为规范政府对企业投资项目的核准和备案行为，加快转变政府的投资管理职能，落实企业投资自主权。2017 年 2 月 1 日起实施的《企业投资项目核准和备案管理条例》规定，对关系国家安全，涉及全国重大生产力布局、战略性资源开发和重大公共利益等项目，实行核准管理。其他类型管理，实行备案管理。按照国务院发布的《政府核准的投资项目目录》（2016 年本）的规定，房地产开发项目属于城建类投资的"其他城建项目"，由地方政府自行确定实行核准或者备案。在实际执行过程中，各地区一般对商品房开发投资项目实行备案管理，对棚户区改造、保障性住房、安置住房等政策性住房投资项目实行核准管理，对

土地一级开发项目实施政府内部审批管理。

核准机关、备案机关以及依法对项目负有监督管理职责的其他有关部门应当加强事中事后监管，按照谁审批谁监管、谁主管谁监管的原则，落实监管责任，采取在线监测、现场核查等方式，加强对项目实施的监督检查。企业在项目核准、备案以及项目实施中的违法行为及其处理信息，通过国家社会信用信息平台向社会公示。

（二）项目核准

企业办理项目核准手续，应当向核准机关提交项目申请书；由国务院核准的项目，向国务院投资主管部门提交项目申请书。项目申请书应当包括下列内容：

（1）企业基本情况；

（2）项目情况，包括项目名称、建设地点、建设规模、建设内容等；

（3）项目利用资源情况分析以及对生态环境的影响分析；

（4）项目对经济和社会的影响分析。

项目申请书由企业自主组织编制，任何单位和个人不得强制企业委托中介服务机构编制项目申请书。核准机关应当制定并公布项目申请书示范文本，明确项目申请书编制要求。

由国务院核准的项目，企业通过地方人民政府有关部门转送项目申请书的，地方人民政府有关部门应当在规定的期限内将项目申请书转送国务院投资主管部门，由国务院投资主管部门审核后报国务院核准。核准机关应当从下列方面对项目进行审查：

（1）是否危害经济安全、社会安全、生态安全等国家安全；

（2）是否符合相关发展建设规划、技术标准和产业政策；

（3）是否合理开发并有效利用资源；

（4）是否对重大公共利益产生不利影响。

（三）项目备案

实行备案管理的项目，企业应当在开工建设前通过在线平台将下列信息告知备案机关：

（1）企业基本情况；

（2）项目名称、建设地点、建设规模、建设内容；

（3）项目总投资额；

（4）项目符合产业政策的声明。

企业应当对备案项目信息的真实性负责。企业告知的信息不齐全的，备案机关应当指导企业补正。企业需要备案证明的，可以要求备案机关出具或者通过在线平台自行打印。已备案项目信息发生较大变更的，企业应当及时告知备案机关。备案机关发现已备案项目属于产业政策禁止投资建设或者实行核准管理的，应当及时告知企业予以纠正或者依法办理核准手续，并通知有关部门。

■ 二、 房地产开发项目的规划设计报批

房地产项目开发过程中的规划设计报批，主要涉及政府城乡规划及相关职能部门对房地产项目开发的规划管理，主要包括对开发项目的选址定点审批，核发建设用地规划许可证，规划设计条件、规划方案及初步设计审批以及核发建筑工程规划许可证等方面的工作。

（一）开发项目选址、 定点审批

《建设项目规划意见书（选址）》是建设工程（主要是新建的大、中型工业与民用项目）在立项过程中，由城乡规划行政主管部门出具的该建设项目是否符合规划要求的意见书，是城乡规划行政主管部门依法核发的有关建设项目的选址和布局的法律凭据。按照项目开发建设项目用地（国有建设用地）使用权的获取方式不同，开发商需要办理的规划审批工作存在一定的差异。以土地招拍挂出让方式获得国有建设用地使用权的开发建设项目，其项目选址阶段的《建设项目规划意见书（选址）》审批环节已经在土地一级开发环节完成，出让地块的位置、使用性质、开发强度等规划条件，已经作为《国有建设用地使用权出让合同》的组成部分确定下来，开发商只需向政府城乡规划部门领取建设用地规划许可证即可。而划拨用地项目，则根据《中华人民共和国城乡规划法》（2007年通过，2019年第二次修订）第三十六条规定执行：按照国家规定需要有关部门批准或者核准的建设项目，以划拨方式提供国有土地使用权的，建设单位在报送有关部门批准或者核准前，应当向城乡规划主管部门申请核发选址意见书，前款规定以外的建设项目不需要申请选址意见书。

因此，本阶段主要是针对通过无偿划拨和协议出让方式获得国有建设用地使用权的开发建设项目。划拨用地开发建设项目的范围主要包括非营利性的城市基础设施、邮政、教育、科研、文化、医疗卫生、体育、住宅配套服务、农贸市场和社会福利设施建设项目。居住用地划拨的范围，主要涉及经济适用住房项目、廉租住房项目、大学生公寓、住宅合作社集资建房、危旧房改造区居民安置用房、利用自有土地建设的职工宿舍、征地区域农民自住住宅项目。依法以协议出让方式获得国有土地使用权的建设项目，主要包括工业用地、基础设施用地、开发区或科技园区内的科技产业项目用地开发建设项目。

对于依法以招标、拍卖、挂牌出让方式获得国有土地使用权的商业、旅游、娱乐和商品住宅等各类经营性用地建设项目，本阶段的规划审批已经在土地出让前由土地储备机构和土地一级开发商办理完毕。

需要进行开发项目选址和定点审批时，开发商须持政府计划管理部门对建设项目的批准、核准或备案文件，开发建设单位或其主管部门的用地申请（须表述选址要求、拟建项目性质及有关情况），拟建规划设计图（含主要技术经济指标）、开发项目意向位置的1∶2 000或1∶500地形图及其他相关材料，向城乡规划管理部门提出开发项目选址、定点

申请，由城乡规划管理部门审核后向城市土地管理部门等发征询意见表。开发商请有关部门填好征询意见表后，持该征询意见表、征地和安置补偿方案及经城市土地管理部门盖章的征地协议、项目初步设计方案、批准的总平面布置图或建设用地图，报城乡规划管理部门审核后，由城乡规划管理部门下发《建设项目规划意见书（选址）》。

城乡规划管理部门在《建设项目规划意见书（选址）》中，将确定建设用地及代征城市公共用地范围和面积，根据项目情况提出规划设计要求。规划设计要求包括三个方面的内容：

（1）规划土地使用要求（建筑规模、容积率、建筑高度、绿地率等）；

（2）居住建筑（含居住区、居住小区、居住组团）的公共服务设施配套建设指标；

（3）建设项目与退让用地边界、城市道路、铁路干线、河道、高压电力线等距离要求。

（二）申领建设用地规划许可证

《中华人民共和国城乡规划法》（2007年通过，2019年第二次修正）第三十七条规定：在城市、镇规划区内以划拨方式提供国有土地使用权的建设项目，经有关部门批准、核准、备案后，建设单位应当向城市、县人民政府城乡规划主管部门提出建设用地规划许可申请，由城市、县人民政府城乡规划主管部门依据控制性详细规划核定建设用地的位置、面积、允许建设的范围，核发建设用地规划许可证；建设单位在取得建设用地规划许可证后，方可向县级以上地方人民政府土地主管部门申请用地，经县级以上人民政府审批后，由土地主管部门划拨土地。第三十八条规定：以出让方式取得国有土地使用权的建设项目，建设单位在取得建设项目的批准、核准、备案文件和签订国有土地使用权出让合同后，向城市、县人民政府城乡规划主管部门领取建设用地规划许可证；城市、县人民政府城乡规划主管部门不得在建设用地规划许可证中，擅自改变作为国有土地使用权出让合同组成部分的规划条件。

申领建设用地规划许可证时，开发商须持政府计划管理部门对建设项目的批准、核准或备案文件，《建设项目规划意见书（选址）》及附图复印件（招拍挂出让土地项目，由土地整理储备机构负责申报、提供），自然资源行政主管部门《国有建设用地使用权出让合同》及其相关文件（协议出让和招拍挂出让土地项目），建设用地钉桩成果通知单，按建设用地钉桩成果及绘图要求绘制的1∶500或1∶2 000地形图等资料，向城乡规划管理部门提出申请。对于通过招拍挂出让方式获得国有建设用地使用权的开发项目，还应该提交建设用地申请文件（须表述取得用地的有关情况）和土地整理储备机构《国有建设用地使用权出让成交确认书》。城乡规划管理部门对建设用地使用性质、建设用地及代征城市公共用地范围和面积审核确定后，颁发建设用地规划许可证。建设用地规划许可证主要规定了用地性质、位置和界限。

对于划拨用地开发建设项目，开发商在取得建设用地规划许可证后，方可向政府土地主管部门申请用地，经县级以上人民政府审批后，由土地主管部门划拨土地。需要说明的是：由于房地产开发存在明显的地域性特点，事实上，各地在立项与报批阶段的具体要求也有所不同。各地在申领建设用地规划许可证阶段，根据各地的实际情况，对项目申报材料的要求也有所不同。房地产开发项目立项与报批工作中，应当注意到房地产开发的地域性特点，结合当地城乡规划管理等部门的具体要求来进行。

2019 年，自然资源部以"多规合一"为基础推进规划用地"多审合一、多证合一"改革，将建设项目选址意见书、建设项目用地预审意见合并，自然资源主管部门统一核发建设项目用地预审与选址意见书，不再单独核发建设项目选址意见书、建设项目用地预审意见。将建设用地规划许可证、建设用地批准书合并，自然资源主管部门根据《中华人民共和国土地管理法》《中华人民共和国城乡规划法》和国家有关规定，经审核，符合国土空间规划和用途管制要求，统一核发新的建设用地规划许可证，不再单独核发建设用地批准书。

（三）设计方案审批

开发商可以自愿申请规划部门对设计方案进行审查，审查意见可供开发商作为委托设计单位绘制施工图的依据。对于未审查过设计方案的重大开发建设项目，将在规划设计招投标备案阶段对中标设计方案进行专项审查。

开发商应自行委托有规划设计资质的设计机构，按照《建设项目规划意见书（选址）》的要求，绘制规划设计方案图，然后持《建设项目规划许可及其他事项申报表》、《建设项目规划意见书（选址）》及附图复印件和设计方案图，向城乡规划管理部门提出设计方案审查申请，城乡规划管理部门接此申请后协同其他有关单位审查该详细规划设计方案。

开发商提交审查的设计方案，包括：

（1）以实测现状地形图为底图绘制的规划设计总平面图（单体建筑设计方案比例尺 1：500，居住区设计方案比例尺 1：1 000）；

（2）各层平面图、各向立面图、各主要部位剖面图（比例尺 1：100 或 1：200）；

（3）各项经济技术指标和无障碍设施设计说明及其他相关资料。

对于通过招拍挂出让方式获得国有建设用地使用权的开发项目，开发商申请设计方案审查时，尚需提交由土地整理储备机构负责提供的《建设项目规划意见书（选址）》及附图复印件和《建设用地钉桩成果》等前期规划文件。

城乡规划管理部门进行设计方案审查的主要内容包括：设计方案的用地范围与规划确定的范围一致，建设项目的性质符合城市规划要求，容积率、建筑高度、建筑密度、绿地率符合城市规划的要求，停车位个数、建筑间距、公共服务设施符合法律、法规、规章和城市规划的要求，已经安排了必要的水、电、气、热等市政基础设施。

城乡规划部门对设计方案提出修改或调整意见的，开发商应根据审查意见对设计方案进行调整修改，再报城乡规划管理部门审查。审查通过后由城乡规划管理部门向开发商出具《设计方案审查意见》，并将相关审查意见分别抄送政府园林、人防、消防、市政、体育、水行政主管部门。

（四）申领建设工程规划许可证

建设工程规划许可证是经城乡规划主管部门依法审核，建设工程符合城乡规划要求的法律凭证。《中华人民共和国城乡规划法》第四十条规定：在城市、镇规划区内进行建筑物、构筑物、道路、管线和其他工程建设的，建设单位或者个人应当向城市、县人民政府城乡规划主管部门或者省、自治区、直辖市人民政府确定的镇人民政府申请办理建设工程规划许可证。

房地产开发商需持《建设项目规划许可及其他事项申报表》、《建设项目规划意见书（选址）》及附图复印件或《设计方案审查意见》及附图复印件、自然资源行政主管部门批准用地的文件、有资质设计单位按照《建设项目规划意见书（选址）》或《设计方案审查意见》及附图的要求绘制的建设工程施工图（施工图纸包括图纸目录、无障碍设施设计说明、设计总平面图、各层平面图、剖面图、各方向立面图、各主要部位平面图、基础平面图、基础剖面图）、《城市建设工程办理竣工档案登记表》、《勘察、设计中标通知书》（未进行设计方案审查的项目），向城乡规划管理部门提出申请。需要建设单位编制修建性详细规划的建设项目，还应当提交修建性详细规划。城乡规划管理部门接此申请后，将负责对相关文件进行与设计方案审查阶段内容相似的审查工作，对符合控制性详细规划和规划条件的，由城市、县人民政府城乡规划主管部门或者省、自治区、直辖市人民政府确定的镇人民政府核发建设工程规划许可证。城市、县人民政府城乡规划主管部门或者省、自治区、直辖市人民政府确定的镇人民政府应当依法将经审定的修建性详细规划、建设工程设计方案的总平面图予以公布。通过审查后，签发建设工程规划许可证。

《中华人民共和国城乡规划法》第六十四条规定：未取得建设工程规划许可证或者未按照建设工程规划许可证的规定进行建设的，由县级以上地方人民政府城乡规划主管部门责令停止建设；尚可采取改正措施消除对规划实施的影响的，限期改正。开发商取得建设工程规划许可证后，应按照城市规划监督有关规定，办理规划验线、验收事宜。工程竣工验收后，按规定应编制竣工图的建设项目，须依法按照国家编制竣工图的有关规定编制并报送城市档案馆。

（五）申领建筑工程施工许可证

建筑工程施工许可证是建筑施工单位符合各种施工条件、允许开工的证明，是建设单位进行工程施工的法律凭证，也是房屋权属登记的主要依据之一。在建设工程项目招标完成，并签订工程项目承包合同之后，开发商即可向住建部门申请领取建筑工程施工许可证。

《中华人民共和国建筑法》（1997年通过，2019年第二次修正）第七条规定：建筑工程开工前，建设单位应当按照国家有关规定向工程所在地县级以上人民政府建设行政主管部门申请领取施工许可证；但是，国务院建设行政主管部门确定的限额以下的小型工程除外。按照国务院规定的权限和程序批准开工报告的建筑工程，不再领取施工许可证。

根据《建筑工程施工许可管理办法》规定，建设单位申请领取施工许可证，应当具备下列条件，并提交相应的证明文件：

（1）依法应当办理用地批准手续的，已经办理该建筑工程用地批准手续。

（2）在城市、镇规划区的建筑工程，已经取得建设工程规划许可证。

（3）施工场地已经基本具备施工条件，需要征收房屋的，其进度符合施工要求。

（4）已经确定施工企业。按照规定应当招标的工程没有招标，应当公开招标的工程没有公开招标，或者肢解发包工程，以及将工程发包给不具备相应资质条件的企业的，所确定的施工企业无效。

（5）有满足施工需要的技术资料，施工图设计文件已按规定审查合格。

（6）有保证工程质量和安全的具体措施。施工企业编制的施工组织设计中有根据建筑工程特点制定的相应质量、安全技术措施。建立工程质量安全责任制并落实到人。专业性较强的工程项目编制了专项质量、安全施工组织设计，并按照规定办理了工程质量、安全监督手续。

（7）按照规定应当委托监理的工程已委托监理。

（8）建设资金已经落实。建设工期不足1年的，到位资金原则上不得少于工程合同价的50%，建设工期超过1年的，到位资金原则上不得少于工程合同价的30%。建设单位应当提供本单位截至申请之日无拖欠工程款情形的承诺书或者能够表明其无拖欠工程款情形的其他材料，以及银行出具的到位资金证明，有条件的可以实行银行付款保函或者其他第三方担保。

（9）法律、行政法规规定的其他条件。

建设行政主管部门应当自收到申请之日起7日内，对符合条件的申请颁发施工许可证。对于建筑工程施工许可证的延期，《中华人民共和国建筑法》第九条规定，建设单位应当自领取施工许可证之日起3个月内开工。因故不能按期开工的，应当向发证机关申请延期；延期以两次为限，每次不超过3个月。既不开工又不申请延期或者超过延期时限的，施工许可证自行废止。

另外，在建的建筑工程因故中止施工的，建设单位应当自中止施工之日起1个月为，向发证机关报告，并按照规定做好建筑工程的维护管理工作。建筑工程恢复施工时，应当向发证机关报告；中止施工满1年的工程恢复施工前，建设单位应当报发证机关核验施工许可证。按照国务院有关规定批准开工报告的建筑工程，因故不能按期开工或者中止施工的，应当及时向批准机关报告情况。因故不能按期开工超过6个月的，应当重新办理开工报告的批准手续。

值得指出的是，由于土地成本和前期费用占总开发成本的比重越来越大，所以对许多开发商而言，项目进展到获得建设工程开工许可阶段，其成本支出往往已经超过了项目成本的 50%，所以当市场环境与项目开始时比较发生了较大的不利变化，在选择立即开工建设还是延期开工建设时，要根据公司目前的财务状况尤其是未来一段时间的现金流状况进行慎重的比选决策，还要认真考虑政府对延迟开发建设的有关政策。因此，作为一条行业准则，开发商必须时刻抑制自己过高的乐观态度，并且保持一种"健康的怀疑"态度来对待其所获得的专业咨询意见。

第四节   房地产开发项目招标与投标

■ 一、 房地产开发项目招标投标概述

（一）房地产开发项目招标与投标

招标(Tendering)与投标(Bidding)是市场经济条件下按照规定程序从中选择交易对象的一种市场交易行为，也是目前国际上广泛采用的工程建设任务的主要交易方式，如工程设计、工程施工、工程监理、工程设备和材料采购等过程均可采用招标方式。工程项目的建设以招标投标的方式选择实施单位，是运用竞争机制来体现价值规律的科学管理模式。

房地产开发项目招标是指房地产项目的投资商或者开发商根据拟建工程项目的工期、质量和投资额等经济技术要求，邀请有资格和能力的企业参加投标，从中择优选取承担可行性研究方案论证、勘察设计、施工监理、工程施工、材料及设备采购、销售以及项目融资等任务的承包单位，直至签订工程发包合同的全过程。

房地产开发项目投标是指经过审查具有投标资格的投标单位，以同意招标文件所提出的条件为前提，经过广泛的市场调查掌握一定的信息，并结合自身的经营目标及能力等情况，以投标竞争的方式获取工程建设任务并签订工程承包合同的全过程。

（二）房地产开发项目招标投标的原则与作用

《中华人民共和国招标投标法》(2000 年实施,2017 年修正)第五条规定：招标投标活动应当遵循公开、公平、公正和诚实信用的原则。对于依法必须进行招标的项目，其招标投标活动不受地区或者部门的限制。任何单位和个人不得违法限制或者排斥本地区、本系统以外的法人或者其他组织参加投标，不得以任何方式非法干涉招标投标活动。

房地产开发项目招标投标是开发项目和设备供应走向市场化、规范化的重要举措，在房地产项目成本、质量和工期等管理与控制方面起到重要的作用。

（1）房地产开发项目招标投标本质上是防止垄断、鼓励竞争的市场经济产物，招标投标双方均须按照法定程序进行交易行为，受到相关法律的约束。因此，房地产开发建设市

场在招标投标活动的推动下将更趋理性化、法制化和规范化。

（2）房地产开发项目招标投标体现的是由市场定价的价格形成机制，通过投标人的竞争使得房地产开发项目的造价趋于合理水平，既可以使房地产开发项目投资得到有效控制，又有利于工程项目工期和质量目标的实现。

（3）房地产开发项目招标投标的目的就是择优选取在报价、技术、实力、业绩等诸方面有优势的承包商，因此，通过招标投标能够激励投标人采用新技术，加强企业和项目管理，从而促进全行业技术进步和管理水平的提高。

二、 房地产开发项目招标方式

（一）公开招标

公开招标是指招标人以招标公告的方式邀请不特定的法人或者其他组织投标。招标人采用公开招标方式的，应当发布招标公告。依法必须进行招标的项目的招标公告，应当通过国家指定的报刊、信息网络或者其他媒介发布。招标公告应当载明招标人的名称和地址，招标项目的性质、数量、实施地点和时间以及获取招标文件的办法等事项。招标人采用资格预审办法对潜在投标人进行资格审查的，应当发布资格预审公告、编制资格预审文件。依法必须进行招标的项目的资格预审公告和招标公告，应当在国务院发展改革部门依法指定的媒介发布。

公开招标是房地产开发项目常用的招标方式，其最主要的特点是一切有资格的承包商和供应商均可参加投标竞争，都有同等机会。招标人有较大的选择范围，可在众多的投标人中选到报价合理、技术可靠、资信良好的中标人。但是，资格审查及评标的工作大、耗时长、费用高，同时，参加竞争的投标者越多，每个参加者中标的机会越小，风险越大，损失的费用也就越多。

（二）邀请招标

邀请招标是指招标人以投标邀请书的方式邀请特定的法人或者其他组织投标，也被视为选择性招标。被邀请人同意参加投标后，从招标人处获取招标文件，按照招标程序和投标须知进行投标报价。投标邀请书上同样标明招标人的名称、地址，招标项目性质、数量、实施地点和时间以及获取招标文件的办法等内容。

房地产开发商根据自己的经验和所掌握的有关承包商的资料信息，对被认为有经验、技术、资金、信誉等均较可靠的承包商发出邀请来参加投标。一般邀请 5~10 家为宜，不能少于 3 家，因为投标者太少时，则缺乏竞争力。邀请招标的优点是被邀请的承包商大都较有经验，技术、资金、信誉等均较可靠。为了体现公平竞争和便于招标人选择综合能力最强的投标人中标，仍要求在投标书中报送投标人资质能力的有关证明材料，作为评标时的评审内容之一（通常称为资格后审）。然而，邀请招标也存在竞争局限性，由于招标人掌握的资料和信息有限，往往邀请的范围较窄，可能失去了在技术上或报价上最有竞争力的一些潜在投标人。

（三）工程项目招标人应具备的条件

招标人是依法提出招标项目，进行招标的法人或其他组织。招标人可以自行办理招标事宜，但必须符合下列条件，并设立专门招标工作小组，经招标管理机构审查合格后发给招标组织资格证书。

（1）具有法人资格或是依法成立的组织。

（2）具有与招标工程规模相适应的技术、经济、管理人员。

（3）具有编制招标文件的能力。

（4）具有审查投标人投标资格的能力。

（5）具有组织开标、评标、定标的能力。

不具备上述（3）、（4）、（5）条件的，须委托具有相应资质的招标代理机构办理招标事宜，招标人有权自行选择招标代理机构，任何单位和个人不得以任何方式为招标人指定招标代理机构。上述条件中，前两条是单位资格规定，后三条则是对招标人能力的要求。

依法必须进行招标的项目，招标人自行办理招标事宜的，应当向有关行政监督部门备案。

当房地产开发商不具备自主招标能力时，可委托招标代理机构，招标代理机构的资格依照法律和国务院的规定由有关部门认定，招标代理机构应当具备下列条件：

（1）有从事招标代理业务的营业场所和相应资金；

（2）有能够编制招标文件和组织评标的相应专业力量；

（3）有可以作为评标委员会成员人选的技术、经济等方面的专家库。

■ 三、 房地产开发项目招标程序

建设工程项目招标是一个连续完整的过程，它涉及众多的投标人和管理部门，因此，必须事先设定一套程序。房地产项目的招标程序如图 3-1 所示。

（一）成立招标组织

招标组织必须具备一定的条件，并经招标投标管理部门审查批准后才可展开工作。招标工作小组应具备的条件：

（1）有招标单位的法定代表或者其委托的代理人；

（2）有具有同类工程施工招标经验，熟悉有关建设工程招标法律法规的技术、预算、财务和工程管理的专业人员；

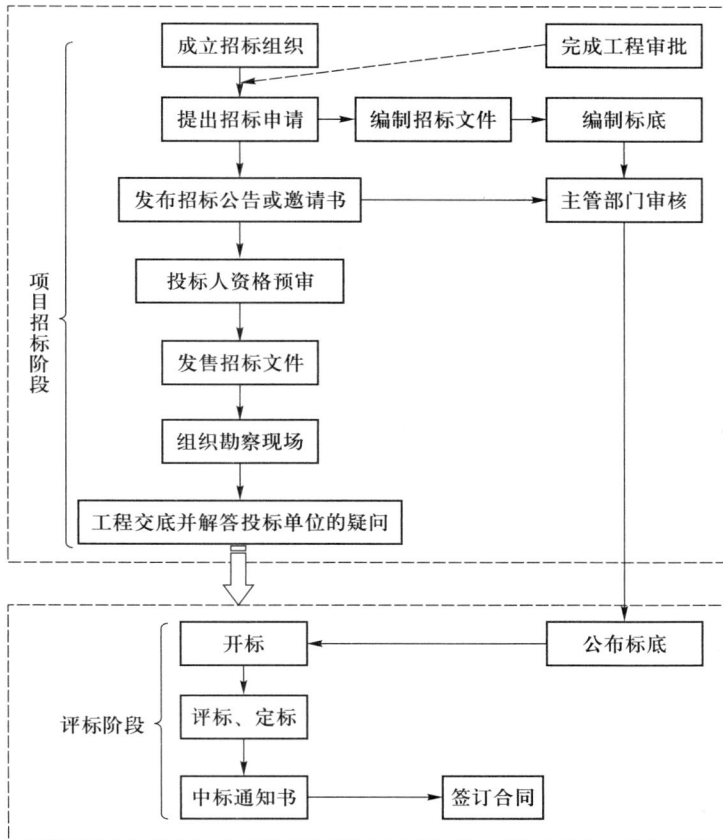

图 3-1 房地产项目的招标程序

（3）有对投标人进行资格审查的能力。

不具备上述条件的招标人，可委托具有相应资质的招标代理机构代理招标工作。

招标组织的主要工作有：落实工程项目的招标文件，完成施工前的各项准备工作；编制招标文件，办理招标工作审批手续；组织或委托编制标底，按规定报招标投标管理机构审查批准；发布招标公告或邀请书，对投标人进行资格审查；发售招标文件资料，组织投标人踏勘现场并对有关问题负责解释和答疑；制定评标办法，主持开标会；发布中标或未中标通知书；组织中标人与招标人签订承包合同及其他应办事项。

（二）提出招标申请

招标人向招投标管理部门提出招标申请，主要内容包括：招标项目完成立项、用地规划、工程规划等各种审批手续，具备法律规定的实施条件；招标人具备的资质；拟采用的招标方式（公开招标/邀请招标；自主招标/委托招标）；对投标人的资质要求或选择邀请的投标人；经招投标管理部门审查批准后，进行招标登记，领取有关招投标用表。

《中华人民共和国招标投标法》第十二条规定：依法必须进行招标的项目，招标人自行办理招标事宜的，应当向有关行政监督部门备案。

（三）编制招标文件

招标人在获准招标后，即可自行或委托咨询机构编制招标文件。《工程建设项目施工招标投标办法》第二十四条规定，招标人根据施工招标项目的特点和需要编制招标文件。招标文件的主要内容包括招标公告或投标邀请书、投标人须知、合同主要条款、投标文件格式、工程量清单、技术条款、设计图纸、评标标准和方法、投标辅助材料等。需特别注意的是，招标人应当在招标文件中规定实质性要求和条件，并用醒目的方式标明。

《中华人民共和国招标投标法》第二十三条规定：招标人对已发出的招标文件进行必要的澄清或者修改的，应当在招标文件要求提交投标文件截止时间至少 15 日前，以书面形式通知所有招标文件收受人。该澄清或者修改的内容为招标文件的组成部分。

（四）编制标底

编制标底是招标的一项重要准备工作。标底是招标工程的预期价格。标底的作用，一是使招标人预先明确自己在拟建工程上应承担的财务义务；二是给上级主管部门提供核实工程项目规模的依据；三是作为衡量投标人标价的准绳，也是评标的主要尺度之一。因此，标底应该以严肃认真的态度和科学的方法来制定。招标人可以自行决定是否编制标底，一个招标项目只能有一个标底，并且标底必须保密。

（五）发布招标公告或邀请书

采用公开招标的方式，应当通过国家指定的报刊、信息网络或其他媒介发布招标公告。采用邀请招标方式的，招标人应当向 3 家以上具备承担招标项目能力、资信良好的特定的法人或者其他组织发出投标邀请书。招标公告或者投标邀请书应当至少载明下列内容：招标人的名称和地址；招标项目的内容、规模、资金来源；招标项目的实施地点和工期；获取招标文件或者资格预审文件的地点和时间；对招标文件或者资格预审文件收取的费用；对投标人资质等级的要求。

招标人应当按照招标公告或者投标邀请书规定的时间、地点出售招标文件或资格预审文件。自招标文件或者资格预审文件出售之日起至停止之日止，最短不得少于 5 日。

（六）投标人资格预审

资格审查方式一般分为资格预审和资格后审（在开标后对投标人进行的资格审查）。资格预审是公开招标中必须有的一个环节，指在投标前对潜在投标人进行的资格审查。招标人可以根据招标项目本身的特点和需要，要求潜在投标人或者投标人提供满足其资格要求的文件，对潜在投标人或者投标人进行资格审查；法律、行政法规对潜在投标人或者投标人的资格条件有规定的，依照其规定办理。

资格预审的主要内容有投标人的法人地位、财产状况、人员素质、各类技术力量及技术装备状况、企业信誉和业绩等。

无论是对投标者的资格预审还是资格后审都是审查投标申请人是否具备下列条件：

（1）具有独立订立合同的权利；

（2）具有圆满履行合同的能力，包括专业、技术资格和能力，资金、设备和其他设施状况，管理能力、经验、信誉和相应的工作人员；

（3）以往承担类似工程项目的业绩情况；

（4）没有处于责令停业，财产被接管、冻结，破产状态；

（5）在近几年（3年）内没有与合同有关的犯罪或违约、违法行为。

资格预审结束后，招标人应当及时向资格预审申请人发出资格预审结果通知书。未通过资格预审的申请人不具有投标资格。

（七）发售招标文件

招标人向资格预审合格的潜在投标人发出资格预审合格通知书，告知获取招标文件的时间、地点和方法，办理投标手续，并收取保证金。

《中华人民共和国招投标法》第二十二条规定：招标人不得向他人透露已获取招标文件的潜在投标人的名称、数量以及可能影响公平竞争的有关招标的其他情况。

（八）组织踏勘现场及答疑

招标文件发出后招标人应根据招标文件规定的时间统一组织投标人到项目现场踏勘，并在招标文件规定的时间组织召开招标文件答疑会，对投标人关于招标文件中的疑问，招标人负责逐一解答。

（九）接受招标文件

招标人应当确定投标人编制投标文件所需要的合理时间；但是，依法必须进行招标的项目，自招标文件开始发出之日起至投标人提交投标文件截止之日止，最短不得少于20日。

投标人购买招标文件后，即可进入投标文件的编制阶段。投标文件编制完成，经检查确认无误后，由投标单位及负责人签名盖章，按投标须知的要求密封，在投标截止日期前送达招标人指定的收件地点，等候开标。

（十）工程项目开标、评标和定标

开标应当在招标文件确定的提交投标文件截止时间的同一时间公开进行；开标地点应当为招标文件中预先确定的地点。开标会议由招标人即开发商主持，邀请各投标人和当地公证机构以及招标管理部门参加，开标会上将公开各投标单位标书、当众宣布标底、宣布评定方法等。投标人对开标有异议的，应当在开标现场提出，招标人应当当场做出答复，并制作记录。开标前应做好下列各项准备工作：

（1）成立评标组织，制定评标办法；

（2）委托公证，通过公证人的公证，从法律上确认开标是合法有效的；

（3）按招标文件规定的投标截止日期密封标箱。

开标、评标、定标活动应在招投标办事机构的有效管理下进行，由招标单位或其上级主管部门主持进行，公证机关当场公证。开标的一般程序如下：

（1）唱报到会人员，宣布开标会议主持人；

（2）投标单位代表向主持人及公证人员送验法人代表证明或授权委托书；

（3）当众检验和启封标书；

（4）各投标单位代表宣读标书中的投标报价、工期、质量目标、主要材料用量等内容；

（5）招标单位公布标底；

（6）填写建设工程施工投标书开标汇总表；

（7）有关各方签字；

（8）公证人口头发表公证；

（9）主持人宣布评标办法（也可在启封标书前宣布）及日程安排。

评标是指根据招标文件确定的标准和方法，对每个投标人的标书进行分析比较，判断优劣，提出确定中标人的意见和建议。评标过程应包括建立评标委员会，制定评标的原则、程序和方法，确定日程安排和定标过程中相关问题处理的规定等内容。

项目评标的一般程序如下：

（1）开标会结束后，投标人退出会场，开始评标；

（2）评标委员会审阅评标文件，检查投标人对文件的响应情况和文件的完备性情况；

（3）对审阅后的有效投标文件进行实质性评议；

（4）评标委员会要求投标人对投标文件中的实质内容进行说明和解释；

（5）评标委员会对评标结果进行审核，确定中标人顺序，形成评标报告；

（6）评标结果送招投标管理机构审查，确认后根据评标结果宣布中标人。

评标方法的选择和确定，既要充分考虑到科学合理、公平公正，又要考虑到具体工程项目招标的具体情况、不同特点和招标人的合理意愿。

定标（也称决标）是指评标小组对投标书按既定的评标方法和程序得出评标结论。评标委员会完成评标后，应向招标人提出书面评标报告。评标报告由评标委员会全体成员签字。招标人应当自收到评标报告之日起3日内公示中标候选人，公示期不得少于3日。

对依法必须进行招标的项目，招标人应自确认中标之日起15日内，向有关行政监督部门提交招投标情况的书面报告。中标通知书具有法律效力，通知书发出后，中标人改变中标结果或放弃中标项目的，应当承担法律责任。

（十一）签订书面合同

中标人接到通知后，应在中标通知书发出之日起 30 天内与业主签订合同。招标人不得向中标人提出任何不合理要求作为订立合同的条件，双方也不得私下订立背离合同实质性内容的协议。

依法必须进行施工招标的项目，招标人应当自发出中标通知书之日起 15 日内，向有关行政监督部门提交招标投标情况的书面报告，报告应包括下列内容：

（1）招标范围；

（2）招标方式和发布招标公告的媒介；

（3）招标文件中投标人须知、技术条款、评标标准和方法、合同主要条款等内容；

（4）评标委员会的组成和评标报告；

（5）中标结果。

招标人最迟应当自合同签订之日起 5 天内，将投标保证金退还给中标人和未中标人。同时，中标人应该根据招标文件要求提交履约担保。

本章小结

本章首先介绍投资机会选择与决策分析；其次介绍房地产土地使用权获取（包括土地储备与开发）；再次介绍房地产开发项目的核准和备案、项目的规划设计报批等；最后介绍房地产开发项目招标与投标。

练习题

一、即测即评

二、思考题

1. 投资机会选择与决策分析的基本概念是什么？

2. 什么是土地储备？ 土地储备的范围与步骤是什么？

3. 土地储备资金来源有哪些？

4. 什么是土地开发？ 土地一级开发的一般程序是什么？

5. 土地储备开发成本有哪些？ 土地储备资金的使用范围是什么？

6. 什么是土地使用权出让？ 对于用途不同的各类用地使用权出让的最高年限是如何规

定的?

 7. 土地使用权出让的主要方式有哪些? 其具体的出让流程是什么?

 8. 房地产开发项目的核准和备案是如何规定的?

 9. 房地产开发项目的规划设计报批主要内容有哪些?

 10. 申领建筑工程施工许可证应当具备哪些条件?

 11. 房地产开发项目招标投标的原则与作用是什么?

 12. 房地产开发项目招标方式有哪些?

 13. 工程项目招标人应具备的条件是什么?

 14. 简述房地产开发项目招标程序。

 15. 房地产开发项目开标的一般程序是什么?

第四章

房地产市场调查与分析

本章学习目标

□ 掌握：房地产市场调查、分析的手段与方法。
□ 熟悉：房地产市场调查的主要内容。
□ 了解：房地产市场调查的概念、原则和特点；房地产市场调查的程序。

第一节　房地产市场调查概述

■ 一、 房地产市场调查的内涵

（一）房地产市场调查的概念

房地产市场调查，是指为实现房地产项目特定的经营目标，运用科学的理论以及现代化的调查技术方法和手段，以客观的态度，有目的、有计划、系统地通过各种途径收集有关房地产市场的信息资料，通过对资料的整理和分析，来正确地判断和把握房地产市场的现状和发展趋势，从而为开发商预测房地产市场未来发展、制定科学决策提供可靠依据，是房地产项目策划、规划设计、经济评价和市场营销等工作的前提和基础。

房地产市场调查，有广义和狭义之分。狭义的房地产市场调查是指开发商为了项目开发的需要，针对消费者购买行为而进行的市场调查活动，即对消费者及其行为的研究。广义上的房地产市场调查是指为了解和预测房地产市场的产品供给和需求信息、正确判断和把握市场现状及其发展趋势，同时为制定科学决策提供可靠依据的一项市场调查活动。其中，市场调查的使用者可以是政府相关机构，也可以是投资者或开发商、市场分析机构、营销机构、贷款机构、设计人员以及购房者等。

（二）房地产市场调查的必要性和作用

市场调查的必要性主要体现在两个方面：

（1）房地产开发属于资金密集型项目，其中蕴含着很大的市场风险，一旦决策失误就会造成巨大的甚至是不可挽回的损失。房地产市场调查能够使决策者对当前以及未来的市场有较为充分的了解，准确把握产品定位及经营策略，并能够根据市场调查结果进行及时的调整，也可以从中发现新的市场机会，从而较好地规避市场风险。

（2）消费者的需求是不断变化的，及时有效的市场调查可以帮助开发商掌握消费者意向及消费动态，寻求项目的最佳市场切入点，从而不断开拓市场，提高市场占有率。

因此，市场调查是房地产项目策划的基础，其主要作用表现在：

（1）市场调查是项目策划者认识市场、捕捉市场机会和确定投资方向的前提；

（2）市场调查是项目策划者感知市场、了解消费者需求和制订产品开发计划的主要手段；

（3）市场调查是项目策划者了解市场、挖掘卖点、形成创意、确定价格策略和营销计划的必要前提；

（4）市场调查是项目投资机会研究、项目定位、项目规划设计、项目营销等一系列活动的基础，贯穿项目全程策划的始终。

二、 房地产市场调查的原则

1. 客观性原则

客观性主要是指调查资料必须真实、准确地反映客观实际情况。只有通过深入细致的市场调查，获取真实可靠的市场数据，尊重客观事实、实事求是地进行分析，才能看清市场，摸清问题，做出科学准确的开发决策。市场调查结果的客观性往往取决于以下几个方面：

（1）市场调查人员的技术水平。调查人员的技术水平决定了他们的调查技巧、对问题的理解程度、对整体调查方案的把握程度，以及市场资料的筛选、整理、分析水平等，从而很大程度上影响着市场调查结果。

（2）市场调查人员的敬业态度。市场调查在大多数情况下要走到户外，深入项目现场，与人面对面地沟通，是一项很辛苦的工作，而且，真实的市场情况往往需要非常深入的调查才能够获得，浅尝辄止的工作态度是难以获得真实的市场数据的，因此要求房地产市场调查人员必须具备认真、敬业、一丝不苟的工作态度。

（3）被调查者的合作态度。被调查者是否持积极的合作态度，以及回答问题是否持客观态度，会直接影响到调查结果的准确性，这些也与调查人员的亲和力及调查技巧有关。

2. 全面性原则

房地产市场调查，应当全面系统地针对宏观政治经济社会环境、区域房地产市场环境以及项目用地现状、周边配套、竞争楼盘等微观环境进行调查，做到全面细致，通过市场调查把握整个房地产市场状况。当然，也要注意结合具体项目实际情况，根据需要设计调查内容和规模，全面性原则中不能忽略市场调查的针对性。

3. 经济性原则

房地产市场调查的经济性原则也称为成本控制原则。调查者必须权衡所做的调查工作能够带来多大的效益，测算市场调查的成本，明确市场调查的花费是否能够被投资者所接受；应当明确市场调查中采取哪些调查方法最有效，如何费时最少、成本最低、效果最佳，这些都是房地产市场调查中应始终把握的经济性原则。

4. 学习性原则

房地产市场是不断发展变化而非静态停止的，这一切主要源于宏观经济以及消费者需求的不断变化。因此，在房地产市场调查中，应当抱有学习的态度，善于发现新问题、研究新问题、解决新问题，从而为项目开发提供决策依据。

5. 时效性原则

面对瞬息万变的市场形势，只有反映市场的现实状况的调查资料，才能及时反馈信息，成为企业制定市场经营策略的客观依据，以满足各方面的需要。因此，在市场调研工作中，要充分利用有限的时间，尽可能在较短的时间里搜集更多的所需资料和信息，避免调查工作的拖延。否则不但会增加费用支出，而且会使决策滞后，贻误时机。

6. 针对性原则

在房地产市场调研中，不同物业的目标客户群体是不同的，不同客户群体对房屋的偏好各异，比如中等收入家庭购房时更关注价格，而高收入家庭购房时则会更注重环境与景观等。市场调查的目的，就是要准确把握住不同客户群体间方方面面的显著或是细微的差别，最终抓住目标客户群，这也是物业销售成功的关键之一。

三、 房地产市场调查的特点

1. 调查内容的广泛性

房地产市场调查贯穿项目策划全过程，内容非常广泛，包括调查对象的收入水平、消费偏好，市场价格水平、竞争楼盘等多方面内容。

2. 调查内容的针对性

房地产市场调查的内容具有广泛性，但在不同阶段调查侧重点又有所不同，决定了调查内容具有针对性，即具体问题具体分析。例如在项目定位阶段，市场调查侧重于地块现状、项目周边配套、人文景观、客户需求信息、区域租售价格走势等；而在市场推广阶段侧重于竞争项目信息、广告媒体等。

3. 调查内容的时效性

房地产市场调查中有些信息是随着时间而变化的，如需求特征、销售价格，用陈旧信息来做项目策划，结果显然是不准确的，因此，房地产市场调查内容还具有较强的时效性。

4. 调查方法的多样性与专业性

调查方法的多样性体现在调查方案和获取信息途径两方面：一是针对具体项目，可能有多个调查方案供选择；二是在获取信息的途径上也可运用多种方法，如实地调查、座谈会、面访和电话访问等。另外，房地产产品的非标准化和调查内容的复杂性，决定了房地产市场调查的专业性。房地产市场调查除了对项目用地现状、周边环境等基本问题进行调查外，还要对消费者的消费特征、购房偏好、消费趋势等问题进行深层次的分析研究，这些都要求调查人员具有一定的专业知识和技能。

5. 调查结果的局限性

任何房地产市场调查结论都不是完美无缺的，因为不可能把所有的市场因素调查考虑得很完善，因此，市场调查结果具有一定的局限性。房地产市场调查结果只应被当成是项目开发、策划和营销的基础，在使用上必须结合决策者、策划人员以及营销人员等对市场的定性认识和项目操作经验。房地产市场调查结果是重要的决策参考依据，但并不等于准确地给出了决策答案。

第二节　房地产市场调查方法

■ 一、 房地产市场调查方法的分类

房地产市场调查的方法很多，通常根据不同的依据进行分类。

（一）按照调查目的分类

房地产市场调查可以分为探测性调查、描述性调查、因果性调查和预测性调查。

1. 探测性调查

当企业对需要研究的问题和范围不明确，无法确定应该调查哪些内容时，可以采用探测性调查来找出症结所在，然后再做进一步研究。例如某房地产公司近几个月来销售下降，公司一时弄不清楚原因，是宏观经济形势不好所致？还是广告支出减少或是销售代理效率低造成的？还是消费者偏好转变？在这种情况下，可以采用探测性调查，从中间商或者消费者那里收集资料，以便找出最有可能的原因。由此可以看出：探测性调查只是收集一些有关资料，以确定问题所在，至于问题应如何解决，则有待于进一步调查研究。

2. 描述性调查

描述性调查是从外部联系上找出各种相关因素，并不回答因果关系问题。例如在销售过程中，发现销售量和广告有关，并不说明何者为因，何者为果，也就是说描述性调查旨在说明什么、何时、如何等问题，但并不解释为何的问题。与探测性调查比较，描述性调查需要有事先拟订的计划，需要确定要收集的资料和收集资料的步骤，需要对某一专门问题提出答案。

3. 因果性调查

这种调查是要找出事情的原因和结果。例如价格和销售之间的因果关系如何？广告与销售之间的因果关系如何？通常对于一个房地产公司经营业务范围来说，销售、成本、利润、市场占有量皆为因变量。而自变量较为复杂，通常有两种情况：一类是企业本身可以加以控制的变量，又称内生变量，例如价格、广告支出等；另一类是企业市场环境中不能控制的变量，也称外生变量，例如政府的法律、法规、政策的调整，竞争者的广告支出与价格让利等。因果关系研究的目的在于了解这些自变量与某一因变量（例如成本）的关系。

4. 预测性调查

预测性调查是通过收集、分析、研究过去和现在的各种市场情报资料，运用数学方法，估计未来一定时期内市场对某种产品的需求量及其变化趋势。由于市场情况复杂多变，不易准确发现问题和提出问题。因此，在确定研究目的的阶段，可进行一些情况分析。例如房地产公司发现因为广告没有做好造成消费者视线转移，为此，可做若干假设，例如："消费者认为该公司房屋设计方案较差，不如其他房地产公司的方案""售房的广告设计太一般""消费者认为该房屋的周围环境不够理想"等。拟定假设的主要目的是限制研究或调查的范围，以便使用今后收集到的资料来检验所作的假设是否成立。

（二）按照调查对象的数量分类

可以分为全面普查、重点调查和抽样调查。

1. 全面普查

全面普查是指对调查对象总体所包含的全部个体都进行调查。对市场进行全面普查可能获得非常全面的数据，能正确反映客观实际，效果明显。如果把一个城市的人口、年龄、家庭结构、职业、收入分布情况进行系统调查了解，对房地产开发将是十分有利的。但由于全面普查工作量很大，要耗费大量人力、物力、财力，调查周期较长，一般只在较小范围内采用。当然，有些资料可以借用国家权威机关普查结果，例如可以借用全国人口普查所得到的有关数据资料等。

2. 重点调查

重点调查是以总体中有代表性的单位或消费者作为调查对象，进而推断出一般结论。采用这种调查方式，由于被调查的对象数目不多，企业能以较少的人力、物力、财力，在较短时期内完成。如调查高档住宅需求情况，可选择一些购买大户作为调查对象，往往这些大户对住宅需求量，对住宅功能要求具有较强代表性，从而推断出整个市场对高档住宅的需求量和功能要求。当然由于所选对象并非全部，调查结果难免有一定误差，市场调查人员应引起高度重视，特别是当外部环境产生较大变化时，所选择重点对象可能不具有代表性了。

3. 抽样调查

这种方法是从调查对象全体（总体）中选择若干个具有代表性的个体，组成样本，对样本进行调查，然后根据调查结果推断出总体情况的调查方法。抽样调查大体上可以分为两类：一是随机抽样，二是非随机抽样。

随机抽样是从母体中任意抽取样本，每一样本有相等的机会，这样的事件发生的概率是相等的，可以根据调查的样本空间的结果来推断母体的情况。它又可以分为三种：① 普通随机抽样，即整体中所有个体都有同样的机会被选作样本；② 分层随机抽样，即对总体按某种特征（如年龄、性别、职业等）分组（分层），然后从各组中随机抽取一定数量的样本；③ 分群随机抽样，即将总体按一定特征分成若干群体，随机抽取其中一部分作为样本。

分群抽样与分层抽样的区别是：分群抽样是将样本总体划分为若干不同群体，这些群体间的性质相同，之后再对每个群体进行随机抽样，这样每个群体内部存在性质不同的样本。而分层抽样是将样本总体划分为几大类，这几大类之间是有差别的，而每一类则是由性质相同的样本构成的。

非随机抽样是指市场调查人员在选取样本时并不是随机抽取，而是先确定某个标准，然后再选取样本数，因而每个样本被选择的机会并不是相等的。非随机抽样也分为三种具体方法：① 就便抽样，也称随意抽样调查法，即市场调查人员根据最方便的时间、地点任意选择样本；② 判断抽样，即市场调查人员根据自己的以往调查经验来判断由哪些个体作为样本的一种方法。当样本数目不多，样本之间的差异又较为明显时，采用此法能起到一定效果；③ 配额抽样，即市场调查人员通过确定一些控制特征，对样本空间进行分类，然后由调查人员从各组中任意抽取一定数量的样本。

（三）按照接触对象的方式分类

主要分为直接调查法和间接调查法。

直接调查法是与被调查对象面对面进行调查的方法，主要包括：

（1）现场调查法，这是房地产调查中最常用到的一种方法，它可以提供给调查人员高质量资料；

（2）专家访谈法，用于在房地产调查中向相关的专业人士打探情况，了解基础资料或解决复杂的问题。

间接调查法是通过媒介与被调查者进行的调查方法，主要包括：

（1）网络调查法，是随着信息技术发展产生的最为快速、方便的数据收集方法；

（2）电话调查法，是最常用的调查方法，有一定的局限性；

（3）问卷调查法，可以辅助调查人员进行较为专业的调查。

（四）按照调查性质分类

可以分为定性调查方法和定量调查方法。

（1）定性调查方法是利用小的典型性样本进行深度、非正规的访谈，以进一步弄清问题，发掘内涵，为随后的正规调查做准备的调查方法，包括焦点小组访谈法、专家访谈法、案例研究法以及投影法。

（2）定量调查方法，包括询问调查法、观察法以及实验法。

二、　房地产市场调查方法的选择

确定市场调查方法，要首先明确此次调查的特定目的，才有可能明确哪些特定的调查方法可以满足特定项目的要求。确定目标后，调查人员会提出多种相关的调查方法，并一一进行评估，选择性价比最高的方案。任何一种调查方法都有其不可避免的缺陷，也有其独特优势。通常我们会选择整合多种有效的调查方法，来增加收集到的资料的有效性及准确性。

房地产市场调查主要包括三大类调查：区域调查、项目调查和土地调查。

（1）区域调查通常涉及区域内的建设及规划、区域内竞争对手的情况、区域内房地产市场中的供需量。这类信息涉及范围广，但获取难度相对较小，大多数可通过二手数据的收集来满足。

（2）项目调查的方法有很多种，包括实地调查、访问调查法、跟踪访问、专家访谈法以及二手资料收集法。项目调查中最基本、最常用的调查方法是实地调查，也被称为踏盘，即针对目标楼盘进行实地勘查和调查，通常有两种形式，即定期踏盘和专项踏盘。

（3）土地调查通常带有较深层次的决策问题，所以应该在调查的初期有一个全盘的思考。

在不同的环境下针对不同的调查对象和调查目的，调查人员综合评估各种调查方法，选择并运用最佳的方法组合得到最满意的调查结果。

第三节　房地产市场调查程序

房地产市场调查的程序，是指从调查准备到调查结束全过程工作的先后次序。房地产市场调查是一项有组织、有计划的系统活动，在房地产市场调查中，建立一套系统的科学程序，有助于提高调查工作的效率和质量。房地产项目市场调查程序如图4-1所示。

一、　准备阶段

1. 确定调查目的

这是进行市场调查时应首先明确的问题。调查目的确定以后，市场调查就有了方向，不至于出现太大的过失。如果开始调查目的不明确，将使以后一系列市场调查工作成为浪

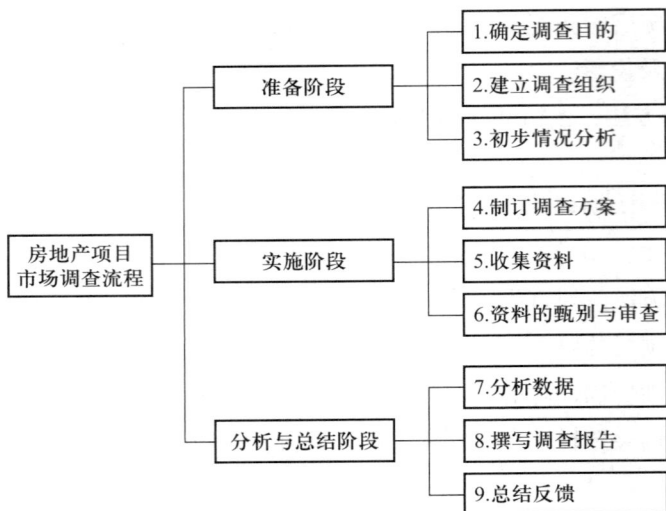

图 4-1　房地产项目市场调查程序

费，造成损失。如果目标太大，往往抓不住关键问题，不能发现真正需要的信息；但目标也不能太小，太小则不能通过市场调查充分反映市场的状况，起不到市场调查应有的作用。

房地产市场调查的最终任务是为营销决策提供信息，帮助他们发现并解决营销问题。所以调查人员必须牢记调查是为营销服务的，其目的是发现问题并解决问题，任何偏离主题的调查都不能成为有效的调查。因此，在每次起草调查提案之前，调查人员首先要知道自己要干什么，要对调查目的十分明确。

2. 建立调查组织

房地产市场调查部门，应当根据调查任务和调查规模的大小，配备好调查人员，建立房地产市场调查组织。调查人员确定后，需要集中进行学习。对于临时吸收的调查人员，更需要进行短期培训。学习和培训的内容主要有：

（1）明确房地产市场调查方案；

（2）掌握房地产市场调查技术；

（3）了解与房地产有关的方针、政策、法律法规；

（4）学习必要的经济知识和业务技术知识等。

3. 初步情况分析

针对初步提出来需要调查的问题，可首先收集企业内外部相关的情报资料，作初步分析研究，帮助调查人员发现问题中相互影响的因素，找出各个因素间的联系。必要时还可以组织非正式的探测性调查，以判明问题的症结所在。初步情况分析通常有如下三个过程：

（1）研究收集的信息材料，包括研究企业外部材料和分析企业内部材料；

（2）与企业有关领导进行非正式谈话，从领导谈话中寻找对市场的初步判断，因为领导者的经验是很重要的；

（3）了解市场情况，分析消费者对本公司所开发经营的房产的态度等。

初步情况分析中，如果原来提出的课题涉及面太宽或者不切实际，调查的范围和规模过大、内容过多，无法在限定时间内完成，就应当实事求是地加以调整。初步情况分析的资料收集不需要过分详细，只需要收集对所要分析的问题有参考价值的资料即可。

二、 实施阶段

（一）制订调查方案

对房地产市场调查问题经过上述分析研究之后，如果决定要进行正式调查，就应制订调查方案和工作计划，拟订调查计划书。

房地产市场调查方案是对某项调查本身的设计，目的是使调查有秩序、有目的地进行，它是指导调查实施的依据，对于大型的市场调查显得尤为重要。调查方案设计的内容如下：

（1）为完成调查的课题需要收集哪些信息资料；

（2）信息资料从哪里取得（例如调查地点、被调查人员类别），用什么方法取得；

（3）明确获得答案及证实答案的做法；

（4）怎样运用数据分析问题；

（5）费用支出计划；

（6）评价方案设计的可行性，以及方案进一步实施的准备工作。

房地产市场调查工作计划是指在某项调查之前，对组织领导、人员配备、考核、工程进度、完成时间和费用预算等做出安排，使调查工作能够有计划、有秩序地进行，以保证调查方案的实现。例如，可按表4-1设计调查计划。

表 4-1 调查计划表

项 目	内 容
调查目的	为何要做此调查，需要了解些什么，调查结果有何用途等
调查方法	采用询问法、观察法或实验法等
调查区域	被调查者居住地区、居住范围等
调查对象、样本	对象的选定、样本规模等
调查时间、地点	调查所需时间、开始日期、完成日期、地址等
调查项目	访问项目、问卷项目(附问卷表)、分类项目等
分析方法	统计的项目、分析和预测方法等
提交调查报告	报告书的形式、份数、内容，中间报告，最终报告等
调查进度	策划、实施、统计、分析、提交报告书等
调查费用	各项开支数目、总开支额等
调查人员	策划人员、调查人员、负责人姓名和资历等

总之，市场调查计划书必须具有可操作性，在调查对象、调查范围、调查内容、调查方法、调查经费预算、调查日程等方面都应做出明确的计划和安排。

（二）收集资料

资料收集是房地产市场调查的主要工作，也是房地产开发投资决策依据的基础。房地产市场调查资料收集主要包括原始资料的收集和二手资料的收集。研究策划人员在考虑是否有必要耗用资源进行原始资料收集前，应先评估是否有现成的二手资料可利用，并尽可能优先利用二手资料，因为利用二手资料有成本低廉、容易取得的特点。

1. 原始资料的收集方法

原始资料的收集是依据特定目的，遵循完整的研究设计及调查设计，并通过调查执行、资料处理与分析，以得到所需的资料。原始资料的收集方法包括访问法、观察法和试验法等。

（1）访问法。访问法是最常用的市场调查方法。访问法成功的关键是科学地设计调查问卷和有效地运用个人访问技巧。

（2）观察法。观察法是指调查人员不与被调查者正面接触，而是在旁边观察的调查方法。这样被调查者无压力，表现自然，因而调查效果也更理想。观察法包括直接观察法、实际痕迹测量法和行为记录法。直接观察法是派人到现场对调查对象进行观察；实际痕迹测量法是调查人员不亲自观察购买者的行为，而是观察行为发生后的痕迹；行为记录法是在取得被调查者同意之后，用一定装置记录调查对象的某一行为。

（3）试验法。试验法是指将调查范围缩小到一个比较小的规模上，进行试验后得出一定结果，然后再推断出样本总体可能结果的调查方法。

2. 二手资料的收集方法

二手资料是公司内部或外部现成的资料。二手资料的来源包括：

（1）内部来源。如本人资料库、企业档案（会计记录、销售报告、其他数据资料）、企业内部专家。

（2）外部来源。如组织机构，包括图书馆、外国使团、国际组织、本国政府机构、商会或贸易促进机构、行业公会、出版社、研究所、银行、消费者组织、其他公司；文献资料，包括文献目录、工商企业名录、贸易统计资料、报纸和期刊、综合性工具书；电脑数据库、互联网；企业外部专家；营销调查公司；等等。

二手资料的收集程序如下：第一步应确定需要什么资料；第二步是从企业内部搜寻二手资料；第三步是从企业外部进行搜寻；第四步是对拟收集或已收集的二手资料进行评估，即评估资料的可用程度；第五步是确定需要收集的原始资料。只有决策所必需的，但又无法从二手资料中获取的信息，才有必要去收集原始资料。

3. 商业资料获取方法

房地产市场上存在专业市场调查公司，它们作为中间商，具有促进交易行为的作用，在房地产市场上十分活跃。一般而言，它们对于地方市场相当了解，具备专业的市场调查知识，能够提供资料给买卖双方参考，以促进交易成功。因此，企业市场调查人员可以向市场调查公司购买资料，增加市场调查的深度和广度。

房地产市场调查资料所反映的信息都具有一定的局限性，因此，通过这些资料所得到的调查结果通常只应被当成是项目开发、策划和营销的基础，在应用上还应当结合决策者、策划人员以及营销人员等对市场的定性认识和项目操作经验。

（三）资料的甄别与审查

所收集数据的价值在于它是否如实地反映了客观事实，任何非正常的偏差对调查结论的形成都会产生不利甚至是错误的影响，因此资料的甄别与审查是非常重要的，主要表现在：

（1）由于抽样或调查方式本身的局限性，使得市场调查不可避免地存在一定的错误，因此在抽样及调查方式的选择上，合理性的原则更为重要。

（2）实地调查的真实性。特别是问卷调查中，被访问者的态度以及调查者的敬业精神都会影响到调查结果。针对具体的开发项目，真实的调查和分析以及与项目密切相关的资料，显得特别重要。

（3）调查人员完成调查后，应对调查结果进行必要的事后复核。

三、 分析与总结阶段

（一）分析数据

数据收集后，市场调查的下一步就是进行数据分析，数据分析的目的是解析所收集的大量数据并提出相应结论。

分析数据的过程是一个复杂的系统过程。首先，要进行编辑整理，将零碎的、杂乱的、分散的资料加以筛选，去粗取精，去伪存真，以保证资料的系统性、完整性和可靠性。其次，要进行分类编号，将调查资料按照适当的类别分类，以便查找和使用。再次，要进行统计，将已经分类的资料进行统计计算，编制相应的计算表、统计表、统计图。最后，对各项资料中的数据和事实进行比较分析，得出必要的结论。数据处理过程中也经常采用一些软件，如 SPSS 统计软件等。

（二）撰写调查报告

调查研究报告主要归纳研究结果并得出结论，提交给管理人员决策使用。很多主管人员都十分关心这一报告，并将它作为评价研究成果好坏的标准。

1. 撰写调查报告的要求

（1）客观真实。调查报告要坚持实事求是原则，如实反映市场情况和问题，对报告中引用的事例和数据资料，要反复核实，必须确凿、可靠。

（2）简明扼要。调查报告的内容必须紧扣调查主题，要条理清楚，文字精练，用语中肯，突出重点。

（3）结论明确。调查结论应当明确，切忌模棱两可；要善于发现问题并提出合理建议，以供决策参考。

（4）制作美观。调查报告应内容完整、印刷清楚、装订整齐、制作美观。

（5）报告后应附必要的表格和图片，以便阅读和使用。

2. 调查报告的主要内容

（1）调查目的、方法、步骤、时间等说明。

（2）调查对象的基本情况介绍。

（3）所调查问题的实际情况与分析说明。

（4）对调查对象的基本认识，做出结论。

（5）提出建设性的意见和建议。

（6）统计资料、图表等必要附件。

（三）总结反馈

房地产市场调查全过程结束后，要认真回顾和检查各个阶段的工作，做好总结和反馈，以便改进今后的调查工作。总结的内容主要有以下几个方面：

（1）调查方案的制订和调查表的设计是否切合实际。

（2）从调查方式、方法和调查技术的实践结果看，有哪些经验可以推广，有哪些教训应当吸取。

（3）实地调查中还有哪些问题没有真正搞清，需要继续组织追踪调查。

（4）对参加调查工作的人员做出绩效考核，以促进调查队伍的建设，提高调查水平和工作效率。

事实上，在实际的房地产市场调查中，可视调查内容、环境条件和调查要求的轻重缓急，灵活安排调查步骤及程序，并非一成不变，有的可以省去，有的则可能需要重复进行或进行修改。例如，在采用问卷方式进行市场调查时，发现由于问题设置过于宽泛，以致调查结果达不到预期的效果，此时可能需要重新设计问卷，加强问卷的针对性；又如，进入收集数据阶段时，发现方案的成本太高，在预算的限制下，就可能需要对调查方案进行修改。因此，在进行资料收集之前，要对调查方案进行仔细的研究论证，以免造成不必要的损失。

第四节 房地产市场调查主要内容

房地产市场调查主要包括房地产市场环境调查、房地产市场需求调查、房地产市场供给调查和房地产市场营销环境调查四个方面内容。

■ 一、 房地产市场环境调查

房地产市场环境调查可以分为宏观环境调查、区域环境调查、微观环境调查三个层面。事实上，上述三个方面的调查是基于研究的范围和深度的不同而展开的，并非简单地按照地理因素进行的划分。

房地产市场环境调查中，根据研究者的经验、日常积累和项目具体情况的不同，每一次的调查工作也并非一定要从这三个层面按部就班地展开，例如，如果对宏观环境和区域环境掌握较为深刻的话，可以直接进入微观环境调查层面，但是无论如何，房地产开发都离不开这三个层面问题的影响。

（一）宏观环境调查层面

（1）政治法律环境。应当关注政府的有关方针政策，如住房制度政策，旧城改造政策，与房地产有关的金融、环保、财政税收政策，以及相关的原材料工业、能源、交通运输业等方面的政策。还要调查有关法律法规是否有新的调整，如土地管理法、城市规划法、城市房地产管理法、建筑法、城镇国有土地使用权出让和转让暂行条例、国有土地上房屋征收与补偿条例、环境保护法、保险法等。必要时也需要关注政局的变化，如政府人事变动以及社会动荡等情况。

政治法律环境的调查是非常必要的，可以帮助开发商充分了解宏观政策环境，从而为项目开发提供政策和法律的保障。

（2）宏观经济环境。包括国民经济生产总值、国民收入总值以及其发展速度；物价水平、CPI 数据（消费者物价指数，也称居民消费价格指数），通货膨胀率、金融市场环境、进出口税率及股市波动情况；城乡居民家庭收入，个人收入水平；通信及交通运输、能源与原材料供应、技术协作条件等。上述分析的目的在于判断房地产市场所处的总体经济运行环境，据此对房地产市场的走势做出准确的判断。

一般来说，经济环境对房地产项目的市场营销有着直接影响，经济发展速度快，人民收入水平高，购买力强，市场需求大；反之则小。一个国家或地区的基础设施完善，投资环境良好，有利于吸引投资，发展经济，促进房地产市场的发展。

在经济环境调查中应当意识到，房地产金融状况是影响房地产开发的重要因素之一。

作为房地产开发的主要资金来源，金融市场可提供的服务作用是巨大的，房地产市场与金融市场相互结合、紧密联系，银行等机构在金融市场与房地产市场中担任着至关重要的角色。首先，银行贷款在房地产资金结构中的比重通常较大；其次，利率水平与房地产市场变动趋势也有密切关系，对此房地产开发商应当予以充分的重视。

（3）房地产市场总体运行状况。对当前房地产市场总体运行状况的分析和预测，是项目前期投资决策工作的重要环节，这是一项战略性的工作，对项目开发有着根本性的影响，应当引起投资者的高度重视。例如近年我国房地产市场高速发展，带来了一些结构性失衡的问题，房价上涨过快，购房出现了非理性热情；开发资金由一线城市向二、三线城市转移，又带来了二、三线城市房地产价格的上涨等。这些房地产市场宏观运行状况，是开发商必须掌握的。

（4）人口环境。人口是构成市场的主要因素之一。一般来说，人口越多，收入越高，市场需求量就越大。人口环境调查的内容包括人口规模、人口增长率、人口密度、人口迁徙流动情况，人口地理分布、民族分布，出生率、结婚率以及家庭规模等。对这些因素的判断分析，能够帮助开发商做好开发方向的战略性选择。

（5）技术环境。主要包括有关建筑设计和建筑材料等方面的新技术、新工艺、新材料的技术现状、发展趋势、国内外先进水平、应用前景等。

（6）对外开放程度。对外开放是我国进行对外房地产交流、房地产合作的重要举措，对外开放的程度对于加速我国房地产业的发展有着深刻的影响和意义。

（二）区域环境调查层面

区域环境调查有时也被称为中观环境调查，主要调查房地产项目所在城市或区域的经济发展水平、城市发展规划、房地产市场供需状况等。

（1）经济发展水平。主要调查城市或区域的经济总体水平、主要产业及分布、居民收入水平、购房消费能力等情况，有助于做好项目选址，确定开发规模和产品档次。

（2）城市发展规划。主要调查城市发展的战略方向，这是项目选址着重考虑的问题，它直接关系到项目的潜质和增值的可能性。这方面可以通过到规划部门查询城市总体规划文本，或请城市规划专家来分析情况。

（3）房地产市场供需状况。对城市或区域房地产市场供需状况的调查主要包括房地产供应量、需求量、需求特征、价格水平、开发成本等资料，并以此判断市场供给和需求的基本状态，从而为项目定位、开发规模、风险程度等参数提供依据。

在房地产市场供需状况调查中，应注意对各类楼盘的总体价格水平与供求关系进行调查和分析，特别是对区域范围内竞争性楼盘的初步认识，有助于较好地识别区域房地产市场的特征，把握好项目的规模、档次、目标客户人群、价格区间等。

（4）社会文化环境。包括教育程度、职业构成、文化水平、人口状况、价值观、审美观、风俗习惯、社会阶层分布、就业率、宗教信仰等。企业营销人员综合分析研究社会文化环境对人们生活方式的影响，便于了解不同消费者的行为，以正确细分市场，制定企业的市场营销策略。

（5）房地产企业情况。城市房地产企业情况包括城市房地产企业的数量、类型，企业资质与实力等概略资料。上述有关内容可以通过房地产企业管理部门及业内人士的介绍取得，从中可以了解竞争对手的基本情况。

（6）专业机构与中介商情况。主要调查工程咨询公司、建筑规划设计公司、房地产销售代理公司、广告策划公司、物业管理公司的信誉、资质和业绩情况等。从中可以对项目的前期咨询、规划设计、销售代理、广告策划、物业管理等合作单位进行选择。

（7）城市或区域的交通条件。对城市或区域的交通条件进行调查和分析，有助于项目选址、交通组织方案设计、项目定位等工作。

（8）影响区域发展的其他因素和条件。这里主要包括对城市或区域内的历史因素、景观因素、价值取向、气候条件等方面的调查，有助于做好项目总体战略性定位。

（三）微观环境调查层面

项目的微观环境调查又称为项目开发条件分析，其目的是分析项目自身的开发条件及发展状况，对项目自身价值提升的可能性与途径进行分析，同时为以后的市场定位做准备。微观环境调查具体包括：

（1）用地现状调查与分析。用地现状调查中主要对项目的地形地貌、地质条件、地上附着物等情况进行现场勘察和分析。上述工作对于项目定位、规划设计、拆迁安置等工作具有重要的参考价值。

（2）项目周边环境调查与分析。房地产位置的固定性决定了周边环境对项目开发具有重要的影响。周边环境主要指地块周围的物质和非物质的环境与配套情况，包括水、电、气、道路等市政基础设施情况，项目的对外联系程度、交通组织等因素，周边的公园、学校、医院、邮局、银行、超市、体育馆、集贸市场等生活配套情况，以及空气质量、自然景观等生态环境状况，还包括由人口数量和素质所折射出来的人文环境等。

项目周边自然环境的优劣对房地产项目定位以及市场营销活动有着直接的影响，例如良好的环境会给房地产产品带来价格的增值，开发商可以选择远离闹市区、远离工业区作为房地产发展的重点方向。

（3）竞争性楼盘调查与分析。在区域环境调查中，对区域内的竞争性楼盘有了一个初步的、概括性的认识，进入项目微观环境调查层面，就应当对竞争性楼盘进行重点调查。主要包括调查竞争性楼盘的项目名称、开发规模、总体规划与建筑设计、建筑材料与新技术、客户类别、项目定价、广告宣传与开发销售进度、物业管理以及与本项目的竞争差异等。

■ 二、　房地产市场需求调查

（一）市场需求容量调查

需求容量，是指对房地产产品有购买欲望且具有购买能力的市场需求总量。进行房地产市场需求容量调查有利于开发商初步认识市场需求总体状况，为项目决策和开展下一步工作提供依据，房地产市场需求容量调查主要包括以下几个方面：

（1）项目所在城市人口总量、家庭数量及家庭结构；

（2）有购房需求的人口数量(包括现实需求和潜在需求人口)和整体特征；

（3）居民对各类房地产商品的需求总量；

（4）居民的消费结构；

（5）居民的收入水平、储蓄余额和支付能力；

（6）影响房地产市场需求的因素。

市场需求由购买者、购买欲望、购买能力组成。其中，购买者是需求的主体，是需求行为的实施者；购买欲望是需求的动力，是产生需求行为的源泉；购买能力是需求的实施条件，是需求行为的物质保障。三者共同构成了实质性需求。为了促使产品适销对路，开发商必须事先了解消费者特征、购买动机和购买行为特征。在房地产市场消费者调查中，一般需要回答以下七个问题(6W+H)：

（1）购房者是哪些人？（Who）

（2）购房者要买什么样的房？（What）

（3）购房者为什么要买这些房子？（Why）

（4）购房者在哪里买房？（Where）

（5）购房者什么时候买房？（When）

（6）购房者以什么样的方式买房？（How）

（7）谁参与购房者的购买行为？（Whom）

通过下面的调查可以回答上述七个问题。

（二）消费者调查

1. 消费者个人特征

消费者个人特征即消费者的个人基本信息，消费者个人特征调查是客户甄别的重要依据。其内容主要包括消费者的年龄、文化程度、家庭结构、职业、原居住地、宗教信仰等。

2. 消费者购买动机

消费动机是引起人们购买房地产产品的愿望和意念，即消费者出于什么目的去购买房地产商品，是产生购买行为的内在原因。常见的房地产消费动机有自用、改善住房条件、为亲人朋友购房、投资或投机等类型。消费者购买动机调查主要包括消费者购买倾向、影响购买动机因素及购买动机类型等内容。

消费者的购买倾向是指消费者对某类物业及其特性的个人偏好，这种偏好决定了消费者对不同物业的喜厌态度，是决定消费者消费行为的重要因素。消费者的购买倾向主要针对房地产产品类型、配套设施、户型、价格、面积、环境景观、物业管理等因素。

3. 消费者购买力水平

消费者购买力水平是指消费者对某类房地产产品的最大支付能力，这是影响房地产消费的最重要因素，它直接决定了消费者的购房承受能力。消费者购买力水平的主要衡量指标是家庭年收入。

一般情况下，在未确定目标客户群之前，可通过搜集二手资料对房地产市场的消费群体进行粗略的了解；在确定了目标客户群之后，则要通过具体的调查方法，针对目标客户群进行有针对性的市场调查。

■ 三、 房地产市场供给调查

（一）房地产市场供给总体调查

对整个地区房地产市场供给情况的总体调查主要包括：房地产市场产品的供给结构、供给总量、供给变化趋势、供给的充足程度，房地产产品价格现状，本地以及外地房地产企业的生产与经营等方面。

在房地产市场行情调查中，价格调查是重要内容之一。积极开展房地产价格的调查，对企业实施正确的产品定价具有重要作用。价格调查的内容包括房地产市场整体价格水平和变化趋势、影响房地产价格变化的因素、价格变化引起的社会反应、有无新的房地产价格政策、市场上采用的主导价格策略和定价方法、竞争项目的价格制定等方面。

（二）竞争楼盘调查

竞争楼盘分为两类：一类是与所在项目处在同一区域的楼盘，另一类是处于不同区域但定位相似的楼盘。竞争楼盘调查主要指对这些楼盘进行营销策略组合的调查与分析，包括产品、价格、促销手段、销售情况和物业管理等方面。具体来说，主要包括：

1. 竞争楼盘的产品调查

竞争楼盘的产品调查中，主要包括竞争楼盘区位调查、产品特征调查和交房时间调查等。

（1）楼盘区位调查：主要包括竞争楼盘的具体坐落方位，交通基础设施条件，区域的经济发展水平、产业结构、生活水准、文化教育状况等方面的特征，政府对该区域的城市发展规划，地块周边环境，周围的生活配套情况以及项目周边所折射出来的人文环境和生态环境状况等。

（2）产品特征调查：主要包括项目的总建筑面积、总占地面积以及容积率等建筑设计参数，各种户型及使用面积、建筑面积、户型配比等，外立面及公用部位的装修，户内居室、厅、厨卫的处理等，生活教育配套设施，绿化建筑密度。

（3）交房时间调查。对期房楼盘而言，交房日期是影响购房人购买决策的重要因素，也是衡量项目竞争强度的重要指标。

2. 竞争楼盘的价格调查

价格是房地产市场营销中最基本、最便于调控的变量，在实际的调查中也是最难取得真实信息的。一般是从单价、总价和付款方式来描述一个竞争楼盘的价格情况。

（1）单价。单价是楼盘各种因素的综合反映，可以从起价、均价、主力户型单价、成交价等指标判断一个楼盘的价值。其中，主力户型单价是指占总销售面积比例最高的户型的标定单价，是判断楼盘客户定位的重要依据。

（2）总价。单价反映的是楼盘品质的高低，而总价反映的是目标客户群的选择结果。通过对楼盘总价的调查，能够正确掌握其产品定位和目标市场。

（3）付款方式。通过付款方式的设计也可以做到价格调整和促销的目的，可以缓解购房人的付款压力，扩大目标客户群的范围，提高销售率。常见的付款方式主要有以下类型：一次性付款；参照工程进度分期付款；按照约定时间付款；利用商业贷款或公积金贷款等。

3. 竞争楼盘的促销手段调查

竞争楼盘的促销手段是项目市场竞争调查的重要方面之一。其中，主要包括广告促销调查、活动促销调查、人员促销调查、客户关系促销调查等内容。

（1）广告促销调查。广告是房地产促销的重要手段，对竞争楼盘的广告调查是市场调查的重要组成部分，主要对竞争项目的广告目标、采用的广告媒体、广告投放费用与时间、广告创意和诉求点、广告合作单位、广告效果等进行调查分析，其中对售楼部的调查是必需的。这是进行楼盘促销的主要场所，其地点选择、装修设计、形象展示是整个广告策略的综合体现。另外从报纸广告的刊登次数和篇幅，户外媒体的块数和大小，也可以判断出一个楼盘的广告强度。

（2）活动促销调查。通过开展一系列促销活动，可以营造楼盘的销售氛围，促进销售。在竞争楼盘的促销手段调查中，应当注意收集竞争楼盘活动促销的方式、内容、时间安排以及创新性，从而判断竞争楼盘的竞争强度，为待开发项目的活动促销创新提供参考。

（3）人员促销调查。与客户面对面的人员促销是传统的促销手段，也是目前开发商的主要促销形式之一。这里需要调查竞争楼盘销售人员的综合业务素质和创新手段，以便将对手的优点运用到本项目销售中，同时也可以为待开发项目销售人员储备打下基础。

（4）客户关系促销调查。目前，房地产促销的竞争已经从单纯的交易营销上升到客户关系营销的层面，这是一种企业与客户共同创造价值的营销理念。关系营销理论主张以消费者为导向，强调企业与消费者进行双向沟通，从而建立长久的、稳定的互应关系。因此，竞争楼盘客户关系管理的创新方式、内容以及核心价值点应当成为调查的重点。

4. 竞争楼盘的销售情况调查

销售情况是判断一个楼盘最终的指标，但也是最难获得准确信息的部分，主要包括：

（1）销售率。这是一个最基本的指标，它反映了一个楼盘被市场接纳的程度。

（2）销售次序。这是指不同房屋的成交先后次序，可以按照总价成交的顺序，也可以按户型或是面积成交的次序来排列。可从中分析出不同价位、不同面积、不同户型的建筑单元被市场接纳的程度，它反映了市场需求结构和强度。

（3）客户群分析。通过对竞争楼盘客户群的职业、年龄、家庭结构、收入的调查和分析，可以反映出购房人的信息，从中分析其购买动机，从而找出本楼盘影响客户购买行为的主要因素，以及各因素影响力的大小。

通过对竞争楼盘的调查，可以分析竞争对手产品规划的特点、价格策略、广告策略和销售的组织、实施情况，以此为基础可制定出本项目的营销策略和相应的对策。

5. 竞争楼盘的物业管理调查

物业管理调查包括物业管理的内容、管理情况、物业管理费以及物业管理公司背景、实力及所操作过的项目等。

对竞争楼盘的调查，应特别注意保证楼盘基本数据的准确性。最后还应对竞争楼盘进行综合对比分析。

（三）竞争对手调查

与其他消费品不同，房地产产品价值大，寿命长久，交易复杂，导致房地产产品的买卖不是经常性的行为，而竞争对手的存在是客户分流的主要原因之一，因此对竞争对手的调查显得尤为重要。对竞争对手的调查可从以下几个方面进行：

（1）专业化程度。指竞争对手将其力量集中于某一产品、目标客户群或所服务区域的程度。

（2）品牌知名度。指竞争对手主要依靠品牌进行竞争，而不是依靠价格或其他度量进行竞争的程度。目前，我国房地产企业已经越来越重视品牌知名度。

（3）推动度或拉动度。指竞争对手在销售楼盘时，寻求直接在最终用户中建立品牌知名度来拉动销售，或依赖分销渠道来推动销售的程度。

（4）开发经营方式。指竞争对手对所开发的楼盘是出售、出租还是自行经营。如果出售，是自己销售还是通过代理商销售等。

（5）楼盘质量。指竞争对手所开发楼盘的质量，包括设计、户型、材料、耐用性、安全性能等各项外在与内在的质量标准。

（6）纵向整合度。指竞争对手采取向前（贴近消费者）或向后（贴近供应商）进行整合所能产生的增值效果的程度，包括企业是否控制了分销渠道，是否能对建筑承包商、材料供应商施加影响，是否有自己的物业管理部门等。

（7）成本状况。指竞争对手的成本结构是否合理，开发的楼盘是否具有成本优势等。

（8）价格策略。指竞争对手的产品定价策略，会影响到项目的目标客户分流以及市场推广工作等，开发商必须认真组织调查，并提出对策。

（9）与当地政府部门的关系。指竞争对手与当地城市建设规划部门、土地管理部门等政府职能部门的关系。这一点对房地产企业经营而言也是十分重要的。

（10）竞争对手历来的项目开发情况、土地储备情况、未来的开发方向等。

总之，在上述针对竞争对手的调查研究的基础上进行对比分析，可以评价竞争对手的优势与劣势。

四、 房地产市场营销环境调查

1. 房地产广告环境调查

广告是促进房地产商品市场销售的一种重要手段，房地产广告环境调查主要包括广告表现形式调查和广告代理商的调查。

广告表现形式调查，主要是调查该区域广告的主流形式以及公众所认可的、能接受的广告形式。广告的主要表现形式有：

（1）公共传播形式，包括报纸、杂志、互联网、电视与广播等；

（2）印刷品传播形式，包括售楼海报、邮寄派发海报、售楼书、平面图册等；

（3）户外传播形式，包括看板、旗帜、空中飞行物、指示牌和售点广告等。

广告代理商的调查，主要是调查该区域的主要广告代理商，调查这些公司的知名度、技术能力以及这些公司的社会关联度。

2. 房地产营销中介机构调查

房地产营销中介机构是指协助房地产企业将产品销售给最终购买者的中介机构，包括代理中间商和辅助中间商。

代理中间商简称代理商，是指代理人、经纪人等，他们为房地产开发企业介绍客户或代表房地产开发企业与客户磋商交易合同，但并不拥有产品所有权。代理商对房地产产品从生产领域到消费领域具有极其重要的作用。在与代理商建立合作关系后，要随时了解和掌握其经营活动，并可采取一些激励性合作措施，推动其业务活动的开展。但是，一旦代理商不能履行其职责或市场环境发生变化，房地产开发企业应及时解除与代理商的关系。

辅助中间商不直接经营房地产商品，但对房地产商品的经营起促进和服务作用，包括房地产价格评估事务所、公证处、广告代理商、市场营销研究机构、市场营销咨询企业、律师事务所等。房地产企业借助辅助中间商的协助能够有效地开展市场营销活动。

3. 房地产营销媒体调查

房地产营销媒体是指那些刊登或播放房地产新闻、专栏的媒体机构，主要是指报纸、杂志、广播电台、电视台和网站等。对当地房地产营销媒体进行调查有助于正确选择该地区最有影响力的媒体，做好市场推广，从而提高营销的效果。一般开发商都希望和当地的主流媒体保持良好的关系。

本章小结

本章主要是介绍房地产市场调查与分析：首先介绍房地产市场调查的内涵、原则和特点；其次介绍房地产市场调查方法；再次介绍房地产市场调查的主要程序，即准备阶段、实施阶段和分析与总结阶段；最后介绍房地产市场调查的主要内容，包括市场环境、市场需求、市场供给和市场营销环境等方面。

练习题

一、即测即评

二、思考题

1. 什么是房地产市场调查？
2. 房地产市场调查的原则及特点是什么？
3. 房地产市场调查方法的分类如何？　如何选择房地产市场调查方法？
4. 简述房地产市场调查的程序。
5. 房地产市场调查方案设计的内容有哪些？
6. 简述撰写房地产市场调查报告的要求和主要内容。
7. 房地产市场调查主要内容包括哪些方面？
8. 房地产市场的宏观环境调查层面包括哪些内容？
9. 房地产市场的区域环境调查层面包括哪些内容？
10. 房地产市场需求容量调查主要包括哪几方面？
11. 房地产市场调查中对竞争楼盘的调查包括哪些内容？
12. 房地产市场调查中对竞争对手的调查包括哪些内容？

第五章

房地产开发项目定位与策划

本章学习目标

□ 掌握：房地产项目定位的概念、方法与内容；房地产项目市场定位的方法、内容及步骤；房地产项目的规划设计策划。

□ 熟悉：房地产项目定位的前提和需要考虑的因素；房地产客户定位的方法与步骤；房地产产品定位的步骤；房地产项目形象定位的切入点。

□ 了解：房地产项目客户定位的意义；房地产产品定位的概念；房地产项目形象定位的前提与特征。

第一节　房地产项目定位概述

营销大师菲利浦·科特勒认为：定位是指企业设计出自己的产品和形象，从而在目标顾客心中确定与众不同的有价值的地位。定位就是在细分市场、确定目标市场、对公司的产品进行差异化方面的设计，从而能在目标顾客心目中占有一个独特的、有价值的位置。

一、　房地产项目定位的概念与原则

（一）房地产项目定位的概念

房地产项目定位是指在房地产相关法律法规和城市规划的指导下，房地产开发经营者经过研究市场、技术和资金投入状况等一系列与房地产开发相关的前提条件，利用科学方法，构思出房地产项目产品方案，从而在产品市场和目标客户中确定其与众不同的价值地位的过程。

房地产项目定位是企业战略层面和项目营销层面的综合考虑，是从各个方面去界定房地产开发商将要在该土地上"生产"一种怎样的"产品"以及提供怎样的服务。在前期预判的基础上，结合消费者需求进行验证，并根据消费者需求特征进行调整，从而形成最终的产品定位。因此，房地产项目的定位不仅仅来源于开发商和设计单位，而且是建立在市

场研究基础上的市场定位，是对消费者使用方式和使用心理进行分析研究基础上的客户定位，是将产品核心按消费者的理解和偏好方式传达出去的形象定位。

从房地产项目形成的程序和房地产项目的特征可以看出，房地产项目定位与普通商品定位之间有相似之处也有不同之处。相似之处在于房地产项目成为商品进入市场销售与普通商品一样面临如目标市场的选择、客户的细分、销售策略的制定、销售渠道的建立等一系列问题。不同的是房地产项目自身的特性决定了它的生产和消费过程比普通商品要复杂得多，这种特殊性影响着使用者的生活行为方式。

房地产项目的定位关系复杂，从宏观和微观的市场调查，到消费者分析、商圈分析（商业地产）、竞争对手分析，再到开发产品分析，无论哪一个环节出现偏差，都有可能导致房地产开发项目定位不准或投资失误，置房地产开发企业于风险的边缘。在房地产项目定位的同时，也要确定目标客户和目标形象，以及相关的市场推广策略。因此，可以说，房地产项目定位是一个系统工程。

（二）房地产项目定位的原则

1. 适应性原则

房地产项目定位的适应性原则：一是与当地的社会经济发展水平和消费定位的适应性；二是与所在区域房地产市场的物业档次、标准、品质相适应；三是与经市场调查分析确定的目标客户群的消费特点和消费能力相匹配；四是与企业的技术和管理水平相适应。

2. 与企业发展战略相一致的原则

在企业发展战略的框架下进行项目的市场定位，体现企业的竞争优势，发挥企业的核心竞争力，构建企业品牌和产品品牌，使得企业的产品具有延续性和创新性，实现企业的发展目标。

3. 差异化原则

差异化原则包括市场差异化、产品差异化和形象差异化等。详细的调研，清晰的判断，宏观的统筹，果断的决策，是准确定位的要件，这样才能把握市场脉搏，确定不同类别的经营模式，避免同质性，创造最大差异化，从而引领市场。

4. 经济性原则

定位的经济性原则首先是指产品定位应具有较高的性价比，在满足必要建筑功能的前提下，租售价格合理；其次，从企业的角度出发，在成本控制的基础上，做到效益最大化；最后，在成本和费用测算、效益测算基础上计算的各项经济评价指标达到社会平均水平，确定项目盈利预期的可能性和风险性。

5. 可行性原则

定位的可行性原则包括项目实施的可行性和经济评价的可行性两方面。由于房地产市场的不断变化和发展，市场定位必须考虑项目实施的可行性，避免出现"无个性、难租售"的现象，要根据项目规模、地块特性和本项目的优势来分析入市的时机，准确设计项目的实施进度。同时，要运用微观效益分析与宏观效益分析相结合、定量分析与定性分析相结合、动态分析与静态分析相结合的方法，对项目进行经济评价，分析各经济评价指标是否可行。项目规模、开发模式和项目进度受到经济实力、融资能力和企业管理能力等因素的限制，它们容易定性但难以定量，如何"量力而行"，这个问题在定位时就应该得到解决。

6. 创新性原则

同质化背景下的竞争，无非是在细节上的竞争，争取的只是有限的利润。而异质化前提下的竞争，寻找到的是一个全新的蓝海市场，赚取的是丰厚的利润。创新，走产业整合、有特色的项目定位，是成功的利器。

■ 二、 房地产项目定位的前提与方法

（一）房地产项目定位的前提

项目的定位是项目运作的核心与灵魂，是决定成败的关键环节。房地产项目定位的前提主要有以下三方面：

1. 可行性研究论证

房地产项目定位是以市场调查的结论为基础，同时结合土地的自身条件和企业的战略目标寻求价值最大化的过程。通常在可行性研究阶段就渗透着房地产项目定位的内容，如经济测算与评估、时间与速度目标的可实现性、土地属性、客户群体、目前市场房地产的销售价格等。

2. 市场细分和目标市场选择

市场细分和目标市场选择是房地产项目定位的前提。在通过调研分析各种细分市场后，并非每种选择都适用于在售楼盘。

3. 拓展或缩小目标消费群

拓展或缩小目标消费群是房地产项目定位的基础。拓展或缩小目标消费群的工作主要包括两部分：一是先区分不同区域消费群特征，二是描绘客户的形象。

（二）房地产项目定位的方法

1. 三相交定位法

研究地块不是单纯地研究它的地势地貌、地形地差，而是要把地块与城市、区域、市场、环境、技术指标联系起来研究。客户的需求决定了项目开发的根本，所以必须把市场作为一个平台。同时，项目的成功不仅取决于自己，还取决于竞争。所以，竞争态势也必须作为一个平台，并与地块、市场组成一个更大的立体平台。每一个平台所标注的内容、

作用、功能不同，但同时它们又必然产生交叉联系，并形成一个交叉圆点。这个交叉圆点就是平衡点，也是项目的定位依据(如图 5-1 所示)。

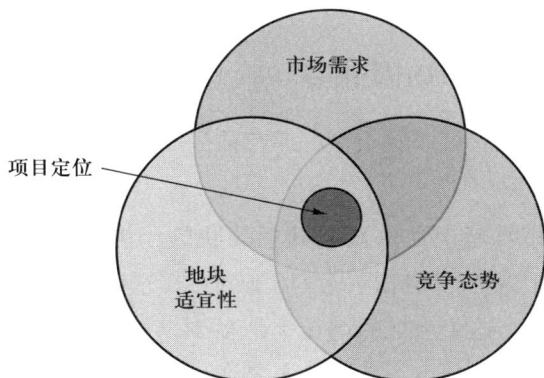

图 5-1　三相交定位图

2. 假设论证定位法

假设论证定位法的基本步骤是：① 事先由策划人设计几种最佳定位，然后分别对每一种定位进行分析、求证；② 根据求证结论选取最优的两个定位，以时间、成本、难度为坐标，设计操作程序再次进行求证分析；③ 根据再次求证的结论最终确定项目定位，并将该定位与市场同类项目进行对比分析(注意,是同类,不是同样)，以判断该定位的预期效果。

3. 剥洋葱定位法

做项目定位前必须要明白两个问题：一是项目的核心问题到底是什么，这是项目是否成功的决定性条件；二是项目最大的难点是什么，这是必须要解决和突破的最大障碍。剥洋葱定位法就是一层一层地剖析问题，直至找到最核心的主要矛盾，如图 5-2 所示。

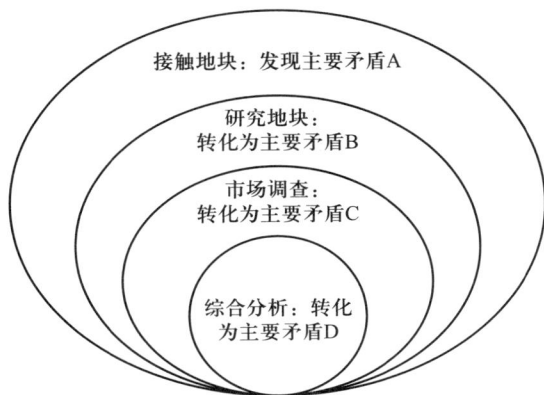

图 5-2　剥洋葱定位法示意图

■ 三、 房地产项目定位的内容与要考虑的因素

（一）房地产项目定位的主要内容

从房地产项目定位的概念可以看出，房地产项目定位主要包括以下四部分内容：

1. 市场定位

研究房地产销售的市场状况，以及与其相关联的经济政策环境，确定市场需求的种类、形式、大小和趋势，为产品研究提供市场基础。在这部分研究中要回答的问题主要有全局的房地产市场有多大、这个市场的增长率是多少、目前市场是如何被细分的、当前的市场趋势是否清楚以及近期细分市场有哪些主要变化、参与竞争的是哪一细分市场、竞争者的状况如何等。

2. 客户定位

研究消费者的消费行为、消费动机以及消费方式，同时研究消费者自身的人格、观念、所处的阶层、环境、文化背景、喜好偏向和生活方式，确定房地产项目的目标消费群体和他们的特征。在这部分研究中主要回答的问题有不同类型的房地产项目针对哪类不同消费群体、产品的差异对消费行为的影响程度和影响方式是什么、消费者对房地产项目的消费习惯是什么等。

3. 产品定位

研究产品种类和目标客户消费使用过程。确定房地产项目形成过程中的外部和内部条件，分析方案构成的主要因素，形成市场差异化产品。该部分要回答的问题主要有消费者对房地产项目的实际使用过程是怎样的、产品的每个部分是怎样与消费者的行为相关联的、在使用过程中消费者的行为和心理的变化过程是怎样的、怎样才能达到消费者使用的最佳状态、房地产项目构成要素和突破差异化的关键点是什么等。

4. 形象定位

研究房地产项目的市场表现方式，确定房地产项目在从产品到商品的过程中的最佳表达方式。该部分要回答的问题主要有如何让消费者理解产品的内涵、如何对产品差异和特点进行描述和提升、如何让消费者对项目产生认同感后发生购买行为等。

（二）房地产项目定位需要考虑的因素

在对房地产项目进行定位时，主要考虑以下 7 个因素。

1. 现金测算与把握

开发企业根据自身现金流的测算和把握，确定项目定位追求的方向。例如，就具体地块而言，开发大众化普通住宅与开发联排别墅同样可行，后者可能利润空间更大，但风险也更大。作为资金相对薄弱的企业，无疑应该考虑资金的快速回笼，而不是最大的利润

空间。

2. 土地条件

土地自身条件是项目定位的根本基础，地块自然条件的综合利用是项目物业增值的前提。错误定位，优势变劣势的现象在房地产开发过程中普遍存在。例如，在北京有一个项目，地块中间有一个较大的天然湖泊。为了增加开发面积，开发商进行了大规模整治填湖工作。在增加面积的同时，造成自然景观条件的下降，从而造成项目产品品质的下降。在众多开发商人工造湖的今天，该地块的湖泊应该是不可多得的优势，却因项目定位的问题而成为劣势。

3. 预期销售速度

销售速度也是项目定位的重要因素，尤其是在价格定位与营销推广定位方面是要注意的。销售速度与销售周期直接影响到项目的回款速度，开发周期对于开发企业项目间的整体资金运作有直接影响。

4. 客户群体

客户群需求特征是项目定位的决定因素，在房地产开发竞争日趋激烈的今天，对客户群的准确把握是项目开发成功的前提条件。

5. 房屋的单价、总价构成

目前，市场上有不少项目单位售价很低，但由于产品户型较大所以总价很高，形成严重的滞销。在确定了项目自身目标客户群体的基础上，客户群体对户型的需求及单套总价格的考虑是项目进行产品定位特别需要注意的问题。

6. 企业擅长的开发类型

在项目的硬性、软性各项指标都很明确的情况下，开发企业自身优势的充分考虑是必不可少的，尤其是高端产品的开发，更需要开发企业综合考虑自身的条件。

7. 企业要求的利润

在项目定位过程中，除了市场和地块特征等因素，开发企业自身对项目的利润要求既是决定项目定位的主观因素，也是最影响项目定位准确性的因素。

第二节　房地产项目市场定位

一、 房地产项目市场定位的概念

房地产项目市场定位是指房地产企业依据所选择的目标市场的特点，针对目标客户群对产品属性、特色、功能等方面的要求，设计并塑造项目的市场形象，通过强有力的定位诉求，在目标消费者心目中确定本项目与众不同的、受偏爱的、有价值的地位。如果将目标市场的选择看成"获得消费者",项目的市场定位就可以看成"获得消费者的心"。

市场定位有利于企业优化资源配置,掌握目标市场特征,塑造企业品牌,巩固企业的竞争优势,吸引目标消费者。房地产市场定位的关键是要突出房地产产品的特色,这些特色可以表现为房地产产品的某种属性,如房地产产品的基本属性是普通公寓还是别墅,或者户型设计上的创新点等;也可以表现为一组属性的创新或独特性,如房地产产品在建筑规划、园林规划、功能、户型、开发理念等方面都有区别于竞争者的亮点。

■ 二、 房地产项目市场定位的方法与内容

（一）不同规模项目市场定位的方法

对于中小项目而言,以市场竞争为导向,寻求市场需求、地块特征和竞争态势三个方面的交叉地带是市场定位的基础,通过对这三个方面的分析,我们就很容易确定项目的市场定位,此种定位理念、方式对于中小项目而言,差异化的攻击力明显。

对于大盘项目而言,其定位就不会局限在某个细分的市场层面,而应当涉及市场上大多数的客户层面、类别,这时的定位理念运用就需要适度变通,更多地从文化和生活方式的引导中实现。

必须明确的是:项目规模虽然大小有异,但思维方式基本上是一致的。

（二）房地产项目市场定位的内容

一个房地产项目的核心开发理念是项目的基本市场定位,或许不是用一句话就可以表达的,但却必须是明确的。在项目具体的推广过程中,项目可以从使用功能特征、项目档次、情感、个性、文化以及竞争对手的比较等方面实施定位战略,并根据核心理念的精神和原则来演绎,同时需要切实依据项目进展、市场状况、所针对的消费群体、竞争对手等方面因素采取相应的应对措施。

市场定位需要研究消费者的消费行为、消费动机和消费方式,同时,还要研究消费者的人格、观念、所处阶层、文化背景、偏好和生活方式等。房地产开发商应当结合项目自身特点进行目标客户群体的研究,主要内容包括:客户群年龄结构;客户群职业特征;客户群的区域选择;客户群的收入水平和消费能力;客户群的购房动机;客户群对商品房的需求偏好;客户群对项目环境及配套的需求;客户群对物业管理与服务的需求。市场定位过程是通过市场调查、市场细分、细分市场评估及选择,最终选择一个或几个细分市场作为目标市场。

三、 房地产项目市场定位的主要步骤

房地产项目市场定位的主要步骤分为六大部分，如图 5-3 所示。

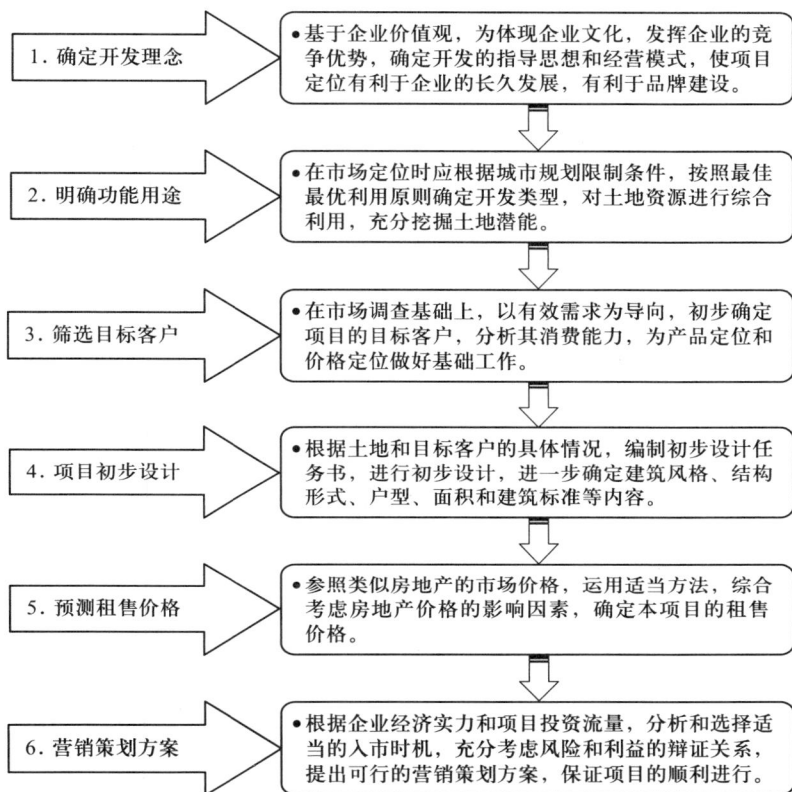

| 1. 确定开发理念 | ● 基于企业价值观，为体现企业文化，发挥企业的竞争优势，确定开发的指导思想和经营模式，使项目定位有利于企业的长久发展，有利于品牌建设。 |

| 2. 明确功能用途 | ● 在市场定位时应根据城市规划限制条件，按照最佳最优利用原则确定开发类型，对土地资源进行综合利用，充分挖掘土地潜能。 |

| 3. 筛选目标客户 | ● 在市场调查基础上，以有效需求为导向，初步确定项目的目标客户，分析其消费能力，为产品定位和价格定位做好基础工作。 |

| 4. 项目初步设计 | ● 根据土地和目标客户的具体情况，编制初步设计任务书，进行初步设计，进一步确定建筑风格、结构形式、户型、面积和建筑标准等内容。 |

| 5. 预测租售价格 | ● 参照类似房地产的市场价格，运用适当方法，综合考虑房地产价格的影响因素，确定本项目的租售价格。 |

| 6. 营销策划方案 | ● 根据企业经济实力和项目投资流量，分析和选择适当的入市时机，充分考虑风险和利益的辩证关系，提出可行的营销策划方案，保证项目的顺利进行。 |

图 5-3 房地产项目市场定位的主要步骤

四、 房地产项目的投资策划

投资策划是房地产项目全程策划的关键环节，很大程度上决定着项目投资的成败。项目的投资策划主要是通过对项目环境的综合考察和市场调研分析，以项目为核心，针对当前的经济环境、本区域的房地产市场供求状况、当地同类项目的对比和消费者的购买行为与偏好进行调查分析，再结合项目进行 SWOT 战略分析，对项目进行系统准确的市场定位和项目开发价值分析，对项目进行投入产出和投资风险分析，并提出相应的开发策略与建议。

房地产项目投资策划的具体内容如表 5-1 所示。

表 5-1   房地产项目投资策划的具体内容

策划项目		策划内容说明
项目用地周边环境分析	项目所在地状况调查	• 项目所在地位置及面积；地形地质与地貌状况 • 土地规划及红线图 • 七通一平状况
	项目周边环境及交通	• 地块周边的建筑物及竞争楼盘分析 • 绿化、自然及人文景观与环境 • 地块周边的市政路网及其交通状况、远景规划
	项目周边市政配套设施	• 生活服务(包括购物、餐饮、休闲娱乐、运动等) • 文化教育(包括历史、人文、区位等) • 医疗卫生 • 金融服务 • 周边可能存在对项目开发不利的干扰因素
区域市场现状及发展趋势		• 宏观经济运行状况 • 项目所在地政府相关的政策法规 • 项目所在地房地产市场的供给、需求及价格状况 • 项目所在地客户的收入及消费水平、家庭结构、教育水平、消费心理与偏好等
项目地块 SWOT 分析		• 项目开发地块的优势、劣势、机会和威胁及困难分析
项目开发价值分析		• 选择可类比的项目进行项目价值实现的要素对比分析，判断本项目可实现的价值 • 土地开发价值(包括地段资源差异，交通便利程度、周边环境、市政配套等差异) • 项目可提升的价值(包括建筑风格设计与材料使用；单体户型设计、建筑空间及功能布局；小区配套及物业服务；产品的营销策划及开发商的品牌与实力) • 价值实现的经济政策因素
项目投入产出分析		• 项目的市场定价模拟；项目开发成本与费用的估算与模拟 • 项目的资金筹措及使用管理 • 项目的财务评价(盈利能力和清偿能力分析)
项目投资风险分析		• 项目的不确定性分析(盈亏平衡点分析；敏感性分析；概率分析) • 项目法律及政策性风险分析 • 项目开发的其他风险分析(市场风险；经营风险；金融风险、自然环境及技术风险) • 项目开发的风险应对措施

续表

策划项目	策划内容说明
项目开发策略建议	• 影响项目开发节奏的主要因素分析 • 对项目开发时机的把握和推进节奏的控制

第三节　房地产项目客户定位

一、　客户定位的意义

（1）任何产品都是要为客户服务的，项目定位的根本目的是细分、销售，市场定位所创造的"第一说法"最能撼动目标客户的心，引导其产生购买欲望。

（2）虽然我们主观上都渴望目标客户群越广越好，但实际上一种产品不可能满足所有人的需求，刻画目标客户群的目的就是在通过特定人群的需求满足进而吸引、影响、显化甚至扩大项目的使用者队伍。

（3）目标客户群的全方位刻画进而会反作用于项目的其他定位，因为特定人群的习惯、爱好、需求在某种程度上是异于大众的，只有显化了目标客户群才能更好地营销。

（4）真正科学、合理地确定项目主要的目标客户，可配合营销推进，进而确定项目/产品开发的科学顺序。

（5）一个项目/产品的不同营销时期，其目标客户群的居住区域、购买意识、需求层次是一样的，对此的深入研究将有利于我们在不同的营销推广阶段将目标客户锁定为清晰而特定的人群，进而从全局出发制定最为科学的整合推广步骤。

二、　客户研究要解决的问题

客户研究要解决"4W"问题：Who，即客户类型研究；What，即客户特征研究；Why，即客户购房偏好研究；How，即客户定位与开发研究。

（1）客户类型研究，即按照一定的标准，将不同的客户划分归类。购买力与购房者的年龄是考量客户类型的两个重要指标。按照此标准，可划分出购买力客户与家庭结构客户。

（2）客户特征研究，主要包括客户的区域来源、客户消费力、客户身份形象、客户置业目的、客户家庭特点等。

（3）客户购房偏好研究。客户的购房偏好可以划分为两类：

① 对产品功能的偏好，包括户型、面积、周边环境、交通、生活配套等；

② 对产品情感的偏好，主要指购房是出于精神需要、商务需要还是投资需要等。

（4）客户定位与开发研究。价格是房地产客户定位最敏感的因素。房地产客户定位最开始的做法是根据物业的价格与物业面积，计算出物业的总价；再根据物业总价确定适合哪个购买力水平的家庭，从而精确锁定潜在客户的类型，并对该客户群体的年龄及家庭结构、收入水平、职业背景、置业动机等特征进行描述，进而通过这些共同特征开发新客户。

■ 三、 客户定位的步骤

在市场定位的前提下，要让目标客户群浮出水面，一般通过四个步骤（如图5-4所示）。具体执行中多通过目标客户群的静态描述和动态描述来实现。其实，执行这四个步骤的目的是从地理、人文、心理、行为等方面来全方位刻画客户群，为营销推广提供准绳、靶子。通过这四步的执行，起码要明确客户的生活惯性、消费习惯、居住意识等，为项目定位、营销提供对象。

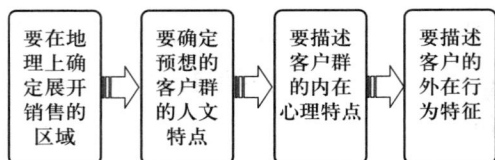

图5-4 客户定位步骤

第四节 房地产项目产品定位

■ 一、 房地产产品定位概述

（一）房地产产品定位的含义

房地产产品定位是站在开发商或土地使用人的立场，针对特定目标市场的潜在客户，决定其所持有的土地，应在何时，以何种方式，提供何种产品及用途，以满足潜在客户的需求，并符合投资开发商或土地使用人的利益。简单地说，房地产产品定位就是以同时满足规划、市场、财务三者的可行性为原则，设计出供需有效的产品。房地产产品定位的含义主要体现在以下三方面：

（1）以开发商或土地使用人的立场为出发点，以满足其利益为目的；

（2）以目标市场潜在客户需求为导向，满足其产品期望；

（3）以土地特性及环境条件为基础，创造产品附加价值。

（二）房地产产品定位的意义

房地产产品定位的意义主要体现在以下两方面：

1. 产品定位是项目成败的关键因素

房地产开发项目需要经过市场调研、项目选址、投资研究、规划设计、建筑施工、营销推广、物业服务等一系列漫长的过程，这些过程中任何一个环节出现问题，都会影响项目的开发进程。

房地产产品定位是房地产项目开发前期策划的关键环节，几乎参与项目的每个环节，通过概念设计及各种策划手段，最终使开发的商品房适销对路，占领市场。实践证明，正确的产品定位能为项目开发成功保驾护航，使用了科学、规范的策划理念及产品定位指导的项目更容易获得成功。

2. 用产品定位做项目竞争门槛

面对市场竞争，房地产项目产品定位是很好的增强竞争力的手段。房地产项目必须依靠直面市场，精心策划，规范操作，以"精品"显特色，以"品牌"占市场。用产品定位做项目竞争门槛，才能赢得市场主动地位。

一个房地产项目，要经过对产品的深入研究和分析，再使用严密的产品定位研究和产品策划，最终提出适应消费者需求的产品，这样的产品必然会受到消费者的追捧和认同，项目自然就会具有竞争力。

（三）房地产产品定位的层次性

房地产产品像所有的产品一样都有三个层次（如图 5-5 所示），它如一个桃子，处于最里面的是桃核，即产品的内在质量，其次是外在形象，好看的桃子会给消费者一种视觉享受，最后就是无形产品及与产品相关的服务和品牌。

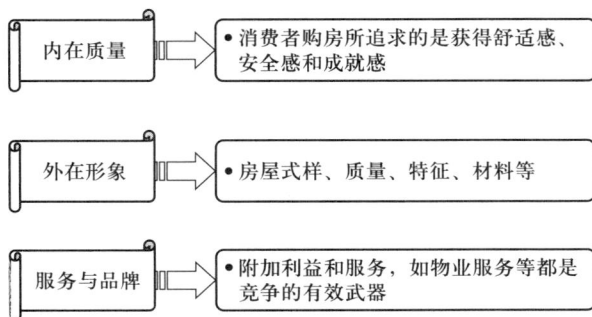

内在质量	⟹	• 消费者购房所追求的是获得舒适感、安全感和成就感
外在形象	⟹	• 房屋式样、质量、特征、材料等
服务与品牌	⟹	• 附加利益和服务，如物业服务等都是竞争的有效武器

图 5-5　房地产产品的三个层次

（四）房地产产品定位的前提

以下问题的答案是房地产产品定位的前提。

（1）消费者对房地产项目的实际使用过程是怎样的？

（2）产品每个部分是怎样与消费者的行为相关联的？

（3）在使用过程中消费者的行为和心理的变化过程是怎样的？

（4）怎样才能使消费者的使用达到最佳状态？

（5）房地产产品构成要素和突破差异化的关键点是什么？

■ 二、 房地产产品定位的主要步骤

房地产产品定位的主要步骤包括以下六方面：

1. 确定开发动机和目的

项目开发动机和目的决定了做产品定位的方法。考虑开发动机时需要结合四个方面的因素：开发商自身实力、企业经营状况、企业财务能力和经济发展趋势。开发商开发一个项目时会有很多目的，比如，为快速回笼资金，为追求最大利润，为提升企业品牌形象等。开发产品目的不同，产品定位的方法也会不同。比如，在市场萧条期需要预计风险，以低投入、资金快速回收为出发点；而对于一些财力雄厚的企业集团，集中财力优势搞投入大、附加值高的产品也不失为一种选择。

2. 分析城市及市场现状

了解地块所属城市信息（城市规划、人口、特性、交通运输、公共设施、产业结构等）、相关最新政策法规限制（政府条例、建筑法规、税务法规等）、房地产市场形势（供求状况、产品竞争情况等）以及相关财务条件（造价水平、房价水平、融资的可能性等）。

房地产项目投资周期很长，部分投资的参数资料或者数据，有些很稳定且连续，而有些容易波动或受经济规律制约而发生周期性变化。因此，在预测市场过程中不能完全照搬其他项目，需要以发展的眼光看待各项条件，用定性或定量的方法求证各种可能性。

3. 了解地块基本信息

考虑土地的规模、条件，从区位、交通、周边配套、内部条件、规划指标等方面，分析出地块主要优劣势和地块属性特征。

4. 确定产品市场定位

确定产品市场定位时，要对主力消费群体做三个层面的分析：消费结构分析、消费者背景分析、费者行为分析。然后再确定提供满足客户需求、提升客户预期价值的产品。

开发商应思考如何做出市场认可的产品，通过什么途径取得怎样的市场地位。一般有两种情况：一是如果客户对这个区域很认可，产品定位只要做到符合主流就能被客户接受；二是如果客户对这个区域不认可，则产品定位就要想办法做一些改变，让客户觉得这种产品是超值的或者具有吸引力。

5. 明确好产品概念再规划产品

在研究和考察地块的同时，要始终思考地块的产品概念，有什么概念可以借用，或者说可以引入什么新的产品概念。在明确了产品概念之后，才能开始思考怎么把产品概念落

地，做进产品定位报告里面，然后再通过规划、建筑风格、园林景观、户型等方面让这个概念落地并把它支撑起来。

6. 评估并确定方案

在建筑师和策划人员的共同创意下，策划团队不断细化具体目标，完善产品定位方案。这期间会浮现出建筑规划、经营销售、财务能力等众多矛盾，但产品定位的作用就是围绕各种可行的情况去寻找最佳的搭配组合，为形成最后方案做准备。

确定最佳方案及相关执行计划评估时要兼顾市场、财务、规划、管理等各个方面的具体情况，避免相互冲突影响产品定位效果。项目方案的确定取决于政策、规划、财务能力、销售指标的可行性，并且需要满足一定的经济目标。

三、 房地产项目的规划设计策划

房地产开发项目的规划设计策划，是指依据城市规划的总体要求，从建筑角度出发，在房地产项目投资策划的前提下，以项目市场定位为基础，以满足目标市场需求为出发点，对开发项目的设计进行总体规划布局与构思，确定建筑风格和色彩计划，围绕目标客户选定主力户型，为建筑设计师进行项目的装修风格和环艺设计提供指导性意见，以便进行项目规划设计和建筑设计的创造性过程。房地产项目规划设计策划的主要内容如表5-2所示。

表5-2 房地产项目规划设计策划的主要内容

策划项目	内 容 说 明
项目总体规划	• 项目地块概述、项目所属区域状况、项目周边环境状况等 • 项目地块分析、项目初步规划设想、影响项目规划的经济技术因素 • 建筑空间布局、总体平面规划及其说明、功能分区示意及说明 • 道路系统布局、地块周边交通环境(地块周边路网、道路建设及未来发展规划、主要出入口设置、主要干道设置、车辆分流及停车场设置等) • 绿化及周边景观环境(地块周边的历史人文景观、市政规划布局和环艺设计及未来发展规划、绿化景观系统分析、主要公共场所的环艺设计等) • 公共与配套设施(营销中心外立面的设计、物业及办公室等建筑外观设计) • 交通组织设计(包括小区内交通道路设计、小区与外部连接的道路设计;停车场、人行道、车行道、消防通道、电梯口等设施的设计) • 分期、分组的开发思路和强度
建筑风格定位	• 总体建筑风格的构思及色彩计划 • 建筑单体的外立面设计(多层、小高层、高层等立面设计;建筑结构形式的选取;针对屋顶、屋檐、窗户等外立面的设计;无障碍设计;商业建筑风格设计)

续表

策划项目	内 容 说 明
产品主力户型选择	• 当地同类楼盘的户型比较 • 业态分析及西南户型配置比例 • 主力户型的空间概念与设计(如柔性空间、无障碍空间、私密空间、趋光空间、对流空间和立体空间等)
装修与装饰	• 公共装饰材料的选择及装修风格 • 室内空间的布局 • 公共空间主题和庭院景观的选择、公共家具的设计与摆放
环境规划与艺术风格	• 周边环境的调查与分析 • 总体环境规划及艺术风格构想与设计 • 项目各组团的环境概念设计、绿化及园艺设计;组团内的共享空间设计、景观小品设计、灯光及背景音乐设计、宣传栏设计、导视系统位置设定等 • 公共广场、小区入口、营销中心等公共建筑外部环境设计
小区的生活方式	• 营造和引导未来生活方式、住户特征描述、社区文化规划与设计 • 智能化系统设计(主要包括综合布线系统、网络与宽带接入及增值服务、电子信息、闭路监控、停车场管理、楼宇设备自控消防报警与联动控制、智能照明、办公及服务自动化系统)

第五节 房地产项目形象定位

一、 房地产项目形象定位的前提与特征

(一)房地产项目形象定位的前提

房地产项目形象定位即项目的品牌形象定位,它是项目在消费者心中留下的印象以及联想。它首先承担着表现产品、告知信息和塑造形象的功能,最后达到促进销售的目的。它是开发商要在消费者心目中塑造的东西,具有更多人文的意味。

房地产项目形象定位主要是找到该房地产项目所特有、不同于竞争对手、能进行概念化描述、能通过广告表达并能为目标客户所接受从而产生共鸣的特征,一般通过统一的广告、包装、模型与样板房等形式来表达,提炼出项目的独特形象,并予以文化,给潜在消费者带来对美好生活环境、生活方式、生活韵味的憧憬和向往。

房地产项目形象定位的前提如下：

1. 充分了解开发商的开发过程及目标

通过交流充分了解开发商的开发过程及目标，留意其中的闪光点；借助经济与文化、商业与艺术的有机结合来衍生品牌，营销全程中不断塑造并强化开发商及项目本身的品牌，为企业的持续发展提供后劲。

2. 把握市场动态，强调市场引导

对市场动态精准把握，有助于看清项目在市场坐标上的位置，强调市场引导，而非一味地迎合市场。

3. 熟悉片区消费文化特点

在市场调研和谙熟本地实况以及充分解读区域消费特征的基础上，把握项目所在地的区域消费特点。

4. 对项目进行充分透彻的研究

寻找项目的唯一性、差异性和市场高度，扬长避短，抢占制高点，树立唯一性，用足项目优势，规避项目劣势，并以此确立项目独特的行业地位。

（二）房地产项目形象定位的显著特征

形象定位体系主要是通过对包装核心要素进行提炼，充分挖掘项目优势资源，它是个系统工程，是贯穿整个推广过程的主题与灵魂。同时，房地产广告要具备"有效性"必须因地制宜、因人说话，所以它也是一个动态的体系，随着地域、时间、市场形势、目标客户等的变化而灵活调整。形象定位必须具备权威性、唯一性、排他性，同时要保证形象力、产品力、诉求力三力合一。

房地产项目形象定位是一个项目的核心和浓缩，也是项目总体营销策略中的基点，同时形象应该建立在项目的品质基础之上，以产品为本体，以人文为灵魂，指导营销推广。

二、 房地产项目形象定位核心的切入点

房地产项目形象定位核心的切入点包括以下几方面：

1. 以"地段+项目特征"的方式进行定位

衡量房地产项目的关键因素是地段，如果项目的地段具备以下特征：拥有山湖林海河等自然资源，位于或邻近城市中心、地标、某个著名建筑物、公认的高端片区和特定功能的片区，通常运用组合定位，即以地段特征作为形象定位语的重要部分，把项目的地段特征在形象定位中突出和强化出来，同时结合项目特征，这是最常用的切入点。如广州的云景名都广告语是"天河北26万平方米·都市绿城·自然山水·自在生活"。

2. 通过"项目规模+发展理念"方式进行定位

如广州美林花园·梅林海岸的营销概念为"12万平方米天河中心大型江畔水景园林休

闲社区"。

3. 通过产品特征或顾客利益点定位

如天之骄子"宽板·汤泉·瘦西湖"浓缩了该项目的三大特点——宽板建筑、温泉社区、中式园林亲水住宅。

4. 以规划或产品的首创和创新点定位

如香榭园纯错层结构，以"别墅式桑拿公寓"创新定位取得成功。

5. 以项目的目标客户定位

将产品与使用者或某一类使用者联系起来，希望把名人或特定阶层与产品联系起来，并通过他们的特征和形象来影响产品形象。如米兰春天项目——"蓝调水岸时尚精英生活城"。

6. 以文化象征定位

在当前的形象定位中，比较常见而且比较容易的做法是移植、套用、打造各种有代表性的异域风情，如欧式风格、北美风格、地中海风情，或高举中式风格的大旗。项目用文化象征来差别化他们的项目形象，试图以文化统领，树立一种成功的标志，一种全新的生活方式，一种独特的难以替代的情调和价值。如文园春晓"人文市区·山水院落"。

7. 以行业或片区的引领者定位

如果项目在规模、品质、开发时间等某个方面有引领性或有综合优势，可以引领者的定位出现，气势磅礴，先声夺人，一亮相就可以引起市场的强烈关注。如上海新江湾城的"新江湾城·一座承载上海新梦想的城区"。

三、 房地产项目的形象与营销推广策划

1. 房地产项目的形象策划

房地产项目的形象策划主要包括项目的总体战略形象策划、社区文化形象策划、企业行为形象策划、员工形象策划以及项目视角形象策划等。项目视角形象是指房地产项目有别于其他项目的具有良好识别功能的视觉表现，主要分为有视觉识别体系的核心部分和延展运用部分。核心部分的主要内容包括项目的名称、标志、标准色及标准字体等。延展运用部分主要包括：一是工地环境的包装视觉、建筑物主体、工地围墙、主路网及环境绿化等；二是营销中心的包装设计、室内外展示设计、功能分区、形象墙展示、展板设计、导视牌、样板房说明等；三是公司及物业管理与服务系统的包装设计。

2. 房地产项目的营销推广策划

房地产项目营销推广策划是提供项目营销推广的未来方案，以未来市场趋势为背景，以企业发展目标为基础设计的营销推广方案。项目营销推广策划的主要内容是在项目投资分析的基础上，根据项目市场定位、目标客户群体分析、市场定价策略，确定项目入市的时机，以及项目采取的宣传推广策略，并对整个项目营销推广的效果进行有效监控和评

估，以达到预期的营销效果。房地产项目营销推广策划是房地产项目全程策划的重点，也是项目是否能够实现预期投资目标的关键环节。房地产项目营销推广策划的具体内容如表 5-3 所示。

表 5-3　房地产项目营销推广策划的具体内容

策划项目	内 容 说 明
区域市场分析	• 本地房地产市场的总体运行状况(供给、需求和价格) • 项目周边竞争性楼盘项目调查(项目概况、市场定位、价格及销售策略、营销推广策略、促销手段等)
项目目标客户分析	• 本地的经济发展状况和人口就业情况 • 本地人口数量及居住分布、教育水平、家庭收入、家庭人员结构、住房需求特征、生活习惯等 • 项目客户群定位和目标市场：目标市场的区域范围界定、市场调查资料的汇总与研究、目标市场特征描述、目标客户细分、目标客户特征及客户资料
市场定价策略	• 项目的成本与利润目标 • 可类比项目的市场价格分析 • 市场定价策略分析
项目入市时机	• 宏观经济运行状况分析 • 当前本地房地产市场运行状况与相关政策法规解读 • 项目入市时机的确定
宣传推广策略	• 项目的主要卖点分析 • 广告策略：广告主题、广告创意表现、广告效果分析、入市前广告印刷品的设计与制作(包括海报、认购书、销售合同、交房标准、物业管理手册) • 媒介策略：媒体选择、媒体创新使用、媒介组合、媒介新闻主题 • 营销推广的费用计划：包装、印刷、媒介投放、公关活动等费用估算
营销推广效果的评价与修正	• 对项目营销推广效果的监测与测评 • 实施效果测评的主要内容：销售收入、企业利润、市场占有率、品牌形象和企业形象

本章小结

本章主要介绍房地产开发项目的定位与策划：首先是房地产项目定位概述（概念与原则、前提与方法，以及定位的主要内容和要考虑的因素）；其次介绍房地产项目市场定位（包括市场定位的概念、方法、内容、主要步骤等）、客户定位（客户定位的意义、步骤和需要研究解决的问题）、产品定位（产品定位的含义与步骤、项目的规划设计策划）和形象定位（形象定位的前提与特征、定位的切入点、项目的形象与营销推广策划）。

练习题

一、即测即评

二、思考题

1. 为什么要进行产品定位？
2. 客户研究要解决的问题是什么？
3. 房地产项目投资策划的具体内容是什么？
4. 简述房地产项目市场定位的内容和主要步骤。
5. 房地产项目定位的主要内容是什么？
6. 房地产项目定位的基本思路是什么？
7. 房地产项目规划设计策划的主要内容有哪些？
8. 房地产项目形象定位的前提是什么？
9. 房地产项目营销推广策划的具体内容有哪些？

第六章

房地产开发项目可行性研究

本章学习目标

□ 掌握：房地产开发项目可行性研究的含义和主要内容；房地产开发项目的投资与收入估算；项目财务评价的报表编制与指标计算。

□ 熟悉：房地产开发项目可行性研究的原则和依据；房地产开发项目可行性研究的步骤。

□ 了解：房地产开发项目可行性研究的特点和作用。

第一节　房地产开发项目可行性研究概述

一、房地产开发项目可行性研究

（一）房地产开发项目可行性研究的含义

房地产开发是一项综合性经济活动，具有投资额大、建设周期长、涉及面广、生产环节多、经济风险高和社会环境影响大等特征。因此，要想使项目达到预期的经济效果，首先必须做好可行性研究工作，才能使项目的许多重大经济技术原则和基础资料得到切实的解决和落实，提出合理的结论，使开发商的决策建立在科学而不是经验或感觉的基础上。

一般而言，可行性研究是以市场供需为立足点，以资源投入为限度，以科学方法为手段，以系列评价指标为结果。它通常要处理两方面的问题：一是要确定项目在技术上能否实施；二是如何才能取得最佳的效益（主要是经济效益）。具体地讲，房地产开发项目的可行性研究是对开发项目的必要性、项目实施的市场条件（市场的供给和需求、市场的前景和存在的不确定性因素）、项目选址和开发规模、企业的投融资能力、项目开发模式、开发经营周期、投资效益（社会效益和经济效益）等方面所做的调查研究和全面的技术经济分析论证。可行性研究的主要目的是减少或避免投资决策的失误，提高项目开发建设的经济、社会和环境效益，确定项目是否应该投资和如何投资等结论性意见，为决策部门最终决策提供可靠的、科学的依据，并作为开展下一步工作的基础。

房地产开发项目可行性研究就是指在项目投资决策前，对与项目有关的市场、资源、工程技术、经济、社会等方面问题进行全面的分析、论证和评价，从而判断项目技术上是否可行、经济上是否合理，并对多个方案进行优选的科学方法。

（二）房地产开发项目可行性研究的工作阶段

可行性研究是在投资前期所做的工作。它分为投资机会研究、初步可行性研究、详细可行性研究等多个工作阶段，每个阶段的内容逐步由浅到深。

1. 投资机会研究阶段

投资机会研究是根据投资意向，进行初步分析、评价，形成投资建议。投资机会研究的主要任务是寻找投资机会，选择开发项目，形成投资建议。投资机会研究就是在城市规划区内，以城市规划、市场调查与预测为前提，寻找最有利的投资机会；进行调查研究，搜集资料，进行现场踏勘，选择开发项目；根据掌握的市场信息，对市场、投资、政策、企业等方面进行客观的机会分析，重点在于投资环境的分析及投资前景的判断，分析项目是否可行；在项目可行的基础上，提出项目建议书。

投资机会研究的目的在于激发投资者的兴趣，也就是寻找最有利的投资机会，即以某种类型的开发项目为研究对象进行投资机会的分析，具有机会研究的典型含义。因为研究是对某一个项目而言的，如果可行，就会使意向变为投资建议，就可以促进项目下一阶段的研究工作。

投资机会研究相当粗略，一般是按照市场上基本相似的投资项目实际投入资金额和成本来对照估算，税费的多少也只是套用大致的比例来估算。这个阶段对项目投资的开发成本、预期收益以及净利润的估算误差较大，精度较低。该阶段投资估算的精确度为±30%以内，研究费用一般占总投资的0.2%~1.0%。如果投资机会研究认为该项目是可行的，就可以进行下一阶段的工作。

2. 初步可行性研究阶段

初步可行性研究主要是进一步判断投资机会研究的结论是否正确，是否可以投资，同时也决定后面的详细可行性研究是否进行。对于大型投资项目，为了避免不必要的时间、金钱和人力方面的浪费，一般在进行正式可行性研究之前，先进行一轮初步的分析（初步可行性研究），因此，初步可行性研究是介于投资机会研究和最终可行性研究的中间阶段。当然，那些不需要进行投资机会研究的项目，如已经拟定的开发项目，就可以直接进行初步可行性研究。

初步可行性研究拟解决的主要问题是：分析投资机会研究的结论，在较详细资料的基础上做出是否投资的决定；是否有进行详细可行性研究的必要；有哪些关键问题需要进行专门的特殊研究（对项目取舍有决定性作用的关键性研究，如区域性房地产市场供求研究、开发产品定位研究、租售价格研究、营销研究、开发时机研究、开发模式研究等）。在初步可行性研究阶段需对以下内容进行粗略的审查：市场供需、建筑原材料的供应、项目所在地的社会经济状况、项目选址及周围环境、规划设计方案、进度安排、投资收益、成本估算、财务分析等。

初步可行性研究与详细可行性研究的区别主要体现在获得资料的详细程度不同、研究的深入程度不同、研究结论精度不同三个方面。对于一些小型开发项目的可行性研究，可以跨越该阶段，直接进入详细可行性研究阶段。初步可行性研究阶段估算的精度比投资机会研究要高一些，误差大致在±20%的范围内，所需费用约占总投资额的0.25%~1.5%。

3. 详细可行性研究阶段

详细可行性研究是项目可行性研究过程中最重要的组成部分，是开发建设项目投资决策的基础，是在分析项目技术、财务、经济可行性后做出是否投资决策的关键步骤。详细可行性研究是在初步可行性研究的基础上，采用最新的资料和数据，对房地产开发项目进行深入的技术经济论证，对开发项目是否可行做出判断，对项目实施提出建议，是委托方确定最优开发方案和科学决策的依据。详细可行性研究是详尽、全面的论证，要在科学、准确的资料和数据的基础上，设计出多种方案，进行比较、分析。详细可行性研究对项目所需的投资和收益的计算，误差允许在±10%范围内。详细可行性研究所需费用，小型项目约占投资的1.0%~3.0%，大型复杂的工程约占0.2%~1.0%。

投资机会研究、初步可行性研究和详细可行性研究，三者并不存在必然的因果关系，主要是按研究的深度和粗细程度划分，不是实际工作阶段的顺序。在实际研究工作中，根据项目规模大小和繁简程度，以及实际要求，可以实行三阶段研究，也可以只进行两阶段或一阶段研究，但详细可行性研究是不可缺少的。在实行三阶段研究时，如果在投资机会研究之后，项目决策尚在两可之间，初步可行性研究就必须进行；如果已有足够的数据可供决策，就可以直接进入详细可行性研究阶段。一般规模的小项目和简单项目，则只做详细可行性研究。

二、 房地产开发项目可行性研究的特点和作用

（一）房地产开发项目可行性研究的特点

一般来说，房地产开发项目可行性研究的特点可以归纳为以下五个方面：

1. 独立性

房地产开发项目可行性研究的独立性是指受托方进行可行性研究工作时，不受委托方业已形成的项目评价意见约束，而是按实际情况进行研究分析，这是确保可行性研究成果的客观、公正和可信的重要前提。坚持独立性，真正按房地产开发的内在规律和客观情况进行研究和分析，是确保经济评价和技术论证结论正确性的重要条件，也是对可行性研究人员的基本要求。

2. 系统性

房地产开发项目可行性研究的系统性主要体现在全面和系统分析的方法上。"全面"是指可行性研究的评价和论证必须以房地产开发项目的整体最优为目标，这是可行性研究不同于其他任何局部或单方面研究的重要特点；"系统"则是指可行性研究是在一个系统范围内反复进行的综合平衡，作为房地产开发项目可行性研究重要内容的市场调查分析、市场定位、规划设计方案、经营方式、租售价格等因素之间，既相互联系又相互影响和制约。

3. 客观性

房地产开发项目可行性研究的客观性，就是一切论证和评价都要以客观的数据资料为基础。只要依据定量指标体系和定性评价标准，确保取得的资料是真实的和可靠的，采用的数据（如开发成本、取费标准和市场供求水平等）是符合实际的，分析过程是科学的、合理的，那么一般便能保证论证和评价结论的客观性。

4. 预测性

严格地说，房地产开发项目可行性研究中对拟开发项目的一切评价结论都是建立在科学预测的基础之上的。这些预测包括市场预测、成本预测和收益预测。市场预测主要是对未来房地产市场同类产品的供给和需求的预测、消费群体的分析和判断以及市场发展前景的预测等；成本费用包括拟开发项目的土地取得成本、开发建设成本、管理费用、财务费用和其他费用等；收益预测主要是通过租售价格和租售时间预测收益。

5. 选优性

房地产开发项目可行性研究应该根据委托方提供的基本资料，在项目策划方案的基础上，设计多种可供选择的可实施方案，如不同的功能定位、产品档次、分期开发方案等，逐个加以分析和比较，从中选出最优方案或进行排序，提供研究结论供决策者评价和判断。

（二）房地产开发项目可行性研究的作用

1. 是房地产开发项目投资决策的依据

一个房地产开发项目，具有投资大、涉及面广、建设期长等特点，很难凭经验或感觉进行投资决策。因此需要通过投资决策前的可行性研究，在市场预测和投资环境分析的基础上，对拟建项目在技术上是否适用、经济上是否合理、财务上是否盈利、建设上是否可行等进行综合论证。通过可行性研究，全面提供项目决策所需的重要数据和信息，明确开发的房地产产品的供求状况、市场竞争能力、成本与收益和风险程度，明确项目是否可行，建议采用何种方案和重点控制的敏感性因素等，从而为投资决策提供科学的、可靠的依据。

2. 是项目筹集资金的依据

通常，房地产开发商需要就其拟开发的房地产项目进行权益或债务融资。开发商要想吸引机构或个人投资者参与其拟开发项目投资，作为项目发起人和一般责任合伙人的开发商，必须要给这些潜在的有限责任合伙人提供项目可行性研究报告，以帮助他们了解拟开发项目的投资收益水平和所面临的风险。银行等金融机构都把可行性研究报告作为项目申请开发贷款的先决条件，需要对项目可行性研究报告进行全面、细致的分析评估，并据此完成房地产开发项目贷款评估报告，之后才能确定是否给予贷款。

当房地产开发项目的所需资金来源于多种途径时，投资方应进行可行性分析，确定最佳的资金筹措方式，以减少资金利息和开发项目的总投资。

3. 是项目进行工程设计、设备订货、施工准备等基本建设前期工作的依据

可行性研究报告能够为规划设计提供大量、详细的调查和研究结果，因而为编制出较高质量的规划设计方案提供保证。在可行性研究报告中，对项目的地址、规模、建筑设计方案构想、主要设备选型、单项工程结构形式、配套设施和公共服务设施的种类、建设周期等进行了分析和论证，在设计任务书中确认后，作为投资项目工程设计、设备订货和施工准备等基本建设前期工作的依据。

4. 是申请市政配套的依据

房地产项目的开发建设是一项相当复杂的系统工程，由多个部门合理分工、共同协作而完成，为了保证开发项目顺利进行，牵涉到与有关部门签订协议或合同，明确双方的权利和义务，并使其受到法律的约束和监督。可行性研究报告对项目用地的条件进行了详细的分析调查，初步估算出项目所需的水、电、燃气等的用量，以这些数据为基础可以向自来水公司、供电局、燃气公司、电信局等部门提出配套和增容申请，从而为同有关部门签订协议或合同提供了依据，保证项目按进度计划实施。

5. 是向投资主管部门备案、行政审批的依据

按照"谁投资、谁决策、谁收益、谁承担风险"的原则，并最终建立起市场引导投资、企业自主决策、银行独立审贷、融资方式多样、中介服务规范、宏观调控有效的新型投资体制，国家改革了企业投资项目审批制度，并从 2004 年下半年开始推行企业投资项目核准制[1]。

根据国务院《关于投资体制改革的决定》的规定，我国对不使用政府投资的项目实行核准和备案两种批复方式，其中核准项目向政府部门提交项目申请报告，备案项目一般提交项目可行性研究报告。同时，根据 2004 年颁布的《国务院对确需保留的行政审批项目设定行政许可的决定》(2016 年修订)，对某些项目(如政府投资项目)仍旧保留行政审批权，投资主体仍需向审批部门提交项目可行性研究报告。对取消核准改为备案管理的项目，项目备案机关要加强发展规划、产业政策和准入标准把关，行业管理部门与城乡规划、土地管理、环境保护、安全监管等部门要按职责分工加强对项目的指导和约束。

---

1. 企业投资建设实行核准制的项目，仅需向政府提交项目申请报告，不再经过批准项目建议书、可行性研究报告和开工报告的程序。政府对企业提交的项目申请报告，主要从维护经济安全、合理开发利用资源、保护生态环境、优化重大布局、保障公共利益、防止出现垄断等方面进行核准。

三、 房地产开发项目可行性研究的原则和依据

（一）房地产开发项目可行性研究的原则

1. 科学性原则

科学性原则是指要求按客观规律办事，是可行性研究分析工作必须遵循的最基本的原则。具体而言：一是要用科学的方法和认真的态度来搜集、分析和处理原始的数据和资料，以确保它们的真实可靠；二是要求每一项技术与经济的决定都有科学的依据，是经过认真地分析计算得出的；三是可行性研究分析报告和结论必须是分析研究过程的合乎逻辑的结果，而不是主观意愿的表达。

2. 客观性原则

客观性原则是指坚持从实际出发、实事求是，即要求编制人员能正确认识各种客观存在的规划要求、建设条件和经济能力，排除主观臆想，运用客观的资料作出符合科学和实际的决定和结论。

3. 公正性原则

公正性原则是指要站在公正的立场上，不偏不倚，坚持科学性与客观性原则。

4. 合法性原则

必须建立在合法、守法的基础上，所采用的资料和数据都应符合政府的政策、法律、法规和技术规范的要求，实事求是，不弄虚作假。

5. 可靠性原则

在搜集资料过程中必须对占有的信息资料的来源予以辨识，保证房地产投资项目可行性研究报告采用的数据准确可靠，进而保证研究结论真实可信。

（二）房地产开发项目可行性研究的依据

房地产开发项目可行性研究需要进行经济评价和科学论证，而评价和论证的结论或结果是以大量资料为基础，通过对这些资料进行综合分析、比较和处理而得到的。因此，进行可行性研究时，广泛搜集各种有关基础资料是工作顺利开展的前提条件。

可行性研究的依据主要有下列几个方面：

（1）国家相关法律法规；

（2）国民经济和社会发展规划、国土空间规划、住房建设规划以及行业发展规划；

（3）国家宏观调控政策、产业政策、行业准入标准；

（4）城乡规划行政主管部门出具的规划意见；

（5）《国有建设用地使用权出让合同》或国有建设用地使用权证书，国土资源行政主管部门出具的项目用地预审意见或国有土地使用权出让文件；

（6）环境保护行政主管部门出具的环境影响评价文件的审批意见；

（7）交通行政主管部门出具的交通影响评价文件的审批意见；

（8）自然、地理、气象、水文地质、经济、社会等基础资料；

（9）有关工程技术方面的标准、规范、指标、要求等资料；

（10）国家规定的相关经济参数和指标；

（11）项目备选方案的土地利用条件、规划设计条件以及备选规划设计方案等。

从项目评价方法的角度来看，目前指导我国可行性研究的指导文件是国家发展和改革委员会和建设部于 2006 年颁发的《建设项目经济评价方法与参数》（第三版）及 2002 年国家发展计划委员会编制的《投资项目可行性研究指南》。建设部于 2000 年颁发的《房地产开发项目经济评价方法》，弥补了房地产开发项目依据 1993 年颁布的《建设项目经济评价方法与参数》进行经济评价的不足。它根据房地产开发项目建设与经营的特点，强调按照现行财税制度和价格体系，计算房地产项目的财务收入和财务支出，分析项目的盈利能力、清偿能力以及资金平衡状况，判断项目的财务可行性，是房地产项目决策科学化的重要手段之一，也是目前房地产开发项目可行性研究报告编制及评估遵循的基本方法框架。

第二节　可行性研究的内容及步骤

一、 房地产开发项目可行性研究的内容

项目可行性研究主要的内容可以分为三大部分：一是项目的社会可行性，也就是市场研究，包括产品的市场调查和预测研究，解决项目的必要性问题；二是研究项目的技术可行性；三是项目的经济可行性，也就是分析项目的效益问题，主要是项目的经济分析和评价。

由于房地产开发项目的性质、规模和复杂程度不同，所以可行性研究的内容也不尽相同，各有侧重，一般应包括以下主要内容：

1. 项目概况分析

主要内容包括项目基本情况（项目的名称、性质、宗地位置、总占地面积等）、开发建设单位；项目的地理位置（如项目所在城市、区和街道，项目周围主要建筑物等）；项目所在地周围的环境状况，主要从工业、商业及相关行业现状及发展潜力，项目建设的时机和自然环境等方面说明项目建设的必要性和可行性；项目的性质及主要特点；项目产生的背景和开发建设的必要性，特别是对实现城市总体规划、发展地区经济的意义。

2. 市场调查

需要在深入调查和充分掌握各类资料的基础上，对拟开发的项目的投资环境、市场供给与需求、项目客户群、项目 SWOT 战略等进行科学的分析与预测，对开发成本、市场售价进行估算，并确定项目定位、销售对象、租售计划、项目建设规模等。

3. 项目规划设计优选与进度安排

项目规划设计优选与进度安排就是在对房地产项目产品可供选择的规划方案进行分析比较的基础上，优选出最为合理、可行的规划设计，对各项技术方案提出说明，并对项目的开发进度、施工进度和销售进度作出安排。规划要体现项目定位的要求。具体来说：

（1）规划设计应包括建筑物主要参数（占地面积、基底面积、建筑层数、建筑面积、建筑密度、容积率等）、建筑物布局、市政设施和其他公用配套设施的确定与选择；

（2）对多种方案进行技术经济比较和评价，进行方案的比较筛选，并对最终确定的方案进行综合性表述；

（3）项目技术方案包括建筑物布局、功能划分、道路交通、市政设施及公用设施分布、建筑物主要技术参数、项目主要技术经济指标等；

（4）项目开发进度安排可包括建设周期安排、施工进度安排和销售周期安排。

4. 项目投资成本与收益的估算

项目投资成本估算主要包括项目开发成本估算和项目开发费用估算，以及开发期经营税费的估算，并编写投资成本费用估算表，具体来说：

（1）项目开发成本估算包括土地费用的估算、建筑安装工程费用的估算、前期工程费用的估算、基础设施建设费用的估算、公共配套设施建设费用的估算、项目开发相关税费的估算、其他费用的估算和不可预见费用的估算；

（2）项目开发费用估算包括管理费用的估算、财务费用的估算和销售费用的估算；

（3）开发期经营税费的估算包括与交易有关的税费估算、土地增值税的估算和企业所得税的估算，可编写与交易有关的税费表。

项目的经济收益估算主要是对项目销售收入、租赁收入的估算。经济收益指标计算包括净收入、投资收益率、投资回收期等。

5. 项目资金筹措

项目资金筹措主要是对资金来源的计算和对资金运用的分析。项目的资金来源主要由三部分组成，即资本金、预租售收入及借贷资金。根据项目的投资估算和投资进度安排，合理估算资金需求量，拟订筹资方案，并对筹资成本进行计算和分析。

项目资金的运用分析主要是编写资金来源与运用表和投资计划与资金筹措表。如果在资金来源中涉及借款，就需要对借款制订偿还计划。

根据项目的规划列出项目的投资，一般情况下，自有资金达到开发需要资金的 30% 可以建设。对于开发需要资金主要考虑到销售回款前的投资需要资金。

6. 项目财务评价

项目财务评价是在房地产市场调查与分析、项目策划、费用估算、资金筹措(尤其收入估算)等基本资料和数据的基础上，通过计算财务评价指标，编制基本财务报表(如现金流量表、资产负债表、利润表等)，对房地产项目的盈利能力、清偿能力和资金平衡情况进行分析。

项目盈利能力分析分为静态盈利能力分析和动态盈利能力分析。

静态盈利能力分析需要编制损益表(或称利润表)，计算指标主要包括利润总额、投资利润率、投资净利润率、资本金利润率、销售净利率、销售毛利率、启动资金获利倍数、成本利润率、静态投资回收期等。动态盈利能力分析需要编制现金流量表(包括全部投资财务现金流量表、资本金现金流量表和投资者各方现金流量表)，计算指标主要有财务内部收益率(FIRR)、财务净现值(FNPV)、动态投资回收期等。

项目清偿能力分析需要编制资产负债表，计算指标主要包括借款利息、借款偿还期、资产负债率、流动比率、速动比率等。

项目资金平衡分析需要编制资金来源与运用表和投资计划与资金筹措表，来考察房地产项目开发经营期间的资金平衡状况。

7. 项目风险分析

项目风险分析包括定量分析和定性分析：一方面结合政治形势、国家方针政策、经济发展趋势、市场周期、自然等方面因素的可能变化，进行定性风险分析；另一方面通过数学方法采用盈亏平衡分析、敏感性分析、概率分析等分析方法进行定量风险分析。

8. 项目社会与环境效益评价

社会效益是从区域社会经济发展的角度，分析投资项目对社会做出的外在贡献。其主要包括对社会经济发展、城市居民居住水平、劳动力就业以及国家财政税收等方面的积极作用。环境效益是指项目开发建设给周边环境带来的效益，主要包括对改善居住环境，优化投资环境，消除"三废"所做出的贡献。

9. 结论与建议

项目可行性研究的结论与建议是对可行性研究分析做出总结并提出相关建议，根据前面所有的研究分析结果，对项目在技术上、经济上进行全面的评价，对建设方案进行总结，提出结论性意见和建议。

▓ 二、 房地产开发项目可行性研究的步骤

房地产开发项目可行性研究大致分为以下步骤：

1. 接受委托

在项目建议被批准之后，开发商即可委托咨询评估公司对项目进行可行性研究。双方签订合同协议，明确规定可行性研究的工作范围、目标意图、进度安排、费用支付办法及

协作方式等内容。承担单位接受委托时，应获得项目建议书和有关项目背景介绍资料，弄清楚委托者的目的和要求，明确研究内容，制订计划，并收集有关的基础资料以及指标、规范、标准等基本数据。

2. 调查研究

要从市场调查和资源调查两方面进行。市场调查应查明和预测市场的供给和需求量、价格、竞争能力等，以便确定项目的经济规模和项目构成。资源调查包括建设地点、项目用地、交通运输条件、外围基础设施、环境保护、水文地质、气象等方面的调查，为下一步规划方案设计、技术经济分析提供准确的资料。

3. 方案选择和优化

根据项目建议书的要求，结合市场和资源调查，在收集到的资料和数据的基础上，建立若干可供选择的开发方案，进行反复的方案论证和比较，会同委托单位或部门明确方案选择的重大原则问题和优选标准，采用技术经济分析的方法，评选出合理的方案。研究论证项目在技术上的可行性，进一步确定项目规模、构成、开发进度。

4. 财务评价和综合评价

对经上述分析后所确定的最佳方案，在估算项目投资、成本、价格、收入等基础上，对方案进行详细财务评价和综合评价。研究论证项目在经济上的合理性和盈利能力，进一步提出资金筹措建议和项目实施总进度计划。

5. 编制可行性研究报告

经过上述分析与评价，即可编制详细的可行性研究报告，推荐一个以上的可行方案和实施计划，提出结论性意见、措施和建议，供决策者作为决策依据。

第三节　房地产开发项目的投资与收入估算

一、 项目策划与选择基础参数

（一）房地产开发项目策划

以房地产市场分析及拟开发项目分析为基础，就可以形成一个项目的策划方案，用以指导后续开发投资活动。房地产开发项目策划方案，通常包括如下内容。

1. 区位分析与选择

房地产开发项目的区位分析与选择，包括地域分析与选择和具体地点的分析与选择。地域分析与选择是战略性选择，是对项目宏观区位条件的分析与选择，主要考虑项目所在地区的政治、法律、经济、文化教育、自然条件等因素。具体地点的分析与选择，是对项目坐落地点和周围环境、基础设施条件的分析与选择，主要考虑项目所在地点的交通、城乡规划、土地取得代价、拆迁安置难度、基础设施完备程度以及地质、水文、噪声、空气污染等因素。

2. 开发内容和规模的分析与选择

房地产开发项目内容和规模的分析与选择，应在符合城乡规划的前提下按照最高最佳利用原则，选择最佳的用途和最合适的开发规模，包括建筑总面积、建设和装修档次、平面布置等。此外，还可以考虑仅将生地或毛地开发成为可进行房屋建设的熟地后租售的情况。

3. 开发时机的分析与选择

房地产项目开发时机的分析与选择，应考虑开发完成后的市场前景，再倒推出应获取开发场地和开始建设的时机，并充分估计办理前期手续和征地拆迁的难度等因素对开发进度的影响。大型房地产开发项目可考虑分期开发（滚动开发）。

4. 合作方式的分析与选择

房地产开发项目合作方式的分析与选择，主要应考虑开发商自身在土地、资金、开发经营专长、经验和社会关系等方面的实力或优势程度，并从分散风险的角度出发，对独资、合资、合作（包括合建）、委托开发等开发合作方式进行选择。

5. 融资方式与资金结构的分析与选择

房地产开发项目融资方式与资金结构的分析与选择，主要是结合项目开发合作方式设计资金结构，确定合作各方在项目资本金中所占的份额，并通过分析可能的资金来源和经营方式，对项目所需的短期和长期资金的筹措做出合理的安排。

6. 产品经营方式的分析与选择

房地产产品经营方式的分析与选择，主要是考虑近期利益和长远利益的兼顾、资金压力、自身的经营能力以及市场的接受程度等，对出售（包括预售）、出租（包括预租、短租或长租）、自营等经营方式进行选择。

7. 构造评价方案

构造评价方案，就是在项目策划的基础上，构造出可供评价、比较的具体开发经营方案。项目是否分期进行以及如何分期、项目拟建设的物业类型及不同物业类型的比例关系、建筑面积的规模和物业档次、合作方式与合作条件、拟投入资本金的数量和在总投资中的比例、租售与自营的选择及各自在总建筑面积中的比例等，都需要在具体的评价方案中加以明确。如果允许上述影响评价方案构造的因素任意组合，则会出现非常多的备选方案。在实际操作过程中，通常按照项目是否分期与开发经营方式，有时还会考虑物业类型的匹配结构，构造2~4个基本评价方案。

（二）选择基础参数

经济评价中的基础参数，包括以下几个方面的指标。

1. 时间类参数

包括开发活动的起始时间点，经营期、开发期、准备期、建设期、出售期、出租期的起始时间点以及持续时间长度，经济评价工作的计算周期(年、半年、季度或月)视项目开发经营期的长短和研究精度的要求灵活选择。

2. 融资相关参数

包括房地产开发贷款的贷款利率，资本金投入比例(通常为总投资的 30%～35%)，预售收入用于后续开发建设投资的比例。

3. 收益相关指标

包括出租率或空置率，运营费用占毛收入比率。

4. 评价标准类指标

包括基准收益率、目标成本利润率、目标投资利润率、目标投资回报率等指标。

二、 项目投资估算

房地产投资总成本费用是指在一定时期内为生产和销售房地产而花费的全部成本费用。一般而言，房地产开发项目投资主要由开发成本与开发费用两大部分组成。开发成本包括土地费用、前期工程费、建筑安装工程费、基础设施建设费、公共配套设施建设费、开发期间税费、其他工程费和不可预见费等；开发费是由管理费用、销售费用、财务费用等部分构成。

各项费用的构成复杂、变化因素多、不确定性大，尤其是由于不同建设项目类型的特点不同，其费用构成有较大的差异。

(一)开发成本

1. 土地费用

土地费用是指取得开发项目用地所发生的费用。开发项目取得土地使用权有多种方式，所发生的费用各不相同。主要有以下几种：土地使用权出让金、土地的征收补偿费、转让土地的土地转让费、租用土地的土地租用费、股东投资入股土地的投资折价。

虽然土地来源不同费用也不同，但是通常来说，土地费用=土地使用权出让金+拆迁安置补偿费(城镇土地)或征地费用(农用土地)。土地费用估算表见表6-1。

表 6-1　土地费用估算表

单位：万元

序　　号	项　　　目	金　　额	估　算　说　明
1	土地使用权出让金		
2	征地费		
3	拆迁安置补偿费		

续表

序　号	项　　目	金　额	估　算　说　明
4	土地转让费		
5	土地租用费		
6	土地投资折价		
合计			

（1）土地使用权出让金。土地使用权出让金是国家以土地所有者的身份，将土地使用权在一定年限内让与土地使用者，并由土地使用者向国家支付的土地使用权出让价款。土地使用权出让金的估算，一般可以参照政府近期出让的类似地块的出让金数额，并进行时间、地段、用途、临街状况、建筑容积率、出让年限、周围环境状况及土地现状等因素修正得到。也可以依据城市政府颁布的城市基准地价或平均标定地价，根据项目用地所处地段等级、用途、容积率、使用年限等项目来修正得到。

（2）土地征收及拆迁安置补偿费。土地征收补偿费分为集体土地征收费用和城市国有土地上房屋征收补偿费用。集体土地征收费用主要包括土地补偿费、安置补助费、地上附着物和青苗的补偿费、安排被征地农民的社会保障费用（《中华人民共和国土地管理法》第四十八条规定）[1]、征地管理费、耕地占用税、耕地开垦费、新菜地开发建设基金（征收城市郊区菜地）。

《国有土地上房屋征收与补偿条例》规定：城市国有土地上房屋征收补偿费用主要包括被征收房屋价值的补偿，因征收房屋造成的搬迁、临时安置的补偿，因征收房屋造成的停产停业损失的补偿等，不得低于房屋征收决定公告之日被征收房屋类似房地产的市场价格。被征收房屋的价值，由具有相应资质的房地产价格评估机构按照房屋征收评估办法评估确定。

（3）土地转让费。土地转让费是指土地受让方向土地转让方支付的土地使用权的转让费。依法通过土地出让或转让方式取得的土地使用权在一定条件下可以转让给其他合法使用者。土地使用权转让时，地上建筑物及其他附着物的所有权随之转让。由于土地转让活动通常以转让公司股权的方式进行，被转让的土地上往往也已经进行了一定程度

1.《中华人民共和国土地管理法》（2019 年第三次修订）首次明确了土地征收补偿的基本原则，是保障被征地农民原有生活水平不降低，长远生计有保障。规定改变过去以土地征收的原用途来确定土地补偿，以年产值倍数法来确定土地补偿费和安置补助费的做法，以区片综合地价取代原来的土地年产值倍数法。另外在原来的土地补偿费、安置补助费、地上附着物三项基础上又增加了农村村民住宅补偿和社会保障费，这样就从法律上为被征地农民构建了一个更加完善的保障体系。第四十八条规定：征收农用地的土地补偿费、安置补助费标准由省、自治区、直辖市通过制定公布区片综合地价确定。制定区片综合地价应当综合考虑土地原用途、土地资源条件、土地产值、土地区位、土地供求关系、人口以及经济社会发展水平等因素，并至少每三年调整或者重新公布一次。

的开发建设活动，因此土地转让费的估算相对复杂，通常需要房地产或土地专业估价人员协助。

（4）土地租用费。土地租用费是指土地租用方向土地出租方支付的费用。以租用方式取得土地使用权可以减少项目开发的初期投资，但仅在小部分工业开发项目和公共租赁住房项目采用，对于经营性房地产开发项目用地，一般不采取租用方式。

（5）土地投资折价。开发项目土地使用权可以来自开发项目的一个或多个投资者的直接投资。在这种情况下，不需要筹集现金用于支付土地使用权的获取费用，但一般需要将土地使用权评估作价。

应当注意的是，土地费用中，除了包括上述直接费用外，还应包括土地购置过程中所支付的税金和相关费用。例如：开发商通过招拍挂方式获取土地使用权时，需要缴纳契税；开发商在参与土地出让招拍挂竞投时，需要支付前期市场及竞投方案分析研究费用、竞投保证金利息、手续费用等土地竞投费用。

2. 前期工程费

前期工程费主要包括开发项目的前期规划、设计、可行性研究、水文地质勘测以及"三通一平"等土地开发工程费支出。

项目的规划、设计、可行性研究所需的费用支出一般可按项目总投资的一个百分比估算。一般情况下，规划设计费为建筑安装工程费的3%左右，可行性研究费占项目总投资的1%~3%，水文、地质勘探所需的费用可根据所需工作量结合有关收费标准估算，一般为设计概算的0.5%左右。

"三通一平"等土地开发费用，主要包括地上原有建筑物、构筑物的拆除费用，场地平整费用和通水、通电、通路的费用等。这些费用可根据实际工作量，参照有关标准估算。

3. 建筑安装工程费

根据《建筑安装工程费用项目组成》（建标〔2013〕44号文件），建筑安装工程费用按费用构成要素组成划分为人工费、材料费、施工机具使用费、企业管理费、利润、规费和税金。建筑安装工程费按照工程造价形成由分部分项工程费、措施项目费、其他项目费、规费、税金组成。

在可行性研究阶段，建筑安装工程费可采用单元估算法、单位指标估算法、工程量近似匡算法、概算指标估算法以及类似工程经验估算法等估算。当房地产项目包括多个单项工程时，应对各个单项工程分别估算建筑安装工程费用。

4. 基础设施建设费

基础设施建设费是指建筑物2米以外和项目红线范围内的各种管线、道路工程的建设费用。主要包括自来水、雨水、污水、燃气、热力、供电、电信、道路、绿化、环卫、室外照明等设施的建设费用，各项设施与市政设施干线、干管、干道等的接口费用。一般按实际工程量估算。

5. 公共配套设施建设费

公共配套设施建设费是指居民小区内为居民服务配套建设的各种非营利性的公共配套设施（或公建设施）的建设费用。主要包括居委会、派出所、托儿所、幼儿园、公共厕所、停车场等。一般按规划指标或实际工程量估算。

在可行性研究阶段，公共配套设施建设费的估算，可以采用单元估算法、单位指标估算法、工程量近似匡算法、概算指标法、概预算定额法，也可以根据类似工程经验进行估算。简单估算时，可按照建筑安装工程费用的3%~5%进行估算。

6. 开发期间税费

房地产开发项目投资估算中应考虑项目开发期间所负担的各种税金和地方政府或有关部门征收的费用。主要包括固定资产投资方向调节税（现暂停征收）、市政支管线分摊费、供电贴费、用电权费、分散建设市政公用设施建设费、绿化建设费、电话初装费、建材发展基金、人防工程费等。各项税费应根据当地有关法规标准估算。

7. 其他工程费

其他工程费主要包括临时用地费和临时建设费、工程造价咨询费、总承包管理费、合同公证费、施工执照费、工程质量监督费、工程监理费、竣工图编制费、工程保险费等杂项费用。这些费用一般按当地有关部门规定的费率估算。据工程经验，其他工程费一般占建筑安装工程费用的3%左右，有时也会将其他工程费直接并入开发期间税费中进行估算。

8. 不可预见费

不可预见费是指考虑建设期可能发生的风险因素而导致的建设费用增加的这部分为容，它包括基本预备费和价差预备费。不可预见费根据项目的复杂程度和前述各项费用估算的准确程度，以上述1—7项费用之和的3%~5%估算。

当开发项目竣工后采用出租或自营方式经营时，还应估算项目经营期间的运营费用。运营费用通常包括人工费，公共设施设备运行、维修及保养费，绿地管理费，卫生清洁与保安费用，维修与保养费，办公费，保险费，房产税，广告宣传及市场推广费，租赁代理费，不可预见费。

（二）房地产开发费用

开发费用包括管理费用、销售费用和财务费用三部分。

1. 管理费用

管理费用是指开发商为组织和管理开发经营活动而发生的各种费用。其主要包括管理人员工资、职工福利费、办公费、差旅费、折旧费、修理费、工会经费、职工教育经费、社会保险费、董事会费、咨询费、审计费、诉讼费、排污费、技术转让费、技术开发费、无形资产摊销、开办费摊销、业务招待费、坏账损失、存货盘亏、毁损和报废损失以及其他管理费用。管理费用可按项目总投资的3%~5%估算。如果开发商同时开发若干个房地产项目，管理费用应在各个项目间合理分摊。

2. 销售费用

销售费用是指开发商在销售房地产产品过程中发生的各项费用，以及专设销售机构或委托销售代理的各项费用，主要包括下述三项：① 广告宣传及市场推广费，约为销售收入的 2%~3%；② 销售代理费，约为销售收入的 1.5%~2%；③ 其他销售费用，约占销售收入的 0.5%~1%。以上各项合计，销售费用约占销售收入的 4%~6%。

3. 财务费用

财务费用包括利息支出和其他财务费用两部分。利息支出是指为筹集资金而发生的各项费用，包括建设投资借款利息（即长期借款利息）和流动资金借款利息。利息的计算，可参照金融市场利率和资金分期投入的情况按复利计算；利息以外的其他融资费用，可按利息的一定比例如 10% 估算。

（三）资金使用计划

开发项目应根据可能的建设进度和将会发生的实际付款时间和金额，编制资金使用计划表。在项目可行性研究阶段，可以年、半年、季度、月为计算期单位，按期编制资金使用计划。编制资金使用计划，应考虑各种投资款项的付款特点，要充分考虑预收款、欠付款、预付定金以及按工程进度付款的具体情况。表 6-2 为房地产开发项目资金使用计划表的示例。

表 6-2   房地产开发项目资金使用计划表　　　　单位:万元

序号	项目	合计	开发经营期					
			1	2	3	4	…	n
1	开发成本							
1.1	土地费用							
1.2	前期工程费							
1.3	建筑安装工程费							
1.4	基础设施建设费							
1.5	公共配套设施建设费							
1.6	开发期间税费							
1.7	其他工程费							
1.8	不可预见费							
2	开发费用							
2.1	管理费用							
2.2	销售费用							
2.3	财务费用							
	合计							

三、　收入估算与资金筹措

（一）收入估算

估算房地产开发项目的收入，首先要制订切实可行的租售计划（含销售、出租、自营等计划）。租售计划的内容通常包括拟租售物业的类型、时间和相应的数量，租售价格，租售收入及收款方式。租售计划应遵守政府有关租售和经营的规定，并与开发商的投资策略相配合。

1. 租售方案

租售物业的类型与数量，要结合项目可提供的物业类型、数量来确定，并要考虑到租售期内房地产市场的可能变化对租售数量的影响。对于一个具体的项目而言，此时必须明确出租面积和出售面积的数量及其与建筑物的对应关系，在整个租售期内每期（年、半年、季度、月）拟销售或出租的物业类型和数量。综合用途的房地产开发项目，应按不同用途或使用功能划分。

2. 租售价格

租售价格应在房地产市场分析的基础上确定，一般可选择在位置、规模、功能和档次等方面可比的交易实例，通过对其成交价格的分析与修正，最终得到项目的合理的租售价格。也可以参照房地产开发项目产品定价的技术和方法，确定租售价格。

租售价格的确定要与开发商市场营销策略相一致，在考虑政治、经济、社会等宏观环境对物业租售价格影响的同时，还应对房地产市场供求关系进行分析，考虑已建成的、正在建设的以及潜在的竞争项目对拟开发项目租售价格的影响。

3. 租售收入

房地产开发项目的租售收入等于可租售面积的数量乘以单位租售价格。对于出租的情况，还应考虑空置期（项目竣工后暂时找不到租户的时间）、空置率（未租出建筑面积占可出租的总建筑面积的百分比）和免租期（出租人给予承租人的在租赁期间内免除房租的期限）对租金收入的影响。租售收入估算，要计算出每期（年、半年、季度、月）所能获得的租售收入，并形成租售收入计划。租售收入的估算可通过表 6-3 和表 6-4 进行。

表 6-3　房地产项目销售收入与经营税金及附加估算表　　　　单位:万元

序号	项　目	合计	开发经营期				
			1	2	3	…	n
1	销售收入						
1.1	可销售面积(m^2)						
1.2	单位售价(元/m^2)						
1.3	销售比例(%)						

续表

序号	项　　目	合计	开发经营期				
			1	2	3	…	n
2	税金及附加						
2.1	增值税						
2.2	城市维护建设税						
2.3	教育费附加						
…							

表 6-4　房地产项目出租收入与经营税金及附加估算表 单位:万元

序号	项　　目	合计	开发经营期				
			1	2	3	…	n
1	租金收入						
1.1	出租面积(m^2)						
1.2	单位租金(元/m^2)						
1.3	出租率(%)						
2	税金及附加						
2.1	增值税						
2.2	城市维护建设税						
2.3	教育费附加						
…							
3	净转售收入						
3.1	转售价格						
3.2	转售成本						
3.3	转售税金						

4. 收款方式

收款方式的确定,应考虑当地房地产交易的付款习惯,确定分期付款的期数及各期付款的比例。

(二)资金筹措

资金筹措计划,要以房地产开发项目资金使用计划和销售收入计划为基础,确定资金的来源和相应的数量。项目的资金来源通常有资本金、预租售收入及借贷资金三种渠道。为了满足项目的资金需求,可优先使用资本金,之后考虑使用可投入的预租售收入,最后仍然不满足资金需求时，可安排借贷资金。在资金使用计划和资金筹措计划的基础上，可以编制投资计划与资金筹措表(如表6-5所示)。

表6-5　房地产项目投资计划与资金筹措表　　　　　　　　　单位:万元

序号	项　　目	开发经营期					合　　计
		1	2	3	…	n	
1	项目总投资						
1.1	开发建设投资						
1.2	经营资金						
2	资金筹措						
2.1	资本金						
2.2	借贷资金						
2.3	预售收入						
2.4	预租收入						
2.5	其他收入						

第四节　项目财务评价的报表编制与指标计算

在完成房地产市场调查与预测、开发项目策划、开发项目投资成本费用估算、开发项目收入估算与资金筹措计划编制等基础工作后，就可以通过编制财务报表、计算财务评价指标，对房地产开发项目的财务盈利能力、清偿能力和资金平衡情况进行财务评价。

房地产开发项目财务评价报表包括基本报表和辅助报表。一些基础性数据(如成本、收入等)都存储于辅助报表中，这些辅助报表通过某种对应关系生成基本报表。通过基本报表就可以对项目进行财务盈利能力、清偿能力及资金平衡分析。

一、　财务评价的报表编制

（一）基本报表

1. 现金流量表

现金流量表反映房地产项目开发经营期内各期(年、半年、季度、月)的现金流入和现金流出，用以计算各项动态和静态评价指标，进行项目财务盈利能力分析。按投资计算基础的不同，现金流量表分为:

（1）项目投资现金流量表

该表不分投资资金来源，以全部投资作为计算基础，用以计算全部投资财务内部收益率、财务净现值及投资回收期等评价指标，考察项目全部投资的盈利能力，为各个投资方案(不论其资金来源及利息多少)进行比较建立共同的基础。项目投资现金流量表如表6-6所示。

表6-6 项目投资现金流量表   单位:万元

序号	项 目	开发经营期					合 计
		1	2	3	…	n	
1	现金流入						
1.1	销售收入						
1.2	租金收入						
1.3	自营收入						
1.4	净转售收入						
1.5	其他收入						
1.6	回收固定资产余值						
1.7	回收经营资金						
2	现金流出						
2.1	开发建设投资						
2.2	经营资金						
2.3	运营费用						
2.4	修理费用						
2.5	增值税和税金及附加						
2.6	土地增值税						
2.7	所得税						
3	净现金流量						
4	累计净现金流量						
5	净现值						
6	累计净现值						

注：(1) 该表适用于独立法人的房地产开发项目(项目公司)；
    (2) 开发建设投资中应注意不包含财务费用；
    (3) 在运营费用中应扣除财务费用、折旧费和摊销费。

(2) 资本金现金流量表

该表从投资者整体的角度出发，以投资者的出资额作为计算基础，把借款本金偿还和利息支付视为现金流出，用以计算资本金财务内部收益率、财务净现值等评价指标，考察项目资本金的盈利能力。项目资本金现金流量表如表6-7所示。

表 6-7　资本金现金流量表　　　　　　　　　　　单位:万元

序号	项　　目	开发经营期				合　　计
		1	2	…	n	
1	现金流入					
1.1	销售收入					
1.2	租金收入					
1.3	自营收入					
1.4	净转售收入					
1.5	其他收入					
1.6	长期借款					
1.7	短期借款					
1.8	回收固定资产余值					
1.9	回收经营资金					
2	现金流出					
2.1	开发建设投资					
2.2	经营资金					
2.3	运营费用					
2.4	修理费用					
2.5	增值税和税金及附加					
2.6	土地增值税					
2.7	所得税					
2.8	借款本金偿还					
2.9	借款利息支付					
3	净现金流量					
4	累计净现金流量					
5	净现值					
6	累计净现值					
计算指标：财务内部收益率、财务净现值						

注：该表适用于独立法人的房地产开发项目(项目公司)。非独立法人的房地产开发项目可参考本表使用，同时应注意开发企业开发建设投资、经营费用、所得税和债务等的合理分摊。

（3）投资者各方现金流量表

该表以投资者各方的出资额作为计算基础，用以计算投资者各方财务内部收益率、财务净现值等评价指标，反映投资者各方投入资本的盈利能力。投资者各方现金流量表如表6-8所示。

表 6-8 投资者各方现金流量表 单位:万元

序号	项 目	开发经营期				合 计
		1	2	…	n	
1	现金流入					
1.1	应得利润					
1.2	资产清理分配					
1.3	回收固定资产余值					
1.4	回收经营资金					
1.5	净转售收入					
1.6	其他收入					
2	现金流出					
2.1	开发建设投资出资额					
2.2	经营资金出资额					
3	净现金流量					
4	累计净现金流量					
5	净现值					
6	累计净现值					

计算指标：财务内部收益率、财务净现值

注：该表适用于独立法人的房地产开发项目(项目公司)。

2. 损益表

该表反映房地产项目开发经营期内各期的利润总额、所得税及各期税后利润的分配情况，用以计算投资利润率、资本金利润率及资本金净利润率等评价指标。

在估算所得税时，应注意开发商发生的年度亏损，可以用下一年度的税前利润弥补；下一年度税前利润不足弥补的，可以在 5 年内延续弥补；5 年内不足弥补的，用税后利润弥补。在实际操作中，房地产开发项目的所得税，采用了按销售收入一定比例预征的方式，即不论项目整体上是否已经盈利，只要实现了销售收入，就按其一定比例预征收所得税。

税后利润的分配顺序，首先是弥补企业以前年度的亏损，然后是提取法定盈余公积金，之后是可向投资者分配的利润。房地产开发投资项目损益表如表 6-9 所示。

表 6-9 房地产开发投资项目损益表 单位:万元

序号	项 目	开发经营期				合 计
		1	2	…	n	
1	营业收入					
1.1	销售收入					
1.2	租金收入					
1.3	自营收入					

续表

序号	项　　目	开发经营期				合　　计
		1	2	…	n	
2	营业成本					
2.1	商品房销售成本					
2.2	出租房经营成本					
3	运营费用					
4	修理费用					
5	增值税和税金及附加					
6	土地增值税					
7	利润总额(1-2-3-4-5)					
8	所得税					
9	税后利润(7-8)					
9.1	盈余公积金					
9.2	应付利润					
9.3	未分配利润					

注：该表适用于独立法人的房地产开发项目。

3. 资产负债表

资产负债表反映企业一定日期全部资产、负债和所有者权益的情况。在对房地产开发项目进行独立的财务评价时，不需要编制资产负债表。当房地产开发经营公司开发或投资一个新的房地产项目时，通常需要编制该企业的资产负债表，以计算资产负债率、流动比率、速动比率等反映企业财务状况和清偿能力的指标。房地产开发投资项目的资产负债表如表 6-10 所示。

表 6-10　房地产开发投资项目资产负债表　　　　　　单位:万元

序号	项目	年份							合计
		1	2	3	4	5	…	n	
1	资产								
1.1	流动资产								
1.1.1	应收账款								
1.1.2	存货								
1.1.3	现金								
1.1.4	累计盈余资金								
1.2	在建工程								
1.3	固定资产净值								
1.4	无形资产及递延资产								

续表

序号	项目	年份							合计
		1	2	3	4	5	…	n	
	资产合计								
2	负债								
2.1	流动负债总额								
2.1.1	应付账款								
2.1.2	流动资金借款								
2.1.3	其他短期借款								
2.2	长期借款								
	负债合计								
3	所有者权益								
3.1	资本金								
3.2	资本公积金								
3.3	累计盈余公积金								
3.4	累计未分配利润								
	所有者权益总和								
	负债及所有者权益总和								

计算指标：资产负债率(%)；流动比率(%)；速动比率(%)

注：资产负债表是所有企业的基本财务报表，对于房地产开发商而言，反映的是企业的整体资产负债、所有者权益。

（二）辅助报表

辅助报表包括项目总投资估算表、开发建设投资估算表、经营成本估算表、土地费用估算表、前期工程费估算表、基础设施建设费估算表、建筑安装工程费用估算表、公共配套设施建设费估算表、开发期税费估算表、其他费用估算表、销售收入与增值税及附加估算表、出租收入与增值税及附加估算表、自营收入与增值税及附加估算表、投资计划与资金筹措表和借款还本付息估算表。

借款还本付息估算表主要反映项目借款情况，安排还款计划，并估算归还借款的资金来源，房地产开发投资项目借款还本付息估算表如表6-11所示。

表 6-11　房地产开发投资项目借款还本付息估算表　　　　单位:万元

序号	项目	年份							合计
		1	2	3	4	5	$\cdots$	n	
1	年初贷款累计								
2	本年贷款								
3	本年应付利息								
4	本年应还本金								
5	年末贷款累计								
6	还本来源								
6.1	财务费用								
6.2	折旧费								
6.3	摊销费								
6.4	余留折旧与摊销费								
6.5	利润垫付								
7	偿还贷款利息合计								

注:当年利息=(年初借款利息+当年借款/2)×年利率。

(三)财务报表的编制

房地产开发项目财务报表之间的关系如图 6-1 所示。财务报表的编制可以手工计算,也可以利用 Microsoft Excel 软件进行编制。

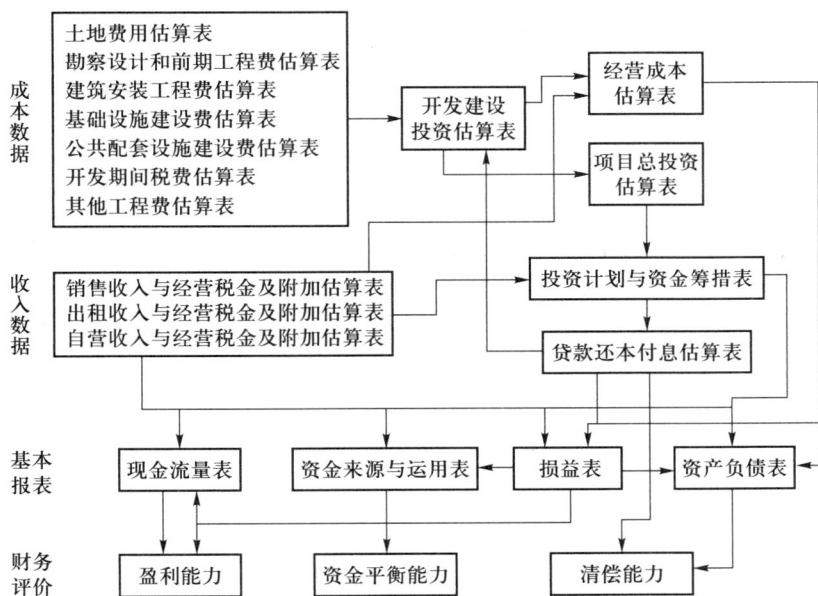

图 6-1　房地产开发项目财务报表关系图

■ 二、 房地产开发投资项目的财务评价指标

房地产开发投资项目财务评价是考察项目的盈利能力和清偿能力。盈利能力指标是用来考察项目盈利能力水平的指标，包括静态指标和动态指标两类。其中，静态指标是在不考虑资金的时间价值因素影响的情况下，直接通过现金流量计算出来的评价指标。静态指标的计算简便，通常在概略评价时采用。动态指标是考虑了资金的时间价值因素的影响，对发生在不同时间的收入、费用计算资金的时间价值，将现金流量进行等值化处理后计算出来的评价指标。动态评价指标能较全面地反映投资方案整个计算期的经济效果，适用于详细可行性研究阶段的财务评价和计算期较长的投资项目。请偿能力指标主要考察项目计算期内偿还贷款的能力。

由于房地产开发投资项目与房地产置业投资项目的效益费用特点不同，在实际操作中，两种类型投资项目的经济评价指标体系略有差异。

（一）反映盈利能力的指标

反映项目盈利能力的指标包括两大类，即静态指标和动态指标，是否考虑了资金的时间价值问题是区别这两类指标的关键。

1. 静态指标的计算与分析

静态指标是不考虑资金时间价值因素影响的指标，主要包括投资利润率、投资利税率、资本金利润率和资本金净利润率等指标。项目财务评价的静态指标的计算与分析如表6-12所示。

表6-12 项目财务评价的静态指标计算与分析

指标		备注
投资利润率	投资利润率＝（利润额/投资额）×100%	利润额分为税前利润额和税后利润额 投资额＝投资+贷款利息
投资利税率	投资利税率＝（利税额/投资额）×100%	利税额为利润总额与销售税金及附加之和
资本金利润率	资本金利润率＝（利润额/资本金）×100%	利润额为税前利润，资本金为项目的全部注册资金
资本金净利润率	资本金净利润率＝（税后利润额/资本金）×100%	资本金净利润率是投资者最在意的一个指标，因为它反映了投资者自己的出资所带来的净利润

（1）投资利润率

投资利润率，又称为投资收益率或投资回报率，主要用来评价项目的获利水平。其计

算公式为：

$$投资利润率=(利润额/投资额)\times100\% \tag{6-1}$$

式中，投资额是包括建设期贷款利息的总投资，利润额是房地产开发商品的销售（出租）净收入，如住宅销售净收入、土地使用权转让净收入等。

实际计算中，将利润额分为税前利润额和税后利润额两部分。前式中各参数为：

税前利润额=销售收入−销售成本−销售税金−还贷额

税后利润额=税前利润额−所得税

投资额=投资+贷款利息

计算出来的投资利润率要与规定的行业标准投资利润率或行业的平均投资利润率进行比较。当投资利润率高于行业标准投资利润率或行业的平均投资利润率时，认为项目可以考虑接受。

（2）投资利税率

投资利税率是项目利税额与投资额的比值，它也是表明投资效果的一种指标。计算方法类似投资利润率，其计算公式为：

$$投资利税率=(利税额/投资额)\times100\% \tag{6-2}$$

式中，利税额为利润总额与销售税金及附加之和。其中利润总额可以是税后利润，但要注意不能重复计算。

利润总额也可以是税前利润，计算出的投资利税率同样要与规定的行业标准投资利税率或行业平均投资利税率进行比较，如果前者大于或等于后者，则认为项目是可以考虑接受的。

（3）资本金利润率

资本金利润率是项目的利润额与项目资本金的比例，其计算公式为：

$$资本金利润率=(利润额/资本金)\times100\% \tag{6-3}$$

式中，利润额为税前利润，资本金为项目的全部注册资金。

计算出的资本金利润率要与行业的平均资本金利润率或投资者的目标资本金利润率进行比较，如果前者大于后者或等于后者，则认为项目是可以考虑接受的。

（4）资本金净利润率

资本金净利润率是项目税后利润与项目资本金之比，计算公式如下：

$$资本金净利润率=(税后利润/资本金)\times100\% \tag{6-4}$$

资本金净利润率是投资者最在意的一个指标，因为它反映了投资者自己的出资所带来的净利润。

2. 动态指标的计算与分析

动态指标是指考虑资金时间价值因素影响的指标，主要包括投资回收期、财务净现值和财务内部收益率，依据表6-13进行计算。

表 6-13   项目财务评价的动态指标计算与分析

指　标		备　注
投资回收期（动态）	$$\sum_{t=0}^{n} F_t (1 + i_0)^{-1} \geqslant 0$$ n＝累计净现金流量出现正值的前一年份＋（前一年累计净现金流量折现值/出现正值的净现金流量折现值）； $F_t = (CI - CO)_t$——第 t 年净现金流量； i_o——基准贴现率	全面考虑了货币的时间价值，在给定基准贴现率的条件下，考察用投资方案的净现金收入偿还全部投资的时间。 $n \leqslant n_0$（小于基准回收期，项目可行）
财务净现值（FNPV）	$$FNPV(i) = \sum_{t=0}^{N} (CI - CO)(1 + i)^{-t}$$ N——项目计算期； i——项目的目标贴现率	净现值（FNPV）大于零，说明项目用其净效益抵付了相当于折现率计算的利息后还有盈余，项目可行。
财务内部收益率（FIRR）	$$FIRR = i_1 + \frac{FNPV(i_1)}{[FNPV(i_1) - FNPV(i_2)]}(i_2 - i_1)$$	当设定基准贴现率 i_0 之后，财务内部收益率的评价准则为：$i_0 <$ FIRR，投资项目可行。 当 $i_2 \sim i_1$ 相距的值越小，插值计算的结果越精确。

（1）动态投资回收期

动态投资回收期是全面考虑了货币的时间价值，在给定基准贴现率 i_0 的条件下，考察用投资方案的净现金收入偿还全部投资的时间。

通常情况下，投资回收期越短越好，这表示能在较短的时间内回收原始投资。或者，当计算所得的回收期小于或等于国家（或部门）规定的基准回收期时，即 $n \leqslant n_0$，表示项目的经济性较好，项目可行。

（2）财务净现值

财务净现值（FNPV）是指项目按行业的基准收益率或设定的目标收益率将项目计算期内各年的净现金流量折算到投资活动起始点的现值之和，是房地产开发项目财务评价中的一个重要经济指标。

（3）财务内部收益率

财务内部收益率（FIRR）是指项目在整个计算期内，各年净现金流量现值累计等于零时的折现率，是评估项目盈利性的基本指标。财务内部收益率的经济含义是在项目寿命期内项目内部未收回投资每年的净收益率。同时意味着，到项目寿命期终了时，所有投资可以被完全收回。财务内部收益率可以通过内插法求得。

（二）反映清偿能力的指标

项目清偿能力分析主要是考察项目计算期内各年的财务状况及清偿能力，具体要计算资产负债率、借款偿还期、流动比率、速动比率等指标。房地产投资项目的清偿能力的指标计算与分析如表 6-14 所示。

表 6-14 项目财务评价的清偿能力指标计算与分析

指　标		备　注
资产负债率	资产负债率＝（负债总额/资产总额）×100%	从债权人角度：他们最关心的是贷款的安全度； 从投资人角度：他们关心的是全部资本利润率是否超过借入款项的利率. 从财务角度：经营者应当审时度势，充分估计预期的利润和增加的风险
流动比率	流动比率＝（流动资产总额/流动负债总额）×100%	一般认为，合理的最低流动比率是 2
速动比率	速动比率＝（流动资产总额−存货/流动负债总额）×100%	通常认为，合理的速动比率为 1，低于 1 的速动比率被认为是短期偿债能力偏低
借款偿还期（国内）	$I_d = \sum_{t=1}^{P_d} R_t$ I_d——建设投资国内借款本金和利息之和； P_d——国内借款偿还期（从借款开始年计算）； R_t——第 t 年可用于还款的资金	国内借款偿还期是指在国家财政规定及项目具体财务条件下，以项目投产后可用于还款的资金，偿还建设投资国内借款本金和建设期利息（不包括已用自有资金支付的建设期利息）所需要的时间

1. 资产负债率

资产负债率反映了项目计算期各个年份所面临的财务风险程度及偿债能力。判断企业的资产负债率是否合理，因债权人、投资人和经营者的立场、角度不同而有所区别。从债权人角度看，他们最关心的是贷款的安全度。当资产负债率较低，则表明企业偿债保证能力较强，则债权人的贷款风险相对就小。因此，他们希望资产负债率越低越好。从投资人角度看，他们关心的是全部资本利润率是否超过借入款项的利率。如果全部资本利润率超过借款利率，则通过"杠杆作用"，投资人的所得利润就会放大，反之亦然。因此，他们希望在全部资本利润率高于借款利率的条件下，资产负债率越大越好。反之，如果全部资本利润率低于借款利率，资产负债率越小越好。此外，企业资产负债率过高，也意味着该企业的财务风险很大。

值得指出的是，判断企业的资产负债率是否合理，还取决于外部的经济环境、国家和地区的经济发展阶段等条件，同时取决于同行业、同地区企业的平均资产负债率。

2. 流动比率

流动比率反映了项目计算期各年偿付流动负债的能力。一般认为，合理的最低流动比率是2，这是因为，处在流动资产中变现能力最差的存货金额，约占流动资产总额的一半，剩下的流动性较大的流动资产至少要等于流动负债，这样项目的短期偿债能力才会有保证。

计算得出的流动比率，只有和同行业平均流动比率相比，才能知道这个比例是高还是低。但这种比较并不能说明流动比率高低的原因，所以要深入分析。只有进一步考察项目流动资产和流动负债所包括的内容以及经营上的因素，如营业周期、应收账款数额、存货周转速度等，才能得出流动比率指标正确合理的比率值。

3. 速动比率

速动比率是从流动资产中扣除存货部分，再除以流动负债的比值。该指标反映了项目快速偿付流动负债的能力。通常认为，合理的速动比率为1，低于1的速动比率被认为是短期偿债能力偏低。

在计算速动比率时，把存货从流动资产中剔除的原因：一是在流动资产中存货的变现速度最慢；二是由于某种原因，部分存货可能已经损耗或报废，但还没有处理；三是部分存货可能已抵押给某债权人；四是存货估价还存在着成本与合理市价相差悬殊的问题。

4. 借款偿还期

计算出的借款偿还期，要与金融机构或其他有关部门规定的贷款期限进行比较，一般不应超过规定的期限；否则，项目是不可以接受的。

本章小结

本章首先是房地产开发项目可行性研究概述，包括房地产开发项目可行性研究的含义、特点、作用以及原则与依据等；其次介绍房地产开发项目可行性研究的内容与步骤；再次介绍房地产开发项目的投资与收入估算；最后介绍房地产开发项目财务评价的报表编制与评价指标计算。

练习题

一、即测即评

二、思考题

1. 房地产开发项目可行性研究的含义和目的是什么？

2. 房地产开发项目可行性研究的特点和作用是什么？

3. 房地产开发项目可行性研究有哪些原则和依据？

4. 房地产开发项目可行性研究的内容与步骤是什么？

5. 房地产开发项目策划与基础参数选择的目的是什么？ 基础参数包括哪些方面的指标？

6. 在房地产投资成本中，开发成本主要包含哪些内容？

7. 如何编制资金筹措和使用计划？

8. 房地产开发项目财务报表之间的关系如何？

9. 房地产开发项目财务评价的报表有哪些？ 分别是如何编制的？

10. 在反映房地产项目盈利能力的指标中，静态指标都有哪些？ 各指标如何计算？

第七章

房地产开发项目投融资分析

本章学习目标

□ 掌握：房地产投资的基本含义、类型和特征；房地产业融资的基本含义、分类和资金来源；房地产投资的资金成本及计算。

□ 熟悉：房地产投资的影响因素；房地产项目的主要融资方式——贷款、上市、债券；房地产信托、房地产证券化的内涵和运作。

□ 了解：财务杠杆及其效应；房地产金融与房地产金融市场。

第一节 房地产投资分析概述

一、 房地产投资的含义

（一）投资和房地产投资

投资是指特定经济主体(个人或机构)以获取未来货币增值或收益为目的，预先垫付一定量的货币或其他资源而从事某项事业的经济活动。从广义上来讲，这里的资源可以是各种生产要素，如资金、土地、人力、技术、管理、智力等；从狭义上来讲，这里的资源特指资金。相对于投机来说，投资所经历的时间周期更长一些，更趋向是为了在未来一定时间段内获得某种比较持续稳定的现金流收益。

在市场经济活动中，投资是普遍存在的经济现象。在房地产投资分析中一般使用狭义投资的概念，即主要是指资金的投入。

房地产投资是指国家、集体或个人等投资主体，现在将一定的资金直接或间接地投入房地产开发、经营、管理、服务和消费等活动中，期望获得未来价值增值或收益的行为。房地产投资的主要内涵包括以下几个方面的内容：

（1）房地产投资的主体多元，可以是各级政府、各类企业和个人投资者。各级政府和企业是主要投资者，银行等金融机构主要是通过房地产相关金融资产的交易进行间接投资，个人作为投资主体主要是从事房地产买卖，如果要进行房地产开发投资，则须注册企业法人才能进行投资。

（2）房地产投资涉及房地产开发经营和中介服务等领域，包括房地产开发、经营、管理、服务和消费等方面。

（3）房地产投资的主要目的是获得经济效益或价值增值，但同时应兼顾社会效益和环境效益。政府与企业的投资目标有所差异，政府注重于社会保障与公平（如城市公共服务设施、保障性住房的建设等），而企业则更偏重获取经济效益，即获取投资利润最大化、实现投资本金安全和保值、获得长期增值潜力和规避通货膨胀风险等。

（二）房地产投资的三要素

房地产投资的三要素指的是区位、时机和质量。

（1）区位。房地产投资地段的选择（地段要素），对房地产投资的成败有着至关重要的作用。房地产地段不仅指其所处的地理位置，同时还指其社会位置，后者主要包括人口素质，教育水平，服务业水平，交通、通信、生活设施状况等。房地产具有的增值性取决于土地的增值性，而土地的增值潜力与地段关系密切，增值潜力大的地段是房地产投资获利的首要条件。

（2）时机。它是指时机的选择（时机要素），即房地产投资的最佳时机、出售的最佳时机。在房地产投资中，对于时机的把握很重要。合理的投资时机决策，要求投资者对宏观经济的运行、经济的周期性波动、区位条件、市场需求特点、居民收入水平和消费偏好等进行深入调查、系统研究和分析，才能顺势而动，把握投资时机。

（3）质量。质量是房地产开发投资的生命线。房地产投资质量指房地产投资对象的优劣程度，它包括房地产本身的质量和管理质量。房屋本身的质量包括性能、寿命、可靠性、安全性、经济性五个方面；房地产管理质量同样重要，高水平的管理既能吸引顾客、留住顾客，又可扩大宣传、增加收入，它与房地产本身的质量相辅相成。

二、 房地产投资的类型

依据不同的划分标准，房地产投资可以划分为不同的类型，一般可以归结为如下四种形式。

（一）按房地产投资形式划分

按房地产投资形式，可以将其划分为直接投资和间接投资两大类。两者的区别在于投资者是否直接参与房地产有关的投资和管理工作。

1. 房地产直接投资

房地产直接投资是指投资者直接投资于房地产开发或购买房地产，并参与有关的投资管理。根据直接投资的目的不同，可分为房地产开发投资和房地产置业投资两种形式。

（1）房地产开发投资是指投资者从购买土地使用权开始，通过项目策划、规划设计、施工建设等一系列活动，建成可以满足人们需要的房产，然后租售给其他投资者或使用者，从而收回投资成本，实现投资利润。房地产开发投资形成房地产市场上的增量供给，对于单个投资项目而言，其投资周期相对较短（一般为2～5年），风险较大，预期回报率较高。

（2）房地产置业投资是指投资者购买已建成物业（包括新建增量房地产和存量二手房）的行为。目的是通过转售或出租来获取资本收益或者稳定的经常性收入。置业投资一般从长期投资的角度出发，可获取保值、增值、收益和消费等方面的利益。

当房地产开发投资建成后的房地产用于出租或自主经营（如商场、酒店、写字楼等）时，短期开发投资就转变为长期置业投资。

2. 房地产间接投资

房地产间接投资是指投资者投资于房地产相关的证券市场的行为。间接投资一般不直接参与房地产经营管理活动，具体形式包括购买房地产开发、投资企业的股票或债券，投资于房地产投资信托基金或房地产抵押贷款证券等。

（1）购买房地产企业的股票或债券。房地产投资规模大，需要筹集大量资金，除了银行贷款外，发行股票或债券是房地产企业常用的融资方式。对于房地产间接投资者，投资于房地产企业的股票或债券，成为企业股东或债权人，从而分享部分房地产开发收益，一般不直接参与房地产企业的经营管理活动。

（2）投资于房地产投资信托基金（Real Estate Investment Trusts，REITs）。房地产投资信托基金多采用公司拥有资产的形式，将股东的资金吸引到房地产投资中，由专门投资机构进行房地产投资经营管理，以基金的方式购买、开发、管理和出售房地产资产，并将投资综合收益按比例分配给投资者。

（3）投资于房地产抵押贷款证券（Mortgage-Backed Security，MBS）。购买以个人住房抵押贷款权益为支持的证券也是间接投资的一种类型。其主要做法是将银行所持有的个人住房抵押贷款汇集重组成抵押贷款集合（资产池），通过政府、银行、保险公司或担保公司等担保，转化为信用等级较高的证券出售给投资者。购买房地产抵押贷款证券的投资者可以间接地获取房地产投资者的收益。

（二）按房地产投资的用途划分

按房地产投资的用途，可以将其划分为住宅房地产投资、商业房地产投资、工业房地产投资和特殊用途房地产投资。

1. 住宅房地产投资

住房是为人们提供生产生活的空间，是人们安居乐业、社会和谐稳定以及经济持续发展的关键所在。城镇居民住宅主要包括商品房和保障性住房两大类：商品房包括普通商品住宅、高档公寓和别墅等；保障性住房主要包括经济适用房、廉租住房、公共租赁房等。住宅是人类最基本的生存条件之一，对住宅的需求是随着社会经济的发展和人口的增长而不断增长的，对特定住宅的需求还取决于其区位和环境等因素。

2. 商业房地产投资

商业房地产也称为经营性房地产，主要包括写字楼、商场、酒店、购物中心和各种服务设施等，这类房地产主要以出租经营为主，竞争较为激烈，投资收益较高，风险较大，而且商业房地产投资成本一般高于其他物业房地产投资成本。商业房地产投资的区位条件关系到城市级差地租所能产生的超额利润及其增值潜力，因此，投资者对其所在的区位条件、市场定位、客流量及商业氛围要求很高，是投资者获利的关键因素。

3. 工业房地产投资

工业房地产通常为人们的生产活动提供空间，包括轻工业厂房、重工业厂房、高新技术产业用房等。一般来说，工业房地产对投资者的吸引力通常小于商业房地产，因为工业房地产适用性差、技术性强、变现能力弱。工业房地产投资对交通、水、电、能源、通信要求高，不一定要靠近市中心或繁华地段，因此投资成本较低。

4. 特殊用途房地产投资

特殊用途房地产主要包括加油站、停车场、高尔夫球场、码头车站、高速公路等。这类房地产交易量小，适用性较差，其经营内容常常受到政府的管制或特许，因此，这类房地产的投资多属于长期投资，投资者靠日常经营活动的收益来回收投资，取得收益。

（三）按房地产投资经营方式划分

按房地产投资经营方式划分，可以将其划分为出售型房地产投资、出租型房地产投资和混合型房地产投资。

（1）出售型房地产投资是指房地产投资以预售或开发完成后出售的方式得到收入、回收开发资金、获取开发收益，实现预期投资目标。

（2）出租型房地产投资是指以预租或开发完成后出租的方式得到收入、回收开发资金、获得开发收益，实现预期投资目标。

（3）混合型房地产投资是出售型和出租型的综合，是指房地产投资以预售、预租或开发完成后出售、出租、自营的各种组合方式得到收入、回收开发资金、获取开发收益，实现预期投资目标。

（四）按房地产投资对象划分

按房地产投资对象可以分为地产投资、房产投资、物业管理和服务投资。

1. 地产投资

地产投资是只投资于土地，通过对土地进行开发和再开发，以出租或出售的方式经营，从而获取投资收益。其最主要的形式就是土地开发投资，进一步可以分为旧城区土地开发投资和新城区土地开发投资两类。

（1）旧城区土地开发投资是指在原有城区范围内对土地进行改造、置换和再开发，通过产生的"溢出效应"实现城市土地增值，以提高旧城区土地利用价值的投资。旧城区土地开发投资主要是进行"三通一平"（水通、电通、路通和场地平整）或"七通一平"（通给水、通排水、通电、通路、通信、通暖气、通天然气或煤气以及场地平整）等土地平整和基础设施建设，即生地变熟地，其成本主要包括拆迁费和旧城区改造费两项。源于区位优势，旧城区土地开发投资的优点是一般具有好的获利前景，缺点是开发费用高昂、环境污染较严重、受规划限制大等。

（2）新城区土地开发投资是指在原有城市建设区以外对土地进行开发，将农用地转变为非农建设用地的投资。新城区土地开发投资主要包括土地征用费和城市基础设施建设费。新城区土地开发投资的优势在于受周围环境制约少、城市规划条件限制少、拆迁安置补偿费低等，但新城区土地开发投资的不利之处在于新区一般都是不具备开发建设条件的土地，配套设施少，基础设施条件不完备。

2. 房产投资

房产投资主要是用于房屋开发和建设的投资，它是固定资产投资中非生产性建设投资的重要组成部分。目前，房屋开发投资由土地征用费及拆迁补偿费、前期工程费、房屋建筑安装工程费、公共配套设施费、基础设施建设费、开发管理费和投资借款利息支出等构成。

3. 物业管理和服务投资

物业管理和服务投资是指用于物业管理与相关服务（如安全、卫生、维修、保养等），以及为房地产项目建设、流通、消费等提供咨询、估价、经纪等多元化中介服务的投资。物业管理金一般来源于物业维修基金、物业管理服务费以及物业管理公司的经营性收入等几个途径。物业管理和服务投资一般都属于长期投资，具有服务性、流动性和灵活性的特点，在房地产业中起着重要作用。随着我国房地产市场的发展，物业管理和服务投资具有广阔的投资前景。

三、 房地产投资的特征

1. 房地产投资对象的固定性和不可移动性

房地产投资对象是不动产，土地及其地上建筑物都具有固定性和不可移动性。一般情况下，当投资的建筑物及其某些附属物空间位置固定，就不能移动，这会给房地产供给和需求带来重大影响，如果投资失误会给投资者和城市建设造成严重后果，所以投资决策对房地产投资尤为重要。

2. 房地产投资的高成本性

房地产业是一个资金高度密集的行业，一宗房地产的投资，少则几百万元，多则上亿元的资金。这主要是由房地产本身的特点和经济运行过程决定的。房地产投资的高成本性主要取决于以下几方面原因：

（1）土地开发的高成本性。由于土地的位置固定性、资源的相对稀缺性和不可替代性等，土地所有者在出售和出租土地时会将土地预期的生产能力和位置、面积、环境等特点，作为要价的依据，以收取较高的报酬。此外，土地开发必须投入一定的资本才能进行。这些就决定了土地开发的高成本。

（2）房屋建筑的高价值性。房屋建筑的高价值性主要是指建筑安装成本，即要耗费大量的建筑材料和物资，需要有大批技术熟练的劳动力、工程技术人员和施工管理人员，要使用许多大型施工机械。此外，由于建筑施工周期一般较长，占用资金量较大，需要支付大量的利息成本。

（3）房地产经济运作中交易费用高。房地产开发周期长、环节多，涉及的管理部门及社会各方面的关系也多。这使得房地产开发在其运作过程中，包括广告费、促销费、公关费等都比较高昂，从而也增加了房地产投资成本。

3. 房地产投资的回收期长

房地产投资过程一般是指从土地所有权或使用权的获得、建筑物的建造，到建筑物的投入使用，直至收回全部投资资金，一般需要 3~5 年时间。房地产投资的资金回收期长，主要原因包括：一是房屋的建筑安装工程期较长，而且要受到土地投资市场、综合开发市场、建筑施工市场、房产市场等的制约；二是由于房地产市场本身是一个相当复杂的市场，一般投资者必须聘请专业人员来进行辅助工作，才能完成交易；三是如果房地产投资是以出租为主的，租金回收的时间一般较长，整个房地产投资回收期也就被延长。

4. 具有环境约束性

建筑物是一个城市的构成部分，又具有不可移动性。因此，在一个城市中客观上要求有一个统一的规划和布局。城市的功能分区、建筑物的密度和高度、城市的生态环境等都构成外在的制约因素。房地产投资必须服从城市规划、土地规划、生态环境规划的要求，把微观经济效益和宏观经济效益、环境效益统一起来，才能取得良好的投资效益。

5. 低流动性（变现性差）

房地产投资成本高，不像一般商品买卖可以在短时间内完成交易，投资者一旦将资金投入房地产买卖中，其资金很难在短期内变现。此外，房地产市场中存在交易分散、信息不完备程度高等特点，使得搜寻时间延长，买卖双方需要一段时间的搜寻和议价，实现双方心理承受价格的匹配，才可能达成交易。房地产的变现性差往往会使房地产投资者因为无力及时偿还债务而破产。

6. 受政策影响较大

房地产在社会经济活动中的地位和作用，使得政府对房地产市场倍加关注，当房地产市场出现剧烈波动时，政府可以通过经济手段，如土地供给、公共住房、财政税收和房地产金融等政策，以及行政手段和法律手段等对房地产市场实行宏观调控，政策的变化会对房地产的市场价值，进而对房地产投资意愿、投资效果产生影响。因此，房地产投资受到政府宏观调控和市场干预政策的影响较大。

7. 存在效益外溢和转移

房地产投资收益状况受其周边物业、城市基础设施与市政公用设施和环境变化的影响。政府在道路、公园、博物馆等公共设施方面的投资，能显著提高附近房地产投资的价值和收益水平。例如城市快速轨道交通线的建设，使沿线房地产资产由于出租率和租金水平的上升而大幅升值；大型城市改造项目的实施，也会使周边房地产资产的价值大大提高。从过去的经验来看，能准确预测到政府大型公共设施建设并在附近预先投资的房地产投资者，都获得了巨大的成功。

8. 投资的专业性较强

在房地产开发投资过程中，需要投资者在获取土地使用权、规划设计、工程管理、市场营销、项目融资等方面具有管理经验和能力。房地产置业投资，也需要投资者考虑租户、租约、维护维修、安全保障等问题，即使置业投资者委托了专业物业管理公司，也要有能力审查批准物业管理公司的管理计划，与物业管理公司一起制定有关的经营管理策略和指导原则。此外，房地产投资还需要房地产估价师、会计师、律师等提供专业服务，以确保置业投资总体收益的最大化。

▰ 四、 房地产投资的影响因素

影响房地产投资的因素较多，其中主要因素有投资环境（如经济、社会、政治、政策等）、投资者和投资对象等多个方面。

1. 投资环境因素

影响房地产投资环境的因素主要包括经济、社会、政治和行政、政策法律等。其中，影响房地产投资的经济因素主要有经济发展状况、居民储蓄、消费水平、财政收支及金融状况、居民收入水平等；社会因素主要有社会秩序、城市化水平和人口水平等；政治和行政因素主要有政治局势、城市发展战略和城市规划等，城市发展战略和城市规划则对房地产用途、建筑类型、容积率等产生具体而细致的影响；政策法律因素主要指房地产政策、金融政策、税收政策和相关法律法规。

2. 投资者自身因素

影响房地产投资的自身因素主要包括投资者的资金实力、投资经验、经营管理水平，投资者对市场的判断与把握能力，以及其他因素（如投资需求、兴趣）等。

3. 投资对象因素

投资对象因素主要包括投资项目所在区位、交通条件、地质条件、土地面积和建筑面积、规划条件、房屋施工质量、房屋用途、装修档次、房屋结构类型、规划条件以及配套设施等。

除上述因素之外，还包括通货膨胀、科技发展水平等其他因素。

第二节　房地产融资分析概述

一、房地产金融与房地产金融市场

房地产业和金融业的相互渗透和融合形成了房地产金融，房地产业的繁荣和发展，离不开金融业的融资支持，而房地产市场也是金融业借贷资本的最大出路。

（一）房地产金融

房地产金融是指在房地产开发、建设、经营、流通和消费过程中，通过货币流通和信用渠道所进行的筹资、融资及相关金融服务的总称。房地产金融是一门应用性很强的经济学科，它主要研究房地产经济领域内资金融通的运动及其规律性。

房地产金融的基本任务是运用多种融资方式和金融工具筹集和融通资金，支持房地产开发、流通和消费，促进房地产再生产过程中的资金良性循环，保障房地产再生产过程的顺利进行。

房地产金融在国民经济和人们日常生活中的地位与作用日益突出：一方面，房地产金融行为对个人住房、房地产企业经营和经济市场的有效性有着直接的影响；另一方面，房地产业所需要的大量资金以及房地产开发运用的"财务杠杆原理"决定了房地产资金不可能单纯依赖开发商的自有资金，必须依靠金融工具融资。

（二）房地产金融市场及其构成要素

1. 房地产金融市场

房地产金融市场是指与房地产市场有关的金融活动，即围绕房地产生产、流通和消费过程进行的货币流通和信用活动及相关的所有经济活动的总称，包括房地产筹资、融资、信托、变现及有价证券的发行和转让等。

房地产金融市场作为金融市场的一个重要组成部分，其基本职能是为房地产的生产、流通和消费筹集资金和分配资金。按市场层次的不同，房地产金融市场可分为一级市场和二级市场。

房地产金融一级市场，是房地产资金初始的交易市场，是房地产金融市场的基础部分，主要包括金融机构对房地产资金需求者的各种信贷业务。房地产信贷资金主要运用于各项贷款、委托贷款、购买债券。房地产金融市场的借款人主要包括居民个人、房地产开发企业、建筑企业以及其他非房地产企业等。

二级市场是房地产信用的再交易再流通市场，即房地产金融中介机构将持有的房地产贷款以证券的形式直接出售给二级市场机构的过程和房地产有价证券的再转让过程,是房地产金融市场的核心部分。

房地产金融一级市场和二级市场的联动形成了完整的资金链。二者的关系如图 7-1 所示。

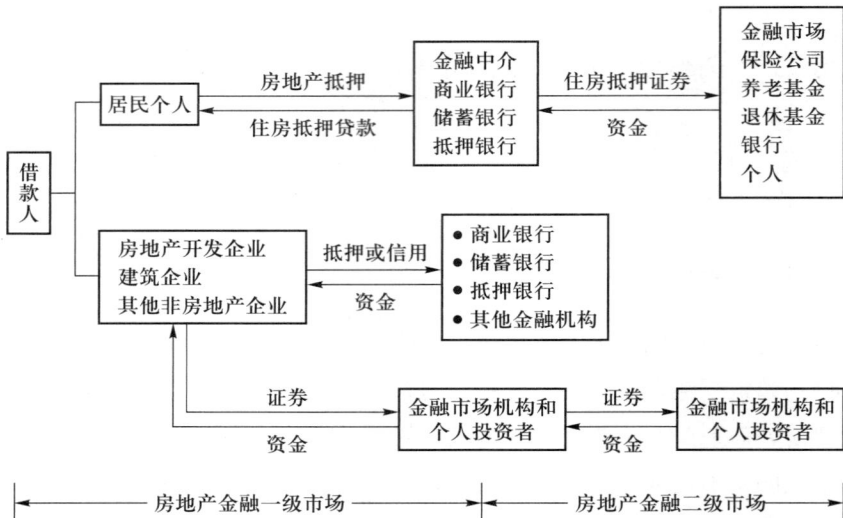

图 7-1   房地产金融一级市场与二级市场的关系

2. 房地产金融市场的构成要素

房地产金融市场主要由融资主体、信用中介、金融工具等要素构成。

(1)融资主体

房地产金融市场的融资主体包括资金融通的供给方和需求方。资金需求方主要是从事房地产经营活动的企业、个人和各种机构,也包括金融房地产交易市场的个人和团体。资金供给方是指各种房地产金融工具的购买者,他们将暂时闲置的资金用购买金融工具或直接贷款的形式提供给资金需求者。资金供给方主要包括企业、个人、社会团体和金融机构等。

(2)信用中介

信用中介是指在资金需求方和供给方之间起桥梁和媒介作用的专门组织机构,主要包括各类商业银行、投资公司、证券公司、财务公司、保险公司、信托公司、基金公司等。公司通过吸收存款、发行债券或证券等方式募集资金用于发放开发贷款、投资,或者代资金需求方发行债券或证券,通过这些金融活动进行中介服务。

(3)金融工具

房地产金融市场的金融工具是指在房地产金融市场上同货币相交易的各种金融契约,它既是筹资者发行据以筹集资金的凭据,也是投资者出让资金使用权获取利息或收益的凭证。主要金融工具包括商业票据、债券、股票、保险单、基金股份以及各种未到期的住房存款单和住房抵押贷款契约等。

■ 二、 房地产融资

（一）房地产融资的相关概念

房地产业能否筹集到足够的资金是房地产开发实施的前提，能否有足够长时间的灵活可用的资金是房地产开发企业成功经营的关键。

广义的房地产融资是指在房地产开发、流通及消费过程中，通过货币流通和信用渠道所进行的筹资、融资及相关服务的一系列金融活动的总称，包括资金的筹集、运用和清算。狭义的房地产融资是房地产企业及房地产项目的直接和间接融资的总和，包括房地产信贷及资本市场融资等。

（二）房地产融资的分类

1. 按照资金来源渠道可以分为内部融资和外部融资

内部融资主要是房地产企业的自有资金，包括一些抵押贴现的票据、债券，以及在近期可以回收的各种应收账款，近期可以出售的各种物业的付款；或者开发企业向购房者的预收款，以及开发企业向内部员工筹集的资金。

外部融资可以分为直接融资和间接融资。间接融资是指从金融机构获得的资金，主要是房地产开发贷款，解决房地产开发过程中的短期资金需求。目前，从银行借款是开发商的主要筹资渠道之一。直接融资主要是从资本市场上获取资金，以满足房地产开发中长期投资的资金需求，主要包括证券市场上的股权融资、债券融资、房地产投资基金、房地产信托和信托基金等多种融资方式。

2. 按照融资的性质可分为政策性融资和商业性融资

政策性融资是根据国家的政策，以政府信用为担保，对住房项目提供优惠性质的融资支持。世界各国政府对于社会居民的普通住房融资大都提供不同程度的政策性融资安排，将住房的公共政策与政策性住房融资相结合。比如，英国的住房互助会储蓄贷款、新加坡的公积金住房贷款、德国的住房储蓄银行贷款和我国的住房公积金贷款等都属于政策性住房融资。商业性融资一般是除政策性融资以外的其他融资方式，其利率水平由市场运行状况决定，通常高于政策性融资的贷款利率。

3. 按照融资主体不同分为房地产企业融资和房地产开发项目融资

（1）房地产企业融资。房地产企业融资是指房地产开发企业为了满足自身经营中的流动资金需求而进行的融资过程。募集资金的方式主要包括股权融资、债券融资、信贷融资、信托融资、海外融资和短期借贷等方式。我国房地产开发企业的资金来源主要是房地产企业、股东或关联方的自身资金积累和传统的外部融资方式。自身资金积累是指开发企业的自有资金和企业的股权融资，资金的积累一般较慢。传统的外部融资主要是银行贷款、信托投资、承包商垫资施工等，以银行贷款为主。银行贷款的资金规模和使用都有严格的限制，比如，银行贷款不得用于股本权益性投资，不得用于缴纳土地出让金，开发商须在取得土地且自有资金投入比例符合政策监管要求后，方可办理银行贷款和信托融资。

（2）房地产开发项目融资。房地产开发项目融资是指房地产开发项目投资人为确保房地产开发项目或投资经营项目活动的顺利开展而进行的资金融通活动，是针对具体的房地产开发项目进行融资，即通过选择房地产开发项目、测算融资成本、设计合理的融资结构，以满足项目的融资需求。

由于房地产开发项目的资金渠道来源、项目类型及特点、融资主体和融资政策不同，房地产开发项目融资的方式也多样化。从项目运作方式看，可由多家投资者共同组成一家房地产开发项目公司，共同运作一个房地产开发项目，通过项目公司与其他投资者结合安排融资结构。房地产开发项目融资的债务风险和经营风险大部分限制在项目公司中，容易实现追索权和非公司负债型融资，可以利用大股东的资信优势获得优惠的贷款条件，项目资产的所有权集中在项目公司，管理上也比较灵活。

房地产开发项目融资也可以在论证项目融资的可行性、融资需求后，采取直接或间接融资的方式，将资金投入项目中，项目投资方可获得该房地产项目的收益权。对于这种融资项目，债权债务关系一般较为简单，便于以项目资产设定抵押担保权益，投资者的债务责任明确，融资结构也容易被融资者所接受。对于一些比较复杂的、规模较大的房地产开发项目融资，如项目转让融资、项目重组、发行信托计划融资等，由于融资结构比较复杂，故需要房地产企业和投资方在明确各方的债权债务及相关法律关系的前提下进行。

（三）房地产融资的特点

1. 融资规模大

房地产业属资本密集型行业，房地产开发经营的资金需求量大，对外源性融资依赖性高，仅仅依靠企业自有资金，不可能完成项目开发，并且，房地产企业的资金存在使用支出上的集中性和来源积累上的分散性、长期性的矛盾。因此，房地产企业必须综合运用多种融资方式，充分发掘内部潜力并进行大规模的外部资金融通。

2. 资金回收期长

由于房地产开发经营的周期长，一个项目从策划、审批立项、规划设计、资金筹措、工程建设、竣工验收到出售（或出租）至少需 3~5 年的时间，且销售（或出租）一定数量后才能收回成本乃至产生利润，因此，房地产开发经营的资金周转慢、回收期长，所以各种融通资金的回收期（或偿还期）也长。

3. 资金缺乏流动性

作为不动产的房地产，是一种缺乏流动性的资产。相对于可以迅速地兑换成现金的股票、基金、债券等资产，房地产的流动性较差。由于种种原因，房地产开发投资很难在短时间内获益或变现，或因变现后损失太大不愿变现而不得不长期持有。因此，对于投资规模大、投资回收期较长、资金周转率较低的房地产，开发投资项目也具有缺乏流动性的特点。

4. 融资风险较大

房地产业与宏观经济周期关联度非常明显，我国房地产业受政府宏观调控的影响更大，而且由于我国金融体系不发达，加上项目中巨额的营运资本及其短期波动，房地产开发企业面临较大资金风险。土地和房屋抵押是融资条件。伴随着国家土地政策的改革，各单位对土地的获得越来越难，而由于房价在不断上涨，土地和房屋抵押成为受金融机构欢迎的融资条件。

（四）房地产开发项目融资的资金来源

房地产开发项目融资的资金来源主要包括企业自有资金、政府财政资金、银行贷款、利用外资、社会集资以及其他渠道。

1. 企业自有资金

企业自有资金（权益资本），是指企业自由支配、长期持有、自主调配使用的资金，包括注册资本金、资本公积金和未分配利润等。《城市房地产开发经营管理条例》规定："房地产开发项目应当建立资本金制度，资本金占项目总投资的比例不得低于20%。"《国务院关于调整固定资产投资项目资本金比例的通知》规定："保障性住房和普通商品住房项目的最低资本金比例为20%，其他房地产开发项目的最低资本金比例为30%。"

2. 政府财政资金

政府财政资金主要投入纳入国家或地方建设计划的项目，如城市基础设施建设项目、保障性住房建设项目和公共服务设施项目等。

3. 银行贷款

银行贷款是房地产外部融资的主要来源，是房地产企业通过财务杠杆利用信贷资金经营获得收益的方式。房地产企业向银行贷款可分为流动资金贷款、固定资产贷款和项目开发贷款。

流动资金贷款用于满足企业临时性和季节性的资金需求，一般根据企业年度开发计划和核定的流动资金占比确定正常经营状况下的流动资金需求量，向银行申请贷款。贷款期限一般不超过一年，以企业自身收入所产生的现金流用于还款。

固定资产贷款是为满足企业购买固定资产申请的贷款，期限较长，不具自偿性，需要提供固定资产抵押及其他担保方式。

房地产项目开发贷款是指房地产企业经过有关部门批准的开发项目计划，以抵押担保的方式向银行申请贷款。房地产开发贷款期限一般不超过三年（含三年），贷款金额一般不超过抵押资产价值的70%。房地产开发贷款规定只能用于指定的项目，不能挪用在其他项目，并且在开发项目竣工销售后银行才能收回该项贷款。

4. 利用外资

房地产投资者可以利用外国资金进行房地产投资活动。其主要方式有外国政府贷款、国际金融组织贷款、外国商业银行贷款、与外资合营、发行境外债券和租赁开发等。其中，租赁开发是以土地使用权出租为基础的开发方式，通过租赁，承租方取得一定时期的土地使用权，在租赁土地上进行规定的项目开发，并享受租赁期内的经营权，租赁期满后，土地使用权及地上房屋使用权收归国有。这种开发方式在新区的开发建设中能够有效地实施招商引资。

房地产业利用外资既可以有效缓解我国房地产市场的资金供求压力，又可以引进国外先进的技术和管理经验，提高企业的科技和管理水平，有利于参与国际竞争。一直以来，我国对外资进入房地产业有着严格规定，房地产企业利用外资占比较小，2006年，我国政府加大了对外资进入房地产市场的限制，建设部、商务部、发改委、人民银行、工商总局和外汇局等部委联合发布了《关于规范房地产市场外资准入和管理的意见》，对外资进入房地产市场做出了全面的限制性规定。2008年，《商务部关于做好外商投资房地产业备案工作的通知》发布实施，将备案核对工作委托给省级商务部门，首次放宽对外商投资房地产的政策限制。

5. 社会集资——上市融资、债券等

房地产企业上市融资是指房地产企业通过上市发行股票进行融资的方式，发行股票是一种筹集长短期资金的基本方式，作为股票持有者的股东承担公司的有限责任和义务，并享有相应的权利。融资方式可分为直接上市融资（即首次公开募股）和间接上市融资（买壳上市，即通过购买上市公司的股权做大股东，然后通过优良资产和有良好收益预期的资产注入和置换，改变上市公司的业绩，满足证监会规定的增发和配股的要求，实现从证券市场上融资）。

利用发行股票上市融资可以解决企业急需资金的问题，以使得企业获得永久性资本、分散投资风险、减轻财务负担等。但目前我国房地产A股上市公司只有135家，主要原因是上市审查过程比较复杂，上市融资的初期成本比较高，许多中小房地产开发企业或者新的房地产开发企业采用上市融资的方式壁垒比较高。

房地产债券是政府、金融机构或房地产企业为了筹集房地产开发资金而向社会发行的借款信用凭证。债券持有人有权按照约定的期限和利率获得利息，并且到期收回本金，但无权参与房地产企业的经营管理，也不对其经营状况承担责任或享受权益。

以债券发行主体不同，房地产债券可以分为政府债券、金融债券和企业债券三种。其中，房地产企业（公司）债券，是我国房地产债券中最常见的一种，指房地产企业为筹集长期资金而发行的债券。我国房地产企业债券主要有住房建设债券、土地开发债券、房地产投资债券、危房改造债券、小区开发债券、住房有奖债券等。

在大多数西方发达国家，债券融资占各种融资方式筹资总额的比重一般在25%~30%，是股权融资的3~10倍。在我国现行制度下，公司债券的发行受到严格的管制，加上我国

企业债券市场运作机制不完善和企业债券本身的缺陷,房地产发行债券的规模还较小。2015 年 1 月证监会推出了《公司债券发行与交易管理办法》,正式实施公司债新政,房地产企业发行公司债券的准入门槛被大幅度降低。2016 年房地产行业共有 390 家企业发行债券1 116 只,总规模 11 303.61 亿元,比 2015 年债券发行规模增长 69.9%。

6. 其他渠道

除上述的资金来源外,还有商业信用、预收定金、融资租赁等其他方式。

商业信用是指商品交易中延期付款或延期交货所形成的借贷关系,是企业之间的一种直接信用关系。房地产企业的主要商业信用来源有应付工程款、预售款、延期支付土地出让金等。

应付工程款是指房地产商可以通过由施工单位垫资施工的办法来获得商业信用融资,即承包商带资承包。一般预付一定比例(如 30%)的保证金,待工程完成后再支付余款,或者依据工期的进度分期支付。预售款是指房地产企业取得土地使用权证、建设用地规划许可证、建设工程规划许可证和施工许可证、销售许可证(即五证)后,通过预售商品房,无论是全款支付还是按揭贷款,实现资金回笼。延期支付土地出让金是对于一些较大的房地产开发项目,企业可以先交纳部分土地出让金,等开发到一定程度后再补交剩余土地出让金,这种延期支付土地出让金实际上是属于商业信用融资的一种方式。

预收定金是指房地产企业在向客户提供商品或服务之前,为防止对方不履行合同约定向客户预先收取的资金。企业在生产商品期间可以使用定金进行生产,但提供商品或服务时,必须将销售款折抵定金。

融资租赁是企业盘活资金的一种重要方式,房地产业中的融资租赁分为直接融资租赁和售后回租两种方式。

直接融资租赁是指融资租赁公司通过外包建筑等方式购得房产,然后租给有需求的企业,若干年的租赁期结束后再将所有权转让给企业。融资租赁实际上就是"以租代买"或"先租后买"。房地产租赁一般是商业物业,未来以产业服务平台赚取管理与服务收益的模式将成为产业地产发展的主流方向,因此,融资租赁将是未来产业地产开发投资的重要方向。

售后回租是指房地产企业将商品房的产权以市场价格出售给贷款人,然后按照约定条款从贷款人处回租该商品房,从而使得开发商获得实施开发成本的全额贷款。售后回租是一种特殊形式的租赁业务,形成了金融租赁公司、房地产开发企业以及商业银行三方"共赢"的局面。

从表 7-1 中我国房地产开发企业资金来源看,2016 年我国房地产企业融资额达到144 214.05 亿元,是 2011 年的 1.68 倍。2016 年房地产开发企业资金来源中自筹资金、其他资金来源、国内贷款的占比分别为 34.07%、50.91% 和 14.92%。其他资金来源主要包括预售款和定金等。

表 7-1　2011—2016 年我国房地产开发企业资金来源

年份	金额/占比	房地产开发企业资金来源	国内贷款	利用外资	自筹资金	其他资金来源
2011	金额（亿元）	85 688.74	13 056.8	785.15	35 004.57	36 842.22
	占比（%）	100	15.24	0.92	40.85	42.99
2012	金额（亿元）	96 536.82	14 778.39	402.09	39 081.96	42 274.38
	占比（%）	100	15.31	0.42	40.48	43.79
2013	金额（亿元）	122 122.48	19 672.66	534.17	47 424.95	54 490.7
	占比（%）	100	16.11	0.44	38.83	44.62
2014	金额（亿元）	121 991.48	21 242.61	639.26	50 419.8	49 689.81
	占比（%）	100	17.42	0.52	41.33	40.73
2015	金额（亿元）	125 203.07	20 214.38	296.53	49 037.56	55 654.6
	占比（%）	100	16.14	0.24	39.17	44.45
2016	金额（亿元）	144 214.05	21 512.40	140.44	49 132.85	73 428.36
	占比（%）	100	14.92	0.10	34.07	50.91

资料来源：国家统计局。

按照房地产开发资金来源渠道看，企业自有资金和预收账款属于内部融资，其余的则属于外部融资。尽管房地产融资的渠道多种多样，近年来信托融资、债券融资的规模在不断增加，但其在房地产企业资金来源中占比较小，其他资金来源也主要是直接或间接通过银行贷款，因此银行贷款仍然是房地产企业资金的主要来源。

（五）房地产开发项目融资的原则

房地产企业在融资过程中，必须综合研究、分析影响融资活动的各种因素，一般遵循以下原则，力求达到房地产融资的最佳效益。

1. 适度规模原则

房地产融资需要根据开发经营项目的规模、周期等，估算资金需要量，安排开发与经营周期内各年的投资支出；同时，还要根据开发经营对资金使用的时间要求，将资金需求量合理分解，并结合资金的回收预测，合理、适度地安排融资、投放和回收。总之，不论通过什么渠道，采取什么方式融通资金，都要遵循适度的原则。

2. 成本效益原则

房地产企业进行资金融通必须支付一定的代价、承担一定的融资成本。因此，房地产企业在融资时，应选择合理的融资渠道和方式，力求降低融资成本。房地产融资必须首先确定有利的投资方向和明确的资金用途，统筹考虑融资和投资两个环节，力求融资成本低而投资效益高，实现最优的成本效益。

3. 风险收益原则

当房地产企业进行负债经营时，面临着资金供给、还本付息、破产偿债等风险。因此，房地产企业在融资活动中，不仅必须考虑利用负债经营的财务杠杆作用，而且要全面衡量融资风险，力求实现房地产融资风险与收益的均衡。

三、 房地产投资的资金成本

（一）资金成本

资金成本(Cost of Funds)是房地产投资者为筹集和使用资金而付出的代价。资金成本是衡量房地产企业各种筹资方式的标准之一，是分析和比较各种筹资方式的依据之一，一般采用资金成本率表示。在筹资决策中，以资金成本率作为贴现率，计算项目计算期的净现值，如果净现值大于零，该筹资项目是可接受的；如果净现值小于零，则该筹资项目不可接受。

筹资产生的成本主要由三部分组成：一是筹措资金过程中支付的各种费用，即筹资费，如委托金融机构代理发行股票、债券而支付的注册费和代理费，银行贷款的手续费，以及担保费和广告宣传费等。需要注意的是，企业发行股票和债券时，支付给发行公司的手续费不作为企业筹集费用；二是向资金提供者支付的报酬，即资金使用费或占用费，如发行债券或银行贷款时的利息，发行股票时的股息、红利等；三是在特定条件下的机会成本。

资金成本一般采用相对数表示，即资金成本率，其一般计算公式为

$$K = \frac{D}{P-F} \quad 或 \quad K = \frac{D}{P(1-f)} \qquad (7-1)$$

式中：K——资金成本率；

　　　P——筹集资金总金额；

　　　D——资金使用费；

　　　F——资金筹资费；

　　　f——资金筹资费率(即筹资费占筹资总金额的比率)。

资金使用费与筹资额度、筹资期限直接相关，它属于筹资成本中的变动性资金成本；筹资费通常是在筹措资金时一次支付的，在用资过程中不再发生，可视为筹资成本中的固定性资金成本，筹资次数越多，资金筹集成本就越大。我们现在讨论的资金成本主要是资金占用费(或使用费)。影响筹资成本的因素主要有筹资的资本结构、资金的时间价值、出资者所考虑的风险报酬、决定资金供求关系的总体经济环境等。

（二）资金成本的作用

1. 在企业筹资决策中的作用

（1）是影响企业筹资总额的重要因素。

（2）是企业选择资金来源的基本依据。

（3）是企业选用筹资方式的参考标准。

（4）是确定最优资金结构的主要参数。

2. 在企业投资决策中的作用

（1）在利用净现值指标决策时，常以资金成本作为折现率。

（2）在利用内含报酬率指标进行决策时，一般以资金成本作为基准收益率。

（三）资金成本的计算

1. 单一筹资方案的资金成本

（1）银行贷款的资金成本

按税法规定，应征所得税额＝应纳税收入×所得税率。应纳税收入是企业全部收入扣除规定支出项目后的净收入。在所得税率一定的条件下，应纳税收入越少，应交税额也越少。

当考虑所得税的影响后，筹资成本率计算公式为

$$K_g = \frac{I-T}{G-F} = i\frac{(1-t)}{(1-f)} \tag{7-2}$$

式中：K_g——资金成本率；

　　　　G——贷款总金额；

　　　　I——贷款年利息（i 为年贷款利率）；

　　　　F——贷款费用（f 为贷款费率）；

　　　　T——企业所得税额（t 为所得税税率）。

由于银行借款手续费很低，上式中的 f 常可忽略不计，则上式可简化为

$$K_g = i(1-t) \tag{7-3}$$

【例 7-1】 某房地产企业向银行借款 5 000 万元，除规定年利率为 12% 外，无其他契约条件，企业所得税率为 25%，试计算这项借款的资金成本率。

解： $K_g = i(1-t) = 12\% \times (1-25\%) = 9.0\%$

有时银行规定："借款人必须在银行保存借款本金百分之×的活期存款，作为相称存款余额。"如果借款企业事先在该银行没有活期存款，就必须从这笔借贷中提留一部分作为活期存款。这实际上减少了可供使用的借贷额，并相应提高了筹资成本。在这种情况下，同时考虑所得税的影响，筹资成本率可用下式计算：

$$K_g = \frac{i(1-t)}{Q} \tag{7-4}$$

式中：Q——借款实际可用比例；其余同上。

【例7-2】 某公司向银行借贷8 000万元，限期3年，利率10%，按照借款契约规定，公司提留20%借款作为活期存款。若所得税率为25%，试求这笔借款的资金成本率。

解：该借贷实际可用比例为：$Q = 1 - 20\% = 80\%$

则该借款的资金成本率为：$K_g = \dfrac{10\%(1-25\%)}{80\%} = 9.38\%$

（2）股票的资金成本

① 优先股的资金成本

发行优先股的筹资成本率计算公式如下：

$$K_p = \frac{D_p}{P(1-f)} \tag{7-5}$$

式中：K_p——优先股资金成本率；

D_p——优先股股息；

P——优先股市场销售价格；

f——筹资费用率。

发行优先股需要筹资费用和定期支付股息。由于优先股股息是税后利润的分配，因而不会减少企业应缴纳的所得税。因此，优先股筹资成本率一般要高于债券筹资成本率。

② 普通股的资金成本

普通股的股息是不固定的，而且是用税后净利润来派发的。普通股持有者的投资风险最大，股息率也最高。另外，普通股股息率将随着项目经营状况而变化，发行普通股票也需较高的筹资费，所以普通股筹资成本率很高。在实际中，我们通常假设普通股的股息有上升的趋势来确定普通股筹资成本率。计算公式为

$$K_c = \frac{D_c}{P_c(1-f)} + g \tag{7-6}$$

式中：K_c——普通股资金成本率；

D_c——普通股股息；

P_c——普通股市场销售价格；

g——预期股息增长率；

f——筹资费用率。

【例7-3】 某房地产公司发行普通股票市场价为1 000万元，筹资费用率为5%，第一年年末支付的股息率为8%，以后每年增长5%，计算资金成本率。

解：$K_c = \dfrac{1\,000 \times 8\%}{1\,000(1-5\%)} \times 100\% + 5\% = 13.42\%$

（3）债券的资金成本

发行债券的资金成本是由企业实际负担的债券利息和发行债券支付的筹资费用组成。

债券的筹资成本率计算公式：

$$K_b = \frac{i(1-t)}{B(1-f)} \qquad (7-7)$$

式中：B——企业发行债券总额；

i——每年需支付的利息；

t——企业所得税率；

f——债券筹资成本率。

【例7-4】 某公司发行期限为10年的房地产债券，面值10 000元，利率为10%，筹资费用率为2%，所得税率为25%，债券按面值销售，10年后一次还本付息，试计算该债券的筹资成本率。

解：$K_b = \dfrac{10\ 000 \times 10\% (1-25\%)}{10\ 000(1-2\%)} = 7.65\%$

（4）留用利润成本

留用利润成本是指留用利润（保留盈余）的机会成本。虽然留用利润来自企业自身的经营所得，没有发生账面成本支出，但在考虑企业的资本结构时，需要考虑对该笔留用利润的最佳使用方式，即考虑该笔利润因被使用于某战略方案而放弃的其他方案的最高收益。留用利润所有权属于股东，是企业资金的重要来源之一。普通股持有者可以以股票价值（市价）的提高得到补偿，企业留用利润等于股东对企业追加投资，股东也要求有报酬，因此，留用利润也有资金成本。

留用利润资金成本率计算公式：

$$K_r = \left[\frac{d}{P_0(1-f)} + g \right](1-t) \qquad (7-8)$$

式中：K_r——留用利润资金成本率；

f——筹资费用率；

d——最近一期股息利率；

P_0——普通股现行市价；

t——股东个人所得税率；

g——预期股息增长率。

2. 组合筹资方式的资金成本

筹资者从不同来源渠道筹措资金，其筹资的成本率是各不相同的。为了进行筹资决策和投资决策，就需要计算全部资金来源的综合筹资成本率。综合筹资成本率是以各种来源的资金所占的比重为权数，采用加权平均的方法进行计算。

组合筹资方式的资金成本率计算公式为

$$K = \sum_{j}^{n} K_j \times W_j \qquad (7-9)$$

式中：K——综合筹资成本率；

n——筹资方式种类；

K_j——第 j 种筹资方式的筹资成本率；

W_j——第 j 种筹资方式筹得的资本额占总筹资额的比重。

【例7-5】 某房地产项目投资制订的筹资方案有关财务数据如表7-2所示，试计算筹资成本率(结果保留两位小数)。

表7-2 某房地产公司投资项目筹资方案相关财务数据表

银行贷款	贷款余额1 500万元	年利率8.0%	抵减金额50万元	所得税率25%
普通股	发行总额50万股 500万元	预期股利0.8元/股	发行费2.0万元	预期股利增长率2.5%
优先股	发行总额50万股 500万元	股利率0.9元/股	发行费15万元	
债券	发行总额1 500万元	债券利率9.0%	发行费15万元	所得税率25%

解： 1）单项筹资成本率

（1）银行贷款筹资成本率为：$K_g = \dfrac{8.0\% \times (1-25\%)}{1-50/1\ 500} = 6.21\%$

（2）普通股筹资成本率为：$K_c = \dfrac{50 \times 0.8}{500 \times (1-2.0/500)} + 2.5\% = 10.53\%$

（3）优先股筹资成本率为：$K_p = \dfrac{50 \times 0.9}{500 \times (1-15/500)} = 9.28\%$

（4）债券筹资成本率为：$K_b = \dfrac{1\ 500 \times 9\% \times (1-25\%)}{1\ 500 \times (1-15/1\ 500)} = 6.82\%$

2）综合筹资成本率

由表已知，总筹资额为1 500+500+500+1 500=4 000（万元），因而可求出各种筹资方案的 W_j 如下：

$$W_1 = 1\ 500/4\ 000 = 0.375;\quad W_2 = 500/4\ 000 = 0.125;$$
$$W_3 = 500/4\ 000 = 0.125;\quad W_4 = 1\ 500/4\ 000 = 0.375;$$

代入组合筹资成本率计算式，可得到：

$$K = 0.375 \times (6.21\% + 6.82\%) + 0.125 \times (10.53\% + 9.28\%) = 7.36\%。$$

四、 财务杠杆及其效应

房地产企业可通过负债经营从事房地产开发经营活动，而负债经营可使企业利用财务杠杆作用提高权益资本收益率。但是，房地产企业进行负债融资是需要承担一定的风险的。

1. 财务杠杆的概念和作用

财务杠杆，也称筹资杠杆或融资杠杆，它是指由于固定债务利息和优先股股利的存在而导致普通股每股利润变动幅度大于息税前利润变动幅度的现象。一般采用财务杠杆系数（DEL）来衡量财务杠杆的作用，其等于普通股每股收益的变动率相当于息税前利润变动率的倍数。其简化的计算公式如下：

$$DEL=\frac{\Delta EPS/EPS}{\Delta EBIT/EBIT}=\frac{EBIT}{EBIT-I} \tag{7-10}$$

式中：DEL——财务杠杆系数；

　　　EPS——普通股每股收益；

　　$EBIT$——息税前利润；

　　　　I——利息。

总之，在企业资本总额、息税前利润相同的情况下，财务杠杆作用大小主要取决于资本结构，即企业的负债比例越高，财务杠杆系数就越大，表明企业的预期每股盈余（投资者收益）也越高。

利用借贷资金扩大自有投资的产出称为财务杠杆。借贷资金与自有资金的比例越大，财务杠杆的作用越大。当投资收益大于借贷成本时，财务杠杆就是有利的；反之，如果借贷成本大于投资收益，财务杠杆就是不利的。

资产回报与借贷成本之间的差价称为利差。财务杠杆就像是一把双刃剑：在高杠杆投资中，即使较小的有利利差也会大大提高权益资本的回报率，反之，一个小小的不利利差就会导致权益资本的负回报率，甚至会使一项原本可以获得少许回报的投资变得血本无归。

2. 财务杠杆放大节税效应

所得税法激励人们使用财务杠杆。一般而言，贷款利息可以百分百抵减应税收入。即使投资人利用贷款投资房产，他们每年还能享受税收抵减额（称为折旧提存或成本回收）。因此，贷款投资房地产所能享受的应税收入抵减比用同样数量的自有资金投资房地产所能享受抵减幅度要大得多。

3. 财务杠杆与风险

增加对借贷的依赖性会产生两种间接后果：风险随之增加，借贷成本亦随之增加。从前文中我们知道，财务杠杆的好处是建立在杠杆有利（即投资实际收益率高于借贷利率）的假设之上的，而这是一种不确定的假设。如果房产实际净营运收入低于期望收益，财务杠杆将是不利的，杠杆作用扩大了不利后果。因此，使用财务杠杆既会增加投资者的现金流量回报，也会增加投资风险。

同时，当财务杠杆作用加大时，贷款方也会感到风险的增加，他们会要求以附加实际利率作为他们风险增加的补偿。补偿可以采用提高贴现率或提高票面利率或两者兼而有之的形式。这样做的结果是，随着贷款额的增加，贷款成本也将增加。

杠杆作用的加大增加了投资的现金收益不足以偿还债务的风险。财务杠杆作用越大

（所需偿还的债务也越大），房地产投资者所面临的需要增加额外资本投入或者抵押贷款违约的风险越大。投资的现金收益不足以偿还抵押贷款的风险叫作财务风险。财务风险是使用财务杠杆的直接后果。

第三节　房地产开发项目的融资方式

一、房地产开发项目的主要融资方式

房地产开发项目融资的实质，是充分发挥房地产的财产功能，为房地产投资融通资金，以达到尽快开发、提高投资效益的目的。下面主要介绍银行贷款、上市融资、发行债券等主要的房地产开发项目融资方式。

（一）银行贷款

房地产银行贷款是指银行（一家或多家金融机构联合体）对房地产开发企业发放的用于住房、商业用房和其他房地产开发建设的中长期项目贷款。

按照开发内容的不同，房地产银行贷款可分为住房开发贷款、商业用房开发贷款、土地开发贷款和企业流动资金贷款等类型。

对于申请银行贷款的房地产企业及开发项目，应满足以下基本条件。

1. 房地产开发企业应满足的融资条件

（1）必须经国家房地产业主管部门批准设立，在工商行政管理机关注册登记，取得企业法人营业执照并通过年检，取得行业主管部门核发的房地产开发企业资质等级证书。

（2）具有贷款卡，在银行开立基本账户或一般账户。

（3）企业经营管理制度健全，财务状况良好。

（4）信用记录良好，具有按期还本付息的能力。

（5）可提供银行认可的真实、有效的担保。

2. 房地产开发项目应满足的条件

（1）贷款项目已纳入国家或地方建设开发计划，其立项文件须合法、完整、真实、有效。

（2）房地产开发项目已经取得国有土地使用证、建设用地规划许可证、建设工程规划许可证、建筑工程施工许可证。

（3）贷款项目实际用途与项目规划相符，符合当地城市规划和房地产市场的需求，有规范的可行性研究报告。

（4）贷款项目工程预算、施工计划符合国家和当地政府的有关规定。

（5）具有一定比例的自有资金(一般应达到项目预算投资总额的 20% 或 30%)[1]，并能够在银行贷款之前投入项目建设。

（6）房地产贷款用途合理，严禁跨地区使用，担保方式可接受(可采用保证、抵押、质押及其相结合的担保方式)。

（7）开发商须对建设的房地产进行保险，且第一受益人为贷款银行。

3. 房地产开发项目贷款步骤与流程

房地产开发项目贷款大致分为以下步骤：

（1）借款人向银行提出贷款申请，并提交贷款所需资料。

（2）银行受理申请，并进行审查、审批，看其是否符合贷款要求。

（3）审批通过后，借款人与银行签订贷款合同。该合同包括担保合同、抵押合同等。

（4）签完合同后，办理抵押登记手续。

（5）银行给借款人发放贷款。

（6）借款人按时足额偿还贷款。

（7）贷款结清后，办理抵押撤销手续。

房地产开发项目贷款流程如图 7-2 所示。

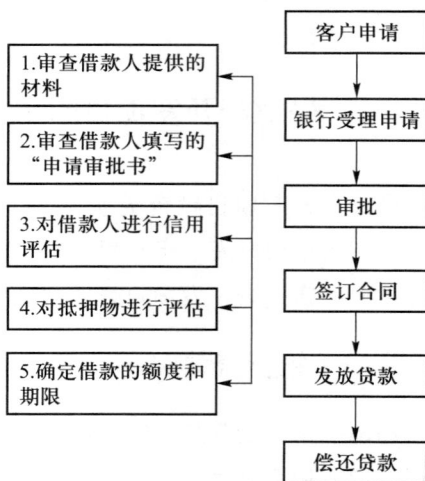

图 7-2   房地产开发项目银行贷款的流程图

（二）上市融资

房地产上市融资是指房地产企业通过发行股票获得资金或者借壳上市后再进行增发或者配股从而获得资金的一种方式。按照融资方式可分为直接上市融资(首次公开募股，英文写法为 Initial Public Offering，英文缩写为 IPO)和间接上市融资(买壳上市)。

从 1991 年至今，随着我国股票市场的发展，房地产企业上市融资政策大致经历如下几个阶段：

1991—1993 年：鼓励支持房地产企业上市。这一阶段上市的房地产企业以深市的深万科、深金田、深宝安、深振业、深长城和沪市的外高桥、浦东金桥、陆家嘴等为代表。

1994—2001 年：房地产上市禁令——IPO 关闭。1993 年禁止房地产上市的规定颁布之后，终止房地产公司上市、全面控制银行资金进入房地产业，一路高歌猛进的房地产热戛然而止。1995 年 7 月，证监会出台文件，房地产上市公司不得将配股后所得融资用于高档房地产的开发。1996 和 1997 年又发布了两个通知文件，均明确规定，金融、地产行业的企业申请上市"暂不考虑"或"暂停受理"。

1.《国务院关于调整固定资产投资项目资本金比例的通知》规定："保障性住房和普通商品住房项目的最低资本金比例为 20%，其他房地产开发项目的最低资本金比例为 30%。"

2001—2009 年：房地产上市 IPO 解禁。随着天鸿宝业、金地集团发行上市，我国境内房地产企业上市 IPO 解禁。证券监管部门对于房地产上市融资持有审慎支持态度，即有意扶持一批实力雄厚、运作规范的大型国有企业作为行业龙头，同时对房地产企业 IPO 设置较高的审核标准。股权分置改革之后，2007 年在国内上市的房地产公司直接融资金额合计已超过 1 000 亿元。

2010—2013 年：暂停房地产企业的上市、再融资和重大资产重组。根据 2010 年国务院《关于坚决遏制部分城市房价过快上涨的通知》和 2013 年国务院办公厅《关于继续做好房地产市场调控工作的通知》的规定，对存在闲置土地、炒地以及捂盘惜售、哄抬房价等违法违规行为的房地产开发企业，将暂停上市、再融资和重大资产重组。

2014 年：房地产企业融资正常化。国务院办公厅《关于金融支持经济结构调整和转型升级的指导意见》提出，要严格防控房地产融资风险。房地产再融资政策调整成为市场关注的焦点，暂停三年多的房地产企业融资将有条件放开。让房地产企业融资正常化，打开融资正门，尤其是通过资本市场进行直接融资。

截至 2016 年，我国沪深股市房地产板块的上市公司有 135 家，通过 IPO 直接上市的难度越来越大，买壳上市成为房地产上市融资的重要途径。

总体来看，房地产上市公司在全国房地产企业中占少数。相对未上市的企业，上市公司规模实力较大，透明度高，经营比较规范，且资产负债率普遍低于行业平均水平，更有利于防范金融风险。

（三）发行债券

房地产债券融资是加快房地产业发展的有效途径之一。债券作为一种债务凭证，可以聚集一部分闲置资金，集中用于住房建设，开展房地产债券可以缓解房地产融资对银行的压力，活跃我国的企业债券市场。

房地产行业的特点与房地产债券的发行有颇多契合之处。因此债券融资很适合房地产行业。债券是集中一次发行，到期一次还本付息给投资者。房地产的建设、销售、经营时间与债券发行时间，即资金运转的周期长短有吻合之处。房地产债券投资的风险较小，对投资者而言，由于房地产的保值和升值性，可进行投资，即使房地产企业倒闭，清产核资后的不动产总值也高于所发行债券本息总额。在还债顺序中，债券排序比较靠前。房地产的高收益性，可保证给债券投资者到期还本付息，因此可利用房地产债券积聚投资者手中闲散资金。

另外，房地产债券融资有利于降低房地产企业的融资成本，因为债券的利息是计入成本的，而发行债券的利息是税后支付的，这从一定程度上减少了企业的应缴税。

政府方面对房地产债券融资限制较大，发行债券程序复杂。我国企业发行房地产债券，总量须纳入国家信贷计划，必须经政府有关部门的批准后进行。若企业的经营状况、经济实力有变动，评级机构要相应地对债券进行调整。这些都使房地产企业债券融资方式进展缓慢。

二、 房地产信托融资

（一）房地产信托

房地产信托是指房地产信托机构受委托人的委托，为了受益人的利益，代为管理、营运或处理委托人托管的房地产及相关资产的一种信托行为。信托投资机构根据委托人的要求，按照所签订的契约，对不动产进行买卖、租赁、交换、转让等管理和处理业务。房地产信托是房地产业与信托业相互融合的产物，是房地产金融的重要组成部分，它的产生和发展离不开房地产业的产生和发展，更离不开信托业的产生和发展。相对银行贷款而言，房地产信托融资具有资金成本较低、资金操作风险小、产品操作方式比较灵活以及能满足广大投资者需求等特点。

2003 年 6 月，中国人民银行发布了《关于进一步加强房地产信贷业务管理的通知》，对房地产开发链条中的开发贷款、土地储备贷款、个人住房贷款、个人住房公积金贷款等多个方面提高了信贷门槛，房地产信托开始成为企业追逐的热点，并进入了平稳发展阶段。

房地产信托依其业务内容可分为房地产资金信托、房地产代理信托和其他房地产信托业务三大类。

（二）房地产信托的资金来源

资金是房地产信托投资机构从事信托的基本条件。房地产信托机构筹集资金的主要来源包括房地产信托基金、房地产信托存款、集资信托和代理集资、资金信托和共同投资基金等。

房地产信托基金是房地产信托投资公司为经营房地产信托投资业务及其他信托业务而设置的营运资金。我国的信托投资公司资金来源主要有财政拨款、社会集资以及自身留利等。

房地产信托存款是指在特定的资金来源范围之内，由信托投资机构办理的存款。根据客户的存款申请，由房地产信托机构吸收进来代为管理和营运的房地产资金，是房地产信托机构的主要筹资渠道，其资金来源范围、期限与利率，均由中国人民银行规定、公布和调整。

集资信托和代理集资是信托机构接受企业、企业主管部门以及机关、团体、事业单位等的委托，直接或代理发行债券、股票以筹集资金的一种方式。集资信托是指信托机构以自己的名义，向社会发行债券，以筹集资金，作为开展信托业务的资金来源。信托机构按照高于同类银行存款利率，定期向债券持有人支付利息。如果经营不当，发生了亏损，则可不支付利息，但本金的安全必须得到保障。代理集资是信托机构代理为一些企事业单位向社会发行债券、股票，以筹措资金。例如，发行"国家重点建设债券""经济建设债券"

"电力债券"等，同时，信托机构还可以受托代为发放股息、红利和债息等。

资金信托是指信托机构接受委托人的委托，对其货币资金进行自主经营的一种信托业务。信托资金的来源必须是各单位可自主支配的资金或归单位和个人所有的资金，主要有单位资金、公益基金和劳保基金。

共同投资基金（即投资基金或共同基金），是由不确定的众多投资者投入资金，委托专门投资机构进行投资和管理，借以分散风险，并享有投资收益的一种投资制度。其基本做法是：专业投资机构（如信托投资公司）通过发行收益证券或以投资基金股份的方式，将社会上众多投资者的闲散资金汇集起来，组建成巨额基金，然后委托投资专家进行有价证券等分散组合投资，所得收益在扣除了成本和管理费用之后，按投资人的资金份额分配给投资人。在发达国家的金融市场上，投资基金已被实践证明是一种相当先进的投资制度，并已成为举足轻重的金融工具。

（三）房地产投资信托基金

1. 房地产投资信托基金概述

房地产投资信托基金（REITs）是一种以发行收益凭证的方式汇集特定多数投资者的资金，由专门投资机构进行房地产投资经营管理（投资房地产项目包括住宅房产如公寓，零售房产如购物大厦、商务办公楼、酒店、厂房和仓库，等等），并将投资综合收益按比例分配给投资者的一种信托基金模式。房地产投资信托基金，在组织体系上，是由基金持有人（投资者）、基金管理机构（基金公司）、基金托管机构（取得基金托管资格的商业银行）等通过信托关系构成系统（如图 7-3 所示）。20 世纪 60 年代以来，全球房地产投资信托基金得到很大的发展。根据标准普尔公司的统计，在世界范围来看，房地产投资信托基金在美国发展得最为成熟。

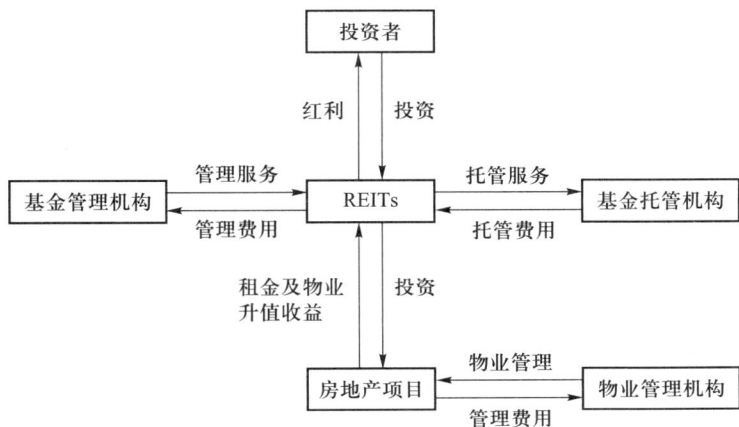

图 7-3　房地产投资信托基金的组织体系图

房地产投资信托基金以不动产为基础设计产品，将缺乏流动性的不动产转换为在金融市场上可以流动的证券产品，满足了投资人的多元化需求，为实体经济拓宽了融资渠道，促进住房租赁市场发展，是成熟资本市场的重要组成部分。

目前对 REITs 进行规范的法律主要包括《证券投资基金法》《证券法》《信托法》等。适用的部门规章有证监会颁布的《公开募集证券投资基金运作管理办法》《证券投资基金运作管理办法》《证券投资基金销售管理办法》《证券投资基金信息披露管理办法》等。

2014 年 5 月 21 日，中信证券发起的"中信启航专项资产管理计划"在深交所挂牌交易，总规模为 52.1 亿元，被认为是国内首个房地产投资信托基金(REITs)产品。该计划的期限为 3~5 年，投资标的为中信证券的办公楼——北京中信证券大厦及深圳中信证券大厦，投资收益来源于物业租金收益。

2014 年 9 月 30 日，央行与银监会正式出台文件《关于进一步做好住房金融服务工作的通知》(即"四项规定")，文件中指出：积极稳妥开展房地产投资信托基金(REITs)试点。

2015 年 1 月 6 日，住房和城乡建设部发布了《关于加快培育和发展住房租赁市场的指导意见》(以下简称指导意见)，该文件中要求积极推进房地产投资信托基金(REITs)试点。指导意见找到了一个解决办法，即鼓励开发商将存量住房用于公租房，然后通过 REITs 进行融资，同时解决公租房房源问题。

2. 房地产投资信托基金分类

按照不同的划分标准，房地产投资信托基金可以分为不同的类型。按照基金的组织形式可分为公司型基金和契约型基金。公司型基金是指通过发行基金的方式筹集资金组成公司，投资于股票、债券等有价证券的基金类型。公司型基金是具有法人地位的股份投资公司，基金持有人既是基金投资者又是公司股东。契约型基金是基于一定信托关系而成立的基金类型，一般由基金管理公司、基金托管机构和投资者三方通过信托投资契约建立。

根据资金投向的不同，REITs 可分为权益型、抵押型和混合型。权益型 REITs 是以收益性物业的出租、经营管理和开发为主营业务，主要收入是房地产出租收入；抵押型 REITs 主要为房地产开发商和置业投资者提供抵押贷款服务，或经营抵押贷款支持证券(MBS)业务，主要收入来源是抵押贷款的利息收入；混合型 REITs 则同时经营上述两种形式的业务。

按照基金规模和基金存续期限的可变性可分为封闭式基金和开放式基金。封闭式基金是事先确定发行总额和存续期限，在存续期限内基金单位总数不变，不得任意追加发行新增的股份，基金上市投资后可以通过证券市场买卖的一种证券类型。开放式基金是指基金发行总额不固定，基金单位总数随时增减，没有固定的存续期限，投资者可以随时买入或赎回的一种基金类型。

按照基金的筹集方式可分为公募基金和私募基金。私募型 REITs 以非公开方式向特定投资者募集资金，募集对象是特定的，且不允许公开宣传，一般不上市交易。公募型 REITs 以公开发行的方式向社会公众投资者募集信托资金，发行时需要经过监管机构严格的审批，可以进行大量宣传。

三、房地产证券化

（一）房地产证券化概述

1. 证券化

证券化是指金融业务中证券业务的比重不断增大，信贷流动的银行贷款转向可买卖的债务工具。广义的证券化包括融资证券化和资产证券化两种。

融资证券化是指融资由银行贷款转向具有流动性的债务工具，筹资者除向银行贷款外，主要是通过发行各种有价证券（包括股票、债券等）及其他商业票据等方式在证券市场上直接向社会筹集资金，以此代替向金融机构贷款的融资方式。融资证券化多为信用融资。只有政府和信誉卓著的大公司才能以较低的成本采用这种方式融资，它属于增量的证券化，又称为"初级证券化"。

资产证券化（即狭义的证券化）是以特定资产组合或特定现金流为支持，通过在资本市场和货币市场发行证券筹资的一种融资方式。即原始权益人将不流动的存量资产或可预见的未来现金收入，通过一定的结构安排，对资产中风险与收益要素进行分离与重组，进而转化为在金融市场上可流通的证券的过程，持有该证券就代表着对资产享有收益权。资产证券化注重资产运作，是从已有的信用关系基础上发展起来的，基本上属于存量的证券化，又称为"二级证券化"。

2. 房地产证券化

房地产证券化把投资者对房地产的直接物权转变为持有证券性质的权益凭证，即将直接房地产投资转化为证券投资，它的实现与发展，是因为房地产和有价证券可以有机结合。房地产证券化实质上是不同投资者获得房地产投资收益的一种权利分配，是以房地产这种有形资产做担保，将房地产股本投资权益予以证券化。

房地产证券化是房地产融资手段的创新，是一种资产收入导向型融资，是随着全球房地产金融业的发展而衍生出来的。房地产证券化是以房地产抵押贷款债券为核心的多元化融资体系，泛指通过股票、投资基金和债券等证券化金融工具融通房地产市场资金的投融资过程，包括房地产投资权益证券化和房地产抵押贷款证券化。

房地产投资权益证券化，从融资者的角度是指非金融机构，主要是房地产投资经营机构将房地产价值由固定资本形态转化为具有流动性功能的证券商品。从投资者角度是指把流动性较低、非证券形态的房地产直接投资转化为资本市场上的证券资产，从而使得投资者与投资对象之间的关系由直接的物权拥有转化为股权、债权拥有的有价证券形式。

房地产抵押贷款证券化是银行等金融机构为了盘活信贷资产，实现资产的可流动性而进行的证券化行为，是以一级市场（即发行市场）上抵押贷款组合为基础而发行抵押贷款证券的融资行为。

房地产抵押贷款证券化和房地产投资权益证券化的最主要区别在于前者是银行盘活资产的行为，发起人一般是银行，证券化基础是业已存在的银行信用，法律关系并不涉及房地产开发企业。而后者在法律关系上则涉及房地产企业，是房地产企业的融资行为，其证券化基础是房地产企业的整体信用或特定开发项目的整体信用，其发起人是房地产开发企业或房地产投资公司等非银行金融机构。

资产证券化作为金融创新工具，在地产企业融资发行方面具备诸多优点，拓宽了融资渠道，降低整体融资发行成本，提高了融资便利，是我国房地产行业发展的趋势所在。2016年以来，碧桂园、金科、融信中国、世茂集团等房企陆续以购房尾款、物业费收入、租金等作为基础资产，开展资产证券化融资，成为房企创新融资的新动向。目前从房企发行ABS（资产支持证券化）的情况来看，主要ABS融资方式有：运营收益权ABS、商业房地产抵押贷款支持证券（CMBS）、类REITs、购房尾款ABS和物业费ABS等类型。

（二）住房抵押贷款证券化（MBS）

1. 住房抵押贷款证券化

住房抵押贷款证券化（MBS）是资产证券化的一种，其偿付给投资者的现金流来自由住房抵押贷款组成的资产池产生的本金和利息。它是指相关金融机构将自己所持有的流动性差，但具有较稳定的可预期现金流的住房抵押贷款汇集重组为抵押贷款群组，由特殊机构购入，经过担保、信用增级等技术处理后以证券的形式出售给投资者的融资过程。住房抵押贷款证券化的实质就是将原先不易被投资者接受的缺乏流动性的，但能够产生可预见现金流的资产转换为可以自由流通的、能够为广大投资者所接受的证券，从而为金融机构开辟一条理想的融资渠道。

2. 住房抵押贷款证券化的产生与发展

20世纪60年代在美国兴起的房地产投资信托（REITs）是资产证券化最早的萌芽。

住房抵押贷款证券化的真正契机来自20世纪80年代美国的储贷危机及其后的金融自由化。20世纪60年代后期，由于各种原因，美国银行面临着储户大量提现，利差收入不断减少的局面。为了获取新的资金来源和转嫁利率风险，1970年，美国政府国民抵押贷款协会发行了第一笔以联邦住宅管理局（FHA）及退伍军人管理局（VA）抵押贷款为支持的过手证券，标志着房地产抵押贷款证券化的开始。此后，英国、日本及德国等国家纷纷效仿美国的做法，根据本国的法律及税收制度推动房地产证券化的发展。

住房抵押贷款证券化在英、美等经济发达国家被应用得相当普遍，而在我国则发展较晚，且比较缓慢。直到2003年2月，中国人民银行首次在《2002年货币政策执行报告》中提出"积极推进住房贷款证券化"，2004年国务院《关于推进资本市场改革开放和稳定发展的若干意见》也提出"积极探索并开发资产证券化品种"。

2005年4月20日，央行、银监会联合公布了《信贷资产证券化试点管理办法》，预示我国房地产抵押贷款证券化的大门正式开启。2005年12月15日国内首单个人住房抵押贷款债权证券化产品的出现，标志着我国住房抵押贷款证券化实质上的开始，这就是建设银行委托中信信托投资有限责任公司发行的 2005 年第一期"建元个人住房抵押贷款资产支持证券"。

2015 年 1 月 6 日，住房和城乡建设部《关于加快培育和发展住房租赁市场的指导意见》指出，积极推进房地产投资信托基金（REITs）试点。2016 年 3 月，国务院批转国家发展和改革委员会《关于 2016 年深化经济体制改革重点工作的意见》中明确"研究制定房地产投资信托基金规则，积极推进试点"。2016 年 6 月 3 日，国务院办公厅颁布《关于加快培育和发展住房租赁市场的若干意见》提出，支持符合条件的住房租赁企业发行债券、不动产证券化产品，稳步推进房地产投资信托基金（REITs）试点。2016 年 10 月，国务院印发《关于积极稳妥降低企业杠杆率的意见》，提出有序开展企业资产证券化，积极开展以企业应收账款、租赁债权等财产权利和基础设施、商业物业等不动产权益为基础资产的资产证券化业务。支持房地产企业通过发展房地产信托投资基金向轻资产经营模式转型。2017 年 6 月，《关于规范开展政府和社会资本合作项目资产证券化有关事宜的通知》指出，积极探索发行资产证券化产品，进一步拓宽项目融资渠道，推动 REITs 发展。

本章小结

本章作为房地产开发项目管理的项目投融资分析部分，首先是房地产投资分析概述，包括房地产投资的含义、类型、特征及影响因素等；其次是房地产融资分析概述，包括房地产金融与房地产金融市场、房地产融资、资金成本、财务杠杆及其效应等；最后介绍房地产开发项目的主要融资方式，并重点介绍房地产信托融资和房地产证券化。

练习题

一、即测即评

二、思考题
1. 什么是房地产投资？ 如何理解其内涵？
2. 房地产投资有哪些类型？
3. 简述房地产投资的基本特征和影响房地产投资的因素。
4. 什么是房地产金融市场？ 其构成的基本要素有哪些？
5. 什么是房地产融资？ 房地产项目融资的资金来源有哪些？

6. 什么是资金成本？　房地产投资资金成本的作用是什么？

7. 房地产项目的主要融资方式有哪些？

8. 简述申请银行贷款的房地产企业及开发项目应满足的基本条件。

9. 什么是房地产投资信托？　房地产信托的资金来源有哪些？

10. 房地产投资信托基金如何运作，有哪些分类？

11. 你认为发展房地产投资信托基金对我国的房地产业有何积极意义？

补充阅读

1. 房地产投资分析中的基本概念

2. 案例分析　房地产信托

第八章

房地产开发项目管理与控制

本章学习目标

□ 掌握：房地产开发成本管理与控制的主要内容；房地产开发项目进度管理内容及全过程控制的要点与内容；房地产开发项目各阶段质量控制的主要内容。

□ 熟悉：房地产开发项目全过程成本控制方法，房地产开发项目各阶段成本控制要点；房地产开发项目进度管理与控制的范围；房地产开发项目的其他管理(合同、信息、安全等)。

□ 了解：影响项目进度的因素；房地产开发项目的施工质量保证体系、管理制度及质量保证措施；房地产开发项目竣工验收管理的相关内容。

第一节　房地产开发项目成本管理与控制

一、 房地产开发项目成本管理与控制概述

(一)房地产开发项目成本管理与控制内涵

工程项目成本管理就是要在保证工期和满足质量要求的条件下，利用组织措施、经济措施、技术措施和合同措施，合理降低项目的开发成本，在批准的预算范围内完成工程项目的建设内容。工程项目的成本(费用)管理过程包括资源消耗计划编制、成本估算、成本计划编制和成本控制。工程项目成本控制是指在施工过程中，对影响施工项目成本的各因素加强管理，并采用各种有效措施，将实际发生的各种消耗和支出严格控制在成本计划范围内(以下重点讲成本控制)。

参与工程建设的各承包方(包括设计、施工和材料设备供应等)以获得经济利益为目的。因此，房地产开发项目成本管理与控制的主要参加者有开发商(业主)、承包商、监理、设计单位等。

(二)房地产开发项目投资成本的构成

房地产投资总成本费用指在一定时期内为生产和销售房地产而花费的全部成本费用，

其主要由开发成本与开发费用两大部分组成，其中，房地产企业开发成本主要用于前期投资决策、规划设计、工程建设、销售等关键环节，开发费用主要包括管理费用、销售费用和财务费用等。房地产开发投资总成本费用的构成如表 8-1 所示。

表 8-1　房地产开发投资总成本费用的构成

成本费用		具体说明
开发成本	土地使用权获取费	房地产开发征用土地所发生的费用，包括征地费、安置补偿费以及原有建筑的拆迁补偿费；或者采用批租方式得到的土地批租价。
	前期工程费	房地产开发项目的前期规划、设计、可行性研究、水文地质勘测以及"七通一平"等土地开发工程费支出。
	建安工程费	包括建筑工程费(结构、建筑、特殊装修工程费)、设备及安装工程费(给排水、电气照明、电梯、空调、煤气管道、消防等设备及安装)以及室内装修工程费等。
	基础设施费	包括供水、供电、道路修筑、绿化、供暖、供气、排污、网络铺设等工程费用。
	公共配套设施费	指在开发小区内发生，可计入土地、房屋开发成本的不能有偿转让的公共配套设施费用。主要包括居委会、派出所、托儿所、幼儿园、公共厕所、停车场等。一般按规划指标和实际工程量估算。
	不可预见费	即预备费，是指考虑建设期可能发生的风险因素而导致的建设费用增加的部分。预备费包括基本预备费和涨价预备费两种类型。
	相关税费	包括房产税、城镇土地使用税、耕地占有税、土地增值税、营业税(2016 年改增值税)、城市维护建设税、教育费附加、契税、企业所得税、印花税等。
开发费用	管理费用	房地产企业管理部门为管理和组织经营活动所发生的各种费用。
	销售费用	指开发建设项目在销售其产品过程中发生的各项费用以及专设销售机构或委托销售代理的各项费用。
	财务费用	是指企业为筹集资金而发生的各项费用，包括利息支出、融资手续费、代理费以及其他财务费用(有汇兑损失等)。

不可预见费以各单项工程概算和其他工程费用概算之和为基数，依据主管部门或地市建委规定费率计算。一般民用工程项目为 2%～5%，工业工程项目为 5%～8%。

二、　房地产开发项目成本管理与控制的原则和依据

（一）房地产开发项目成本管理与控制的原则

1. 分阶段设置明确的投资控制目标

如何有效降低工程项目的建设成本，提高企业的投资效益？有效控制、合理地确定工

程造价是房地产开发项目成本管理与控制的关键。房地产开发项目是随着项目建设时间的不断深入，通过投资估算、设计概算、施工图预算等过程逐渐明确、清晰的。因此，分阶段设置的投资控制目标要既有先进性又有实现的可能性，目标水平要能激发执行者的进取心和充分发挥他们的工作能力。

2. 合理的设计是有效控制成本的前提

项目投资控制贯穿项目建设全过程，包括项目策划、设计、发包、施工、销售等阶段。从国内外的工程实践看，影响项目投资最大的是开发项目建设周期前 1/4 的技术设计及其之前的阶段（见图 8-1）。房地产开发项目的设计费用一般只占建设成本的 1%～2%，但却影响工程项目造价的 75% 以上。因此，项目投资控制的关键在于施工前的投资决策和设计阶段，而在项目做出投资决策后，控制项目投资的关键就在于设计。要想有效地控制工程项目投资，就要坚决地把工作重点放在抓好设计这个关键阶段。

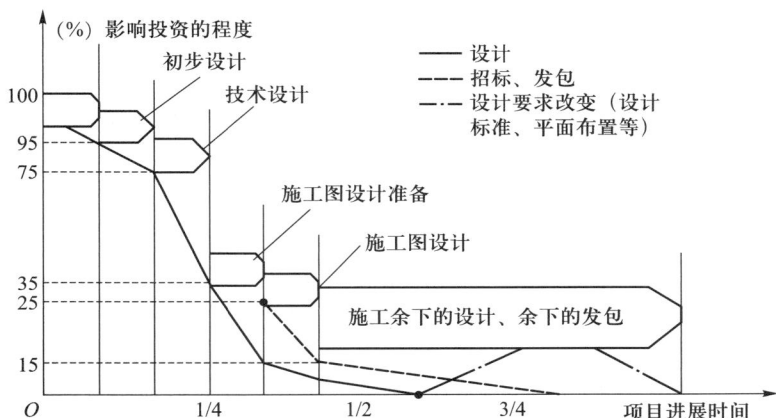

图 8-1 项目不同建设阶段工作对建设投资（成本）的影响

控制项目投资的具体内容有：一是实行设计方案招标制度，以保证设计的先进性、合理性和科学性，尽量避免因设计质量问题而导致设计变更和成本增加；二是实行限额设计，通过多方案的比较、筛选，以影响和优化设计，保证有效地实行投资控制；三是加强图纸会审，提高设计质量，有效克服设计缺陷带来的损失。

3. 采取主动控制，能动地影响投资决策

工程项目投资控制应立足于事先主动采取措施，尽可能地减少成本，以避免目标值与实际值的偏离，要能动地影响投资决策，影响设计、发包和施工。

4. 技术与经济相结合是控制项目投资的有效手段

以提高项目投资效益为目的，在工程建设过程中把技术与经济有机结合，通过技术比较、经济分析和效果评价，正确处理技术先进与经济合理两者之间的对立统一关系，力求在技术先进条件下的经济合理，在经济合理基础上的技术先进，把控制项目投资观念渗透到各项设计和施工技术措施中。

（二）房地产开发项目成本管理与控制的依据

1. 合同文件

房地产开发项目成本管理与控制要以合同为依据，围绕项目的成本目标，研究节约成本、增加收益的有效途径，以求获得最大的经济效益。主要的合同文件包括勘察设计合同、施工承包合同、分包合同、设备及材料采购合同、监理合同等。

2. 工程项目施工成本计划

工程项目施工成本计划是根据施工项目的具体情况制订的施工成本控制方案，既包括预定的具体成本控制目标，又包括实现控制目标的措施和规划，是施工成本控制的指导文件。因此，成本计划（预算）是成本控制的基础。同时，鉴于工程项目三大目标之间的对立统一关系，应注意成本计划（预算）、进度计划、质量计划的统筹兼顾，反复协调和平衡。

3. 采购计划（设备材料清单）

材料及设备是构成开发项目成本的主要部分，是项目施工成本控制的核心要素。

4. 工程变更

在项目的实施过程中，由于各方面的原因，工程变更是很难避免的。一旦出现变更，工程量、工期、成本都必将发生变化，从而使得成本控制工作变得更加复杂和困难。因此，成本管理人员应当通过对变更要求中各类数据的计算、分析，随时掌握变更情况，判断变更以及变更引起的索赔是否合理等。

除上述的依据外，还有与项目相关的设计数据、工程标准、规范等。

三、 房地产开发项目成本管理与控制的程序

能否达到预期的成本目标，是项目成本控制是否成功的关键。对开发项目成本进行管理与控制，就是为了保证成本目标的实现，这种控制是动态的，并贯穿于项目建设的始终。

房地产开发项目成本管理与控制的主要程序如下：

1. 确定成本目标

对房地产开发商而言，投资估算、初步设计概算和施工图预算分别是工程建设中建设方案选择及初步设计、技术设计及施工图设计、施工发包及施工等三个阶段投资的目标。因此，在项目的立项决策阶段应根据项目资源消耗情况开始建立成本（费用）控制目标，将目标进行分解，制定各项成本控制指标，责任落实到部门，并随着项目的推进不断细化和调整目标。

2. 编制成本（费用）计划

这是将工程目标成本按组成、时间或工程子项目分别进行分解的过程。开发商的工程投资计划主要包括两类：一是根据工程进度计划要求，将目标投资额在时间上进行分解，

确定每年、每月需要的建设资金计划；二是根据工程项目结构分解，将目标投资额在子项目间分解，确定每个子项目的投资计划。

3. 成本的偏差对比分析

在房地产开发项目建设实施过程中，对工程的进展进行跟踪和检查，及时了解工程进展状况，通过将施工成本计划值与实际值逐项进行比较，以发现施工成本是否已超支，确定偏差的严重性及偏差产生的原因，并按照完成情况估计完成项目所需的总费用。分析费用偏差经常采取的方法有横道图法、表格法、赢得值法/挣值法（Earned Value, EV）。

4. 采取偏差控制措施

根据工程及工程建设条件情况，进一步分析具体的原因，并研究纠偏控制措施。纠正费用偏差的措施也可能有多个方案，在纠偏方案决策时，要注意到对工程项目的进度和质量目标的影响。

房地产开发项目成本管理与控制的一般程序如图 8-2 所示。

四、 房地产开发项目各阶段成本控制要点

项目成本控制是房地产开发成本管理的关键环节，房地产企业要实施全成本控制战略，必须以成本价值为轴线，对项目的投资决策、规划设计、招投标、工程建设、竣工决算以及房屋租售等环节实行集约管理与控制。

1. 前期阶段的成本控制要点

开发项目决策立项阶段成本控制的重点是投资决策阶段的技术性工作，主要内容包括市场调查、寻找投资机会、项目可行性研究等。开发商应在重点考察投资市场环境、投资物业类型与市场价值、投资规模、项目规划条件、工程技术经济指标、项目的区位与交通条件、市政配套情况、建材与设备的供应情况等的基础上，通过项目投资与收益的估算，进行项目的可行性论证，充分估计社会、经济、市场、政策、资金、经营等方面的风险，考虑项目投资的机会成本，选择进入市场的恰当时机，以确保房地产开发项目决策的科学性与合理性。开发项目决策立项阶段成本控制的基本原则是在国家规定范围内最大限度地控制企业的费用。

规划设计阶段的成本控制是项目建设中成本管理的重点，其对工程造价的影响较大，在规划设计环节进行成本控制是实现事前控制的关键，可以最大限度地减少事后变动带来的成本。一般采用限额设计方式保证有效的成本管理。应注意的是：一是重视设计前的投资估算，以项目可行性研究和策划阶段确定的计划成本或目标成本作为初步设计控制的依据；二是要重视方案的选择，按投资估算进一步落实成本，将施工预算严格控制在批准的范围内，同时加强设计变更的管理工作；三是选择供应商市场成熟的材料、设备，控制设备材料的选型、质量和数量。

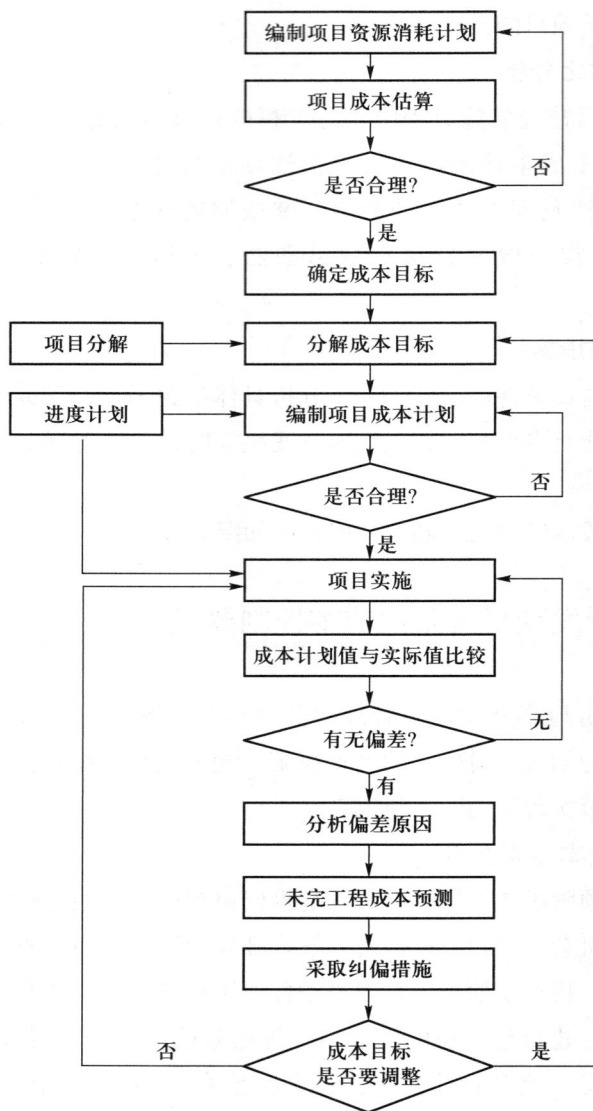

图 8-2　房地产开发项目成本管理与控制的一般程序

　　开发项目发包阶段成本管理与控制的主要内容是采用公开招投标选择工程承包单位与材料供应商，涉及工程、设计、审算、销售等多个部门的实际运作，其控制要点有：一是投标单位的选择（主要控制投标单位的资质、管理水平、技术力量、信誉、资金实力等）；二是对于主管部门制定的招标文件需要认真审核，对于项目工期、工程造价或取费标准、质量要求、付款方式、招标范围、验收标准、结算方式等应说明清楚，并保证提供的工程量清单准确；三是在评标和定标时，应采用综合评审法评定中标单位，并参考技术标、经济标、合作经历等优先顺序，以保证招投标的公平、公正、公开；四是项目承包合同多采用单价合同，合同价款一般以国家或地方统一规定的预算定额和取费标准为依据，并以工程竣工的最终实际工程量进行结算。

2. 施工阶段的成本控制要点

房地产开发项目施工阶段成本管理的基本原理是编制项目成本计划，确定成本控制目标和工作流程，在工程项目施工过程中将实际成本值与目标成本值进行比较，找出其偏差并分析原因，进而采取有效的控制措施，确保项目成本管理目标的实现。对项目施工成本的管理与控制是动态的，贯穿于项目建设的始终，这一阶段的成本管理与控制需要各部门的及时沟通和良好的合作。

施工阶段的成本管理是有效控制工程造价的重要环节，管理与控制的重点包括加强施工图纸交底和会审、严格控制设计变更、规范施工现场签证制度、严格工程款支付程序、严格审查承包方索赔要求、材料供应的监管和合同管理等环节。房地产开发项目施工阶段的成本管理与控制要点如表 8-2 所示。

表 8-2　房地产开发项目施工阶段的成本管理与控制要点

控制要点	控制内容
施工图会审	● 实行施工图会审，分部分项、各专业技术等图纸的多层次会审会签，各专业互审互签；力争在项目开工前把图纸中的问题修改完善。
设计变更	● 项目前期规划、定位要全面、准确，尽量避免在施工中的重大设计调整； ● 加强施工前的审核工作，对可能发生变更的地方有预见性，并予以事先约定； ● 对设计变更做技术经济比较，并对其带来的变化进行全面评估，为变更审批提供参考依据； ● 严格审批设计变更，设计变更须由设计单位、设计部、工程部、监理单位和施工单位等部门或单位共同签字后，方可生效。
施工现场签证	● 现场签证确认严格按照合同中所约定的条款执行，并遵守当时发生当时签证的原则； ● 认真核对签证的工程量准确性，并由监理工程师签字确认； ● 遵循先审批后实施的原则，确认签证前，应按相应审批程序报审，通过后方可正式签证； ● 对工程变更应定期进行分类汇总统计分析，并根据统计资料对控制工程变更提出改进意见。
工程款支付	● 审核工程进度，按合同约定和进度情况进行工程款支付； ● 工程验收合格，所需资料齐全，并根据授权权限进行审批后，方可支付工程款； ● 定期进行工程费用支出分析，对出现的偏差进行分析和预测，并采取相立的纠偏和预防措施。

续表

控制要点	控 制 内 容
合同管理与索赔	• 注重合同签订、修改和补充工作，重点关注其对工程成本的影响； • 严格对分包费用的控制，做好分包工程的方式、内容、责任界定及询价，加强分包工程的验收和结算等工作； • 对施工单位提出的索赔要求，需要认真审查，确定合理的补偿额，并及时处理索赔。
材料供应	• 做好材料计划，在材料招标前确定施工所用的各项材料的选型； • 确定材料供应方式，通过招标确定材料价格和相关费用； • 做好材料进场验收(质量和数量)，按照要求支付材料款，并做好材料的保管与保修等。

3. 竣工决算和销售阶段的成本控制要点

竣工决算是由业主按照国家有关规定编制的反映项目实际造价和投资效果的文件，是正确核定新增固定资产价值，考核分析投资效果，建立健全经济责任制的依据，也是项目竣工验收报告的重要组成部分。在办理竣工结算时，应坚持以现行的工程造价管理法规为依据，按照合同双方的约定条款，防止重复计算及收费等问题，根据工程竣工图纸，结合设计变更、隐蔽工程验收记录、设备和材料调价文件及记录、现场签证等认真审核计算工作量，避免各项计算误差带来的成本损失。

销售阶段的成本管理与控制主要是对营销成本的支出管理。营销成本(一般占项目总成本的 2%~6%)主要是在项目销售过程中形成的，包括广告费、推广费等各种费用，控制营销成本，关键取决于如何进行营销策划、预算执行及监督，采取何种形式，如何支付广告费用等。

第二节　房地产开发项目进度管理与控制

"时间就是金钱，效率就是生命。"对一个工程项目，其建设进度安排是否合理，在实施过程中又能否按计划执行，这直接关系到工程项目经济效益的发挥。因此，进度管理与控制是工程项目管理的中心任务之一。

一、　房地产开发项目进度管理与控制概述

1. 工程进度管理与控制概念

工程进度管理是指编制工程项目进度计划、实施计划、检查实施效果、进度协调和采

取措施等活动的总称。工程进度控制是指在规定的建设工期或合同工期内，以事先拟定的合理且经济的工程进度计划为依据，对工程建设的实际进度进行检查、分析，发现偏差，及时分析原因，调整进度计划和采取纠偏措施直到竣工交付使用的过程。因此，从工作范围这一角度看，工程进度管理涵盖了工程项目进度控制。工程项目进度控制是一个动态过程，影响因素多，风险大，应认真分析和预测，合理采取措施，在动态管理中实现进度目标。

房地产开发商一般不直接对项目实施进度进行控制和管理，而是委托建设监理单位进行进度控制，监理单位根据建设监理合同分别对开发商、设计单位、施工单位的进度管理实施监督。

2. 影响项目进度的因素

影响项目进度的因素很多，归纳起来可分为以下几个方面，如表 8-3 所示。

表 8-3 影响房地产开发项目进度的因素分析

影响因素		影响的主要方式与内容
人为因素	开发商	• 提供勘察资料不准确，如地质资料错误或遗漏而引起的未能预料的技术障碍； • 拟建场地未按时提供，供水、供电工程相关手续办理和实施不及时； • 地上、地下构筑物及各种管线搬迁工作拖延，不能及时向承包商移交施工场地； • 图纸提供不及时、不配套等(非设计部门责任)； • 开发商依据市场变化、客户需求、规划调整及经营需要修改、调整设计(设计变更)； • 承包合同内容、条件发生变化而引起的谈判，合同纠纷引起的仲裁或诉讼； • 开发商组织、管理、协调不力，致使承包商、分包商、材料设备供应商配合出问题，且得不到及时解决； • 开发资金不足，不能按合同约定支付合同款。
	设计部门	• 不能按设计合同的约定及时提供施工所需的图纸； • 设计内容不足、设计深度不够，图纸设计的缺陷或错误导致设计变更大量增加； • 各专业部门缺乏协调与配合，不能及时解决在施工过程中出现的设计问题； • 不能按时参加各种验收工作。
	施工单位 (承包商)	• 承包商管理水平、人员素质、资质、经验等问题，致使工程不能按进度计划完成； • 施工进度计划和施工组织设计不合理、采用施工方案不得当；
	施工单位 (承包商)	• 施工用机械设备配置不合理，不能满足施工需要； • 施工安全防范不到位，安全事故、质量事故的处理耽误工期； • 承包商与分包商、材料供应商及其他协作单位协作不当，或引起合同纠纷等。

续表

影响因素		影响的主要方式与内容
人为因素	监理单位	● 监理工程师的专业素质、工作经验较差不能及时发现和解决施工中存在的问题； ● 监理工程师的错误指令，使得工程项目不能按计划进度实施。
	材料设备供应商	● 原材料、配套零部件供应不能满足生产需要，特殊材料及新材料的不合理使用； ● 生产设备维护、使用不当出现故障无法正常生产； ● 生产产品的型号、参数、数量错误或与样品不符、与合同不符； ● 生产产品的质量不合格。
	政府部门	● 相关政策、法律法规及管理条例调整； ● 各种手续办理程序改变。
社会经济因素		● 社会经济发展状况和市场供求的变化； ● 重大政治活动、社会活动； ● 城市供水、供电、供气系统发生故障而停止供应； ● 交通管制、交通中断。
自然环境因素		● 自然灾害如恶劣天气、地震、洪水、火灾等不可抗力； ● 复杂的工程地质条件。

3. 房地产开发项目进度管理内容及工作程序

（1）确定项目的建设工期及各施工阶段的进度目标；

（2）审批施工单位的进度计划，并对施工进度计划及有关工程建设的计划系统实施有效控制；

（3）定期检查工程建设的实际进度，与计划进度进行比较并找出偏差；

（4）分析产生偏差的原因及对工期的影响程度，监督施工单位采取相应措施或调整进度计划，以保证项目的按期完成。

■ 二、 房地产开发项目进度计划实施和全过程控制

（一）房地产开发项目进度计划实施与控制流程

房地产开发项目进度计划实施与控制的主要内容包括进度目标的分析与论证和进度计划的制订，落实工作责任主体、责任制度以及相应保证措施，下达开工指令后实施工程项

目的建设，并进入进度计划的监测与调整过程，以及项目完成后的总结。具体的实施流程如下（如图 8-3 所示）：

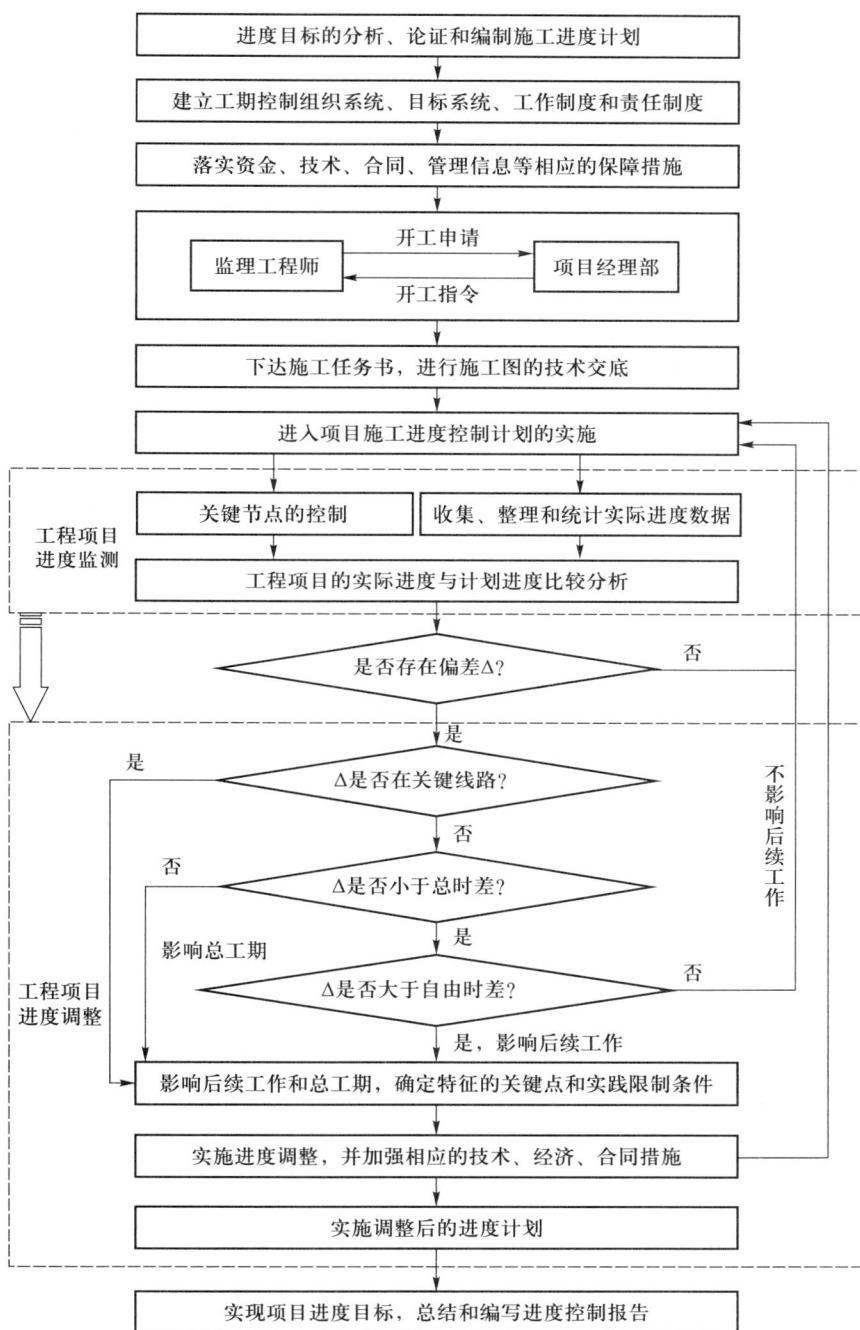

图 8-3　项目进度计划实施与控制的流程图

1. 进度计划实施准备

（1）编制工程项目施工进度总计划和单位工程施工进度计划，编制项目施工组织方案；

（2）建立工期控制组织系统、目标系统（目标分解），落实工作制度和责任制度；

（3）落实资金、技术、合同、管理信息等相应的保障措施；

（4）下达施工任务书和进行技术交底，工程项目开工建设，并进入项目进度的控制阶段（监测与调整）。

2. 项目进度监测

在建设项目实施过程中，监理工程师要定期地监测进度计划的执行情况。进度监测过程主要包括以下工作：

（1）进度计划执行中的跟踪检查，定期收集反映实际工程进度的有关数据；

（2）整理、统计和分析收集的数据，形成与计划具有可比性的数据；

（3）将实际进度与计划进度对比，得出实际进度比计划进度拖后或超前等结论。

3. 项目进度调整的系统过程

在项目进度监测过程中，一旦发现实际进度与计划进度不符合，即出现进度偏差时，监理工程师应认真分析产生的原因及对后续工作和总工期的影响，并采取合理的调整措施，确保进度总目标的实现。

（1）分析产生进度偏差的原因；

（2）分析偏差对后续工作和总工期的影响，确定是否应当调整；

（3）确定影响后续工作和总工期的限制条件，即确定进度可调整的范围，主要是指关键节点、后续工作的限制条件以及总工期允许变化的范围；

（4）采取进度调整措施；

（5）实施调整后的进度计划。

（二）工程项目进度全过程控制的要点与内容

工程项目进度全过程控制主要包括事前控制、事中控制和事后控制。事前控制的要点主要是合理制订计划和严格进行图纸会审。项目进度计划常采用关键日期表、甘特图、关键路线图以及计划评审技术等方法进行制订，具体制订步骤：计算工程量→确定各单位工程的施工期限→确定各单位工程的开、竣工时间和相互搭接关系→编制初步施工总进度计划→编制正式施工总进度计划。图纸会审的深度和全面性在一定程度上影响工程项目的质量、进度、成本、安全和施工的难易程度。因此，在图纸会审中发现并及时处理问题，可以提高施工质量、节约施工成本、缩短施工工期，提高效益。

事中控制的要点主要是节点的分解与控制。工程项目施工一般分解为桩基施工、基础施工、主体施工、装修施工和配套施工等主要阶段。项目进度的事中控制主要采用节点控制（包括节点完成控制和节点过程控制），其中节点过程控制是进度控制的主体阶段，节点过程控制主要是加强检查和督促工作，及时发现存在的问题及原因，并及时处理和解决问题。开发商对项目施工中的进度控制主要通过监理单位来实现，同时处理好开发商与监理单位、施工单位、材料设备供应商等关系。

事后控制的要点主要有计划变更处理和进度延期处理。计划变更的发生可能是施工方的原因，也可能是施工方之外的原因(如开发商、设计方、材料设备供应商、社会经济、自然环境等方面)。但无论何种原因引起的计划变更，其处理都要及时与相关部门沟通和联系，召开计划变更协调会，将计划变更的影响降至最低。

在工程项目建设过程中，工期的延长分为工程延误和工程延期两种。工程延误是由于承包商自身的原因造成的工期延长，故工程延误所造成的一切损失由承包商自己承担，同时，由于工程延误所造成的工期延长，承包商还要向业主支付误期损失补偿费。工程延期是由于承包商以外的原因造成施工期的延长，经过监理工程师批准的延期，所延长的时间属于合同工期的一部分，因此，按照有关的合同条件，正确地区分工程延误与工程延期对承包商和业主都很重要。对于工程项目进度延期，一般是由监理工程师处理，而开发商在施工过程中应尽量减少干预、多协调，以避免由于开发商(业主)的干扰和阻碍而导致延期事件的发生。

工程项目进度全过程控制的要点与内容如表8-4所示。

表 8-4 工程项目进度全过程控制的要点与内容

阶段	控制要点	控制的主要内容
事前控制	合理制订计划	● 项目部根据市场情况制订项目开发计划； ● 项目开发计划经有关部门批准后制订销售计划，并根据开发计划和销售计划、项目的前期准备(包括场地、施工单位、材料及机器设备、人员等)拟订分阶段施工计划、项目采购计划； ● 以项目为中心拟定的计划，需要各部门的协调、认可、统一，并最终确定。
	严格进行图纸会审	● (建设方主持)通过图纸会审可以使各参建单位(勘察设计、建设方、施工方、监理方、设备材料供应方等)特别是施工单位熟悉设计图纸、领会设计意图、掌握工程特点及难点、找出需要解决的技术难题并拟订解决方案，从而将因设计缺陷而存在的问题消灭在施工之前； ● 图纸会审记录须由各方代表签字盖章认可。
事中控制	节点的分解与控制	● 按照工程项目的特点与施工工艺要求，通过 WBS 进行任务分解，并设置关键节点； ● 检查施工单位的计划、人、材、机等落实情况，及时发现问题及查找原因，并及时采取相应的处理措施； ● 加强组织管理和沟通与协调，采用现场会和定期召开各项目参与方的协调会议，保证各责任主体和各专业工作的顺利进行； ● 通过项目进度表、不履约通知、计日工、日报、月报、现场巡视/指令等进行节点控制，并形成书面记录； ● 及时组织项目的节点(分部分项工程及隐蔽工程)验收，并根据节点完成情况予以考核评价，定期做好进度资料的整理、汇总和归档。

续表

阶段	控制要点	控制的主要内容
事后控制	计划变更处理	● 及时处理计划变更，将计划变更的影响降至最低，并作出计划变更的原因分析和总结，为今后工作提供改进建议。
	进度延期处理	● 尽量避免由于开发商自身的原因（如场地提供不及时、付款不到位及工程变更等）造成的工程延期； ● 当出现工程延期时，应及时、主动配合项目各方沟通协调，并妥善解决工程进度延期，从而避免由于处理不及时而造成的损失。

（三）施工进度计划控制的措施

施工进度计划控制可以采取合同、组织、技术及经济等措施，具体措施如表 8-5 所示。

表 8-5   施工进度计划控制的措施

进度控制措施	具 体 内 容
合同措施	委托项目管理单位及监理单位进行监督管理，以确定承发包模式和合同结构、拟订合同条款、参加合同谈判以及签订有效合同等，并通过调整进度管理的手段及时做好预防和处理索赔等工作。
技术措施	通过科学试验，确定新材料、新工艺、新设备、新结构的适用性，并对技术方案进行可行性分析，从而节约投资、保障工期和质量，以保证工程项目按计划进行。
组织措施	在实际施工中，安排执行人员巡视、检查工程实施情况，并监督保证劳动力、机具、设备及材料等是否按计划执行，同时应采取如调整项目组织结构、任务分工、管理职能分工、工作流程组织和项目管理人员等措施修正项目进度计划。
经济措施	收集、加工、整理工程经济信息和数据，对项目资金筹集、使用工作，变更方案以及审核工作进行经济管控，同时做好成本核算，以减少经济问题对工程质量和进度目标的影响。

第三节   房地产开发项目质量管理与控制

"百年大计，质量第一。"确保工程质量，是工程项目建设管理永恒的主题。《中华人民共和国建筑法》明确规定，建筑工程勘察、设计、施工的质量必须符合国家有关建筑工程安全标准的要求，交付竣工验收的建筑工程，必须符合规定的建筑工程质量标准，有完整的工程技术经济资料和经签署的工程保修书，并具备国家规定的其他竣工条件。

一、房地产开发项目质量管理与控制概述

（一）工程项目质量管理与控制

工程项目质量管理是指为保证提高工程项目质量而进行的一系列控制组织和管理协调（诸如质量策划、质量控制、质量保证和质量改进等活动构成质量管理的"闭环"）等活动。目的是以尽可能低的成本，按既定的工期完成一定数量的达到质量标准的建设项目，为项目用户提供高质量的产品和服务，令顾客满意。工程项目质量管理的基本原理有 PDCA 循环控制原理、（事前—事中—事后）三阶段控制原理、（全面质量—全过程质量—全员参与）全面控制原理。

工程项目质量控制是指为达到工程质量要求，也就是为了保证工程质量满足工程合同、设计文件、规范标准所采取的一系列措施、方法和手段。工程质量控制应贯穿在产品形成和体系运行的全过程，围绕每个阶段，对影响质量的人、机、料、法、环（4M1E）的因素进行控制，对质量活动的成果进行分阶段验证，以便及时发现问题，查明原因，采取相应的纠偏措施，防止不合格工程的发生。

（二）房地产开发项目质量管理与控制的主要对象

房地产开发项目质量管理与控制的主要对象是工程项目质量。工程项目质量是指建设工程满足业主需要的，符合国家法律、法规、技术规范与标准、设计文件及合同规定的特性总和，包括工程项目在安全、使用功能及耐久性能、节能与环境保护等方面所有明示和隐含的固有特性。

工程项目质量是一个综合指标，主要包括以下 5 个方面：① 工程项目投产运行后所生产的产品质量，即工程的适用性（平面和空间布局合理,外观造型的美观大方,采光、通风、隔热、隔声等物理功能满足要求）、运行的安全性和稳定性；② 符合经济性要求，即工程项目的质量成本和质量效益（使用效率和产出效益）；③ 工程结构设计和施工的安全性（保证建筑产品的强度与稳定性,满足耐火防火、抗辐射和抗震要求）和可靠性（可靠性是指工程在规定的时间和规定的条件下完成规定功能的能力,如工程上的防洪与抗震能力、防水隔热、恒温恒湿措施,工业生产用的管道防"跑、冒、滴、漏"等,都属可靠性的质量范畴）；④ 所使用的建筑材料、设备、工艺、结构的质量及其耐久性和工程项目的整体使用寿命；⑤ 工程项目的节能环保、与环境的协调（与周边生态环境、与所在地区经济环境、与周边以及建筑相协调,以适应可持续发展要求）、项目运行成本以及可维修与检查等其他方面。

（三）房地产开发项目质量管理与控制的主要任务

房地产开发项目质量管理与控制的主要任务包括对影响工程项目质量的各种作业技术

和活动制订质量计划和施工组织设计，即确定质量控制计划和质量控制标准，按照已确立的质量目标和施工组织设计实施，并在实施的过程中进行连续的检测和评定，处理不符合质量目标和施工组织设计的情况，及时采取有效的纠正措施。建设工程项目质量控制可以通过全过程控制、全方位控制以及影响因素控制等三维度进行，如图8-4所示。

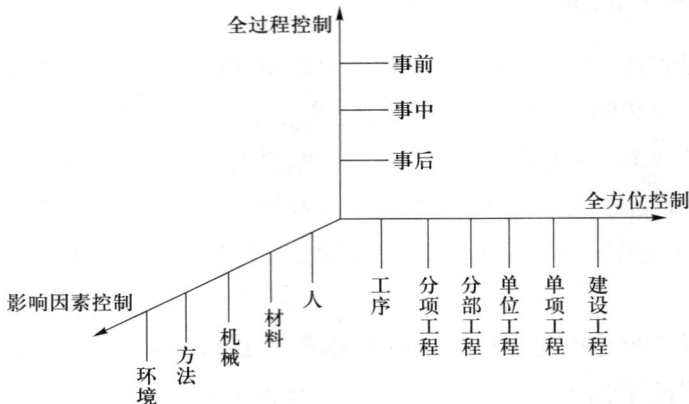

图8-4　建设工程项目质量控制的三维度示意图

（四）房地产开发项目质量管理与控制的特点

1. 质量影响因素较多

工程项目建设周期长、项目投资大、涉及面广、项目参与者众多，因此，影响工程项目质量的因素很多。诸如工程地质地貌情况、勘察设计水平、施工材料供应、机械设备条件、施工工艺及方法、工期要求和投资限制、技术措施、人员素质及管理制度等，这些因素都会直接或间接地影响工程项目的质量。

2. 质量波动较大

由于工程项目的建设具有单件性、流动性和不可重复性，即使某一处某一部位质量好，另一处也可能质量不好。如果某一关键部位质量不好，就可能造成整个单项工程质量不好，或引起整个工程项目质量的变异，从而造成质量事故。

3. 质量隐蔽性强

工程项目建设过程中，由于工序交接较多，造成施工过程中产生隐蔽工程，若施工中不及时检查验收，可能造成质量隐患，完工后很难看出质量问题，由此可能产生对工程项目质量的判断失误。另外，工序之间的交接也容易造成隐蔽性质量事故。

4. 质量终检局限性大

工程项目建成后的终检(竣工验收)无法进行工程内在质量的全面检验，无法发现质量隐蔽工程的质量缺陷，此时的检查结论有很大局限性。所以，在施工过程中，必须实施现场监督管理，及时发现隐蔽工程的质量问题。因此，工程项目质量的管理应重视事前管理、事中监理，以预防为主，防患于未然，彻底消除质量隐患。

5. 质量受项目投资、进度的约束

工程项目的质量、投资和进度等三大目标共同构成项目管理的目标系统，三者间互相联系、互相影响，既对立又统一。如果项目在投资约束条件下，要加快施工进度，赶工抢活，势必影响施工质量。因此，注意统筹兼顾，反复协调和平衡，合理确定三大目标，避免和防止为片面追求单一目标而冲击或干扰其他目标的现象，力求以资源的最优配置实现工程项目目标。

二、 房地产开发项目各阶段的质量控制

由于工程项目建设和运营是一个持续、动态的过程，在建设工程项目质量管理过程中，任何一个环节或方面出现问题，必然会影响工程项目的后期质量管理，进而影响工程项目的质量目标。因此，工程项目质量管理涉及前期策划、设计、实施、验收及运行等全过程。房地产开发项目各阶段的质量控制过程如图 8-5 所示。

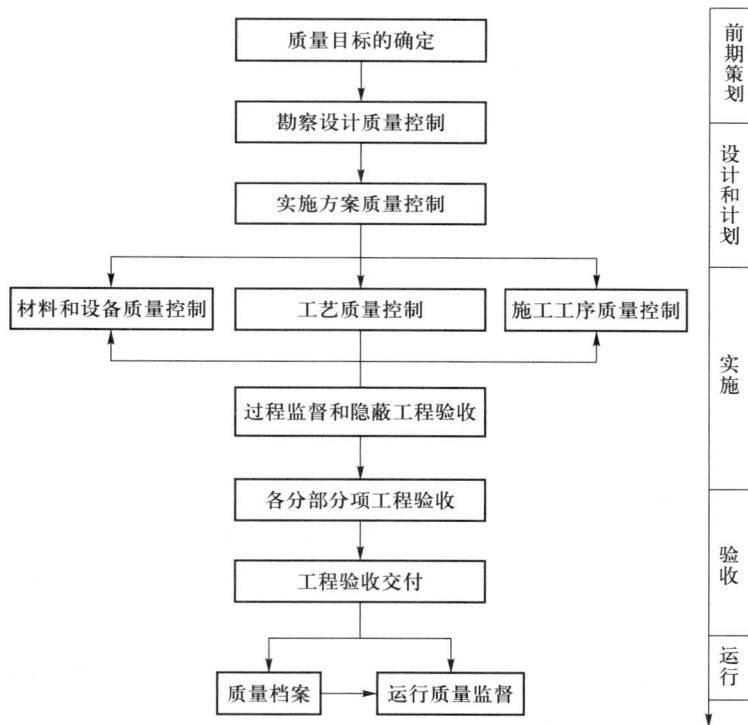

图 8-5　房地产开发项目质量控制过程

1. 勘察设计阶段的质量控制

工程项目勘察设计的质量就是在遵守技术标准和法律法规的基础上，对工程地质条件做出及时、准确的评价，符合经济、资源、技术、环境等约束条件，使工程项目满足目标功能和价值，充分发挥项目投资的经济效益。房地产开发商应重视勘察设计阶段的质量控制，并做好以下几方面的工作：一是明确勘察设计的质量要求和标准；二是选择勘察设计

单位；三是对勘察设计工作及成果的质量控制。勘察设计工作及成果的质量控制要点如表8-6 所示。

表 8-6　勘察设计工作及成果的质量控制要点

控制阶段	质量控制要点
工程勘察	• 提出与工程相适应的技术要求和质量标准； • 审核勘察单位的勘察实施方案，重点审核其可行性和精确性； • 在勘察实施的过程中，设置报验点，必要时进行旁站监理； • 对勘察单位提出的勘察成果进行核查，重点检查是否符合委托合同及有关技术规范标准的要求，并验证其真实性、准确性； • 在必要时，还应组织专家对勘察成果进行评审。
施工图设计	• 明确工程项目的总目标，初步确定项目的总规模、总投资、总进度和总体质量要求； • 组织设计招标； • 编制设计大纲、设计纲要或设计任务书，确定设计质量要求和标准； • 进行方案比选，优选设计单位，签订合同。
施工图审查	• 是否符合工程建设强制性标准； • 地基基础和主体结构的安全性； • 是否符合民用建筑节能强制性标准，对执行绿色建筑标准的项目，还应当审查是否符合绿色建筑标准； • 勘察设计企业和注册执业人员以及相关人员是否按规定在施工图上加盖相应的图章和签字； • 法律、法规、规章规定必须审查的其他内容。

2. 施工阶段的质量控制

工程项目的施工是由投入资源(人力、材料、设备、机械)开始，通过施工建设生产，最终形成产品的过程。项目施工阶段是最终形成工程产品质量和工程使用价值的重要阶段。因此，施工阶段的质量控制是工程项目质量控制的重点。这个阶段的质量控制不仅要确保项目投入的材料、设备、工艺等要素符合规定的质量要求，而且要保证项目及各个部分都要符合项目质量要求，达到项目预定的质量目标。

房地产开发项目施工阶段的质量控制要点与主要内容如表8-7 所示。

表 8-7　房地产开发项目施工阶段的质量控制要点与主要内容

施工阶段	质量控制要点	主 要 内 容
施工准备阶段	组织设计交底和图纸会审	• 掌握关键工程部位的质量要求，确保工程质量，设计交底会议纪要、图纸会审会议纪要一经各方签认，即成为工程施工和监理的依据。

续表

施工阶段	质量控制要点	主　要　内　容
施工准备阶段	施工组织设计审查	● 施工方案(技术工艺方法、手段、流程)、施工进度计划、施工平面布置、施工措施等。
	施工生产要素配置审查	● 对项目所需的原材料、半成品、构配件及永久性设备等的质量控制; ● 对施工管理及作业人员的资质审查; ● 对项目施工机械设备的质量控制; ● 工程技术环境(水、电、安全防护设备、场地施工条件)和现场管理环境(组织结构、管理制度、人员配备等)的监督检查; ● 对工程拟采用的新技术、新工艺、新材料的审查与认定; ● 对测量基准点、参考坐标的确认,及构成测量放线的审核。
	审查项目开工申请	● 审查工程开工报告,确定是否符合开工条件,以避免由于开工准备不足而造成施工中途停工。
施工建设阶段	施工过程的监督检查	● 作业技术交底,包括作业技术要领、质量标准、施工依据、与前后工序的关系等。
	设计变更控制	● 控制设计变更对工程质量的影响,尽量做到主动监控,确认设计质量和变更后的工程质量满足设计规范要求。
	工序质量控制	● 检查施工工序的合理性、科学性,防止工序流程错误; ● 对施工过程中影响产品的使用功能与安全,或对下道工序影响较大的关键环节、薄弱部位设立质量管理点,使工序质量处于受控状态; ● 检查工序施工条件,即每道工序投入的材料、使用的工具和设备、操作工艺及环境条件是否符合施工组织设计的要求; ● 检查工序施工中人员操作程序、操作质量是否符合质量规程的要求; ● 检查工序施工中间产品的质量,即工序的质量和分项工程的质量; ● 监督和协调施工单位做好文明施工、安全施工。
	工程的检查验收	● 对工序质量符合要求的中间产品(分项工程)及时进行工序验收或隐蔽工程验收; ● 严格工序交接的"三检制"——自检、互检和专检; ● 严格工序的见证点和停工待检点进行见证和签证,质量合格的工序经验收后可进入下道工序施工。

续表

施工阶段	质量控制要点	主 要 内 容
竣工验收与移交	检查及竣工验收	● 按照规定的质量目标、设计规范以及建筑工程施工质量验收标准等要求，对完成的分部分项、单位工程进行检查验收； ● 按合同的约定负责采购供应的建筑材料、建筑构配件和设备，应符合设计文件和合同要求； ● 组织进行试用； ● 审核承包商提交的质量检验报告及有关技术性文件，审核承包商提交的竣工图。
	工程移交	● 待工程项目全部完成并通过验收后，组织对整个项目进行交接检查； ● 由施工单位向建设单位递送《房屋建筑工程质量保修书》； ● 进行有关工程质量的技术文件的整理、归档。

三、 房地产开发项目的施工质量保证与要素控制

（一）施工质量保证体系与管理制度

我国建设行政主管部门颁发的有关建设工程质量管理的主要制度有：

1. 建设工程质量监督管理制度

根据《建设工程质量管理条例》的规定，国家实行建设工程质量监督管理制度。国务院建设行政主管部门对全国的建设工程质量实施统一监督管理。国务院铁路、交通、水利等有关部门按照国务院规定的职责分工，负责对全国的有关专业建设工程质量的监督管理。县级以上地方人民政府建设行政主管部门对本行政区域内的建设工程质量实施监督管理。县级以上地方人民政府交通、水利等有关部门在各自的职责范围内，负责对本行政区域内的专业建设工程质量的监督管理。

建设工程质量监督管理，可以由建设行政主管部门或者其他有关部门委托的建设工程质量监督机构具体实施。从事房屋建筑工程和市政基础设施工程质量监督的机构，必须按照国家有关规定经国务院建设行政主管部门或者省、自治区、直辖市人民政府建设行政主管部门考核；从事专业建设工程质量监督的机构，必须按照国家有关规定经国务院有关部门或者省、自治区、直辖市人民政府有关部门考核。经考核合格后，方可实施质量监督。

政府对工程项目的质量监督，在决策阶段，主要是审批项目的建议书和可行性研究报告，以及项目的用地和场址的选择等；在设计阶段，主要是审核设计文件和图纸；在施工

阶段，政府对工程的质量监督主要是通过由政府认可的第三方质量监督机构依据法律、法规和工程建设强制性标准对工程的质量实施监督管理。其主要监督的内容是地基基础、主体结构、环境质量和与此相关的工程建设各方主体的质量行为。

2. 建设工程施工图设计文件审查制度

为了加强对房屋建筑工程、市政基础设施工程施工图设计文件审查的管理，提高工程勘察设计质量，《房屋建筑和市政基础设施工程施工图设计文件审查管理办法》规定，国家实施施工图设计文件(含勘察文件)审查制度。

根据《建设工程质量管理条例》规定，建设单位应当将施工图设计文件报县级以上人民政府主管部门或者其他有关部门审查。施工图设计文件未经审查批准，不得使用。从事房屋建筑工程、市政基础设施工程施工、监理等活动，以及实施对房屋建筑和市政基础设施工程质量安全监督管理，应当以审查合格的施工图为依据。

3. 工程竣工验收备案制度

为了加强房屋建筑和市政基础设施工程质量的管理，我国《建设工程质量管理条例》确立了工程竣工验收备案制度。根据《建设工程质量管理条例》和《房屋建筑工程和市政基础设施工程竣工验收备案管理暂行办法》的有关规定，建设单位应当在工程竣工验收合格后的 15 日内到县级以上人民政府建设行政主管部门或其他有关部门备案。

4. 工程质量事故报告制度

工程质量事故报告制度是根据《建设工程质量管理条例》确立的一项重要制度。建设工程发生质量事故，有关单位应当在 24 小时内向当地建设行政主管部门和其他有关部门报告。对重大质量事故，事故发生地的建设行政主管部门和其他有关部门应当按照事故类别和等级向当地人民政府和上级建设行政主管部门及其他有关部门报告。

为了规范生产安全事故的报告和调查处理，落实生产安全事故责任追究制度，防止和减少生产安全事故，2007 年，国务院颁布实施的《生产安全事故报告和调查处理条例》对事故报告、事故调查和事故处理作出详细规定。

5. 工程质量检举、报告、投诉制度

《中华人民共和国建筑法》和《建设工程质量管理条例》均明确规定：任何单位和个人对建筑工程的质量事故、质量缺陷都有权向建设行政主管部门或者其他有关部门进行检举、控告、投诉。

6. 建设工程质量保修制度

《中华人民共和国建筑法》规定，建筑工程实行质量保修制度。建筑工程的保修范围应当包括地基基础工程、主体结构工程、屋面防水工程和其他土建工程，以及电气管线、上下水管线的安装工程，供热、供冷系统工程等项目；保修的期限应当按照保证建筑物合理寿命年限内正常使用，维护使用者合法权益的原则确定。具体的保修范围和最低保修期限由国务院规定。工程自办理竣工验收手续后，在规定的期限内，因勘察设计、施工、材料等原因造成的工程质量缺陷(指工程不符合国家现行的有关技术标准、设计文件以及合同中对质量的要求），要由施工单位负责维修、更换。

7. 建设工程质量检测制度

为了加强对建设工程质量检测的管理，《建设工程质量检测管理办法》规定，国务院建设主管部门负责对全国质量检测活动实施监督管理，并负责制定检测机构资质标准。省、自治区、直辖市人民政府建设主管部门负责对本行政区域内的质量检测活动实施监督管理，并负责检测机构的资质审批。县级以上地方人民政府建设主管部门应当加强对检测机构的监督检查，工程质量检测的依据是国家有关法律、法规和工程建设强制性标准。主要检查内容包括资质标准、资质范围、资质证书的合法使用、检测报告的真实有效、检测的技术标准、计量认证要求等。

8. 建筑工程监理制度

《中华人民共和国建筑法》规定，国家推行建筑工程监理制度，并从法律上明确了监理制度的法律地位。建筑工程监理应当依照法律、行政法规及有关的技术标准、设计文件和建筑承包合同，代表建设单位对承包单位在施工质量、建设工期和建设资金使用等方面实施监督。

《工程建设监理规定》第三条明确指出：建设工程监理是指监理单位受项目法人的委托，依据国家批准的工程项目建设文件，有关工程建设的法律、法规和工程建设监理合同及其他工程建设合同，对工程建设实施的监督管理。工程建设监理的主要内容是控制工程建设的投资、建设工期和工程质量；进行工程建设合同管理，协调有关单位间的工作关系。《工程建设监理规定》明确规定了工程建设监理的范围。

（二）房地产开发项目质量的要素控制

施工生产要素（人、材料、机械、施工工艺/方法和环境，即4M1E）是施工质量形成的物质基础，也是影响工程项目质量的主要因素。因此，在施工阶段，对施工质量进行控制，就要从这五个方面着手，同时对其进行控制。

1. 人员的质量控制

对人员质量的控制包括：施工企业必须坚持执业资格注册制度和作业人员持证上岗制度；对所选派的施工项目领导者、组织者进行教育和培训，使其质量意识和组织管理能力能满足施工质量控制的要求；对所属施工队伍进行全员培训，加强质量意识的教育和技术训练，提高每个作业者的质量活动能力和自控能力；对分包单位进行严格的资质考核和施工人员的资格考核，其资质、资格必须符合相关法规的规定，与其分包的工程相适应。

2. 材料的质量控制

对原材料、半成品及工程设备进行质量控制的主要内容为：控制材料设备的性能、标准、技术参数与设计文件的相符性；控制材料、设备各项技术性能指标、检验测试指标与标准规范要求的相符性；控制材料、设备进场验收程序的正确性及质量文件资料的完备性；优先采用节能低碳的新型建筑材料和设备，禁止使用国家明令禁用的或淘汰的建筑材料和设备等。

3. 施工工艺的质量控制

对施工工艺方案的质量控制主要包括：一是深入正确地分析工程特征、技术关键及环境条件等资料，明确质量目标、验收标准、控制的重点和难点；二是制订合理有效的有针对性的施工技术方案和组织方案，前者包括施工工艺、施工方法，后者包括施工区段划分、施工流向及劳动组织等；三是合理选用施工机械设备和设置施工临时设施，合理布置施工总平面图和各阶段施工平面图；四是选用和设计保证质量和安全的模具、脚手架等施工设备；五是编制工程所采用的新材料、新技术、新工艺的专项技术方案的质量管理方案；六是针对工程具体情况，分析气象、地质等环境因素对施工的影响，制定应对措施。

4. 机械设备的质量控制

施工机械设备是所有施工方案和工法得以实施的重要物质基础，合理选择和正确使用施工机械设备是保证施工质量的重要措施。

（1）应根据工程需要从设备选型、主要性能参数及使用操作要求等方面加以控制，符合安全、适用、经济、可靠和节能、环保等方面的要求。

（2）对施工中使用的模具、脚手架等施工设备，除可按适用的标准定型选用之外，一般需按设计及施工要求进行专项设计，对其设计方案及制作质量的控制及验收应作为重点。

（3）按现行施工管理制度要求，工程所用的施工机械、模板、脚手架，特别是危险性较大的现场安装的起重机械设备，不仅要对其设计安装方案进行审批，而且安装完毕交付使用前必须经专业管理部门验收，合格后方可使用。

5. 施工环境的质量控制

环境的因素主要包括施工现场自然环境因素、施工质量管理环境因素和施工作业环境因素。

（1）施工现场自然环境因素的控制。对于地质、水文等方面，应根据设计要求，分析岩土工程地质条件，制定相应的施工质量保证措施（如基坑降水、排水、加固维护等）；对于天气的不利因素，应在施工方案中制定专项应急措施，并加强施工中的监控与预警。

（2）施工质量管理环境因素的控制。要根据工程承发包合同结构，理顺管理关系，建立统一的现场施工组织系统和质量管理的综合运行机制，确保质量体系处于良好的状态，创造良好的施工管理环境。

（3）施工作业环境因素的控制。在施工中，要全面分析影响施工作业环境的因素，认真实施经过批准的施工组织设计和施工方案，严格执行相关管理制度，对施工作业环境进行有效的控制。

第四节　房地产开发项目的其他管理

一、房地产开发项目的合同管理

（一）房地产开发项目的合同体系

在房地产项目开发过程中，为实现开发项目的总体目标，开发商需要与地方政府、勘察设计方、施工方、监理方、投资方、设备材料供应商以及消费者等签订相关合同，明确合同双方的权利、义务和责任。因此，房地产项目的开发建设过程就是一系列工程合同的订立与履行的过程。项目合同管理是在工程项目实施过程中对相关合同的策划、订立、履行、变更、索赔和争议解决的管理，是开发项目管理的核心，对整个开发项目实施起控制和保证作用。

按照开发项目的各方关系和实施阶段，项目的合同体系构成如图 8-6 所示。

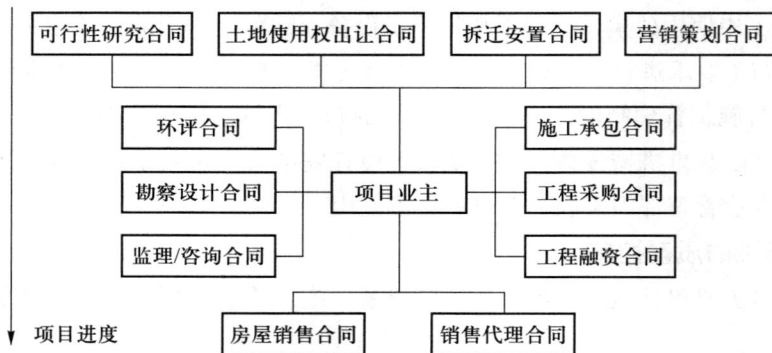

图 8-6　房地产开发项目的合同体系

（二）房地产开发项目合同管理的主要工作

1. 建立合同管理组织机构落实管理责任

开发商一般应成立专门的部门负责项目发包和合同管理工作，也可委托监理单位进行相关合同管理。

2. 合同策划

房地产开发项目从立项和规划设计开始，合同策划对整个项目的合同签订与实施、项目风险控制等有着重大的、方向性的影响，因此，合同策划是项目合同管理的关键，其主要包括策划内容、策划依据、策划过程以及合同类型选择等。合同策划的依据、内容、过程及合同种类选择等如表 8-8 所示。

表 8-8 合同策划的依据、内容、过程及合同种类选择

合同策划	控制要点
策划依据	<ul><li>项目要求：项目的界限目标；企业的经营战略；工程项目的类型、规模、特点及技术复杂程度等；工程质量、投资和进度（工期）要求；项目的盈利性、风险程变等；管理者或承包商的资信、管理水平和能力。</li><li>资源条件：人力、财力、机械设备等投入要素；环境资源等。</li><li>市场状况：采购策划过程中必须考虑采购条款、市场竞争程度等市场因素。</li></ul>
策划内容	<ul><li>将项目分解为合理、相对独立的合同，并明确合同范围。</li><li>选择合适的委托方式和承包方式。</li><li>选择恰当的合同种类、形式及条件。</li><li>明确合同中的一些重要条款。</li><li>慎重决策合同签订和实施过程中的一些重大问题。</li><li>协调项目的各类（个）合同在内容、实践、组织、技术上的关系。</li></ul>
策划过程	<ul><li>研究企业战略和项目实施战略，确定企业和项目对合同的要求。</li><li>确定合同的总体目标和原则。</li><li>分层次分对象对合同的一些重大问题进行研究，列出可能的各种选择，按照上述策划的依据，综合分析选择的利弊。</li><li>对合同的重大问题作出决策和安排，提出合同管理的相应措施。</li></ul>
合同种类选择	<ul><li>固定单价合同：该合同为单价优先，但对于工程量变化（按照实际工程量结算）的风险一般由开发商承担。</li><li>固定总价合同：合同总价优先，合同双方结算简单。开发商风险较小，只管项目总体目标，但对项目干预权限较小，而且投标价一般较高。</li><li>成本加酬金合同：合同的签订只能确定酬金比例，开发商也不承担全部工程量和价格的风险，应加强对工程的控制，参与方案的选择与决策，并有权对成本开支作出决策、监督和审查。</li></ul>

3. 建立合同实施的保证体系

建立合同实施的保证体系主要包括：一是建立专门的合同管理部门；二是将合同目标分解至具体部门，责任落实到人；三是组织项目相关人员学习、掌握合同文件；四是建立合同管理的工作程序，规范合同管理工作，使合同管理有序、协调进行；五是建立合同文档系统，系统收集、整理和归档项目建设实施中的一切资料、信息和文件；六是建立定期报告和行文制度，各种实施报告、书面文件、通知等均应有相应的交接手续和签证凭据等。

4. 完善合同履行的监督与控制

合同履行的监督与控制主要有：一是现场监督本单位各部门或协作人的工作，予以合同方面的帮助；二是对合同另一方当事人进行合同监督，协调与他们的合同关系；三是对

各种书面文件做合同方面的审查与控制；四是经常性解释合同，对合同中出现的特殊问题进行合同扩展分析；五是收集、整理、分析、归档保存各种合同文件资料；六是进行合同跟踪，了解合同实施情况，分析差异及其原因，对合同履行进程和结果进行检查，并提出处理措施。

5. 及时处理合同纠纷

在合同实施过程中，合同双方都在进行合同管理，都在寻找索赔机会。对于开发商而言，应当通过协商和合同约定的调节、仲裁、诉讼等方式，及时处理项目实施过程中的争议和纠纷，以达到弥补损失、保护自身正当权益、提高经济效益的目的。

（三）合同的全过程管理要点

1. 合同订立的管理

在项目招标及合同签订时，工程项目合同应尽量使用合同标准文本（如 FIDIC 条款模式，内容分为协议条款、通用条款、补充协议和附件等）。合同的经济条款应包括的内容有合同价款或委托酬金、计价依据、设计变更及现场签证、总价结算办法、工程保修协议等。参与合同策划起草、谈判和合同签订的各部门应当各负其责（如工程管理部门负责工期、质量等技术部分；成本管理部门负责合同条款、计价方式、付款方式等）。

通过招标确定项目合作方后，由工程师填写合同审批表，在征得有关部门同意（会签）后，经逐级上报审批，再下发经办部门执行。

2. 合同履行的管理

在工程项目合同签订之后，一般将主体合同的"工程合同摘要表"下发工程、成本、采购等部门进行合同交底，说明项目工期、质量、工程范围、付款方式、发包方的职责、总分包关系等，以便各部门之间的协调与配合。

合同履行中的控制关键环节是合同款的支付、合同变更管理和合同结算等。项目部的工程管理人员负责合同款支付的经办，填写付款申请、工程付款审批表等，经相关职能部门审核、企业领导审批后支付；合同款支付审批按其支付金额规模确定审批流程。工程进度款的支付流程如图 8-7 所示。

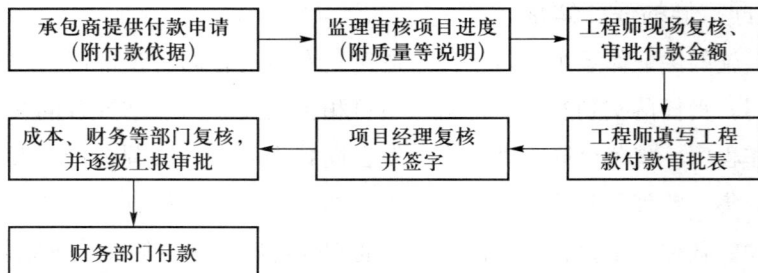

图 8-7 工程进度款的支付流程图

3. 合同档案的管理

合同文本归档保管应遵循及时整理、分类、归档、保存的原则，以便复查。

二、 房地产开发项目的安全管理

（一）施工安全管理的构架体系

1. 公司内部安全管理体系

《建筑法》《安全生产法》《建设工程安全生产管理条例》《生产安全事故报告和调查处理条例》《特种设备安全监察条例》《安全生产许可证条例》等建设工程相关法律法规对政府主管部门、相关企业及相关人员的建设工程安全生产和管理行为进行了全面的规范，为建设工程施工安全生产管理制度体系的建立奠定了基础。因此，依据现行的法律法规，通过建立各项安全生产管理制度体系规范建设工程参与各方的安全生产行为，提高建设工程安全生产管理水平，防止和避免安全事故的发生是非常重要的。

对于工程项目的安全管理，首先是企业内部应建立企业安全生产领导小组、安全管理专职部门以及项目部的安全管理三级组织体系。安全生产领导小组由企业的分管领导总负责，负责企业的安全制度与实施标准的审批、监督、协调与保障，同时负责各项目安全应急事故的指挥与决策；安全管理专职部门代表企业组织定期检查、评比，并在各项目之间进行交流和总结；项目部的安全管理主要是项目安全生产的直接管理部门，负责现场施工安全管理体系的建立和日常安全管理工作。

2. 项目安全管理组织框架

项目部应提出对监理单位和施工单位安全管理人员资格及岗位人员配置的具体要求，形成项目部、监理单位、施工单位的项目三级安全管理组织框架。项目部经理应在项目部内部组建安全管理小组，并确定安全管理的日常主管人员（安全部主任）；监理单位和施工单位根据项目部要求上报相关岗位及人员名单，经批准后不得擅自更改，如需要进行人员调整须书面形式上报项目部，经审核批准后方可更换。项目三级安全管理组织框架图如图8-8所示。

（二）项目施工安全管理制度与运作要点

1. 建立项目施工安全管理制度

要做好项目施工的安全管理，首先要建立完善的安全管理体系，包括制定、实施、审核和保持"安全第一，预防为主"方针和安全管理目标所需的组织结构、计划活动、职责、程序、过程和资源。施工项目安全管理的制度有安全技术交底制度、特殊工种持证上岗制度、安全检查制度、安全验收制度、安全预评价制度、安全生产责任制度、专项施工方案专家论证制度、安全生产教育培训制度、安全措施计划制度、生产安全事故报告和调

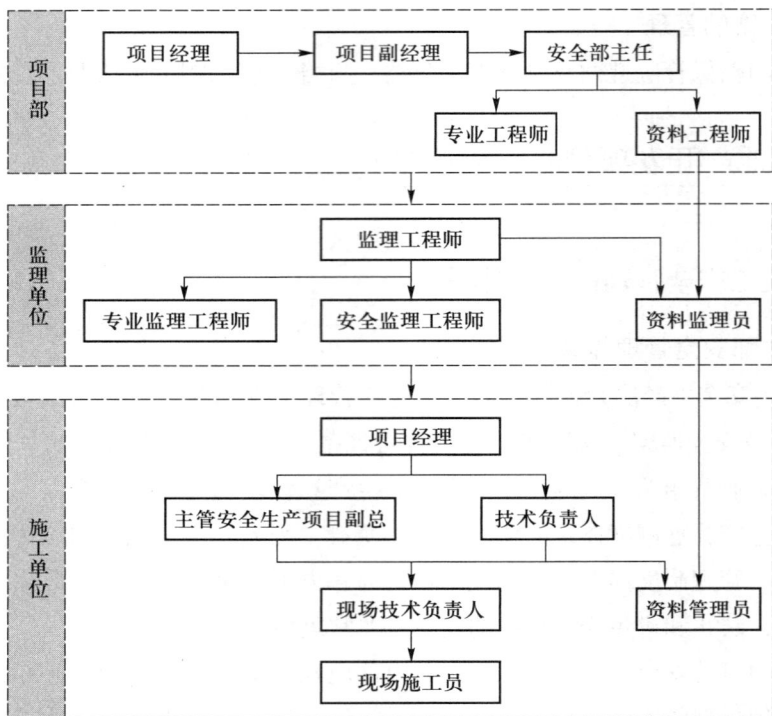

图 8-8 项目三级安全管理组织框架图

查处理制度、工伤和意外伤害保险制度等。

2. 项目施工安全管理制度的运行要点

一是明确安全生产目标，编制安全施工组织设计。项目部根据工程的实际情况，制定切实可行的安全施工目标，明确现场安全管理须达到的如安全经费投入、文明施工目标等标准。项目技术负责人必须编制相关的安全施工组织设计、方案，对现场安全施工起到有针对性的指导作用。二是开展现场安全技术交底和班组安全活动，加强施工人员的安全教育，提高安全意识、安全技术水平和应变能力。三是开展安全检查工作，发现隐患立即整改。项目施工现场是一个动态复杂的作业现场，安全检查是施工安全管理中必不可少的环节。因此，必须每天对项目施工现场进行检查，检查尺度要"严"和"准"，发现隐患后应立即按照相关规范、标准进行整改，消除隐患。四是定期做好现场安全考核工作。应成立项目经理主管的安全考评小组，针对项目施工现场逐级签订《安全生产责任书》，定期对现场施工管理人员进行考评，营造现场安全生产的良好氛围，并建立相应的约束和激励机制，以增强项目施工的安全意识和管理水平。

三、 房地产开发项目竣工验收管理

房地产开发项目竣工验收是指房地产开发项目经过承包商按照批准的设计文件和合同所规定的全部内容建成，达到建设单位的要求，符合验收标准，即工业项目经过投料试车

（带负荷运转）合格，形成生产能力的；非工业项目符合设计要求，能够正常使用的，通过组织验收，交付建设单位，并办理移交固定资产手续。项目竣工验收标志着项目的施工任务已全面完成。

（一）项目竣工验收的范围、依据、条件和质量标准

1. 工程项目竣工验收的范围

工程项目竣工验收的范围主要是设计文件和合同规定的所有内容，包括土地使用情况，以及单项工程、市政、绿化及公用设施等配套设施项目等。

2. 工程项目竣工验收的依据

（1）上级主管部门对该项目批准的各种文件，包括立项批文、项目可行性研究等；

（2）工程设计文件，包括施工图纸及说明、设备技术说明书等；

（3）国家颁布的现行施工验收规范、质量检验评定标准等各种标准和规范；

（4）合同文件；

（5）设计变更通知书和补充图；

（6）建筑安装工程统计规定及主管部门关于工程竣工的规定。

3. 工程项目竣工验收的条件

建设工程竣工验收应当具备下列条件：

（1）完成建设工程全部设计和合同约定的各项内容（包括配套工程和附属工程），达到使用要求；

（2）有完整的技术档案和施工管理资料；

（3）有工程使用的主要建筑材料、建筑构配件和设备的进场试验报告；

（4）有勘察、设计、施工、工程监理单位分别签署的质量合格文件；

（5）有施工单位签署的工程保修书。

不符合上述条件的工程，建设单位不得组织工程的竣工验收。

4. 工程项目竣工验收的质量标准

（1）合同约定的工程质量标准；

（2）单位工程应达到竣工验收的合格标准；

（3）单项工程达到使用条件或满足生产要求；

（4）建设项目能满足建成投入使用或生产的各项要求。

（二）项目竣工验收的流程与主要内容

1. 验收前的准备

（1）依据合同法律规定，施工单位应全面完成合同约定的工程施工任务，包括土建与设备安装、室内外装修、室外环境工程等；

（2）依据城建档案归档有关法规，建设单位应当通知城建档案机构对有关工程建设的

设计、施工过程中应归档的技术资料进行归档资料预验收；

（3）依据建筑工程安全生产档案管理法规，施工单位应当通知建设工程安全监督站进行安全生产和文明施工方面的验收评价。

2. 竣工验收

（1）工程完工后，施工单位按照有关工程竣工验收和评定标准，全面检查评定所承建的工程质量，并准备好建筑工程竣工验收有关工程质量评定的统一文表，同时准备好所有的工程质量保证资料，填好工程质量保证资料备查明细表，向建设单位提交工程竣工报告，申请工程竣工验收。

（2）实施监理的工程，工程竣工报告和质量评定文件、工程质量保证资料检查表格须经总监理工程师签署意见。监理单位应准备完整的监理资料，并对该工程的质量进行评估，填写工程质量评估报告。

（3）建设单位收到工程竣工报告后，对符合竣工验收要求的工程，组织勘察、设计、施工、监理等单位和其他有关方面的专家组成验收组，制订验收方案。

（4）建设单位应当在竣工验收7个工作日前将验收的时间、地点、验收组名单书面报送负责监督该工程的工程质量监督站，并向工程质量监督站递交"工程竣工验收条件审核表"。

（5）工程质量监督机构对验收条件进行审核，不符合验收条件的，发出整改通知书，待整改完毕再进行验收；符合验收条件的，可按原计划验收。

（6）建设单位组织工程竣工验收。具体的组织验收操作程序是：召开验收会，建设、勘察、设计、施工、监理单位分别汇报工程合同履约情况和在工程建设各个环节执行法律、法规和工程建设强制性标准的情况。审阅建设、勘察、设计、施工报告，实地查验工程质量。对工程勘察、设计、施工、设备安装质量和各个环节等方面作出全面评价，形成经验收组人员签署的工程竣工验收意见，载入"工程竣工验收报告"中。参与竣工验收的建设、勘察、设计、施工、监理各方不能形成一致意见时，应当协商提出解决办法。

（7）工程质量监督机构应当在工程竣工验收后5日内，向备查机关提交"工程质量监督报告"。

（8）移交竣工资料，办理工程移交手续。工程已正式组织验收，建设、设计、施工、监理和其他有关单位已在工程竣工验收报告上签认，工程竣工结算办完，承包人应与发包人办理工程移交手续。承包人向发包人移交钥匙时，工程室内外应清洁干净，达到窗明、地净、灯亮、水通、排污畅通、动力系统可以使用。

3. 政府行政职能主管部门验收

政府行政职能主管部门验收主要包括城市规划主管部门、消防监督部门、人防主管部门、环保主管部门以及档案管理机构的验收。这些不同的职能主管部门验收的侧重点和业务管理范围不同，但他们的验收程序基本一样。

（1）建设单位分别向各有关主管部门递交验收申请报告。

（2）主管部门安排现场查看。主要是检查项目建成效果是否符合主管部门在项目报建审核时所确定的要求和建设标准。查验出不符合要求的地方，及时提出整改意见。

（3）查验合格或整改合格者，由主管部门核发验收合格证明文件。这类验收合格证明文件，各部门较少有规定统一的格式。

4. 项目主管部门正式验收

对大型或限额以上建设项目，还需要由国家有关部门组成的验收委员会主持，业主及有关单位参加，进行正式验收。听取业主对项目建设的工作报告，审查竣工验收鉴定报告，签署《国家验收鉴定书》，对项目做出试验鉴定和对项目的可靠性作出结论。

5. 签署验收评价意见，进行验收备案

验收评价意见，是由建设单位组织工程勘察、设计、施工、监理单位在竣工验收会议上，对工程勘察、设计、施工、设备安装等各方面的管理和质量问题进行全面评价，经参与验收的各方面专家签署后形成的验收文件。验收评价意见要写入工程竣工验收报告中，作为工程质量评价资料，向建设行政主管部门备案后在城建档案馆存档，长期保存，以备日后需要时作为分析责任的材料及建筑物使用、维修、改扩建时参考、查阅。

（三）工程项目保修处理程序与经济责任

1. 工程项目保修处理程序

（1）发送保修证书。在工程竣工验收的同时（最迟不应超过一周），由施工单位向建设单位递送《房屋建筑工程质量保修书》。保修书的主要内容包括工程质量保修范围和内容、质量保修期、质量保修责任、保修费用以及双方约定的其他事项。此外，保修书还应附有保修单位（即施工单位）的名称、详细地址、电话、联系接待部门（如科、室）和联系人，以便与建设单位联系。

（2）质量问题处理。属于保修范围、内容的项目，承包人应在接到发包人的保修通知起7天内派人保修。承包人不在约定期限内派人保修，发包人可以委托其他人修理。发生紧急抢修事故时，承包人接到通知后应当立即到达事故现场抢修。涉及结构安全的质量问题，应当按照《房屋建筑工程质量保修办法》的规定，立即向当地建设行政主管部门报告，采取相应的安全防范措施。由原设计单位或具有相应资质等级的设计单位提出保修方案，承包人实施保修。

（3）验收。在发生问题的部位或项目修理完毕以后，要在保修书的"保修记录"栏内做好记录，并经建设单位验收签认，以表示修理工作完结。涉及结构安全的，应当报当地建设行政主管部门备案。

2. 保修的经济责任

（1）施工承包单位未按国家有关规范、标准和设计要求施工，造成的质量缺陷，由施工承包单位负责返修并承担经济责任。

（2）由于设计方面造成的质量缺陷，由设计单位承担经济责任，由施工单位负责维修，其费用按有关规定通过业主单位向设计单位索赔，不足部分由业主单位负责。

（3）因建筑材料、构配件和设备质量不合格引起的质量缺陷，属于施工承包单位采购的或经其验收同意的，由施工承包单位承担经济责任；属于业主单位采购的，由业主单位承担经济责任。

（4）因使用单位使用不当造成的质量缺陷，由使用单位自行负责。

（5）因地震、洪水、台风等不可抗拒原因造成的质量问题，施工单位、设计单位不承担经济责任。

本章小结

本章作为房地产开发项目管理与控制部分，首先介绍房地产开发项目成本管理与控制，包括项目成本管理与控制的内涵、原则和依据、程序，以及房地产开发项目各阶段成本控制的要点等；其次介绍房地产项目进度管理与控制，包括房地产开发项目进度管理与控制的内涵与影响因素、项目进度管理内容与工作程序、项目进度计划实施与全过程控制等；再次介绍房地产开发项目质量管理与控制，包括项目质量管理与控制的内涵与对象、项目各阶段的质量控制以及施工质量保证与要素控制等；最后介绍房地产开发项目的合同、安全以及竣工验收等管理。

练习题

一、即测即评

二、思考题

1. 工程项目成本管理与控制的基本内涵是什么？

2. 房地产开发项目成本管理与控制的原则和依据有哪些？

3. 简述房地产开发项目成本管理与控制的程序。

4. 简述房地产开发项目各阶段成本控制要点。

5. 工程进度管理与控制的基本内涵是什么？

6. 影响房地产开发项目进度的因素有哪些？

7. 简述房地产开发项目全过程控制的要点与内容。

8. 施工进度管理与控制的措施有哪些？

9. 工程项目质量管理与控制的基本内涵和特点是什么？

10. 房地产开发项目施工阶段的质量控制要点与主要内容有哪些？

11. 我国相关建设工程质量管理的主要制度有哪些？

12. 房地产开发项目合同管理的主要工作是什么？

13. 简述合同的全过程管理要点。

14. 施工安全管理的构架体系有哪些？ 项目施工安全管理制度与运作要点是什么？

15. 房地产开发项目竣工验收的范围、依据、条件和质量标准有哪些？

第九章

房地产开发经营中的税收管理

本章学习目标

□ 掌握：我国房地产开发经营的税费体系。

□ 熟悉：房地产业"营改增"的政策演进与解读；财产税负原理和财产税的理论基础。

□ 了解："营改增"对房地产市场的影响；房地产开发项目的其他相关税收优惠政策。

第一节　税收制度概述

一、税收与税收制度

（一）税收与税收制度的概念

税收是指政府依照法律规定，对个人或组织无偿征收实物或货币的总称。税收制度是国家以法律或法令形式确定的各种课税办法的总和，反映国家与纳税人之间的经济关系，是国家财政制度的主要内容，是国家以法律形式规定的各种税收法令和征收管理办法的总称。税收制度的内容包括税种的设计、各个税种的具体内容，如征税对象、纳税人、税率、纳税环节、纳税期限、违章处理等。一个国家制定什么样的税收制度，是由生产力发展水平、生产关系性质、经济管理体制以及税收应发挥的作用决定的。

（二）税收的基本特征

税收具有强制性、无偿性和固定性等基本特征。

1. 税收的强制性

税收的强制性是指税收参与社会物品的分配是依据国家的政治权力，而不是财产权利，即和生产资料的占有没有关系。具体表现在税收是以国家法律的形式规定的，而税收法律作为国家法律的组成部分，对不同的所有者都是普遍适用的，任何单位和个人都必须遵守，不依法纳税者要受到法律的制裁。我国宪法就明确规定，我国公民"有依法纳税的义务"。

2. 税收的无偿性

税收的无偿性主要表现在国家征税后税款即为国家所有，并不存在对纳税人的偿还问题，即税收不具有偿还性或返还性。但从财政活动的整体来看，税收是对政府提供公共物品和服务成本的补偿，这又反映出有偿性的一面。税收具有马克思所说的"从一个处于私人地位的生产者身上扣除的一切，又会直接或间接地用来为处于社会成员地位的这个生产者谋利益"的性质，即"取之于民，用之于民"，因此，税收的无偿性是相对的。

3. 税收的固定性

税收的固定性是指课税对象及每一单位课税对象的征收比例或征收数额是相对固定的，而且是以法律形式事先规定的，只能按预定标准征收，而不能无限度地征收。纳税人取得了应纳税的收入或发生了应纳税的行为，也必须按预定标准如数缴纳，而不能改变这个标准。同样，对税收的固定性也不能绝对化。随着社会经济条件的变化，具体的征税标准是可以改变的。

二、 财产税负原理

（一）财产税

财产税（property tax）是指对纳税人（法人或自然人）拥有和支配的财产课征的税收的总称。它伴随着私有财产制度和国家的起源而产生，一直是国外城市地方政府筹集财政收入的主要手段。

财产税的课税对象一般可分为不动产（如土地和土地上的改良物）以及动产两大类。动产又包括有形资产和无形资产，前者如耐用消费品、家具、车辆等，后者如股票、债券、借据、现金和银行存款等。

我国现行税制中的房产税、城镇土地使用税、土地增值税、契税和遗产税（目前没有立法开征）等都属于财产税。

对纳税人拥有的财产课征的税收有个别财产税和一般财产税两种形式：个别财产税是对纳税人拥有的不同财产分别课征的（如土地、房屋、机器设备等）一种财产税；一般财产税（又称财富税）是对纳税人的全部财产（少数生活必需品可以免税）减去负债后的价值余额按照统一的税率表进行综合课征的一种财产税。

财产税曾经是奴隶社会和封建社会时期国家财政收入的最主要来源。进入资本主义社会以后，其主体税种的地位逐步让位于流转税和所得税类。财产税类的衰落，是由其自身的局限性决定的：一是弹性小，不能适应社会经济发展的需要；二是课税对象有限；三是计税依据难以准确界定，税收征管难度大，税收成本较高。

财产税的特点主要有：

（1）土地、房屋等不动产位置固定，标志明显，作为课税对象具有收入上的可靠性和稳定性。

（2）纳税人的财产情况，一般当地政府较易了解，适宜由地方政府征收管理，有不少国家把这些税种划作地方税收。

（3）以财产所有者为纳税人，对于调节各阶层收入、贯彻应能负担原则、促进财产的有效利用有特殊的功能。

（二）财产税的理论基础

财产税是地方政府税收的主要来源。西方学者在财产税的税负归宿问题上大致形成传统观、受益观和资本税观三种观点。

1. 传统观

"传统观"以西蒙（Simon）和纳泽（Netezer）为代表，他们采取局部均衡的方法来分析财产税，并聚焦于该税对地方住房市场的经济效应。传统观点认为地方资本不承担任何的地方财产税，因为从长期来说资本会从征税的辖区流出，直至地方资本的税后收益等于全国的平均水平。因此，财产税的全部负担将由地方住房消费者以更高的住房价格的形式来承担，从而财产税无效地减少了地方的住房储备，并且它的负担被按比例地分配到住房消费上。

2. 受益观

"受益观"是蒂布特（Tiebout，1956）在《一个关于地方支出的纯理论》文中提出的，在给定地方政府的收入—支出模式下，居民们将迁入地方政府能最好满足自己偏好组合的社区。"用脚投票"代替了常见的对购买意愿进行检验的市场方式，揭示了居民们对公共产品的真正需求，居民们总是能找到其支出（税收）和其收益（地方公共产品供给）相匹配的社区（社区间公共产品的效率供给水平是由居民的"用脚投票"来实现的）。

3. 资本税观

"资本税观"是由Thomson（1965）、Mieszkowski（1972）和Aaron（1975）提出并发展起来的。资本税观认为财产税并不是一个有效的受益税，而是主要由资本所有者承担的扭曲性税收，其导致了辖区间的全国资本储备的错误配置。本地财产税收主要被视为对资本的征税，而不是作为本地公共服务的一项费用。因此，"资本税观"认为，财产税在房地产领域导致了资本的低回报。

受Tiebout的地方政府模型的影响，一些学者对财产税的"受益观"基本认同，并在随后的研究中转向地方政府财政和地方政府的行为研究，这些研究包括：财产税对居民"用脚投票"选择的影响，进而影响着地方政府公共服务的供给行为以及财政预算的决策；财产税对社区居民服务的影响；财政竞争对税收系统设计的影响；地方政府制定公共政策的角色等。除此之外，还有财产税对城市地区市场租金和市场商业及工业地产价值的影响，财产税对城市开发密度的影响，以及财产税对城市扩展的影响等。

在对财产税公平性、归宿及资本化的探讨中，经济学家们越来越趋于一致的是财产税是相对公平的，能促进对公共资源的效率配置，并能对房地产价值中因地方公共投资而升值的部分进行精确回收。

第二节　房地产开发经营的税收制度

▉ 一、　我国房地产开发经营的税费体系

房地产税收是指国家通过税务机关，或由税务机关委托通过房地产行政管理部门向负有房地产税缴纳义务的纳税义务人征收有关房地产税负的国家行为。房地产开发投资项目从获取土地、施工建设，到销售和运营，主要涉及的税费可按照开发、保有、交易等不同环节分为三大类，主要的税种有耕地占用税、土地增值税、城镇土地使用税、营业税（2016 年实行"营改增"）、城市维护建设税、教育费附加、固定资产投资方向调节税（2012 年废止）[1]、城市房地产税（2009 年废止）[2]、房产税、房地产印花税、契税、企业所得税和个人所得税等。而从征地开发到销售阶段，根据各地情况的不同大概有数十种税费项目。

1. 耕地占用税

耕地占用税（Farmland occupation tax）是我国对占用耕地建房或从事非农业建设的单位或个人所征收的一种税收。1987 年 4 月 1 日国务院发布并实施《中华人民共和国耕地占用税暂行条例》，征税目的在于限制非农业建设占用耕地，建立发展农业专项资金，促进农业生产的全面协调发展，合理利用土地资源，加强土地管理，保护耕地。国务院于 2007 年 12 月 1 日发布了重新修订的《中华人民共和国耕地占用税暂行条例》，财政部、国家税务总局于 2008 年 2 月 26 日发布了《中华人民共和国耕地占用税暂行条例实施细则》。2018 年 12 月 29 日第十三届全国人民代表大会常务委员会第七次会议通过《中华人民共和国耕地占用税法》（2019 年 9 月 1 日起施行，2007 年 12 月 1 日国务院发布的《中华人民共和国耕地占用

---

1. 2012 年 11 月 9 日公布的《国务院关于修改和废止部分行政法规的决定》（国务院令第 628 号）废止了《中华人民共和国固定资产投资方向调节税暂行条例》（1991 年 4 月 16 日中华人民共和国国务院令第 82 号发布）。

2. 2008 年 12 月 31 日，国务院总理温家宝签署第 546 号国务院令，宣布 1951 年 8 月 8 日政务院公布的《中华人民共和国城市房地产税暂行条例》自 2009 年 1 月 1 日起废止。自 2009 年 1 月 1 日起，外商投资企业、外国企业和组织以及外籍个人，依照《中华人民共和国房产税暂行条例》缴纳房产税。

税暂行条例》同时废止）。

耕地占用税纳税人是负有缴纳耕地占用税义务的单位和个人，包括在我国境内占用耕地建房或者从事其他非农业建设的单位和个人。占用耕地建房或者从事非农业建设的单位或者个人，为耕地占用税的纳税人，应当依照相关法律规定缴纳耕地占用税。

耕地占用税以纳税人实际占用的耕地面积为计税依据，按照规定的适用税额（采用定额税率）一次性征收，应纳税额为纳税人实际占用的耕地面积（平方米）乘以适用税额。各地区耕地占用税的适用税额，由省、自治区、直辖市人民政府根据人均耕地面积和经济发展等情况，各省、自治区、直辖市耕地占用税适用税额的平均水平确定。对经济特区、经济技术开发区和经济发达、人均占有耕地特别少的地区，可按规定的税额适当提高，但最高不得高于50%。占用基本农田的，加按150%征收。

国务院财政、税务主管部门根据人均耕地面积和经济发展情况确定各省、自治区、直辖市的平均税额（在税率设计上采用了地区差别定额税率）。占用园地、林地、草地、农田水利用地、养殖水面、渔业水域滩涂以及其他农用地建设建筑物、构筑物或者从事非农业建设的，依照法律规定缴纳耕地占用税。

开征耕地占用税是为了合理利用土地资源，加强土地管理，保护农用耕地。但有下列情形的，免征耕地占用税：

（1）军事设施占用耕地。

（2）学校、幼儿园、社会福利机构、医院机构占用耕地。

此外，农村居民在规定用地标准以内占用耕地新建自用住宅，按照当地适用税额减半征收耕地占用税；其中农村居民经批准搬迁，新建自用住宅占用耕地不超过原宅基地面积的部分，免征耕地占用税。

2. 土地增值税

土地增值税（Land value increment tax）是指转让国有土地使用权、地上的建筑物及其附着物并取得收入的单位和个人，以转让所取得的收入包括货币收入、实物收入和其他收入减去法定扣除项目金额后的增值额为计税依据向国家缴纳的一种税负，不包括以继承、赠予方式无偿转让房地产的行为。

纳税人为转让国有土地使用权及地上建筑物和其他附着物产权并取得收入的单位和个人。征税对象是指有偿转让国有土地使用权及地上建筑物和其他附着物产权所取得的增值额。土地价格增值额是指转让房地产取得的收入减除规定的房地产开发成本、费用等支出后的余额。土地增值税是为了规范土地、房地产市场交易秩序，合理调节土地增值收益，维护国家权益。

根据《中华人民共和国土地增值税暂行条例》（1993年国务院第138号令，2011年1月8日修订）和《中华人民共和国土地增值税暂行条例实施细则》规定，土地增值税按照纳税人转让房地产所取得的增值额和四级超率累进税率计算征收，即可按增值额乘以适用的税率减去扣除项目金额乘以速算扣除系数的简便方法计算，具体公式如下：

（1）增值额未超过扣除项目金额 50%的部分，税率为 30%。

$$土地增值税税额=增值额×30% \tag{9-1}$$

（2）增值额超过扣除项目金额 50%但未超过扣除项目金额 100%的部分，税率为 40%。

$$土地增值税税额=增值额×40%-扣除项目金额×5% \tag{9-2}$$

（3）增值额超过扣除项目金额 100%但未超过扣除项目金额 200%的部分，税率为 50%。

$$土地增值税税额=增值额×50%-扣除项目金额×15% \tag{9-3}$$

（4）增值额超过扣除项目金额 200%的部分，税率为 60%。

$$土地增值税税额=增值额×60%-扣除项目金额×35% \tag{9-4}$$

上述公式中的 5%、15%、35%为速算扣除系数[1]。

增值额是指纳税人转让房地产所取得的收入（包括货币收入、实物收入和其他收入）减去法定扣除项目金额后的余额。

计算增值额的扣除项目：

（1）取得土地使用权所支付的金额（指纳税人为取得土地使用权所支付的地价款和按国家统一规定缴纳的有关费用）。

（2）开发土地和新建房及配套设施的成本、费用（成本指纳税人房地产开发项目实际发生的成本，包括土地征用及拆迁补偿费、前期工程费、建筑安装工程费、基础设施费、公共配套设施费、开发间接费用。费用指与房地产开发项目有关的销售费用、管理费用、财务费用）。

（3）旧房及建筑物的评估价格（指在转让已使用的房屋及建筑物时，由政府批准设立的房地产评估机构评定的重置成本价乘以成新度折扣率后的价格。评估价格须经当地税务机关确认）。

（4）与转让房地产有关的税金（指在转让房地产时缴纳的营业税、城市维护建设税、印花税。因转让房地产交纳的教育费附加，也可视同税金予以扣除）。

（5）财政部规定的其他扣除项目。

当有下列情形之一的，免征土地增值税：

（1）纳税人建造普通标准住宅出售，增值额未超过扣除项目金额 20%的。

（2）因国家建设需要依法征用、收回的房地产。

土地增值税由税务机关征收。土地管理部门、房产管理部门应当向税务机关提供有关资料，并协助税务机关依法征收土地增值税。

3. 城镇土地使用税

城镇土地使用税是指对在城市、县城、建制镇和工矿区范围内使用土地的单位和个

---

1. 速算扣除系数是指为解决超额累进税率分级计算税额的复杂技术问题，而预先计算出的一个数据，是按全额累进税率计算的税额和按超额累进税率计算的税额相减后的一个差数。

人，按实际占用的土地面积征收的一种税。开征城镇土地使用税，有利于通过经济手段，加强对土地的管理，变土地的无偿使用为有偿使用，促进合理、节约使用土地，提高土地使用效益。1988 年 9 月 27 日国务院发布了《中华人民共和国城镇土地使用税暂行条例》（国务院第 17 号令），并规定从 1988 年 11 月 1 日起施行。2006 年 12 月 31 日国务院发布对其进行的第一次修订；2011 年 1 月 8 日发布对其进行的第二次修订；2013 年 12 月 7 日发布对其进行的第三次修订；2019 年 3 月 2 日发布对其进行的第四次修订。

城镇土地使用税以在城市、县城、建制镇、工矿区范围内使用土地的单位和个人为纳税人；土地使用税以纳税人实际占用的土地面积为计税依据，依照规定税额计算征收。

城镇土地使用税采用有幅度的差别定额税率，即按大、中、小城市和县城、建制镇、工矿区分别规定不同的税额。

《中华人民共和国城镇土地使用税暂行条例》规定的每平方米土地的年税额为：

（1）大城市 1.5~30 元。

（2）中等城市 1.2~24 元。

（3）小城市 0.9~18 元。

（4）县城、建制镇、工矿区 0.6~12 元。

$$年应纳税额 = 计税土地面积(平方米) \times 适用税额 \tag{9-5}$$

考虑到一些地区经济较为落后，需要适当降低税额，以及一些经济发达地区需要适当提高税额的情况，城镇土地使用税暂行条例规定，经济落后地区土地使用税的适用税额，经省、自治区、直辖市人民政府批准，可以适当降低，但降低额不得超过条例规定的最低税额的 30%；经济发达地区的土地使用税的适用税额标准可以适当提高，但须报财政部批准。

对某些特定纳税人和特定用地给予减征或免征城镇土地使用税的优惠。《中华人民共和国城镇土地使用税暂行条例》第六条规定，下列土地免缴土地使用税：

（1）国家机关、人民团体、军队自用的土地；

（2）由国家财政部门拨付事业经费的单位自用的土地；

（3）宗教寺庙、公园、名胜古迹自用的土地；

（4）市政街道、广场、绿化地带等公共用地；

（5）直接用于农、林、牧、渔业的生产用地；

（6）经批准开山填海整治的土地和改造的废弃土地，从使用的月份起免缴土地使用税 5 年至 10 年；

（7）由财政部另行规定免税的能源、交通、水利设施用地和其他用地。

除上述规定外，纳税人缴纳土地使用税确有困难需要定期减免的，由县以上税务机关批准。

《中华人民共和国城镇土地使用税暂行条例》第九条规定，新征收的土地，依照下列规定缴纳土地使用税：

（1）征收的耕地，自批准征收之日起满 1 年时开始缴纳土地使用税；

（2）征收的非耕地，自批准征收次月起缴纳土地使用税。

4. 营业税

营业税是对在中国境内提供应税劳务、转让无形资产或销售不动产的单位和个人，就其所取得的营业额征收的一种税，属于流转税制中的一个主要税种。房地产营业税是指针对企业出售和个人转让房地产的税收。

中华人民共和国成立后，废止旧的营业税，于 1950 年公布《工商业税暂行条例》。其中规定，凡在中国境内的工商营利事业，均应按营业额于营业行为所在地缴纳营业税。1958 年至 1984 年，营业税不作为独立税种，而在试行的工商统一税及后来试行的工商税中设置若干税目征收。1984 年恢复征收营业税。1993 年 12 月 13 日国务院发布《中华人民共和国营业税暂行条例》，自 1994 年 1 月 1 日起施行，2008 年 11 月 5 日国务院第 34 次常务会议修订通过。

营业税的征税范围是在中华人民共和国境内提供应税劳务（主要指的是建筑业、交通运输业、邮电通信业、文化体育业、金融保险业、娱乐业、服务业等）以及销售不动产或转让无形资产的单位和个人。

纳税人提供应税劳务、转让无形资产或者销售不动产，按照营业额和规定的税率计算应纳税额。应纳税额计算公式：

$$应纳税额 = 营业额 \times 税率 \tag{9-6}$$

营业税的税率，是根据不同的行业和不同的经营业务，按照这些行业在国民经济中的作用程度、基本保持原总体税负水平、简便的原则进行设计的。具体税率分为 4 档：

（1）交通运输业、建筑业、邮电业、文化体育业 4 个税目的税率为 3%。

（2）金融保险业的税率为 5%（1997 年调为 8%，2001 年减为 7%，2002 年减为 6%，2003 年及以后减为 5%）。

（3）服务业、转让无形资产、销售不动产 3 个税目的税率为 5%。

（4）娱乐业税目的税率为 5% 至 20%，具体适用税率由省级人民政府确定。

2011 年 11 月 16 日，经国务院批准，财政部、国家税务总局联合下发《营业税改征增值税试点方案》。从 2012 年 1 月 1 日起，在上海交通运输业和部分现代服务业开展营业税改增值税试点。2016 年 3 月 18 日召开的国务院常务会议决定，2016 年 3 月 24 日财政部、国家税务总局联合下发《关于全面推开营业税改征增值税试点的通知》，自 2016 年 5 月 1 日起，中国将全面推开"营改增"试点，将建筑业、房地产业、金融业、生活服务业全部纳入"营改增"试点。2017 年 10 月 30 日，国务院常务会议通过《国务院关于废止〈中华人民共和国营业税暂行条例〉和修改〈中华人民共和国增值税暂行条例〉的决定》，标志着实施 60 多年的营业税正式退出历史舞台，增值税制度将更加规范。

5. 城市维护建设税

城市维护建设税（即城建税）是我国为了加强城市的维护建设，扩大和稳定城市维护建设资金的来源开征的一个税种。城市维护建设税是 1984 年工商税制全面改革中设置的一个新税种。1985 年 2 月 8 日，国务院发布《中华人民共和国城市维护建设税暂行条例》；2011 年 1 月 8 日，根据国务院第 588 号令对其进行修订。其主要目的是加强城市的维护建设，扩大和稳定城市维护建设资金的来源；随着工业化进程，环境污染和环境破坏的加剧，它也被作为地方政府治理环境问题的宏观政策手段而被重新定位。根据《国务院关于统一内外资企业和个人城市维护建设税和教育费附加制度的通知》，自 2010 年 12 月 1 日起，对外商投资企业、外国企业及外籍个人征收城市维护建设税和教育费附加[1]。2021 年 9 月 1 日，《中华人民共和国城市维护建设税法》施行，《中华人民共和国城市维护建设税暂行条例》同时废止。

计算城市维护建设税，原规定以纳税人实际缴纳的产品税、增值税、营业税三种税的税额为计税依据，1994 年税制改革后，改为以纳税人实际缴纳的增值税、消费税、营业税（2016 年 5 月起全面实行营业税改增值税，营业税全面取消）税额为计税依据。

城市维护建设税与其他税种不同，没有独立的征税对象或税基，而是以增值税、消费税"二税"实际缴纳的税额之和为计税依据，其本质上属于一种附加税。

$$应纳税额 = (增值税 + 消费税) \times 适用税率 \qquad (9-7)$$

城建税是根据城市维护建设资金的不同层次的需要而设计的，实行分区域的差别比例税率，即按纳税人所在城市、县城或镇等不同的行政区域分别规定不同的比例税率。具体规定为：

（1）纳税人所在地在市区的，税率为 7%；

（2）纳税人所在地在县城、镇的，税率为 5%；

（3）纳税人所在地不在市区、县城或镇的，税率为 1%。

城市市区、县城和建制镇的具体范围的确定，应当严格按照现行行政区划的划分标准执行，不能随意扩大或缩小各自行政区域的所辖范围。除另有规定外，纳税人缴纳城市维护建设税的税率，一律执行纳税人所在地的税率。在同一地区，只能执行同一档次的税率，不能因企业隶属关系、企业规模和行业性质不同，而执行不同的税率。

城建税以"二税"的实缴税额为计税依据征收，一般不规定减免税。财政部、国家税务总局出台对于城市维护建设税的减免政策，对下列情况可免征城建税：

（1）海关对进口商品代征的流转税，免征城建税（财税字〔1985〕69 号）。

（2）从 1994 年起，对三峡工程建设基金，免征城建税（财税字〔1994〕008 号、财税字〔1997〕58 号）。

（3）国家重大水利工程建设基金免征城市维护建设税（财税〔2010〕44 号）。

---

1. 2010 年 12 月 1 日前，对中外合资企业和外资企业暂不征收城建税。

6. 教育费附加

教育费附加是由税务机关负责征收，同级教育部门统筹安排，同级财政部门监督管理，专门用于发展地方教育事业的预算外资金。和城市维护建设税一样，教育费附加是对缴纳增值税、消费税的单位和个人征收的一种附加费。

1985 年，中共中央做出了《关于教育体制改革的决定》，指出国家增拨教育经费的同时，开辟多种渠道筹措经费。国务院于 1986 年 4 月 28 日颁布了《征收教育费附加的暂行规定》，并于 1986 年 7 月 1 日起，以各单位和个人实际缴纳的增值税、营业税、消费税总额的 2% 计征。1994 年国务院发布的《国务院关于教育费附加征收问题的紧急通知》规定，从 1994 年 1 月 1 日起，教育费附加率提高为 3%。2005 年国务院《关于修改〈征收教育费附加的暂行规定〉的决定》对《征收教育费附加的暂行规定》做出修订，教育费附加以各单位和个人实际缴纳的增值税、营业税、消费税的税额为计征依据，教育费附加率为 3%，分别与增值税、营业税、消费税同时缴纳。2011 年 1 月 8 日国务院对《征收教育费附加的暂行规定》进行了第三次修订。

教育费附加纳入预算管理，作为教育专项资金，根据"先收后支、列收列支、收支平衡"的原则使用和管理。任何地区、部门不得擅自提高或者降低教育费附加率。

地方征收的教育费附加，按专项资金管理，由教育部门统筹安排，提出分配方案，经同级财政部门同意后，用于改善中小学教学设施和办学条件，不得用于职工福利和发放奖金。

教育费附加以纳税人实际缴纳的增值税、消费税的税额为计费依据。

$$应纳教育费附加 = (实际缴纳的增值税 + 消费税) \times 3\% \tag{9-8}$$

2010 年，国务院《关于统一内外资企业和个人城市维护建设税和教育费附加制度的通知》和财政部、国家税务总局《关于对外资企业征收城市维护建设税和教育费附加有关问题的通知》文件明确了外商投资企业、外国企业和外籍人员适用于现行有效的城市维护建设税和教育费附加政策规定，凡是缴纳增值税、消费税和营业税的外商投资企业、外国企业和外籍人员纳税人均需按规定缴纳城市维护建设税和教育费附加。

7. 房产税

房产税是以房屋为征税对象，按房屋的计税余值或租金收入为计税依据，向产权所有人征收的一种财产税[1]。中华人民共和国成立后，1950 年 1 月政务院公布的《全国税政实施要则》，规定全国统一征收房产税，同年 6 月，将房产税和地产税合并为房地产税。1951 年 8 月 8 日，政务院颁布了《中华人民共和国城市房地产税暂行条例》[2]，其中规定对房产征

---

1. 对房屋征税，我国自古有之。周朝的"廛（chán，古代城市平民的房地）布"，唐朝的间架税，清朝初期的"市廛输钞""计檩输钞"，清末和民国时期的"房捐"等，都是对房屋征税。

2. 2008 年 12 月 31 日，时任国务院总理温家宝签署第 546 号国务院令，《中华人民共和国城市房地产税暂行条例》自 2009 年 1 月 1 日起废止。自 2009 年 1 月 1 日起，外商投资企业、外国企业和组织以及外籍个人，依照《中华人民共和国房产税暂行条例》缴纳房产税。

收房产税，对土地征收地产税；对房价、地价不易划分的，征收地产税。1973年简化税制，将试行工商税的企业缴纳的城市房地产税并入工商税，只对有房产的个人、外国侨民和房地产管理部门继续征收城市房地产税。1984年10月，国营企业实行第二步利改税和全国改革工商税制时，确定对企业恢复征收城市房地产税（同时，鉴于中国城市土地的所有权属于国有，使用者没有土地产权的实际情况，将城市房地产税分为房产税和土地使用税）。1986年9月15日，国务院发布《中华人民共和国房产税暂行条例》，从当年10月1日起施行，对在中国有房产的外商投资企业、外国企业和外籍人员仍征收城市房地产税。2011年1月8日根据国务院第588号令，该条例进行了修订。

根据《中华人民共和国房产税暂行条例》规定，房产税在城市、县城、建制镇和工矿区征收。房产税按年征收、分期缴纳。纳税期限由省、自治区、直辖市人民政府规定。房产税的征收管理，依照《中华人民共和国税收征收管理法》（第七届全国人民代表大会常务委员会第二十七次会议于1992年9月4日通过，自1993年1月1日起施行，2015年4月24日第十二届全国人民代表大会常务委员会第十四次会议修正）的规定办理。

房产税依照房产原值一次减除10%至30%后的余值计算缴纳。具体减除幅度，由省、自治区、直辖市人民政府规定。没有房产原值作为依据的，由房产所在地税务机关参考同类房产核定。

房产出租的，以房产租金收入为房产税的计税依据。

房产税的税率，依照房产余值计算缴纳的，税率为1.2%；依照房产租金收入计算缴纳的，税率为12%。

根据《中华人民共和国房产税暂行条例》第五条规定，下列房产免纳房产税：

（1）国家机关、人民团体、军队自用的房产；

（2）由国家财政部门拨付事业经费的单位自用的房产；

（3）宗教寺庙、公园、名胜古迹自用的房产；

（4）个人所有非营业用的房产；

（5）经财政部批准免税的其他房产。

此外，纳税人纳税确有困难的，可由省、自治区、直辖市人民政府确定，定期减征或者免征房产税。

8. 房地产印花税

房地产印花税是指因房地产买卖，房地产产权变动、转移等而对书立或领受房地产凭证的单位和个人征收的一种税负。房地产印花税的征税凭证主要包括：具有房地产买卖合同性质的凭证；房地产产权转让书据；房地产权利许可证明；房地产经营账簿；经财政部确定征税的其他凭证。

1988年8月6日颁布《中华人民共和国印花税暂行条例》，于1988年10月1日起实施，并于2011年1月8日根据国务院令第588号修订。2021年6月10日，十三届全国人大常委会第二十九次会议表决通过《中华人民共和国印花税法》，自2022年7月1日起施行，房地产印花税的主要内容如下：

（1）纳税主体。房地产印花税的纳税人是在我国境内书立、领受应税房地产凭证的单位和个人以及在国外书立、受我国法律保护、在我国境内适用的应税房地产凭证的单位和个人。

（2）计税依据。房地产印花税的征税对象是特定行为，而其计税依据则是该种行为所负载的资金量或实物量，其中房地产产权转移书据印花税的计税依据是书据所载金额；房地产权利证书（包括房屋产权证和土地使用证）印花税的计税依据则是按件计收；房屋租赁合同印花税的计税依据是租赁金额；房产购销合同的计税依据是购销金额。

（3）税率。房地产印花税的税率有两种：第一种是比例税率，适用于房地产产权转移书据，税率为 0.05%，同时适用于房屋租赁合同，税率为 0.1%，房产购销合同，税率为 0.03%；第二种是定额税率，适用于房地产权利证书，包括房屋产权证和土地使用证，税率为每件 5 元。

（4）减税免税。免纳房地产印花税的情况包括：第一，已缴纳印花税的凭证的副本或者抄本，但以副本或者抄本视同正本使用的，应另贴印花；第二，财产所有人将财产赠给政府、社会福利单位、学校所立的书据；第三，经财政部批准免税的其他凭证。

9. 契税

契税是以所有权发生转移变动的不动产为征税对象，向产权承受人征收的一种财产税。契税的纳税义务人是指在我国境内转移土地、房屋权属，承受的单位和个人。应缴税范围包括国有土地使用权出让、土地使用权转让（包括出售、赠与和交换；不包括农村集体土地承包经营权的转移）、房屋买卖、房屋赠与、房屋交换等。现行的《中华人民共和国契税暂行条例》于 1997 年 10 月 1 日起施行。2021 年 9 月 1 日起，《中华人民共和国契税法》施行，《中华人民共和国契税暂行条例》同时废止。

《中华人民共和国契税法》第四条规定契税的计税依据如下：

（1）土地使用权出让、出售，房屋买卖，为土地、房屋权属转移合同确定的成交价格，包括应交付的货币以及实物、其他经济利益对应的价款；

（2）土地使用权互换、房屋互换，为所互换的土地使用权、房屋价格的差额；

（3）土地使用权赠与、房屋赠与以及其他没有价格的转移土地、房屋权属行为，为税务机关参照土地使用权出售、房屋买卖的市场价格依法核定的价格。

应纳税额计算公式：

$$应纳税额 = 计税依据 \times 税率 \tag{9-9}$$

契税税率为 3%~5%[1]。

有下列情形之一的，免征契税：

---

1. 考虑到中国经济发展的不平衡，各地经济差别较大的实际情况，各省、自治区、直辖市人民政府可以按照该地区的实际情况在 3%~5% 的幅度税率规定范围内决定。

（1）国家机关、事业单位、社会团体、军事单位承受土地、房屋权属用于办公、教学、医疗、科研、军事设施；

（2）非营利性的学校、医疗机构、社会福利机构承受土地、房屋权属用于办公、教学、医疗、科研、养老、救助；

（3）承受荒山、荒地、荒滩土地使用权用于农、林、牧、渔业生产；

（4）婚姻关系存续期间夫妻之间变更土地、房屋权属；

（5）法定继承人通过继承承受土地、房屋权属；

（6）依照法律规定应当予以免税的外国驻华使馆、领事馆和国际组织驻华代表机构承受土地、房屋权属。

国家税务总局《关于加强房地产交易个人无偿赠与不动产税收管理有关问题的通知》中第一条第二款明确规定："对于个人无偿赠与不动产行为，应对受赠人全额征收契税。"赠与房产的契税是全额征收的，即由受领人按照3%的比例缴纳。

10. 企业所得税

企业所得税是指对中华人民共和国境内的企业（居民企业及非居民企业）和其他取得收入的组织以其生产经营所得为课税对象所征收的一种所得税。作为企业所得税纳税人，应依照《中华人民共和国企业所得税法》缴纳企业所得税，但个人独资企业及合伙企业除外。

1993年国务院将《中华人民共和国国营企业所得税条例（草案）》《国营企业调节税征收办法》《中华人民共和国集体企业所得税暂行条例》和《中华人民共和国私营企业所得税暂行条例》进行整合，发布了《中华人民共和国企业所得税暂行条例》，自1994年1月1日起施行。这标志着中国的所得税制度改革向着法制化、科学化和规范化的方向迈进。

2007年3月16日中华人民共和国第十届全国人民代表大会第五次会议通过并颁布《中华人民共和国企业所得税法》，自2008年1月1日起施行。《中华人民共和国企业所得税暂行条例》同时废止。2007年11月28日国务院第197次常务会议通过《中华人民共和国企业所得税法实施条例》。2017年2月24日，第十二届全国人民代表大会常务委员会第二十六次会议通过对《中华人民共和国企业所得税法》的第一次修正。2018年12月29日第十三届全国人民代表大会常务委员会第七次会议通过对其的第二次修正。

企业每一纳税年度的收入总额，减除不征税收入、免税收入、各项扣除以及允许弥补的以前年度亏损后的余额，为应纳税所得额。

$$应纳税所得额＝收入总额-准予扣除项目金额 \qquad (9-10)$$

企业所得税法规定：收入总额中的财政拨款、依法收取并纳入财政管理的行政事业性收费、政府性基金、国务院规定的其他不征税收入等为不征税收入。企业发生的公益性捐赠支出，在年度利润总额12%以内的部分，准予在计算应纳税所得额时扣除。在计算应纳税所得额时，企业按照规定计算的固定资产折旧、无形资产摊销费用，以及作为长期待摊费用按照规定摊销的，准予扣除。

企业应纳税额＝企业应纳税所得额×适用税率－税收优惠(减免/抵免)　　(9-11)

企业所得税的税率为25%的比例税率；符合条件的小型微利企业，减按20%的税率征收企业所得税；国家需要重点扶持的高新技术企业，减按15%的税率征收企业所得税。企业所得税法规定：国家对重点扶持和鼓励发展的产业和项目，给予企业所得税优惠。企业的下列收入为免税收入：

(1) 国债利息收入；

(2) 符合条件的居民企业之间的股息、红利等权益性投资收益；

(3) 在中国境内设立机构、场所的非居民企业从居民企业取得与该机构、场所有实际联系的股息、红利等权益性投资收益；

(4) 符合条件的非营利组织的收入。

企业的下列所得，可以免征、减征企业所得税：

(1) 从事农、林、牧、渔业项目的所得；

(2) 从事国家重点扶持的公共基础设施项目投资经营的所得；

(3) 从事符合条件的环境保护、节能节水项目的所得；

(4) 符合条件的技术转让所得；

(5)《中华人民共和国企业所得税法》第三条第三款规定的所得。

11. 个人所得税

个人所得税是国家对本国公民、居住在本国境内的个人的所得和境外个人来源于本国的所得征收的一种所得税。1950年1月，政务院公布的《全国税政实施要则》中就列举有对个人所得课税的税种(薪给报酬所得税)。1980年9月10日，第五届全国人民代表大会第三次会议通过并公布了《中华人民共和国个人所得税法》，标志着我国的个人所得税制度的建立，并分别在1993年、1999年、2005年、2007年(6月29日发布年内第一次修正.12月29日发布年内第二次修正)、2011年和2018年经过全国人民代表大会常务委员会七次修正。

我国个人所得税的纳税义务人是在中国境内居住有所得的人，以及不在中国境内居住而从中国境内取得所得的个人。

关于个人住房转让个人所得税，根据《中华人民共和国个人所得税法》及其实施条例规定，个人转让住房，以其转让收入额减除财产原值和合理费用后的余额为应纳税所得额，按照"财产转让所得"项目缴纳个人所得税，税率是20%。税务机关应当根据不动产登记等相关信息核验应缴的个人所得税，登记机构办理转移登记时，应当查验与该不动产转让相关的个人所得税的完税凭证。

根据国家税务总局《关于个人住房转让所得征收个人所得税有关问题的通知》的规定，对转让住房收入计算个人所得税应纳税所得额时，纳税人可凭原购房合同、发票等有效凭证，经税务机关审核后，允许从其转让收入中减除房屋原值、转让住房过程中缴纳的税金及有关合理费用。纳税人未提供完整、准确的房屋原值凭证，不能正确计算房屋原值和应纳税额的，税务机关可根据《中华人民共和国税收征收管理法》的相关规定，对其实行核定征税，即按纳税人住房转让收入的一定比例核定应纳个人所得税额。具体比例由省级地方税务局或者省级地方税务局授权的地市级地方税务局根据纳税人出售住房的所处区域、地理位置、建造时间、房屋类型、住房平均价格水平等因素，在住房转让收入 1%~3% 的幅度内确定。

对纳税人转让普通住房及自建住房、经济适用房、已购公有住房和城镇拆迁安置住房的，以转让收入的 1% 核定应纳个人所得税额；对纳税人转让非普通住房的，以转让收入的 2% 核定应纳个人所得税额。

二、　我国房地产开发经营的税费特点与改革方向

（一）我国房地产开发经营的税费体系特点

1. 中国房地产税"轻保有、重流转"

我国目前的房地产保有环节的税收只包括房产税和城镇土地使用税，这两个税种不仅税率低、征税范围较窄，而且对居民非营业用房免征，加上还有很多免税规定，整体税负水平相对较低。而针对开发环节和流转环节的税种包括耕地占用税、土地增值税、营业税、城市维护建设税、房地产印花税、契税、企业所得税和个人所得税，这些税种共同征收造成了在房地产交易过程中整体税负水平较高。

2. 房地产税改革任重道远

2011 年，上海和重庆两地曾率先试点向居民住宅征收房产税，《关于 2012 年深化经济体制改革重点工作的意见》提出"适时扩大房产税试点范围"。2013 年 11 月，党的十八届三中全会通过的《中共中央关于全面深化改革若干重大问题的决定》明确提出，"加快房地产税立法并适时推进改革"。

《中华人民共和国国民经济和社会发展第十三个五年规划纲要》明确提出，要全面完成营业税改增值税改革，建立规范的消费型增值税制度；实施资源税从价计征改革，逐步扩大征税范围；清理规范相关行政事业性收费和政府性基金；完善地方税体系，推进房地产税立法。房地产税改革已成为政府、公众普遍关注的焦点话题，推进房地产税改革对于促进房地产市场持续健康发展、调节经济运行和收入分配、地方政府扩大财源和转变政府职能等方面具有十分重要的意义。

从实践看，我国房地产税改革进展相对较缓慢，主要面临以下难题：是在持有环节单一改革，还是在开发、转让、持有环节综合改革；是房产、土地分离征税，还是房产、土地合一征税；是仅限于城市征税，还是包括农村；是仅对增量房征税，还是包括存量房；是只对商品房征税，还是包括非商品房；等等。

3. 房产税的征税范围、计税依据及税率有待完善

一是征税范围。按照《中华人民共和国房产税暂行条例》规定，房产税在城市、县城、建制镇和工矿区征收。二是计税依据和税率。现行房产税的计税依据分为房产余值和房屋租金两类，房产余值是按房产原值（纳税人按照会计制度规定的账簿房产原价）扣除一定比例（10%至30%）后的余值乘以 1.2% 的税率来缴纳；房屋租金是以房屋出租的收入乘以12%的税率来缴纳。以余值作为计税依据较为不合理，余值是以房屋的原值为基础的，不能反映出房屋的时间价值。税率也较为单一。

（二）我国房地产开发经营的税费改革方向

1. 房地产税费体系改革向"先试点再立法"转型

党的十八届三中全会就完善房地产税提出了"加快房地产税立法并适时推进改革"的要求。改革的基本框架是对现行房地产税进行改革立法。2021 年 10 月 23 日，第十三届全国人民代表大会常务委员会第三十一次会议通过了《关于授予国务院在部分地区开展房地产税改革试点工作的决定》，授权国务院在部分地区开展房地产税改革试点工作，试点期限为五年。条件成熟时，及时制定法律。

2. 征收环节由开发为主转向持有为主

我国现行房地产领域涉税可分"开发、转让和持有"三个环节。在过去经济转型发展过程中，房地产业处于大规模、快速的发展阶段，房地产税的征收主要在开发环节。从世界各国房地产市场发展过程看，未来新房开发将逐渐减少，二级市场交易也会逐渐平淡，税收将转向居住持有环节。

2013 年 11 月党的十八届三中全会通过的《中共中央关于全面深化改革若干重大问题的决定》和中央 2014 年经济工作会议的精神，为住房政策提供了新的思路。

2016 年，我国城镇居民人均居住建筑面积为 36.60 平方米，达到中等发达国家居住水平。过去主要是靠投资拉动的粗放型增长模式的房地产业，未来将面临转型升级，走生态化、产业化、多元化发展道路，实现房地产业由速度、规模转向质量和效益的转型发展。因此，未来我国房地产税收将转移到持有环节，即通过降低开发、转让环节税负，提高持有环节税负，建立开发、转让、持有三个环节并行的税收体系和制度。

3. 由房地分离向房地统一转型

我国现行持有环节的房地产税分为房产税和城镇土地使用税。对房屋实行从价征税，房屋价值主要是不含土地价值的建造价格，所以在计算房产税时，对于自用房屋以账面价值余值而不是评估价值或市场交易价格为课税对象。对土地实行从量征税，按土地面积和处于不同地段，区分土地级差收益的单位税额征税。随着我国社会主义市场经济的发展与成熟、土地拍卖制度的建立和住房制度的不断完善，商品房市场化已基本形成。未来税制改革的趋势是，将房产土地分离型征税改为统一型征税，即不再按房产账面价值和土地面积分别征收房产税和土地使用税，而是合二为一，按房产和土地综合评估价格计算，统一征收房地产税。

此外，提高持有环节房产税，需要合理的税费制度。比如，实行清费减税或是实行"费"改"税"，避免重复征税，使得房地产开发项目管理的相关税费法制化和规范化。

4. 房地产税收改革由需求管理向供给管理转型

长期以来，我国对房地产宏观调控的主要思路是以控制需求为主，如限购、限贷、提高利率、增加开发和交易环节的税收。

以控制需求政策的税收制度为例，我国房地产宏观调控主要在房地产开发和二级市场转让环节提高税率、加强征税。本意是通过增加房地产开发、转让成本，以减少需求、平抑供求，结果却是通过税收提高了成本，对抑制需求的作用有限，而助推房价上涨的作用明显。

党的十八届三中全会提出了与以往不同的房地产改革思路，即由控制需求转向扩大供给，希望通过增加土地供给，建立为中低收入者提供保障房和为中高收入者提供商品房的多元住房体系，保障房地产供给以平抑房地产需求。然而，由需求管理转向供给管理不可能一蹴而就，需要一个过渡缓冲期。在过渡期内应采取包括限购、限贷、增税的需求管理，以及扩大土地供给、降低开发成本、减轻开发税收的供给管理。

第三节　房地产开发的税改——"营改增"

■ 一、 房地产业"营改增" 的政策演进与解读

（一）"营改增" 政策演进

国家"十二五"规划纲要指出，按照优化税制结构、公平税收负担、规范分配关系、完善税权配置的原则，健全税制体系；继续推进费改税，全面推进资源税和耕地占用税改革；研究推进房地产税改革。国家"十三五"规划纲要指出，全面完成营业税改增值税改革，建立规范的消费型增值税制度。

2011 年 11 月 16 日，财政部、国家税务总局发布《关于印发〈营业税改征增值税试点方案〉的通知》，从 2012 年 1 月 1 日起，在上海交通运输业和部分现代服务业开展营业税改征增值税试点。至此，我国新一轮税收制度的改革拉开序幕。

2012 年 7 月 31 日，财政部、国家税务总局下发《关于在北京等 8 省市开展交通运输业和部分现代服务业营业税改征增值税试点的通知》，经国务院批准，将交通运输业和部分现代服务业纳入营业税改征增值税试点范围。为配合营业税改征增值税试点工作的顺利进行，2012 年 7 月 5 日，财政部发布《营业税改征增值税试点有关企业会计处理规定》。

2013 年 5 月 24 日，财政部、国家税务总局下发《交通运输业和部分现代服务业营业税

改征增值税试点实施办法》，并于 2013 年 8 月 1 日生效。2013 年 12 月 12 日，财政部、国家税务总局下发《关于将铁路运输和邮政业纳入营业税改征增值税试点的通知》，结合交通运输业和部分现代服务业"营改增"试点运行中反映的问题，对"营改增"试点政策进行了修改完善。自 2014 年 1 月 1 日起，在全国范围内开展铁路运输和邮政业"营改增"试点。

2014 年 4 月 29 日，财政部、国家税务总局下发《关于将电信业纳入营业税改征增值税试点的通知》，自 2014 年 6 月 1 日起，电信业也纳入了"营改增"试点。随着"营改增"的阶段性试点成功推进，将房地产业纳入"营改增"试点范围的呼声也日益强烈。

2016 年 3 月 7 日，为确保"营改增"在全国范围内顺利推广实施，财政部和国家税务总局出台了《关于做好全面推开营业税改征增值税试点准备工作的通知》，2016 年 3 月 8 日，国家税务总局也下发《关于扎实做好全面推开营业税改征增值税改革试点工作的通知》，部署了各项"营改增"前的准备工作。2016 年 3 月 24 日，财政部、国家税务总局向社会发布了《关于全面推开营业税改征增值税试点的通知》。该文件由《营业税改征增值税试点实施办法》《营业税改征增值税试点有关事项的规定》《营业税改征增值税试点过渡政策的规定》和《跨境应税行为适用增值税零税率和免税政策的规定》4 个附件组成。经国务院批准，自 2016 年 5 月 1 日起，在全国范围内全面推开"营改增"试点，建筑业、房地产业、金融业、生活服务业等全部营业税纳税人纳入试点范围，由缴纳营业税改为缴纳增值税。这标志着所有行业在全国范围内的"营改增"试点工作的顺利完成，也标志着房地产业从此步入增值税时代。

（二）房地产业"营改增"的政策解读

房地产业是我国利用税收杠杆调控的重点行业，"营改增"之前免征营业税的优惠政策不多，"营改增"之后也没有免征增值税的优惠政策。房地产企业生产的产品为不动产，既非可以出口的货物，也没有零税率和出口退税之说，因此，《关于全面推开营业税改征增值税试点的通知》中与房地产业密切相关的主要是附件 1 和附件 2，而附件 3 和附件 4 与房地产业关联度不大。

1. 增值税纳税人

在中华人民共和国境内销售或出租自行开发的房地产项目的房地产开发企业和个人，为增值税纳税人。

2. 增值税纳税人分类

纳税人分为一般纳税人和小规模纳税人两类。"营改增"的一般纳税人为年应税销售额超过 500 万元（含 500 万元）的纳税人（《营业税改征增值税试点有关事项的规定》规定，财政部和国家税务总局可以对年应税销售额标准进行调整）。其中，应当办理一般纳税人资格登记而未办理的纳税人，应当按照销售额和增值税税率计算应纳税额，不得抵扣进项税额，也不得使用增值税专用发票。未超过规定标准的纳税人为小规模纳税人。年应税销售额超过规定标准但不经常发生应税行为的单位和个体工商户可选择按照小规模纳税人纳税。除国家税务总局另有规定外，一经登记为一般纳税人后，不得转为小规模纳税人。

3. 征税范围

根据《销售服务、无形资产、不动产注释》规定，房地产业涉及的征收范围包括：一是房地产企业销售自己开发的房地产项目适用销售不动产税目；二是房地产企业出租自己开发的房地产项目（包括商铺、写字楼、公寓等），适用租赁服务税目中的不动产经营租赁服务税目和不动产融资租赁服务税目；三是房地产企业开发转让土地使用权，适用"销售无形资产"税目中的"自然资源使用权"。

需要注意的是，根据《营业税改征增值税试点有关事项的规定》，以下项目不征收增值税：一是房地产主管部门或者其指定机构、公积金管理中心、开发企业以及物业管理单位代收的住房专项维修基金；二是在资产重组过程中，通过合并、分立、出售、置换等方式，全部或部分实物资产以及与其相关联的债券、债务和劳动力一并转让给其他单位或个人，其中涉及的不动产转让行为不征收增值税。

4. 税率和征收率

（1）房地产开发企业销售、出租的不动产项目适用的税率为11%。

（2）小规模纳税人销售、出租不动产（不含个人出租住房），以及一般纳税人（销售自行开发的房地产老项目[1]）选择适用简易计税方法的，征收率为5%。个人出租住房，应按照5%的征收率减按1.5%计算应纳税额。

（3）房地产开发企业采取预收款方式销售所开发的房地产项目，在收到预收款时按照3%的预征率预缴增值税。

（4）一般纳税人转让土地使用权，适用一般计税方法计税的税率为11%。小规模纳税人转让土地使用权，征收率为3%，按照规定的纳税义务发生时间，向主管国税机关申报纳税。

境内的购买方为境外单位和个人扣缴增值税的，按照适用税率扣缴增值税。

从税制适用而言，一般纳税人选择一般计税方法适用增值税率，其进项税额可以抵扣，而小规模纳税人和选择建议计税方法的一般纳税人适用增值税率，其进项税额不可以抵扣。

（三）增值税计税方法

1. 一般计税方法

一般纳税人发生应税行为适用一般计税方法计税，按以下公式计算：

---

[1]. 房地产老项目，是指建筑工程施工许可证注明的合同开工日期在 2016 年 4 月 30 日前的房地产项目，或建筑工程施工许可证未注明合同开工日期或者未取得建筑工程施工许可证但建筑工程承包合同注明的开工日期在 2016 年 4 月 30 日前的建筑工程项目。

$$应纳税额=当期销项税额-当期进项税额 \tag{9-12}$$

当期销项税额小于当期进项税额不足抵扣时，其不足部分可以结转下期继续抵扣。销项税额，是指纳税人发生应税行为按照销售额和增值税税率计算并收取的增值税额。

$$销项税额=销售额\times税率 \tag{9-13}$$

一般计税方法的销售额不包括销项税额，纳税人采用销售额和销项税额合并定价方法的，按照下列公式计算销售额：

$$销售额=含税销售额\div(1+税率) \tag{9-14}$$

房地产开发企业中的一般纳税人销售其开发的房地产项目（选择简易计税方法的房地产老项目除外），以取得的全部价款和价外费用，扣除受让土地时向政府部门支付的土地价款后的余额为销售额。支付的土地价款，是指向政府、土地管理部门或受政府委托收取土地价款的单位直接支付的土地价款，并应当取得省级以上（含省级）财政部门监（印）制的财政票据。

$$销售额=(全部价款和价外费用-当期允许扣除的土地价款)\div(1+11\%) \tag{9-15}$$

2. 简易计税方法

简易计税方法的应纳税额，是指按照销售额和增值税征收率计算的增值税额，不得抵扣进项税额。应纳税额计算公式：

$$应纳税额=销售额\times征收率 \tag{9-16}$$
$$销售额=含税销售额\div(1+征收率) \tag{9-17}$$

房地产开发企业中的一般纳税人，销售自行开发的房地产老项目，可以选择适用简易计税方法按照5%的征收率计税。一经选择简易计税方法计税的，36个月内不得变更为一般计税方法计税。小规模房地产开发企业销售自行开发的房地产项目适用简易计税方法计税。不动产转让与经营租赁使用的增值税率/征收率如表9-1所示。

表9-1　不动产转让与经营租赁使用的增值税率/征收率

业务	类型		不动产性质	预征率	税率/征收率
不动产转让	非房地产开发企业	一般纳税人	2016年4月30日前	5%	11%（可选择5%征收率）
			2016年5月1日后		11%
		小规模纳税人	—		5%
	房地产开发企业	一般纳税人	房地产老项目	3%	11%（可选择5%征收率）
			房地产新项目		11%
		小规模纳税人	—		5%
	个体工商户以及其他个人		购买住房	5%	
			取得的不动产	5%	

续表

业务	类型	不动产性质	预征率	税率/征收率
不动产经营租赁	一般纳税人	2016年4月30日前	5%——简易计税	5%
		2016年5月1日后	3%	11%
	小规模纳税人（单位）	—	5%	5%
	个体工商户以及其他个人	非住房	5%——个体	
		住房	5%减按1.5%——个体	5%减按1.5%

备注	1. 房地产老项目，是指建筑工程施工许可证注明的合同开工日期在2016年4月30日前的房地产项目，或建筑工程施工许可证未注明合同开工日期或者未取得建筑工程施工许可证但建筑工程承包合同注明的开工日期在2016年4月30日前的建筑工程项目。 2. 购买普通住房2年以上的，免征增值税。 3. 房地产开发企业采取预收款方式销售开发的房地产项目，应在收到预收款时按照3%的预征率预缴增值税，待纳税义务发生时间确定时，再清算应纳税款，并扣除已预缴的增值税款。

■■ 二、"营改增" 对房地产市场的影响

"营改增"是我国"十二五"期间税制改革的重要举措。经国务院批准，自2016年5月1日起，全国范围内全面推开"营改增"试点。在当时房地产开发投资意愿减弱、开发投资增速下降明显的背景下，房地产"营改增"的推进进一步改善了行业运行环境，有效调节了房地产企业税负水平，提升了企业积极投资开发的信心，同时也给房地产企业带来不同的机遇与挑战。

房地产开发企业在开发建设、转让销售及持有自营阶段，均涉及营业税纳税问题，主要体现在：

（1）开发建设阶段：提供建筑业应税劳务（营业额包括应税劳务及工程所用材料、设备及其他物资和动力价款在内，不含甲方供材），按照营业税率3%计征。

（2）转让销售阶段：转让无形资产（土地使用权），销售不动产（商品房及其他建筑物与构筑物、其他地上附着物），均按照转让及销售的全部收入减去土地使用权或不动产的受让或购置原价后的余额为营业额，以5%税率计征营业税。

（3）持有自营阶段：出租房地产，按租赁服务业以5%税率计征营业税。

结合税制改革试点方案的要求，可以看出，如果对建筑业及房地产业进行"营改增"税制改革，那么它对房地产开发企业的影响是系统性的。首先是税率的直接变化（由3%/

5%营业税税率变为11%/17%增值税税率），税率大幅上升，虽然增值税可以抵扣相应进项税额，但是由于房地产开发企业的业务特殊性与复杂性，在实际操作中很多项目往往难以抵扣。其次建筑施工企业作为房地产开发企业的直接上游企业，其受"营改增"税制改革的影响必然会波及甚至转嫁至房地产开发企业，进而造成对房地产开发企业的税收负担与经营成本的一系列影响。

第四节　房地产开发项目的其他相关税收优惠政策

一、　对于普通商品房的税收优惠

（一）享受优惠政策的普通住房标准

《国务院办公厅转发建设部等部门关于做好稳定住房价格工作意见的通知》提出"明确享受优惠政策普通住房标准，合理引导住房建设与消费"，并规定，在规划审批、土地供应以及信贷、税收等方面，对中小套型、中低价位普通住房给予优惠政策支持。享受优惠政策的住房原则上应同时满足以下条件：

（1）住宅小区建筑容积率在1.0以上；

（2）单套建筑面积在120平方米以下；

（3）实际成交价格低于同级别土地上住房平均交易价格1.2倍以下。

各省、自治区、直辖市要根据实际情况，制定本地区享受优惠政策普通住房的具体标准，允许单套建筑面积和价格标准适当浮动，但向上浮动的比例不得超过上述标准的20%。

（二）个人购买销售住房税收优惠政策

1. 营业税

（1）个人自建自用住房销售时，免征营业税。

（2）企业、行政事业单位按房改成本价、标准价出售住房的收入，暂免征收营业税。

（3）自2011年1月28日起，对个人购买住房不足5年转手交易的，统一按其销售收入全额征税；个人将购买超过5年(含5年)的非普通住房对外销售的，按照其销售收入减去购买房屋的价款后的差额征收营业税；个人将购买超过5年(含5年)的普通住房对外销售的，免征营业税。

2. 契税

财政部、国家税务总局《关于调整房地产交易环节税收政策的通知》规定，自2008年

11 月 1 日起，对个人首次购买 90 平方米及以下普通住房的，契税税率暂统一下调到 1%（首次购房证明由住房所在地县（区）住房建设主管部门出具）。

财政部、国家税务总局、住房和城乡建设部《关于调整房地产交易环节契税个人所得税优惠政策的通知》规定，从 2010 年 10 月 1 日起，对个人购买普通住房，且该住房属于家庭（成员范围包括购房人、配偶以及未成年子女）唯一住房的，减半征收契税。对个人购买 90 平方米及以下普通住房，且该住房属于家庭唯一住房的，减按 1% 税率征收契税。

3. 土地增值税

对于开发商：根据《中华人民共和国土地增值税暂行条例》规定，对于纳税人建造普通标准住宅出售，增值额未超过扣除项目金额 20% 的，因国家建设需要依法征用、收回的房地产可免征土地增值税。

根据《中华人民共和国土地增值税暂行条例实施细则》规定，纳税人建造普通标准住宅出售，增值额未超过扣除项目金额 20% 的，免征土地增值税。因城市实施规划、国家建设的需要而搬迁，由纳税人自行转让原房地产的，免征土地增值税。个人因工作调动或改善居住条件而转让原自用住房，经向税务机关申报核准，凡居住满 5 年或 5 年以上的，免予征收土地增值税；居住满 3 年未满 5 年的，减半征收土地增值税；居住未满 3 年的，按规定计征土地增值税。

根据国家税务总局《关于房地产开发企业土地增值税清算管理有关问题的通知》规定，房地产开发企业将开发的部分房地产转为企业自用或用于出租等商业用途时，如果产权未发生转移，不征收土地增值税，在税款清算时不列收入，不扣除相应的成本和费用。

财政部、国家税务总局《关于调整房地产交易环节税收政策的通知》规定，对个人销售住房暂免征收土地增值税。

4. 印花税

财政部、国家税务总局《关于调整房地产交易环节税收政策的通知》规定，个人销售或者购买住房暂免征收印花税。

（三）个人出售住房的个人所得税

按照财政部、国家税务总局、建设部《关于个人出售住房所得征收个人所得税有关问题的通知》规定，对出售自有住房并拟在现住房出售 1 年内按市场价重新购房的纳税人，其出售现住房所缴纳的个人所得税，先以纳税保证金形式缴纳，再视其重新购房的金额与原住房销售额的关系，全部或部分退还纳税保证金；对个人转让自用 5 年以上，并且是家庭唯一生活用房取得的所得，免征个人所得税。

财政部、国家税务总局、住房和城乡建设部《关于调整房地产交易环节契税个人所得税优惠政策的通知》规定，自 2010 年 10 月 1 日起，对出售自有住房并在 1 年内重新购房的纳税人不再减免个人所得税。

（四）住房租赁税收优惠政策

2016 年 6 月 3 日国务院办公厅发布的《关于加快培育和发展住房租赁市场的若干意见》中提出，实行购租并举，培育和发展住房租赁市场，是深化住房制度改革的重要内容，是实现城镇居民住有所居目标的重要途径。对依法登记备案的住房租赁企业、机构和个人，给予税收优惠政策支持。

意见要求落实"营改增"关于住房租赁的有关政策。对个人出租住房的，由按照 5% 的征收率减按 1.5% 计算缴纳增值税；对个人出租住房月收入不超过 3 万元的，2017 年底之前可按规定享受免征增值税政策；对房地产中介机构提供住房租赁经纪代理服务，适用 6% 的增值税税率；对一般纳税人出租在实施"营改增"试点前取得的不动产，允许选择适用简易计税办法，按照 5% 的征收率计算缴纳增值税。对个人出租住房所得，减半征收个人所得税；对个人承租住房的租金支出，结合个人所得税改革，统筹研究有关费用扣除问题。

此外，意见还要求为住房租赁企业提供金融支持，鼓励金融机构按照依法合规、风险可控、商业可持续的原则，向住房租赁企业提供金融支持，支持符合条件的住房租赁企业发行债券、不动产证券化产品，稳步推进房地产投资信托基金（REITs）试点。

二、　对于保障性住房的税收优惠

1. 廉租住房和经济适用住房的税收优惠政策

2008 年 3 月 3 日财政部、国家税务总局下发的《关于廉租住房经济适用住房和住房租赁有关税收政策的通知》中，明确提出支持廉租住房、经济适用住房建设的税收政策。

（1）对廉租住房经营管理单位按照政府规定价格、向规定保障对象出租廉租住房的租金收入，免征营业税、房产税。

（2）对廉租住房、经济适用住房建设用地以及廉租住房经营管理单位按照政府规定价格、向规定保障对象出租的廉租住房用地，免征城镇土地使用税。

开发商在经济适用住房、商品住房项目中配套建造廉租住房，在商品住房项目中配套建造经济适用住房，如能提供政府部门出具的相关材料，可按廉租住房、经济适用住房建筑面积占总建筑面积的比例免征开发商应缴纳的城镇土地使用税。

（3）企事业单位、社会团体以及其他组织转让旧房作为廉租住房、经济适用住房房源且增值额未超过扣除项目金额 20% 的，免征土地增值税。

（4）对廉租住房、经济适用住房经营管理单位与廉租住房、经济适用住房相关的印花税以及廉租住房承租人、经济适用住房购买人涉及的印花税予以免征。

开发商在经济适用住房、商品住房项目中配套建造廉租住房，在商品住房项目中配套建造经济适用住房，如能提供政府部门出具的相关材料，可按廉租住房、经济适用住房建筑面积占总建筑面积的比例免征开发商应缴纳的印花税。

（5）对廉租住房经营管理单位购买住房作为廉租住房、经济适用住房经营管理单位回购经济适用住房继续作为经济适用住房房源的，免征契税。

（6）对个人购买经济适用住房，在法定税率基础上减半征收契税。

（7）对个人按《廉租住房保障办法》规定取得的廉租住房货币补贴，免征个人所得税；对于所在单位以廉租住房名义发放的不符合规定的补贴，应征收个人所得税。

（8）企事业单位、社会团体以及其他组织于2008年1月1日前捐赠住房作为廉租住房的，按《中华人民共和国企业所得税暂行条例》《中华人民共和国外商投资企业和外国企业所得税法》有关公益性捐赠政策执行；2008年1月1日后捐赠的，按《中华人民共和国企业所得税法》有关公益性捐赠政策执行。个人捐赠住房作为廉租住房的，捐赠额未超过其申报的应纳税所得额30%的部分，准予从其应纳税所得额中扣除。

2. 公共租赁住房建设和运营的税收优惠政策

2015年12月30日财政部、国家税务总局下发的《关于公共租赁住房税收优惠政策的通知》指出，继续对公共租赁住房建设和运营给予税收优惠（通知的执行期限为2016年1月1日至2018年12月31日）。

（1）对公共租赁住房建设期间用地及公共租赁住房建成后占地免征城镇土地使用税。在其他住房项目中配套建设公共租赁住房，依据政府部门出具的相关材料，按公共租赁住房建筑面积占总建筑面积的比例免征建设、管理公共租赁住房涉及的城镇土地使用税。

（2）对公共租赁住房经营管理单位免征建设、管理公共租赁住房涉及的印花税。在其他住房项目中配套建设公共租赁住房，依据政府部门出具的相关材料，按公共租赁住房建筑面积占总建筑面积的比例免征建设、管理公共租赁住房涉及的印花税。

（3）对公共租赁住房经营管理单位购买住房作为公共租赁住房，免征契税、印花税；对公共租赁住房租赁双方免征签订租赁协议涉及的印花税。

（4）对企事业单位、社会团体以及其他组织转让旧房作为公共租赁住房房源，且增值额未超过扣除项目金额20%的，免征土地增值税。

（5）企事业单位、社会团体以及其他组织捐赠住房作为公共租赁住房，符合税收法律法规规定的，对其公益性捐赠支出在年度利润总额12%以内的部分，准予在计算应纳税所得额时扣除。

个人捐赠住房作为公共租赁住房，符合税收法律法规规定的，对其公益性捐赠支出未超过其申报的应纳税所得额30%的部分，准予从其应纳税所得额中扣除。

（6）对符合地方政府规定条件的低收入住房保障家庭从地方政府领取的住房租赁补贴，免征个人所得税。

（7）对公共租赁住房免征房产税。对经营公共租赁住房所取得的租金收入，免征营业税。公共租赁住房经营管理单位应单独核算公共租赁住房租金收入，未单独核算的，不得享受免征营业税、房产税优惠政策。

📋 本章小结

本章作为房地产开发项目管理的税收管理部分，首先介绍税收制度和财产税负原理等；其次介绍我国房地产开发经营的税费体系和税费特点及改革方向；再次介绍房地产业的税改——"营改增"的政策演进与解读、"营改增"对房地产市场的影响等；最后介绍房地产开发项目的其他相关税收优惠政策。

📋 练习题

一、即测即评

二、思考题

1. 如何理解税收与税收制度？ 税收的基本特征是什么？

2. 什么是财产税？ 关于财产税的基本观点有哪些？

3. 简述我国房地产开发经营的税费体系。

4. 什么是土地增值税？ 如何计算增值额的扣除项目？

5. 如何理解我国房产税？ 哪些房产可免纳房产税？

6. 简述我国房地产开发经营的税费体系特点。

7. 试述我国房地产开发经营的税费改革方向。

8. 简述房地产业"营改增"的政策演进。 如何解读房地产业"营改增"的政策？

9. 试论"营改增"对房地产市场的影响。

10. 我国对普通商品房和保障性住房项目的相关税收优惠政策有哪些？

📋 补充阅读

上海、 重庆房产税征收试点

第十章

房地产市场营销与推广

本章学习目标

□ 掌握：房地产市场营销的内涵、特征；房地产市场营销的产品、价格、渠道、促销等策略。

□ 熟悉：房地产市场营销的理论创新；房地产市场营销的流程；房地产产品的层次。

□ 了解：房地产交易的特点与原则；房地产产权登记的内容与程序。

第一节 房地产市场营销概述

一、 房地产市场营销的概念与特征

（一）房地产市场营销的概念

房地产市场营销，是指通过房地产市场交换，满足现实的或潜在的房地产需求的综合性的经营销售活动过程。从这一概念中可以看到，房地产市场营销蕴涵着以下几层含义。

1. 房地产市场营销的目的是满足消费者对房地产商品和劳务的需求

在市场经济条件下，房地产企业应树立以市场为导向、以消费需求为导向的观念，把市场需求当成左右房地产开发企业一切生产经营活动的出发点，把满足消费者对房地产商品和劳务的需求作为企业一切生产经营活动的目标。

2. 房地产市场需求包括现实需求和潜在需求

现实需求是已经存在的市场需求，它表现为消费者既有欲望又具有一定购买力，并通过实际购买行为来满足需求，形成现实市场；潜在需求是指消费者对市场上现实不存在的产品或劳务的强烈需求。一个有战略眼光的经营者不仅应该积极满足消费者的现实需求，更应该着眼于潜在需求，并积极引导消费者购买、使用新产品，将顾客的潜在需求转化为现实需求。

3. 房地产市场营销活动的中心任务是实现商品的交换

企业的一切营销活动、营销策略必须紧紧围绕交换而展开，通过交换的顺利进行实现企业产品的价值和再生产的良性循环。

4. 房地产市场营销的手段是开展综合性的营销活动，即整体营销

应尽量把产品策略、定价策略、销售渠道策略和促销策略四大要素在时间与空间上协调一致，实现最佳的营销组合，以达到综合、最佳的效果。同时，企业内部其他部门均应在增进企业整体利益的前提下积极配合营销部门争取顾客，更好地服务于顾客，强化全局营销意识，提高全员营销素质，以实现整体营销。

（二）房地产市场营销的特征

房地产商品和房地产市场的特点，决定了房地产市场营销具有其不同于普通消费品市场营销的特点。具体表现为以下几个方面：

1. 复杂性

房地产市场营销包含了市场调研、地段选择、土地征用、营销环境分析、项目定位、房地产产品的设计和施工、楼盘的命名、产品的定价和价格执行、销售渠道的选择、促销以及物业管理等一系列复杂的过程。房地产市场营销涉及诸多行业，牵扯众多部门，涉及复杂的经济、法律关系，需要多领域专业人员参与。另外，国家或地区的经济政策、社会经济发展、法律法规、通货膨胀、金融风波、股市波动等都会对房地产市场营销活动产生巨大的影响。

2. 风险性

房地产产品需要较长的开发周期，从项目可行性研究到最终推出楼盘，一般需要 1 年以上的时间。在较长的开发周期过程中，企业内外部环境的变化，会使营销计划的执行面临较强的不确定性，从而加大了房地产市场营销的风险。

3. 差异性

房地产产品的差异性决定了客户的购买行为具有全新性。由于房地产价值大、使用期限长，购买房地产对客户来说是一个相对重大的投资决策。消费者心理预期对房地产市场影响较大，从消费者产生购买房地产的需要到实际购买行为是一个复杂的购买过程，因此，房地产营销是典型的一对一营销，针对不同客户制定差异性的营销战略和策略是房地产市场营销独有的特点。

4. 协同性

房地产市场营销是一个复杂的过程，涉及众多的领域和业务，众多的专业知识和法律问题，需要很多行业、企业、专业人员的通力合作才能做好。因此，房地产企业不能仅仅依靠自己内部的智力资源，而应组建由相关行业的企业家、专家学者、律师等组成的智囊团，借助"外脑"为企业的营销活动献计献策。

5. 规范性

房地产交易涉及房地产及其产权，包括房屋所有权、土地使用权、房屋使用权，根据交易的产权不同而形成不同的房地产市场，除买卖市场或租赁市场外，还可能用于抵押、典当、信托等交易活动，当涉及房地产权属登记、转移等方面，都需要法律法规对房地产市场营销进行规范。

6. 区域性

房地产市场的区域性主要是由房地产的位置固定性和品质差异性所决定的，不同区域的房地产价格水平、供求状况、交易数量有极大差异，不同区域的房地产市场之间的相互影响较小。房地产市场的区域性就决定了房地产市场营销的区域性，必须对所在区域的城市规划、市政基础设施、商业设施、教育设施、人口状况等有充分的掌握，才可制订适宜的营销计划。

■ 二、 房地产市场营销的基本理论

1. 以满足市场需求为目标的 4P 理论

20 世纪 60 年代，美国营销学学者麦卡锡教授提出了著名的 4P 营销组合策略，即产品（Product）、价格（Price）、渠道（Place）和促销（Promotion）。他认为一次成功和完整的市场营销活动，就是将适当的产品或服务，以适当的价格，通过适当的渠道和适当的促销手段，投放到特定市场的行为过程。4P 理论产生于卖方市场向买方市场转变的过程，市场竞争还不激烈。它主要是从供方的角度来研究市场的需求和变化，重视产品导向而不是消费者导向，以满足市场需求为目标。4P 理论最早将复杂的市场营销活动简单化、体系化，构建了营销学的基本框架，促进了市场营销理论的发展。

我国 1993 年上半年之前的房地产热和 1993 年下半年宏观调控后的房地产市场，开发商们都在运用和实践 4P 营销理论。实际上，这是一种以企业为中心，不注重消费者的需要与诉求，未顾及消费者满意与否的封闭式营销理论。它明显表现出只适合供不应求或竞争不够激烈的市场环境。当消费者有复杂的购买动机，购买的选择也多种多样，并且不断发生变化时，市场竞争也日趋激烈。在这种情况下，"4P"理论开始受到新出现的"4C"营销理论的挑战。

2. 以追求消费者满意为目标的 4C 理论

20 世纪 90 年代初，美国营销专家劳特朋教授提出了 4C 理论，即消费者（Consumer）、成本（Cost）、便利（Convenience）和沟通（Communication）。4C 理论产生于买方市场，市场竞争很激烈，它是以消费者需求为导向，重新设定了市场营销组合中的四个基本要素：它强调企业首先应把追求消费者满意放在首位，其次是努力降低消费者的购买成本，然后要充分考虑到消费者购买过程中的便利性，最后还应以消费者为中心实施有效的营销沟通。与产品导向的 4P 理论相比，4C 理论以消费者为导向，以追求消费者满意为目标，促进了

市场营销理论的进一步发展。

3. 以建立消费者忠诚为目标的 4R 理论

21 世纪初，美国西北大学舒尔茨教授提出了 4R 理论，即关联（Relevance）、反应（Reaction）、关系（Relation）和回报（Retribution）。4R 理论以竞争为导向，重在建立消费者忠诚。它阐述了四个全新的营销组合要素：首先，4R 理论强调企业与消费者在市场不断变化的环境中应建立长久互动的关系，从而赢得长期而稳定的市场；其次，面对迅速变化的消费者需求，企业应学会倾听消费者的意见，同时建立快速反应机制以对市场变化快速做出反应；再次，企业与消费者之间应建立长期而稳定的朋友关系，从实现销售转变为实现对消费者的责任与承诺，以维持消费者再次购买和消费者忠诚；最后，企业应追求市场回报，并将市场回报作为企业进一步发展和保持与市场良好关系的动力与源泉。

■ 三、　房地产市场营销的理念创新

房地产市场竞争日趋激烈，不同时期消费群体主流的变化，必然会导致消费理念的变化和更新，房地产市场营销要迎合这些变化的需求，不断引导或推出一些新的消费和营销理念。当前国内流行的营销理念有以下几种：

1. 文化营销

文化营销是指通过激发产品的文化属性，构筑亲和力，把企业营销缔造成为文化沟通，通过与消费者及社会文化的价值共振，将各种利益关系群体紧密维系在一起的企业营销活动，为营销活动注入文化的精髓。文化营销是现代房地产市场营销的新理念，它源于人们对居家文化内涵的渴望。随着人们生活水平的提高，对住房的要求已不再是能遮风避雨的"钢筋水泥的丛林"。正是由于房地产产品本身就是文化的一种形态，表达着一种文化内涵，因此，开发商在实施文化营销以满足消费者居住文化需求时，可以更好地提升建筑的品位与魅力，改善建筑的社会文化环境，增加房地产的附加值，从而达到企业、消费者和社会"三赢"的局面。

人们对住房的选择体现了其生活品位和生活态度。消费者选择住房时已不限于质量、造型、配套等有形产品，人们对居住小区文化设施的要求越来越高；不仅关心周围文教单位的配置、距离，而且愈来愈重视小区文化设施的数量、品位，以及小区内大部分住户的文化层次。因此，开发商不仅要注意在建筑风格上尽量体现文化内涵，通过富有特色的主题创意，提升住宅小区的文化价值，展现一种高品位的美好生活蓝图。同时，要注意通过高品位会所、藏书丰富的图书馆、温馨祥和的邻里中心、设施齐全的幼儿园与中小学来营造小区的文化氛围。

2. 关系营销

最有效的推广方式就是和客户进行心灵的沟通，直达客户内心，以情动人，增强销售力的转换。关系营销主张重视消费者导向，强调通过企业与消费者的双向沟通，建立长久

稳定的对应关系，在市场上树立企业和品牌的竞争优势。关系营销的核心是让顾客满意，而顾客满意就是指顾客对购买的产品或服务的评价超过了心理的预期并产生愉悦感。对于任何购买某种产品或服务的顾客来说，在发生交易之前，都会对商家提供的产品或服务有所期待，在获得商品或服务之后，自然会对商品或服务有所评价。开发商是否能站在消费者的角度想消费者之所想，向消费者提供达到或超过消费者心理预期的产品或服务，是建立和维持与消费者的良好关系并取得企业营销成功的关键。例如，在购房过程中，开发商可通过开展大规模的住房知识普及活动，向广大消费者介绍房屋建筑选择标准、住宅装修知识、住房贷款方法和程序以及商品房购置手续和政府相关税费规定，在增加消费者房地产知识的同时，也增加了消费者对开发商的认同感。

3. 全程营销

房地产开发是一项复杂的综合工程，房地产营销的实施应该起始于项目可行性研究阶段，贯穿于项目的设计、建造、销售以及物业管理整个过程。营销管理在项目前期的介入，目的在于了解、熟悉房地产市场，进行产品的市场定位，并做出房地产投资决策，为市场推广做准备。售后服务是项目成功的重要保证，即使一个项目本身的质量、价格都非常有竞争力，但如果在后续手续、配套设施、物业管理等方面没有协调好，也会使消费者怨声载道，从而损害企业形象。全程营销要求房地产企业既要注重营销观念在整个房地产开发过程中的体现，也要注意与地方政府、金融机构、物业公司和其他社会组织的合作。

4. 绿色营销

绿色营销是指企业在整个营销过程中充分体现环保意识和社会意识，向消费者提供科学的、无污染的生产和销售方式，引导并满足消费者有利于环境保护及身心健康的消费需求。实施绿色营销，一是要将绿色理念融入设计中。绿色住宅要杜绝粗放、浪费的模式，以最低的能源和资源成本去获取最高的效益。二是要通过绿色认证，增加企业的可信度。对于实施绿色营销的房地产企业，获得房地产联合会和环保总局的绿色认证是非常重要的，这样可以增加企业的信誉和可信度。三是选择绿色广告策略。通过公益广告的宣传，人们可以更清楚更深入地了解绿色住宅对身体健康的重要性。在竞争性广告中可以突出非绿色住宅对身体健康所造成的危害，再提出绿色住宅能解决哪些问题，通过对比，自然会取得很好的效果。四是选择绿色促销策略。对推销人员实行绿色促销培训，在宣传、公共关系等促销手段中，强调绿色环保特征，把产品、企业与环保有机联系起来。重视售后服务，真正为消费者服务，为环境保护系统服务。五是实行绿色营销的定价策略。根据环境有偿使用原则，企业环保支出应纳入产品成本，制定产品的绿色价格。目前在我国价格因素仍是影响消费者购买的最敏感因素之一，因而降低经营成本、制定合理的绿色价格是绿色营销成功与否的关键之一。

5. 网络营销

随着我国互联网行业持续快速的发展，互联网的影响逐步渗透到人们生产、生活、工作的每个角落，以全新的"网上售楼处"为标志的房地产网络营销时代已经到来。房地产市场营销可以利用 Internet 网络资源，构建房地产门户网站进行对外宣传，购房者所关心的如房屋的外观、房间的布局、周围的社区环境、公园、学校等一切重要信息，可以一览无余、尽收眼底，在对各种房地产项目进行了全面而审慎的选择、比较后，购房者即可找到自己心目中理想的房屋。房地产网络营销可对客户进行项目产品的网上调研（包括市场分析、产品和服务研究、市场营销策略研究等），接受意见反馈。通过互联网双向式交流，可以打破地域限制，进行远程信息传播，面广量大，其营销内容翔实生动、图文并茂，可以全方位地展示房地产产品的外形和内部结构，还可以进行室内装饰和家具布置的模拟，为潜在购房者提供了诸多方便。随着电子商务的进一步发展，网络营销将成为房地产市场上一种具有相当大潜力和发展空间的营销策略。此外，还可在网上签订购房合同。

四、 房地产市场营销的流程

房地产市场营销一般流程包括以下步骤：

1. 房地产市场细分及目标市场的确定

任何一个规模和实力强劲的企业都不可能为所有客户服务。企业需要选择它能为之进行最有效服务的细分市场。目标市场的确定会直接影响到市场营销的方向，决定市场营销的成败。企业选择目标市场时，可考虑如单一化（产品、市场）、专门化、多元化等目标市场模式。房地产开发企业应根据自身实力，如生产规模、技术力量、资金状况等因素选择恰当的细分市场，以实现企业战略目标。

2. 房地产市场调查

房地产市场调查是指对房地产市场供求变化的各种因素及动态趋势进行的专门调查。通过调查收集有关资料和数据，经分析研究，掌握房地产市场变化规律，了解消费者对房屋质量、面积、价格等的意见和要求，以及市场对某种类型房屋的需求量及其销售趋势等。

3. 目标市场营销环境分析

市场营销活动会受到市场营销环境现状及趋势的影响，因此房地产企业必须对目标市场的营销环境全面考察和了解。营销者应重视分析区域信息和竞争项目信息。区域信息包括该区域近几年市场销售分布情况、区域总体规划及公共设施、区域商业配套、区域交通现状及规划、区域开发结构等。竞争项目信息包括项目名称、项目总体规划、项目规模、户型及配比、产品设计及建筑特色、销售策略等。

4. 设计市场营销策略组合

房地产市场营销策略组合包括产品策略（包括产品核心使用价值、功能、定位、建筑风格、特色服务等）、价格策略（房地产价格、折扣、信贷条件等）、分销策略（直接渠道、房地产经纪代理、渠道成员的协调与控制）、促销策略（广告、公共关系、人员推销等）。

5. 制订市场营销计划

房地产开发商和代理商为房地产市场营销活动进行组织、指导、监督、控制等一系列未来营销活动的安排和打算。制订计划的方法是全面深入地分析目标市场和企业可利用的资源，然后制定战略目标以及实现目标的策略，以求最大限度地实现这些目标。

市场营销计划包括战略背景、竞争态势、计划实施概要、项目营销现状、SWOT 战略分析、目标和问题、市场营销战略、行动方案、预算和控制等。

6. 市场营销计划的实施与控制

根据制定的房地产营销目标，实施房地产营销计划。房地产营销控制是指房地产营销管理中用于跟踪企业营销活动过程每一环节，以确保其按计划规定的目标运行而实施的一套工作程序或工作制度，包括为使营销实绩与预期目标一致采取的措施。

房地产营销控制又分为年度营销计划控制、盈利能力控制、效率控制等。

年度营销计划控制是房地产企业所采用的主要控制方法，年度营销计划控制的目的是确保企业达到年度计划规定的销售额、利润指标及其他指标。因此，年度营销计划控制的核心是目标管理。

企业还需要运用盈利能力控制来测定不同产品、不同销售区域、不同顾客群体、不同渠道以及不同促销规模的盈利能力。

营销组织经营的好坏可以从效率和效果两方面来考察。从组织的角度讲，效率要通过企业内部的专业化和程序化实现，效果反映的是实现目标的程度，它是实际结果同预期结果的对比。正如美国著名的管理学家彼得·德鲁克所言，效率是正确地做事情，而效果则是做正确的事情。房地产营销效率控制主要表现在销售队伍的效率、广告效率、促销效率和分销效率等方面。

除此之外，房地产市场营销审计是进行房地产市场营销控制的有效工具。房地产市场营销审计是对房地产企业的营销环境、目标、战略、组织、方法、程序和业务等做全面的、系统的、独立的和定期性的审查评价，以发现市场机会、找出问题，并提出改进工作和计划的建议，供企业决策参考。

第二节　房地产市场营销策略

中国的房地产市场从总体趋势上看，已经进入以需求为导向的发展阶段，房价逐步向成本价和微利价靠近，市场化程度逐步加深。在市场营销方面，无论是业内人士还是消费者都逐渐成熟，一个概念、一个点子已经难以打动人心。消费者开始注意产品的本身。购房者的经验越来越多，日趋理性。违规项目纠纷的问题及房价的问题使部分消费者更加谨慎。因此，房地产营销的产品策略、价格策略、渠道策略和促销策略都必须根据市场情况进行合理的创新。

一、房地产营销产品策略

（一）产品策略

产品策略主要是指企业以向目标市场提供各种适合消费者需求的有形和无形产品的方式来实现其营销目标。其中包括对同产品有关的品种、规格、式样、质量、包装、特色、商标、品牌以及各种服务措施等可控因素的组合和运用。

房地产营销产品策略是房地产营销首要因素，房地产企业必须营销市场所需要的产品，才能生存。房地产市场营销组合中房地产产品是最重要的内容。按营销学中产品的概念及内容，房地产产品可以分为三个层次：

1. 核心产品

核心产品是房地产产品的最基本、最实质性、最主要的层次，是房地产能够提供给购买者的基本服务或利益，是呈现房地产基本功能的核心内容，是购买者实际上要购买的主要服务（居住、办公及生产经营、投资获益、保值增值、积累财富等）。消费者需要购买的并不是房地产本身，而是为了满足安全、舒适、家庭温暖、亲情、事业成就感等需要，即回答"顾客真正要购买什么"的问题。

2. 形式产品

形式产品是房地产产品的第二层次，它是房地产在市场上出现的具体表现形态，一般具有质量、特色、式样、品牌和装饰五个特征。房地产形式产品具体表现为房地产区位、规划风格、建筑质量、设施以及环境等。

3. 延伸产品

延伸产品是房地产产品的第三层次，是指为房地产购买者附加的服务和利益。延伸产品能把开发商提供的房地产与竞争者提供的房地产区别开来，主要是指开发商提供的售前咨询、售中手续代理以及售后的房地产管理，如物业管理、代为租赁、信息咨询、公共设施的提供等。

房地产产品层次如图 10-1 所示。

（二）房地产产品营销

消费者的日趋成熟使得房地产产品营销不能单靠一个概念、一个点子，而真正需要的是产品本身。因此房地产企业在开发楼盘时就必须注重包括产品三个层次在内的所有内容。由于购房者的家庭感、安全感是所有房地产开发商都能满足的，所以在核心产品上，各房地产商都处于同一起跑线；真正能够吸引消费者，即房地产产品营销能够产生独特作用的方面还在于有形产品和延伸产品上。在市场运行中，房地产产品营销真正倚重且有所突破的有以下几方面。

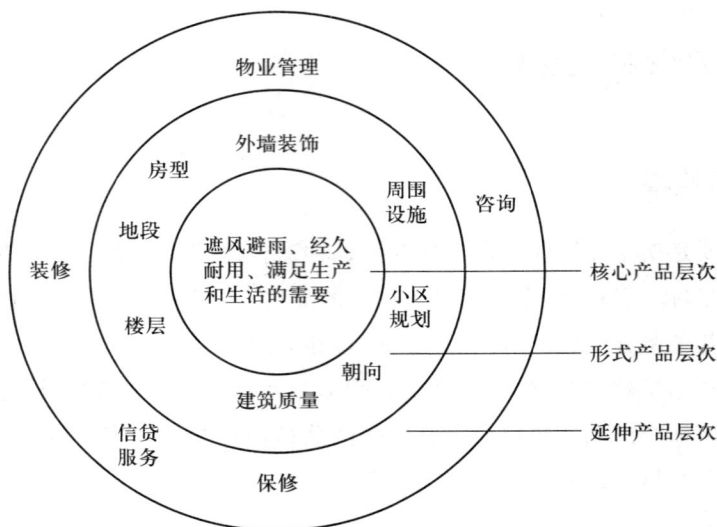

图 10-1　房地产产品层次

1. 房地产品牌营销

　　房地产产品营销已经由对单一的楼盘进行营销发展到对整个房地产企业的品牌营销的高度上。在日益激烈的市场竞争中，品牌才是赢取持久竞争优势最强大、最持久的利器。

　　产品是品牌的基础，但产品不能自动升华为品牌。只有当人们将产品内在的品质特性及研发者、设计者、生产者对产品所倾注的感情充分发掘、提炼出来并有意识地赋予产品以人格化个性并外化为视听觉形象时，"产品"才真正升华为"品牌"。因此形象设计是塑造品牌的首要工作，只有鲜明的个性形象才能体现相应的身份地位，才能激起目标消费者的美好联想和购买冲动，才能让消费者不断重复消费。

　　随着市场经济发育日渐成熟，商品的品牌形象已成为消费者认知的第一要素，房地产也不例外。要在消费者心中树立起自己的品牌，房地产企业只有在房地产产品质量、服务、功能等诸多方面下功夫，对产品进行全方位的品质提升，才能真正在消费者心目中树立一个良好的品牌，从而建立起消费者的品牌忠诚度，为后续产品的开发销售提供条件。

2. 房地产产品的特色营销

　　现代社会崇尚个性发展，消费者特别是新时代成长起来的年轻一代，往往把个性能否得以发挥和张扬，作为衡量和选择商品的一个重要标准。买房是一个家庭的长远之计，家庭的买房需求又具有多样化、个性化特征。因此，一些精明的开发商发现了特色营销的重要性，把研究市场需求、强化使用功能、追求个性特色、营造人性空间的营销思想作为经营理念，不仅在小区布局、建筑外形、色彩、楼层、阳台、内部结构等产品策略方面力求突破雷同，突出居住者个性，而且在广告宣传、渠道选择、价格确定、促销方式等方面也独具风格，因而成为市场亮点。比如，经济适用房推出的小户型住房功能齐全，受到年轻人青睐；对不同消费群体打出"绿色""IT""文化特色""景观特色——海景""明星人家"等招牌，在开发商的精心营造下都能成为极具个性的特色化楼盘。

3. 消费者居住环境的打造

随着现代社会环境污染的日益严重和环保意识的逐渐加强，消费者已越来越关心自己的居住环境和生活质量。购房者不再仅仅考虑地理位置是否优越、销售价格是否便宜，而更加关注拟购房屋的环境设计，如考虑小区的住宅空间、阳光照射、绿化间隔等。开发商在追求高绿化率的同时，开始逐步地从绿化营销转入绿色营销理念，即不仅包括外部空间（绿地、广场、林荫、道路、建筑小品等）营造，也包括住宅单元内空间（朝向、层次、通风、采光、干湿等）的营造。

二、 房地产营销价格策略

房地产的开发建设、买卖、租赁、抵押、土地出让、转让等营销活动，都是商品经济活动，必须按照市场规律、经济原则实行等价交换。掌握房地产产品的定价方法，灵活运用各种定价的策略是开展房地产市场营销活动的主要手段。这里将主要介绍房地产定价方法、定价比例和价格调整策略。

（一）定价方法

一栋楼宇、一个小区的销售往往是一个时期的或跨年度的。而消费市场变化莫测，楼宇的定价要能被市场接受，需要一定的超前意识和科学预测，可以说定价部分是艺术，部分是科学。影响价格的因素有很多，主要包括成本、楼盘质量、顾客能承受的价格、同类楼宇的竞争因素等。产品的可变成本是定价的下限，上限是顾客所愿意支付的价格。市场中消费者总想以适中的价格获得最高的价值，因此不应把价格和价值混为一谈。定价之后，运行中可以做适当的调整，但不能做大幅度的或否定性的调整，否则会带来非常恶劣的影响。从定价来讲，主要有几个方法：

1. 市场比较法

将勘估房地产与相应市场上类似房地产的交易案例直接比较，对形成的差异作适当调整或修正，以求取勘估房地产的公平市场价。

2. 成本法

以开发或建造估价对象房地产或类似房地产需要的各项必需费用之和为基础，再加上正常的利润和应纳税金得出估价对象房地产的价格。

3. 收益法

将预期的估价对象房地产未来各期（通常为年）的正常纯收益折算到估价时点上的现值，求其之和得出估价对象房地产的价格。

4. 剩余法

将估价对象房地产的预期开发后的价值，扣除其预期的正常开发费用、销售费用、销售税金及开发利润，根据剩余之数来确定估价对象房地产的价格。

当然，无论哪种定价方法，均应随行就市，最大限度地获取市场份额。在弄清方法之后，具体执行有低价、高价、内部价、一口价、优惠价等策略。开发商采用低价策略时，入市会比较轻松，容易进入，能较快地启动市场；而采用高价策略则标榜出物业的出类拔萃、身份象征、完善功能、优良环境等，可用高价吸引高收入消费者入市，但不是盲目漫天要价，要物有所值。

（二）定价比例

一般来说，先设定一个标准层，高层一般定在 1/2 高度，多层一般 3~4 层（9 层以下）为最好。然后确定一个楼层系数，标准层以上一般每层加价比例为 0.8%，标准层以下每层下调 0.5%。在高层建筑中，7 层以下因其视野受限，一般应为低价区，顶层与低层的价格一般相差约 30%。用户选择购房不仅受楼层的影响，房子所处两个主力面的景物和视野如街景、江景、道路等亦是影响楼价的因素之一，即朝向系数。一般来说，江景、街景等给人以视觉上的享受，朝向系数大，为 8%~10%，而临道路边因其噪音大，尘埃多，朝向系数亦低，为 3%~5%。有的楼盘，因其朝向系数不合理，好的楼层和好的朝向全部卖光，剩下的全部都是不好卖的，使楼盘出现滞销状态。商铺的定价，由于一般顾客购物习惯在首层，因此首层商铺定价一般是住宅平均价的三倍以上。车位的每平方米定价一般相当于住宅的 50%。

（三）价格调整策略

房地产价格调整策略可以分为直接的价格调整、优惠折扣两方面内容。

1. 直接的价格调整

直接的价格调整就是房屋价格的直接上升或下降，它给客户的信息是最直观明了的。直接的价格调整主要有两种形式：

一是基价调整。基价调整就是对一栋楼的计算价格进行上调或下降。因为基价是制定所有单元的计算基础，所以，基价的调整便意味着所有单元的价格都一起参与调整。这样的调整，每套单元的调整方向和调整幅度都是一致的，是产品对市场总体趋势的统一应对。

二是差价系数的调整。每套单元因为产品的差异而制定不同的差价系数，每套单元的价格是由房屋基价乘以所制定的差价系数而计算来的。但每套单元因为产品的差异性而被市场接纳程度的不同，并不总是和原先的估计一致。差价系数的调整就要求根据实际销售的具体情况，对原先所设定差价体系进行修正，将好卖单元的差价系数再调高一点，不好卖单元的差价系数再调低一点，以均匀各种类型单元的销售比例，反映出市场对不同产品需求的强弱。差价系数调整是开发商经常应用的主要调价手段之一。有时候一个楼盘的价格差价系数可以在一个月内调整十几次，以适应销售情况的不断变化。

2. 优惠折扣

优惠折扣是指在限定的时间范围内，配合整体促销活动计划，通过赠送、折让等方式对客户的购买行为进行直接刺激的一种方法。优惠折扣通常会活跃销售气氛，进行销售调剂，但更多的时候是抛开价格体系的直接让利行为。优惠折扣和付款方式有多种多样的形式，譬如，一个星期内的限时折扣，买房送空调、送冰箱，购房抽奖活动等。优惠折扣要做得好，首先要让客户确实感受到是在让利，而不是一种花哨的促销噱头。其次，优惠折扣所让的利应该切合客户的实际需要，是他们所希望的方式，只有这样才便于促进销售。最后，不要与其他竞争者的优惠折扣相类似，要有一定创意。

三、 房地产营销渠道策略

中国房地产行业中，房地产营销渠道策略可以大致分为企业直接推销、委托代理推销以及近几年兴起的网络营销、房地产超市等。

企业直接推销，是指房地产开发企业通过自己的营销人员直接推销其房地产产品的行为，也称为直销或自销。直接推销的优势在于它可以帮助房地产开发企业节省一笔数量可观的委托代理推销的费用（相当于售价的 1.5%～3.0%），但推销经验的不足和推销网络的缺乏也是这种销售渠道的致命缺陷。由于中国房地产市场正处于起步阶段，房地产市场的运行机制尚不健全，必需的人才与管理经验还有待于积累发掘，所以它目前还是中国房地产销售的主要渠道，在房地产市场发展的将来，它依然会占据重要位置。

委托代理推销，是指房地产开发企业委托房地产代理推销商来推销其房地产产品的行为。所谓房地产代理推销商，是指接受房地产开发企业的委托，寻找消费者，介绍房地产，提供咨询，促成房地产成交的中间商。委托代理商可以分为企业代理商和个人代理商，前者是指由多人组成的具备法人资格的代理机构，后者是指中介代理的个人，即经纪人。

网络营销是信息时代和电子商务发展的产物，它也被运用到了房地产市场营销上。中国出现了一些以房地产为主要内容的网站，如搜房网、中房网等，它们为房地产企业和消费者提供了全新的信息沟通渠道；同时，许多房地产商也利用 Internet 网络资源，进行网络营销。2000 年 9 月，上海"青之杰"花园推出了全国第一本电子楼书，标志着网络房地产营销又增加了新的手法。现在不少开发商都在互联网上注册了自己的网站，为企业和产品进行宣传和推广。通过互联网双向式交流，可以打破地域限制，进行远程信息传播，面广量大，其营销内容翔实生动、图文并茂，可以全方位地展示房地产产品的外形和内部结构，同时还可以进行室内装饰和家具布置的模拟，为潜在购房者提供了诸多方便。随着电子商务的进一步发展，网络营销将成为房地产市场上一种具有相当大潜力和发展空间的营销策略。

房地产超市是最近在浙江、上海等地出现的一种全新的营销渠道。它的出现表明中国房地产销售开始告别传统的开发商自产自销的单一模式，进入一个以超市为显著特征的商品零售时期。有专家认为，房地产超市是中国楼市营销理念、方式的一次改革和突破，为解决当前商品房销售困难带来了新的思路和转机。

四、房地产营销促销策略

房地产营销促销策略，是指房地产开发商为了推动房地产租售而面向消费者或用户传递房地产产品信息的一系列宣传、说服活动。通过这些活动可以帮助消费者认识房地产产品的特点与功能，激发其消费欲望，促进其购买行为，以达到扩大销售的目的。房地产营销促销策略主要可以分为广告促销、营业推广、人员促销、公共关系。

1. 广告促销

广告是向人们介绍商品信息，输送某种观念的一种公开的宣传形式。房地产广告的突出特点是广告期短、频率高、费用大。

房地产广告的诉求重点包括地段优势、产品优势、价格优势、交通便捷优势、学区优势、社区生活质量、开发公司的社会声誉等。房地产广告可供选择的形式有以下几种类型：

（1）印刷广告。利用印刷品进行房地产广告宣传相当普遍，这也是对房地产产品进行营销的主要手段之一。报纸、杂志、有关专业书籍以及开发商或其代理商自行印刷的宣传材料等，都是房地产广告的有效载体。

（2）视听广告。利用电视、电影、霓虹灯、广告牌以及电台、广播等传媒方式都是宣传房地产产品的有效视听广告。

（3）现场广告。指在施工现场竖立的现场广告牌以及工地四周围墙上的宣传广告，用以介绍开发项目情况。

（4）信函广告。包括商品房目录和说明书等。

根据楼盘不同的类型、租售范围以及广告费用，开发商应当选择适当的广告类型和广告策略，从而达到最佳的宣传效果。

2. 营业推广

营业推广是为了在一个较大的目标市场上，刺激需求，扩大销售，而采取的鼓励购买的各种措施，多用于一定时期、一定任务的短期的特别推销。营业推广刺激需求的效果十分明显且费用较少。

开发商可以通过开展大规模的住房知识普及活动，向广大消费者介绍房屋建筑选择标准、住宅装修知识、住房贷款方法和程序以及商品房购置手续和政府相关税费，在增加消费者房地产知识的同时，也可以增加消费者对开发商的认同感。另外开发商还可以举行开盘或认购仪式、项目研讨会、新闻发布会，寻找明星代言人，举办文化与休闲活动、业主联谊会等，这些活动可以极大地提高房地产企业的知名度，从而使企业的销售业绩不断上升。在重庆等地每年都要举办的房地产交易会也是开发商展示自身实力的舞台，据统计，每次房交会上，各房地产开发商都会有一个不凡的成交量。

3. 人员促销

房地产人员促销是指房地产促销人员根据掌握到的客户信息，向目标市场消费者介绍开发商及其房地产的情况，促成买卖成交的活动。人员促销的优点在于：目标客户明确，促销力量集中，成交率高；与客户面谈，有利于联络与密切同客户的感情，有利于信息反馈，有利于了解同行业的开发建设和营销动向。

人员促销方式对促销人员的素质要求比较高。促销人员一般必须具备以下条件和素质：具有丰富的房地产知识和合理的知识结构；及时掌握正确的房地产市场信息；具有良好的经营理念和业务素质。促销人员在日常工作中，要注意对商圈内的所有顾客的详细资料包括地址、姓名、电话号码等建档，以便随时跟踪。

4. 公共关系

房地产公共关系促销活动包括争取对房地产开发商有利的宣传报道，协助房地产开发商与有关各界公众建立和保持良好的关系，建立和保持良好的企业形象以及消除和处理对房地产开发企业不利的谣言、传闻和事件。公共关系的内容也包括危机公关。针对当前屡屡发生的入住纠纷问题，如处理得当，或许可在众多消费者与媒体的关注下，以坦诚的态度重树项目良好形象，化不利为有利。

开发商应当重视消费者导向，强调通过企业与消费者的双向沟通，建立长久的稳定的对应关系，在市场上树立企业和品牌的竞争优势。商品和品牌的价值是最难以替代的，这与消费者的认可程度紧密相关。因此，开发商应当完全从消费者的角度安排经营策略，充分研究消费者需求，努力加强与消费者的沟通，注意关系营造。同时，开发商还要注意与地方政府、金融机构和其他社会组织的合作，也要注意开发商之间的合作，特别是后者的合作尤为重要。

第三节　房地产交易与产权登记管理

一、房地产交易管理

为了加强对城市房地产的管理，维护房地产市场秩序，保障房地产权利人的合法权益，促进房地产业的健康发展，1994 年第八届全国人民代表大会常务委员会第八次会议通过《中华人民共和国城市房地产管理法》（1995 年 1 月 1 日起实施）。该法于 2007 年 8 月 30 日、2009 年 8 月 27 日和 2019 年 8 月 26 日进行了三次修正。

（一）房地产交易与市场管理

房地产交易是指房地产交易主体之间以房地产这种特殊商品作为交易对象所从事的市场交易活动。房地产交易按交易形式的不同，可分为房地产转让、房地产抵押（含典当）、房屋租赁、房地产信托等形式；按交易客体中土地权利的不同，可分为国有土地使用权及其地上房产的交易与集体土地使用权及其地上房产的交易，我国当前的房地产交易主要是指国有土地使用权及其地上房产的交易；按交易客体所受限制的程度不同，可分为受限交易（如划拨土地使用权及其地上房产的交易,带有福利性的住房及其占用土地使用权的交易等）和非受限交易（如商品房交易等）。

房地产交易市场管理是房地产市场管理的重要内容，是指政府设立的房地产交易管理部门及其他相关部门以行政的、法律的、经济的手段，对进入房地产市场从事房地产商品交换活动的单位和个人，对房地产商品与劳务的交易价格、契约合同、交易程序、应纳税费等各方面所进行的组织、指导、调控和监督。房地产交易市场管理的主体是房地产行政主管部门，房地产交易市场管理的有关部门是工商行政、税务、物价、公安等有关部门。房地产交易市场管理的依据是国家和地方政府的政策法规和城市建设、城市经济和居民生活对房地产的需求。

我国房地产交易中的基本制度主要包括国有土地有偿有限期使用制度、房地产价格申报制度、房地产价格评估制度、房地产价格评估人员资格认证制度和不动产统一登记发证制度。

（二）房地产交易的特点与原则

1. 房地产交易的特点

房地产作为一种特殊商品，其交易具有如下特点：

（1）房地产交易对象的特殊性。房地产交易的对象是作为特殊商品的房地产，包括土地使用权、土地上的房屋以及其他建筑物的所有权。无论交易以何种形式进行，交易的对象都不会发生空间上的移动，即只有所有权或使用权等权属关系的转移，而没有物流的形态。

（2）房地产交易形式的确定性。房地产交易形式包括房地产转让、房地产抵押和房屋租赁等，不包括房地产开发。尽管在房地产开发中也发生一些以建筑行为或劳务作为对象的交易，但这些交易不是以房地产作为对象的。

（3）房地产交易价格具有相关性。房地产商品的交易价格受同类商品的影响较大。同时，房产价格不仅取决于土地使用权和房屋建造成本，还受到区位因素、周边环境、市场供求关系、消费者支付能力、社会经济发展等诸多因素影响。

（4）房地产交易的社会影响大。房地产交易涉及土地资源占用和土地收益的重新分配，在一定程度上会对整个社会生产、生活产生影响，具有较强的社会性。

（5）房地产交易是一种民事法律行为。房地产交易主要通过各种交易合同形式来实现，由此引发的房地产权属的变动必须办理登记手续，方能完成房地产权属的转移。

2. 房地产交易的原则

房地产交易行为是平等的民事主体之间的民事行为，除应当遵循自愿、公平、诚实信用等原则外，还应遵循以下原则：

（1）房地一体原则。房产权与地产权是不能分割的，同一房地产的房屋所有权与土地使用权只能由同一主体享有，而不能由两个主体分别享有。

（2）依法登记原则。房地产在进行出让、转让、租赁、抵押等交易时，必须依法进行法定登记备案手续，以保证交易双方的合法权利。

（3）房地产交易价格遵循国家政策原则。与一般商品相比，房地产价格构成复杂、影响因素较多，其交易价格实行房地产价格评估制度和房地产成交价格申报制度，房地产价格评估，是按照国家规定的技术标准和评估程序，以基准地价、标定地价和各类房屋的重置价格为基础，参照当地的市场价格进行评估。房地产权利人转让房地产，应当向县级以上地方人民政府规定的部门如实申报成交价，不得瞒报或者作不实的申报。

（4）土地出让合同设定的权利、义务随土地使用权同时转移。

（三）房地产交易的管理与中介服务机构

1. 房地产交易的管理机构

房地产交易的管理机构是指依法有权对房地产交易活动进行指导、监督、协调以及对房地产交易法律关系进行保护的国家机关和社会组织。

我国目前执行房地产交易管理职能的机构主要有：自然资源部、住房和城乡建设部；地方各级房地产管理机关，主要指县级以上地方人民政府的房地产管理部门和土地管理部门；房地产交易管理所（房地产市场监管处、房地产交易中心等）。

房地产交易所是国家根据房地产市场发展的需要而设立的，供人们进行房地产交易的固定场所。建设部、国家物价局、国家工商行政管理局联合发布的《关于加强房地产交易市场管理的通知》（1988 年）中将房地产交易所的任务归纳为：

（1）为房地产交易提供洽谈协议、交流信息、展示行情等各种服务；

（2）开展房地产价值、价格评估；

（3）提供有关房地产的法律政策咨询，接受有关房地产交易和经营管理委托业务；

（4）对房地产经营、交易进行指导和监督，调控市场价格，查处违纪行为；

（5）办理房地产交易登记、签证及权属转移手续。

2. 房地产交易的中介服务机构

房地产交易的中介服务机构包括房地产咨询机构、房地产价格评估机构、房地产经纪机构等。设立房地产交易的中介服务机构，应当向市场监督管理部门申请设立登记，领取营业执照后，方可开业。

房地产中介服务机构应当具备下列条件：

（1）有自己的名称和组织机构；

（2）有固定的服务场所；

（3）有必要的财产和经费；

（4）有足够数量的专业人员；

（5）法律、行政法规规定的其他条件。

（四）房地产的转让、抵押和租赁

1. 房地产转让

房地产转让是指房地产权利人通过买卖、赠与或者其他合法方式将其房地产转移给他人的行为。房地产转让包括买卖、赠与、互易、继承、遗赠等合法方式。房地产转让，应当签订书面转让合同，合同中应当载明土地使用权取得的方式。以出让方式取得土地使用权的，转让房地产后，其土地使用权的使用年限为原土地使用权出让合同约定的使用年限减去原土地使用者已经使用年限后的剩余年限。

以出让方式取得土地使用权的，转让房地产时，应当符合下列条件：

（1）按照出让合同约定已经支付全部土地使用权出让金，并取得土地使用权证书；

（2）按照出让合同约定进行投资开发，属于房屋建设工程的，完成开发投资总额的25%以上，属于成片开发土地的，形成工业用地或者其他建设用地条件。

转让房地产时房屋已经建成的，还应当持有房屋所有权证书。

对于不符合上述条件的以及存在下列情况的，房地产不得转让：

（1）司法机关和行政机关依法裁定、决定查封或者以其他形式限制房地产权利的；

（2）依法收回土地使用权的；

（3）共有房地产，未经其他共有人书面同意的；

（4）权属有争议的；

（5）未依法登记领取权属证书的；

（6）法律、行政法规规定禁止转让的其他情形。

2. 房地产抵押

房地产抵押，是指抵押人以其合法的房地产以不转移占有的方式向抵押权人提供债务履行担保的行为。债务人不履行债务时，抵押权人有权依法以抵押的房地产拍卖所得的价款优先受偿。

依法取得的房屋所有权连同该房屋占用范围内的土地使用权，可以设定抵押权。以出让方式取得的土地使用权，可以设定抵押权。

房地产抵押，应当凭土地使用权证书、房屋所有权证书办理，抵押人和抵押权人应当签订书面抵押合同。

设定房地产抵押权的土地使用权是以划拨方式取得的，依法拍卖该房地产后，应当从拍卖所得的价款中缴纳相当于应缴纳的土地使用权出让金的款额后，抵押权人方可优先受偿。房地产抵押合同签订后，土地上新增的房屋不属于抵押财产。需要拍卖该抵押的房地产时，可以依法将土地上新增的房屋与抵押财产一同拍卖，但对拍卖新增房屋所得，抵押权人无权优先受偿。

根据相关规定，下列房地产不得设定抵押或抵押时受一定限制。

（1）土地所有权不得抵押；地上没有建筑物、构筑物或在建工程的，纯粹以划拨方式取得的土地使用权不得进行抵押；乡（镇）、村企业的土地使用权不得单独抵押。

（2）耕地、宅基地、自留地、自留山等集体所有的土地使用权，不得抵押，但是已经依法承包并经发包方同意的荒山、荒沟、荒丘、荒滩等荒地土地使用权除外。

（3）权属有争议的房地产和被依法查封、扣押、监管或者以其他形式限制的房地产，不得抵押。

（4）用于教育、医疗、市政等公共福利事业的房地产不得进行抵押。

（5）列入文物保护的建筑物和有重要纪念意义的其他建筑物不得抵押。

（6）已被依法公告列入拆迁范围的房地产不得抵押。

（7）以享有国家优惠政策购买获得的房地产不能全额抵押，其抵押额以房地产权利人可以处分和收益的份额比例为限。

（8）违章建筑物或临时建筑物不能用于抵押。

（9）依法不得抵押的其他房地产。

3. 房屋租赁

房屋租赁是指房屋所有权人作为出租人将其房屋出租给承租人使用，由承租人向出租人支付租金的行为。出租人和承租人应当签订书面租赁合同，约定租赁期限、租赁用途、租赁价格、修缮责任等条款，以及双方的其他权利和义务，并向房产管理部门登记备案。

根据《中华人民共和国城市房地产管理法》的规定，住宅用房的租赁，应当执行国家和房屋所在城市人民政府规定的租赁政策。租用房屋从事生产、经营活动的，由租赁双方协商议定租金和其他租赁条款。以营利为目的，房屋所有权人将以划拨方式取得使用权的国有土地上建成的房屋出租的，应当将租金中所含土地收益上缴国家。

二、　房地产产权登记管理

（一）房地产产权登记相关法律法规

为加强城市房屋权属管理，维护房地产市场秩序，保障房屋权利人的合法权益，根据《中华人民共和国城市房地产管理法》的规定，1997 年 10 月 27 日，建设部制定并颁布《城市房屋权属登记管理办法》，并于 2001 年 8 月 15 日进行修正。2008 年 1 月 22 日经建设部第 147 次常务会议讨论通过《房屋登记办法》，并于 2008 年 7 月 1 日起施行。《城市房屋权属登记管理办法》《建设部关于修改〈城市房屋权属登记管理办法〉的决定》同时废止。

根据《中华人民共和国物权法》等法律，国务院于 2014 年 11 月 24 日发布《不动产登记暂行条例》，自 2015 年 3 月 1 日起施行，并于 2019 年 3 月 24 日对该条例进行第一次修正。该条例规定：本条例施行前公布的行政法规有关不动产登记的规定与本条例规定不一致的，以本条例规定为准；国家实行不动产统一登记制度；不动产登记遵循严格管理、稳定

连续、方便群众的原则；不动产权利人已经依法享有的不动产权利，不因登记机构和登记
程序的改变而受到影响。

（二）房地产产权登记的内容与程序

1. 房地产产权登记与管理

房地产产权登记的内容包括集体土地所有权、房屋等建（构）筑物所有权、建设用地使
用权、宅基地使用权等。

《中华人民共和国城市房地产管理法》规定，国家实行土地使用权和房屋所有权登记发
证制度。以出让或者划拨方式取得土地使用权，应当向县级以上地方人民政府土地管理部
门申请登记，经县级以上地方人民政府土地管理部门核实，由同级人民政府颁发土地使用
权证书。在依法取得的房地产开发用地上建成房屋的，应当凭土地使用权证书向县级以上
地方人民政府房产管理部门申请登记，由县级以上地方人民政府房产管理部门核实并颁发
房屋所有权证书。

房地产转让或者变更时，应当向县级以上地方人民政府房产管理部门申请房产变更
登记，并凭变更后的房屋所有权证书向同级人民政府土地管理部门申请土地使用权变更
登记，经同级人民政府土地管理部门核实，由同级人民政府更换或者更改土地使用权
证书。

房地产抵押时，应当向县级以上地方人民政府规定的部门办理抵押登记。因处分抵押
房地产而取得土地使用权和房屋所有权的，应当依照规定办理过户登记。

不动产登记（包括房地产）由不动产所在地的县级人民政府不动产登记机构办理；直辖
市、设区的市人民政府可以确定本级不动产登记机构统一办理所属各区的不动产登记。

2. 房地产产权登记的程序

办理房屋登记，一般依照下列程序进行：

（1）申请。申请房屋登记，申请人应当向房屋所在地的房屋登记机构提出申请，并提
交申请登记材料。申请人应当对申请登记材料的真实性、合法性、有效性负责，不得隐瞒
真实情况或者提供虚假材料申请房屋登记。

（2）受理。不动产登记机构收到不动产登记申请材料，应当分别按照相关规定进行
办理。

（3）审核。不动产登记机构受理不动产登记申请的，应当按照下列要求进行查验：一
是不动产界址、空间界限、面积等材料与申请登记的不动产状况是否一致；二是有关证明
材料、文件与申请登记的内容是否一致；三是登记申请是否违反法律、行政法规规定。

（4）记载于登记簿。不动产登记机构应当自受理登记申请之日起30个工作日内办结
不动产登记手续。不动产登记机构完成登记，应当依法向申请人核发不动产权属证书或者
登记证明。

（5）发证。核准登记，颁发房屋权属证书。房屋登记机构认为必要时，可以就登记事

项进行公告。

国务院国土资源主管部门应当会同有关部门建立统一的不动产登记信息管理基础平台。不动产登记机构能够通过实时互通共享取得的信息，不得要求不动产登记申请人重复提交。

本章小结

本章首先介绍房地产市场营销的概念、特征、基本理论、理念创新以及房地产市场营销的流程等；其次介绍房地产市场营销策略，即产品策略、价格策略、渠道策略和促销策略；最后介绍房地产交易与产权登记管理。

练习题

一、即测即评

二、思考题

1. 如何理解房地产市场营销？
2. 房地产市场营销的特征是什么？
3. 简述房地产市场营销的基本理论。
4. 房地产市场营销的理念创新有哪些？
5. 简述房地产市场营销的流程。
6. 何谓产品策略？ 房地产产品分为哪几个层次？ 房地产产品营销的重点有哪些？
7. 房地产定价方法有哪些？
8. 房地产营销渠道策略有哪些？
9. 阐述房地产促销策略。
10. 什么是房地产交易？ 其特点与原则有哪些？
11. 房地产中介服务机构应当具备哪些条件？
12. 简述房地产产权登记的程序。
13. 如何用互联网创新营销渠道？
14. 如何开展房地产网络与自媒体营销推广？
15. 对本地区某房地产项目进行促销组合设计，编写产品促销推广策划方案。

第十一章

物 业 管 理

本章学习目标

□ 掌握：物业及物业管理的概念、内涵及特征；物业管理的基本内容与环节。

□ 熟悉：物业管理的法律关系（主体、客体、内容等三要素）；不同物业管理的基本内容。

□ 了解：物业管理的类型与物业服务的成本构成；物业管理的模式与发展趋势。

第一节　物业及物业管理

一、 物业概述

（一）物业的含义

物业是指已经建成并投入使用的各类房屋及与之相配套的设备、设施和场地。物业可大可小，一个单元住宅可以是物业，一座大厦也可以作为一项物业，同一建筑物还可按权属的不同分割为若干物业。物业含有多种业态，如办公楼宇、商业大厦、住宅小区、别墅、工业园区、酒店、厂房仓库等多种物业形式。

由此可见，物业包含以下要素：

（1）已建成并具有使用功能和经济效用的各类供居住和非居住的楼宇；

（2）与这些楼宇相配套的设备和市政、公用设施；

（3）楼宇的附属建筑，包括内部的多项设施和相邻的场地、庭院、停车场、小区内非主干交通道路；

（4）附着在物业上的各种权益。

（二）物业的分类

根据使用功能的不同，物业可分为以下 4 类：

1. 居住物业

居住物业是指具备居住功能、供人们生活居住的建筑，包括住宅小区、单体住宅楼、公寓、别墅、度假村等，也包括与之相配套的公用设施、设备和公共场地。

2. 商业物业

商业物业是指那些通过经营可以获取持续增长的回报或者可以持续升值的物业，包括综合楼、写字楼、商业中心、酒店、商业场所等。

3. 工业物业

工业物业是指为人类的生产活动提供使用空间的房屋，包括工业厂房、仓库等。工业物业有的用于出售，有的用于出租。

4. 其他用途物业

也称为特殊物业，包括学校、医院、政府办公大楼、赛马场、高尔夫球场、汽车加油站、飞机场、车站、码头、高速公路、桥梁、隧道等物业，特殊物业经营的内容通常要得到政府的许可。这类物业的投资多属长期投资，投资者靠日常经营活动的收益来回收投资，赚取投资收益。这类物业的土地使用权出让的年限，国家规定最高为 50 年。

不同使用功能的物业，其物业管理有着不同的内容和要求。

（三）物业的属性

1. 物业的自然属性

物业的自然属性是指与物业的物质实体或物理形态相联系的性质，它是物业社会经济性质的物质内容和物质基础。物业的自然属性主要指：

（1）物业的二元性

物业的物质实体往往表现为具有特定用途和明确属主的建筑物。任何建筑物，都是建筑在土地之上，成为土地的附属物，土地的功能则借助于建筑物得以充分发挥。因此，物业被视为土地与建筑物的统一体，兼有土地与建筑物两方面的物质内容。当然，对于不同的物业，其二元组成的比重有所不同。比如，物业的建筑面积与土地面积的比值在城市就高于乡村，在经济、文化和商业中心就高于重工业基地。物业的二元性是其他任何商品都不具备的，它决定了物业必然兼有土地与建筑物二者特有的各种性质。

（2）物业的稀缺性

物业的稀缺性是由土地的有限性决定的。天然的土地有限，用作兴建建筑物的优良建筑地段更有限。人类只能在有限的土地上开发建设。由于现代建筑物技术要求高、耗资大，因此物业的数量还受制于社会经济力量和技术水平。

（3）物业的差异性和多样性

物业的差异性主要是就土地而言的，在城市主要取决于地段的区位及其技术条件。物业的多样性主要是就建筑物而言的，由于建筑物的功能、位置、自然环境、技术经济条件的不同，形成了物业形式的多样性。每一建筑物都是单件产品，它们在类别、品种、规格、结构、式样、外观以及年代等方面，都存在着某些不同之处。

（4）物业的固定性

物业的固定性主要是指物业空间位置上的不可移动性，即人们无法将某一物业从偏远区位移动到商业中心，即使人们将地上建筑物与土地相分离，也只是改变物业用途，不能移动法律意义或实质上的物业位置。

（5）物业的永久性和长期性

物业的永久性是指土地是永存的，具有不可毁灭性。物业的长期性主要是就建筑物而言的。建筑物一经建筑完成，在正常情况下，其物理寿命可达到数十年甚至几百年，可供人们长期使用。所以，物业既可一次性出售，也可通过出租的方式零星出售，边流通边消费；其价值可一次收回，也可在较长时期中多次收回。

（6）物业的配套性

物业的配套性，是指物业以其各种配套设施，满足人们各种需要的特性。没有配套设施的物业不能满足人们的各种需要；人们的各种需求从客观上决定了物业的配套性。物业配套越齐全，其功能发挥就越充分。

2. 物业的社会属性

物业的社会属性可以从两个方面来研究：一是作为一种商品，物业具有经济属性；二是从这一商品的生产关系和财产关系的调整及归属来看，物业具有法律属性（物业权属问题）。

（1）物业的经济属性

首先，物业的经济属性表现为它的单一商品属性，即通过市场交易活动实现物业的价值和使用价值。物业的买卖、租赁、抵押，土地使用权的出让与转让，都体现了物业的商品属性；物业的开发建设、经营管理都是商品经济活动，必须遵从最基本的价值规律。参与物业开发建设、经营管理与消费的人与人之间的关系，本质上是一种商品经济的关系。其次，物业的经济属性表现为它的保值、增值性。长期看，物业的保值、增值性使得其具有投资价值。最后，物业的经济属性表现为宏观政策上的调控性。物业是关系到国计民生、社会稳定的重大问题，因此，政府在宏观政策上的调控就显得尤为重要。具体表现在：一是政府通过各种政策、法令、法规，从宏观上来调控物业建设的数量、容积、布局、高度、类别等来维护土地的公有性，合理保护和开发土地资源，并科学、合理地规划和建设城市，实现城市经济、社会发展目标；二是物业建设是一个系统工程，既会涉及许多相关的法律、法规、政策，也会涉及市容环境保护、绿化、治安管理等有关法规条例；三是作为物业本身，其管理也受到法律和政策的约束与规范。

（2）物业的法律属性

物业的法律属性集中反映在物权的关系上，我国的房地产物权是指物权人在法律规定的范围内享有的房屋所有权，及其占有土地的使用权。它不仅是一项单项权利，而且还是一个权利束，拥有多项权能，如因租售、抵押等而形成一个完整的、抽象的权利体系。从这一商品的生产关系和财产关系的调整及归属来看，物业具有法律属性，即物业权属问题。

3. 物业和房地产、不动产

房地产是房产和地产的总称，一般而言，房地产有广义和狭义之分。狭义的房地产是指房屋的建筑部分与建筑地块有机结合的整体和它们衍生的各种物权。广义的房地产是指土地、土地上的永久性建筑物、基础设施，以及诸如水、矿藏和森林等自然资源，还包括与土地、房屋权属有关的权利或利益。房屋建筑和其占有的土地在实体上是不可分的，但是在法律上可能存在不同的产权主体。

从法律意义上说，房地产本质上是指以土地和房屋作为物质存在形态的财产。这种财产是指包含于房地产实体中的各种经济利益以及由此而形成的各种权利，如所有权、使用权、租赁权、抵押权等。在民法中，将财产分为动产和不动产两类。

"不动产"（Real Estate 或 Real Property）的解释如下：Real Estate 具体是指土地及附着在土地上的人工建筑物和房屋；Real Property 具体是指 Real Estate 及其附带的各种权益。房地产由于其位置固定，不可移动，故被称为不动产。物业是指已建成并具有使用功能和经济效用的各类供居住和非居住的屋宇及与之相配套的设备，市政、公用设施，屋宇所在的建筑地块与附属的场地、庭院。

综上所述，房地产的表述倾向于表明这种财产是以房屋和土地作为物质载体，而不动产的表述则侧重于表明这种财产具有不可移动这一独特属性，但两者所指乃同一对象。"房地产"概念的外延包括房地产的投资开发、建造、销售、售后管理等整个过程。"物业"可用来指某项具体的房地产，但只是指房地产的交易、售后服务这一使用阶段或区域。

二、物业管理概述

（一）物业管理的内涵

根据国务院发布的《物业管理条例》（2003 年发布，2018 年第三次修正），物业管理是指业主通过选聘物业服务企业，由业主和物业服务企业按照物业服务合同约定，对房屋及配套的设施设备和相关场地进行维修、养护、管理，维护物业管理区域内的环境卫生和相关秩序的活动。《中华人民共和国民法典》（2021 年 1 月 1 日实施）规定，业主对建筑物内的住宅、经营性用房等专有部分享有所有权，对专有部分以外的共有部分享有共有和共同管理的权利。业主可以自行管理建筑物及其附属设施，也可以委托物业服务企业或者其他管理人管理。对建设单位聘请的物业服务企业或者其他管理人，业主有权依法更换。

物业管理是与建筑物使用有关的管理服务，它的目的在于使建筑物使用者享用安全、健康、舒适、清洁、环保、便利及良好生活机能的生活空间。物业管理有狭义和广义之分：狭义的物业管理是指业主委托物业服务企业依据委托合同对房屋建筑及其设备、市政公用设施、绿化、卫生、交通、生活秩序和环境容貌等管理项目进行维护、修缮活动；广义的物业管理泛指一切有关房地产发展、租赁、销售及售租后的服务。

物业管理起源于 19 世纪 60 年代的英国。20 世纪 80 年代初，物业管理才由我国香港引入内地。1981 年 3 月 10 日，深圳市第一家涉外商品房管理的专业公司——深圳物业管理公司正式成立，标志着这一新兴行业的诞生。1993 年 6 月 30 日，深圳成立了国内首家物业管理协会，同年深圳市颁布了《深圳经济特区住宅区物业管理条例》。1994 年 4 月建设部颁布了《城市新建住宅小区管理办法》，明确指出："住宅小区应当逐步推行社会化、专业化的管理模式，由物业管理公司统一实施专业化管理"。2003 年 9 月 1 日，《物业管理条例》正式施行，对规范物业管理，维护业主和物业管理企业的合法权益，改善人民群众的生活和工作环境，提供了重要的法律依据。

（二）物业管理的基本特征

物业管理是城市管理体制、房地产管理体制的重大改革，是一种与房地产综合开发，与现代化生产方式相配套的综合性管理。物业管理的基本特征体现如下：

1. 物业管理的社会化

物业管理的社会化，指的是摆脱了过去那种自建自管的分散管理体制，将分散的社会分工（如房屋、水电、清洁、保安、绿化等）汇集起来统一管理，即由多个产权单位、产权人通过业主大会选聘一家物业管理企业。这样有利于提高整个城市管理的社会化程度，以充分发挥各类物业的综合效益和整体功能。

2. 物业管理的专业化

物业管理的专业化，指的是由物业管理企业通过合同或契约的签订，按照产权人和使用人的意志和要求实施专业化管理。随着社会的发展，社会分工渐趋于专业化，物业管理企业也可以将一些专业管理以经济合同的方式交予相应的专业经营服务公司。

3. 物业管理的市场化

在市场经济条件下，物业管理的属性是经营，所提供的商品是劳务，方式是等价有偿，即推行有偿服务，合理收费。业主通过招投标选聘物业管理企业，由物业管理企业来具体实施。

4. 物业管理的企业化

物业管理企业作为一个独立的法人，应按照《中华人民共和国公司法》的规定运行，不受任何干扰。物业管理企业必须依照物业管理市场的运行规则参与市场竞争，依靠自己的经营能力和优质的服务在物业管理市场上争取自己的位置和拓展业务，用管理的业绩去赢得商业信誉。

5. 物业管理的一体化

物业管理的一体化是指一个完整的物业区域，它的房屋建筑、附属设备设施以及场地等，应由一个物业管理机构或企业来实施统一的管理与服务，由这个企业或机构向业主或使用人提供全方位的服务。

（三）物业管理的类型

从目前情况来看，物业管理大体上有两种类型：委托服务型和租赁经营型。

1. 委托服务型物业管理

委托服务型物业管理是房地产开发企业将开发建成的房屋分层、分单元出售给用户，一次性收回投资和利润，并委托物业管理企业对房屋进行日常的管理，完善其售后服务。这里所说的"委托"有两种类型：第一种是开发企业自己组建物业管理公司，对所出售的房屋进行管理，一些大的房地产开发企业大多采取这种类型。这种类型的物业公司有几点优势：

（1）售后服务与物业管理相结合，许多售后服务工作可由自己下属物业公司来解决。

（2）开发企业为了树立良好的企业形象，使房地产业得到更大的发展，一般对物业管理工作都非常重视，能积极支持物业公司开展工作。这有利于辖区的配套设施进一步完善。

（3）这类物业公司的经费比其他物业公司容易解决，例如，开发项目投资总额的1%～2%作为管理基金；机动用房让物业公司自行出租经营；配套设施开发公司愿意出钱完善等。因为物业公司是自己的下属企业，所以物业公司和管理处的用房，都是开发公司免费提供使用或以成本价出售给物业公司的。

第二种委托服务型物业管理是开发商以招标的方式委托给专业物业公司。这种类型是今后物业管理的发展方向。因为只有通过招标，才能引入竞争；只有通过竞争，才能促使物业公司有一种紧迫感，不搞好工作就难以使企业得到发展，甚至有被社会淘汰的可能性。目前这种类型的物业公司还为数不多。委托服务型物业公司只有经营管理权，而无产权。此类型物业管理企业为谋得比较好的经济效益，可同时管理多幢房屋以至整个住宅小区。其职能包括房屋及其附属设备、设施的维护、修缮以及绿化、治安、消防、环境卫生等多方面的服务，这种服务是有偿的。

2. 租赁经营型物业管理

租赁经营型物业管理是房地产开发企业建成房屋后并不出售，而交由下属的物业管理企业或为该幢房屋专门组建的从事租赁经营的物业管理企业，通过租金收回投资。此类物业管理企业不仅拥有经营管理权而且拥有产权；不仅具有维护性管理的职能，且更为主要的是对所管理物业的出租经营，实质上是房地产开发的延续，通过物业的出租经营达到为开发公司回收项目投资和获取长期、稳定利润的目的。它的经营职责不只是将一层楼、一套单元简单地租出去，还需细心经营，根据市场的需要和变化对所管的物业作出适时的更新，如室内装修、空间的重新分隔等，并改造与完善物业的使用条件，如通信、楼层交通等，以提高物业的档次和适应性，进而调整租金以反映市场价格的变化，从中获取更三厚的利润。此类物业管理企业，多以经营商业大楼、综合大楼、写字楼为主。

租赁经营型物业管理与委托服务型物业管理的差别，从产权上看，前者拥有产权并有经营管理权，而后者仅有经营管理权而无产权；从管理上讲，前者需要刻意制造一个良好的物业使用环境，并将房地产开发中不完善的部分根据市场的需要加以完善，以创造物业的租赁条件，而后者为了保持正常使用，常常与售后服务工作结合起来；从管理的物业对象来说，前者多是商业大楼、综合大楼、写字楼，而后者则多是住宅楼宇；从服务的对象分析，前者是以职业角色出现的人群，而后者则是以居民角色出现的人群。因此，租赁型物业公司的经营目标决定了租赁型物业管理的经营方式必须是积极的，带有开拓性的。在服务租住户前提下，发展一业为主、多种经营，它是房地产开发企业为求取长期投资效益而采取的一种经营方式。

（四）物业服务的成本构成

根据《物业管理条例》第四十一条规定，业主应当根据物业服务合同的约定交纳物业服务费用。物业服务费是指物业服务企业按照物业服务合同的约定对房屋及配套设施设备和相关场地进行维修、养护、管理，维护相关区域内的环境卫生和秩序而向业主或使用人收取的费用。

建设部和国家发改委印发的《关于印发物业服务收费管理办法的通知》规定，物业服务成本或者物业服务支出构成一般包括以下部分：

（1）管理服务人员的工资、社会保险和按规定提取的福利费等；
（2）物业共用部位、共用设施设备的日常运行、维护费用；
（3）物业管理区域清洁卫生费用；
（4）物业管理区域绿化养护费用；
（5）物业管理区域秩序维护费用；
（6）物业服务企业办公费用；
（7）物业服务企业固定资产折旧费用；
（8）物业共用部位、共用设施设备及公众责任保险费用；
（9）经业主同意的其他费用。

应当注意的是，物业共用部位、共用设施设备的大修、中修和更新改造费用，应当通过专项维修资金予以列支，不得计入物业服务支出或物业服务成本。

第二节 物业管理的内容

一、 物业管理的基本内容与环节

（一）物业管理的基本内容

2007年10月1日起施行的《物业管理条例》将"物业管理企业"修改为"物业服务企

业"，这在本质上将物业公司的职能由管理转变为为业主服务。尽管物业的类型各有不司，但是物业管理所提供服务的基本内容是一致的。按服务的性质和提供的方式，物业管理可分为常规性的公共服务、针对性的专项服务和委托性的特约服务三大类。

1. 常规性的公共服务

公共服务是指物业管理中的基本管理工作，是物业管理企业面向所有住用人提供的最基本的管理和服务。公共服务的目的是确保物业的完好与正常，保证正常的生活和工作秩序，净化、美化生活环境。一般在物业服务委托合同中有明确规定，住用人享受这些服务时不需事先提出或者做出某种约定。公共服务一般有以下几项：

（1）房屋建筑主体的管理及住宅装修的日常监督管理；

（2）房屋及建筑的公共部分、水电设备、公共配套设施的维修、维护与管理；

（3）环境卫生的管理；

（4）清洁绿化管理；

（5）配合公安和消防部门做好住宅区内公共秩序维护工作；

（6）车辆秩序管理；

（7）公众代办性质的服务；

（8）物业档案资料的管理。

2. 针对性的专项服务

专项服务一般具有一定的针对性，它是物业管理企业为了改善和提高住用人的生活、工作条件，而向广大住用人提供的各项服务工作。专项服务的特点是物业管理企业事先设立服务项目，并将服务内容与服务质量应达到的水平、收费标准（需额外收费）公布给住用人，当住用人需要该项服务时可自行选择。专项服务一般包括以下几大类：

（1）日常生活类（包括衣、食、住、行等方面）；

（2）商业服务类（如开办小型商场、饭店、理发店、修理店等；安装、维护和修理各种家用电器等）；

（3）文化、教育、卫生、体育类（如图书馆、卫生服务站、托儿所、幼儿园、各种健身场所等）；

（4）金融服务类（如代办各种财产保险、人寿保险等业务，开办信用社等）；

（5）经纪代理中介服务类（如房屋出租，代理家政、家教，代理广告等）；

（6）社会福利类（如照顾孤寡老人、拥军优属等）。

3. 委托性的特约服务

特约服务是指为了满足物业产权人、使用人的个别需求而受其委托所提供的服务，所以通常在物业服务委托合同中不作约定，而物业管理企业在专项服务中也未设立，只是在产权人、使用人提出这方面的要求后，物业管理企业根据自身的能力状况和业务量状况，尽量满足其要求，为其提供特约服务。

上述三类服务中，第一类是最基本的工作，是物业管理企业必须做好的工作。同时根据自身的能力和住用人的需求，确定第二、三类中的具体服务项目和内容，采取灵活多样的经营机制和服务方式，以人为核心做好各项物业管理的服务工作，并不断拓展其广度和深度。

（二）物业管理的基本环节

根据物业管理在房地产开发、建设、使用各阶段的不同作用及特点，物业管理的运作可分为以下四个阶段：物业管理的策划阶段、物业管理的前期准备阶段、物业管理的全面启动阶段、物业管理的日常运作阶段。

1. 物业管理的策划阶段

物业管理的策划阶段，是指物业管理企业在接管物业之前就提早介入，以物业管理的角度对物业环境、功能、使用、维修、施工、设施提出建议，为物业今后的投入使用创造条件。同时，根据物业的建设特点，依据购买使用者的物业管理服务要求，初步制定物业管理服务档次，确定服务标准及服务项目。

2. 物业管理的前期准备阶段

物业管理的前期准备阶段，一般在物业竣工投入使用前八个月开始。其主要工作包括决定自行组建还是选聘物业管理公司或顾问公司参与管理；制定物业管理前期财务预算及年度预算，制订物业管理整体运作方案，编制物业管理所需的各种文件，包括《管理公约》《住户手册》《住户守则》《装修规则》《停车场规则》《物业收楼文件》《租约》等；拟订内部机构设置及人员编制，逐步分期、分批选聘管理人员及培训；设计各部门的运作方案及规章制度。由于物业管理前期准备阶段的专业性非常强，故聘请专业物业顾问公司以其丰富的经验、成熟的专业管理技术作为支持是今后成功的保障。成功的前期准备阶段可为后期实际运作打下良好的基础，可以极大避免今后管理的随意性，最大限度地规避今后的管理风险。

3. 物业管理的全面启动阶段

物业管理的全面启动阶段，是以物业的接管验收为标志。此阶段包括物业的接管验收，办理客户收楼、入住手续，全面物业管理服务的展开，建立物业的档案资料、客户资料，除执行日常管理工作外还要制订整个物业的管理、保养、维护计划。这一阶段的工作纷繁复杂，因此在制订出各种计划的同时，要严格执行、环环相扣。在为客户提供服务的同时，加强沟通宣传公司的管理规定，以谋求客户的理解支持并及时根据客户的要求，调整各种管理计划，以求更加适合、满足客户的需求。

4. 物业管理的日常运作阶段

此阶段最主要的内容包括日常综合管理服务的稳定与提高，具体包括物业维修管理、设备维护保养管理、环境绿化管理、安全管理、有偿服务管理等。在为客户提供优质服务的同时，以《管理公约》及其他管理规定为依据，处理各种管理当中出现的问题并合理利用财务资源，做到开源节流，提高资金利用率，改善物业的使用功能；对管理工作进行定期检讨、计划未来、训练员工及灌输新知识，为管理水平的提高打下基础。物业管理的复杂性、系统性、专业性特点决定了管理的难度，因此良好的内外部环境对提高物业管理水平就显得尤为重要。

二、 物业管理的法律关系

（一）物业管理活动的法律关系

物业管理法律关系是法律关系的一种，是指物业管理关系中的当事人在物业管理活动中所形成的具体的权利和义务关系。其权利，是指物业管理关系中，当事人享有实现某种行为的可能性；其义务，是指物业管理关系中当事人所负有的责任。物业管理法律关系是在有关物业管理法律规范的范围内，调整人们行为过程中在法律上的权利和义务关系。

物业管理法律关系的要素是指该种关系必要的构成因素或条件。构成物业管理法律关系的三要素是主体、客体、内容。

1. 物业管理法律关系的主体

物业管理法律关系的主体是指物业管理法律关系的参与者，即在物业管理中能够以自己的名义独立地享有权利和承担义务的当事人。物业管理法律关系的主体包括业主、业主委员会、物业管理企业等。

业主是物业的所有权人，按照《物业管理条例》的规定，业主在物业管理活动中，享有相应权利和义务。物业管理区域内全体业主组成业主大会，业主大会应当代表和维护物业管理区域内全体业主在物业管理活动中的合法权益。

业主委员会是物业区域内全体业主对物业实施自治管理的组织，由业主大会选举产生，是业主大会的常设执行机构，对业主大会负责。业主委员会的委员应当由业主担任，其成员不得兼任本物业区内物业管理公司的工作。

物业管理企业就是对物业实施专业化、企业化、社会化管理服务的，具有独立法人资格的经济实体。物业管理企业一般以公司形式出现，依合同实施物业管理，其管理权源于业主。物业管理企业是独立的法人，与业主在法律地位上是平等的，物业管理企业与业主必须合作，实施对物业的管理。国家对从事物业管理活动的企业实行资质管理制度。具体办法由国务院建设行政主管部门制定。物业管理企业的权利与义务由《物业管理条例》予以规定，此外由物业服务合同予以明确。

《物业管理条例实施细则》规定，物业管理用房的所有权依法属于业主。未经业主大会同意，物业管理企业不得改变物业管理用房的用途。物业服务收费应当遵循合理、公平以及费用与服务水平相适应的原则，区别不同物业的性质和特点，由业主和物业管理企业按照国务院价格主管部门会同国务院建设行政主管部门制定的物业服务收费办法，在物业服务合同中约定。业主应当根据物业服务合同的约定交纳物业服务费用。业主与物业使用人约定由物业使用人交纳物业服务费用的，从其约定，业主负连带交纳责任。已竣工但尚未出售或者尚未交给物业买受人的物业，物业服务费用由建设单位交纳。

2. 物业管理法律关系的内容

物业管理法律关系的内容是指物业管理法律关系的主体在物业管理法律关系中所享有的权利和负担的义务。物业管理法律关系主要包括以下内容：一是业主、非业主使用人的权利与义务；二是业主大会、业主委员会的权利与义务；三是物业管理公司依据物业管理合同的规定所享有的权利和所承担的义务；四是开发商在物业管理活动中的权利与义务；五是政府及其相关部门的职权与职责；六是物业管理协会的基本权利与义务。

3. 物业管理法律关系的客体

物业管理法律关系的客体（即标的）是指物业法律关系主体承受的权利、义务所共同指向的对象，是主体所需合法利益的外在表现载体，它直接反映了人们社会关系中最核心的利益关系，包括物、行为和非物质财富。在物业管理法律关系中，"物"是指物业，即建筑物本体、附属设备、公共设施及相关场地。"行为"是指物业管理中各方主体，即业主、开发商、物业管理企业以及政府主管部门的活动。"非物质财富"即智力活动成果，包括精神文化财富，如物业小区的荣誉称号、规划设计等。

（二）物业管理法律关系的基本特征

1. 主体广泛性

房地产物业是城市化及人民生活的基本物质条件，任何组织单位和个人都要与房地产物业管理工作发生各种联系，并通过这种联系形成人与人之间的社会关系。因此，可以说物业管理法律关系的权利和义务主体是非常广泛的。

2. 权属基础性

物业管理的对象主要是房地产。房地产是不动产，但不动产的转移并非实际物体发生位移，而是权利的主体发生变动。房屋的出售、租赁实际上是权利的交易和转让。因此，物业管理的法律规范是一个以权属为基础的法律规范。

3. 国家干预性

房地产是不动产，它对国家、法人和公民来说都是一笔很重要的财富；同样，房地产的物业管理涉及政府、法人和公民的各方面利益，它关系到经济发展和社会稳定。因此，国家对这一领域的行政干预显著，住房和城乡建设部专门成立了房地产市场监管司来指导物业管理工作的开展。

第三节　不同类型房地产的物业管理

物业根据它的使用功能的不同，可分为四个类别：工业物业、商业物业、居住物业和其他用途物业。不同使用功能的物业，它的管理内容和要求自然不同。

一、住宅小区物业管理

（一）住宅小区物业管理的概念与特点

住宅小区物业管理是指住宅小区业主通过选聘物业服务企业，由业主和物业服务企业按照物业服务合同约定，对房屋及配套设施设备和相关场地进行维修、养护、管理，维护相关区域内环境卫生和秩序的活动。2007 年 8 月 26 日，国务院颁布的《物业管理条例》重点规范了住宅小区的物业管理活动。

从总体上说，现阶段我国居住物业呈现以下三个特点：

1. 产权多元化

随着城镇住房制度改革的不断深入，过去的福利实物分房走向公房出售和货币化分配，我国居住物业的产权呈现出多元化的格局，出现有完全产权的商品房、经济适用住房、售后公房、租赁房。不同产权房屋的并存导致了相应管理政策的不同。

2. 档次的多样化

居住物业从高档公寓、别墅、高档商品房到普通住宅、经济适用房等具有不同的档次和类型，其造价、功能、户型、面积等呈现巨大差异，不同档次和类型的住宅对管理的要求也就有很大差异。物业管理企业必须针对不同档次和类型的住宅实行相应的管理和服务。

3. 物业管理体制和管理方式的多样化

在房屋管理体制上，我国正在逐步从政府房管部门直管和企事业单位自管向社会化、专业化、市场化的物业管理体制转变。由于各地经济发展水平不平衡，物业管理推进有先有后，因此，多种物业管理体制和管理方式并存将持续相当长一段时间。

（二）住宅小区物业管理目标

1. 促进社会的繁荣发展和社会主义精神文明的建设

住宅小区的物业管理工作首先应有利于社会的繁荣与发展，有利于社会主义精神文明的建设，满足社会对住宅小区物业管理的要求。

2. 为住宅小区居民创造舒适、安全、和谐的居住环境

住宅小区物业管理工作是为住宅小区居民服务的，必须为他们创造良好的生活环境，必须有利于住宅小区居民身心健康与发展。住宅小区物业管理的中心工作就是为住宅小区居民创造舒适、安全、和谐的居住环境。

3. 最大限度地发挥物业使用价值并尽可能使其保值、增值

住宅小区的一切物业都是为住宅小区居民居住和生活服务的，使住宅小区的物业发挥最大使用价值，物尽其用，是住宅小区物业管理的最主要的职能。住宅小区的物业，作为固定资产有其价值，使这部分固定资产保值、增值，为产权人收回成本并提供一定利润也

是住宅小区物业管理的职能之一。

4. 以最小的投入获取最大的效益

社会主义市场经济的一个原则就是要以最小的投入获得最大的社会与经济效益。住宅小区物业管理也应该讲成本核算，也应该以最小的投入，获取最大的社会效益与经济效益。这就要求住宅小区物业管理公司提高物业管理水平，加速新管理技术手段的运用，节支开源，有效控制管理成本，形成住宅小区管理资金良性循环，促进住宅小区物业管理进一步向前发展。

（三）住宅小区的管理原则

1. 业主自治与专业服务相结合

住宅区的物业管理工作，是大量的、技术性和专业性强的烦琐工作，必须以专业化管理为主，同时离不开居民的支持。因此，增强居民的群体意识，依靠和组织业主参与管理，发挥业主自治自律的作用，是实行这一原则的关键。

2. 服务至上

住宅小区的物业管理是一项服务性很强的工作，关系到千家万户的生活、休息、文娱、安全、卫生、教育、体育等诸方面。因此，必须坚持"服务至上，寓管理于服务之中"的原则，树立"为民服务、对民负责"的指导思想。

3. 所有权与经营权相分离

实行所有权与经营权两权分离，是现代物业管理与旧式的房屋管理本质区别之一。这是针对城镇居民住宅小区，特别是旧有居民住宅小区存在的"两权"不清问题提出来的，目的在于解决分散管理与统一管理之间的矛盾。因此，必须实行所有权与经营权两权分离，在依据《中华人民共和国民法典》确认产权权属的前提下，实行管理经营权的集中统一，由一家物业管理企业对某一居民住宅小区实行统一管理、综合治理、全方位服务。

4. 企业经营，独立核算

实行政企分开，使管理机构成为经济实体，具有相对独立的经营自主权，逐步实现住宅经营管理的市场化。

5. 有偿服务和费用合理分担

物业管理企业提供的管理和服务是有偿的，应该本着"谁享用，谁受益，谁负担"的原则，由房地产开发企业、物业管理企业和业主及使用人共同合理分担。

（四）住宅小区物业管理的内容

住宅小区物业管理的内容包括对住宅小区居民和住宅小区内的房屋建筑及其设备、市政公用设施、绿化、卫生、治安、环境等方面的管理。

1. 住宅小区居民的管理和服务

住宅小区的物业管理，首先是住宅小区居民的管理，即为了住宅小区的公共秩序及住宅小区全体居民的利益，每一位居民都应该在住宅小区内服从物业管理企业所制定的一系列管理制度和规定。当然，这些制度和规定必须是在为小区居民服务的基础上建立起来的，否则会遭到居民的反对。

2. 房屋管理

房屋管理是小区物业管理工作的基础。房屋管理的主要内容包括：房屋结构与外观完整与完好的维护；房屋老化、损坏的检查、鉴定、赔偿与修复；房屋内外装修的审批与约束；房屋使用管理(包括进住、退房登记,使用单位、人员、室内用品的登记,房间钥匙的登记发放、收回及门锁的更换等)；建筑物内外的标志、广告的管理；房屋档案的建立与维护、更新。

3. 环境卫生、绿化管理

环境管理的主要任务就是维护、保持小区的宁静、舒适、整洁、优美。

4. 治安管理

治安管理的目标是保证整个住宅小区的安全与安宁：一是安全保卫；二是正常的工作和生活秩序的维护。

5. 小区内设施设备的管理与维护

主要工作包括：建立各主要设施、设备的管理和使用制度；确定专业技术人员的分工和责任；对设施设备要进行定期检查和维护；建立报修、回访制度，对特殊情况的公告及应急处理。

6. 市政设施维护管理

市政设施管理主要是指住宅小区内的道路、公共排水排污管道和化粪池等设施的管理。道路管理的重点是确定车辆通行规则，主要工作是防止占道经营、车辆乱停乱放，做好道路的维护保养，保持道路平整通畅；排水、排污管道和化粪池管理工作的重点是防止人为因素引起的管道堵塞，做好周期性的检查和维护。

7. 车辆管理

车辆管理的主要工作就是车辆的停放和车辆的保管：根据实际情况(道路状况、安静度需要、停放场地大小、人流特别是儿童流量的大小等)划定允许进入本区域的车辆品种及型号；设定合适的停车场、棚、库房；订立适当的车辆进出门卫检查、放行制度；订立车辆停放保管制度；配置相应的监控、防盗设施。

8. 消防管理

消防管理的主要工作内容有：贯彻国家和地方政府消防工作法令，制定严密的住宅小区内的消防制度；坚持固定的巡查检修制度和节假日重大活动的全面检查，一旦发现问题，必须限期整改；健全专职和兼职的消防组织，建立严格的消防制度和责任人制度；要经常进行防火防灾的宣传教育；抓好平时的管理训练和演习。

9. 物业租赁管理

物业租赁是物业经营的主要工作，通常要抓好以下几个基本环节：核查物业是否符合租赁条件；核准租赁物业的面积，合理分摊共用面积；开展市场调查，合理确定租赁价格；明确房屋租赁价格以外的收费内容与标准，如电话费、水电费、管理费等；做好公用场地、活动场所的租赁管理，如申请审批、收费、卫生管理等；制定规范的租赁合同，到有关管理部门登记备案；处理好业主、租住户与管理单位三者之间的关系，维护好各方面的合法权益。

10. 收费管理

包括各种收费标准、办法的制定，收费的实施，基金和各项经费的使用管理及账目公开等工作。

11. 提供各种其他服务

如根据居民需要，旨在方便住户的委托性服务，或者物业管理企业为扩大企业收入来源积极开拓的多种经营服务。

二、 商业物业管理

1. 商业物业的概念

商业物业是指能同时供众多零售商和其他商业服务机构租赁，用于从事各种经营服务活动的大型收益性物业。商业物业有两层含义：一是以各种零售商店（或柜台、楼面）组合为主，包括其他商业服务和金融机构在内的建筑群体；二是购物中心的楼层和摊位是专供出租给商人零售商品作为经营收入的物业。

2. 商业物业的特点

（1）顾客流量大。商场进出人员杂，不受管制，客流量大，易发生意外，安全保卫工作非常重要，有些零售商品易燃易爆，因此消防安全不得有半点松懈。同时商场在发生突发事件时，疏散相对较慢。安全管理应特别慎重。

（2）服务要求高。物业管理服务要面向业主和使用人，向他们负责，一切为他们着想，促进商业物业保值、增值；同时为使用人和顾客营造一个安全、舒适、便捷、优美的经营和购物环境。这是商业物业管理服务的根本原则。

（3）管理点分散。出入口多，电梯（客梯、观光梯、自动扶梯等）分散，需要的保洁、保安人员相对较多，管理点分散、管理难度较大是商业物业管理的特点。

（4）营业时间性强。顾客到商场购物的时间，大多集中在节假日、双休日及晚上，而平时和白天顾客相对少一些。统一店铺的开门及关门时间有利于商铺的整体形象塑造。开门、关门时间不统一会造成整体商铺经营的凌乱感、无序经营的印象，对顾客产生不良的心理影响。

（5）车辆管理难度大。来商铺的顾客，有开车的，也有骑车的，大量的机动车和非机动车对商铺周边的交通管理和停车场管理增加了压力。车辆管理得好坏直接影响着商场物业管理水平。

3. 商业物业管理服务的特点

（1）重视楼宇及设备设施的管理。物业管理的主要职责就是接受业主的委托，管好、用好大楼的所有设备设施，使之能够保值、增值。它直接关系到商业场所中营业环境的优劣，是物业管理中比较复杂的内容。

（2）重视安全管理。商业物业中的客流量非常大，容易发生安全问题，因此安全保卫实行 24 小时的值班巡逻，另外，拥有智能化监控系统，对商场进行全方位监控，可为客户提供安全、放心的购物环境。

（3）注重营造商业氛围。在竞争日益激烈的市场环境中，商户往往很重视商厦的整体格调和品位，逐步强调温馨、自然、和谐的人文环境，物业管理者要注重每个细节的管理，在满足客户的购物需求的同时，给人以美的享受。

（4）靠服务质量赢得市场。随着市场经济的发展，人们生活水平的提高，人们在需要物质生活的同时，更注重的是精神享受。因此，人们在选择消费场所时更看重其服务质量。

4. 商业物业管理服务的内容和要求

（1）建筑物及设备设施的日常维修及养护。商业物业的设备设施投资额大、技术先进、种类多、维修费用高。因此，物业管理者应完善设备的保养制度，定期巡视检查，发现安全隐患及时解决，保证设备设施的正常使用及运行，确保营业秩序的正常进行。

（2）安全保卫管理。商业场所的安全管理是物业安全使用和社会安定的重要保证，是物业管理中的一项重要内容：一是重视消防安全管理，建立消防责任制，同时要加强消防知识的宣传，定期举办培训及消防演习；二是重视保卫工作，制订相应的责任制度及常见突发事件的应急预案；三是对车辆的出入、停放进行有效的引导和疏通管理。

（3）环境卫生管理。商业场所的环境卫生管理要求比较高，要做到流动保洁，时刻保证商场的清洁卫生，保持良好的购物环境。

（4）绿化管理。做好商场内的绿化工作能对物业起到相得益彰的作用，现代商业物业的空间造型讲究简洁、利落、大方，而绿化的造型则是千姿百态、高低疏密各自不同，这样两者就形成了呼应，更增加了商业楼宇建筑的艺术表现力。

（5）装修管理。要严格按照规定的程序对商户装修方案进行审批，办理进场施工手续，同时防止施工时破坏相应的设施设备，如烟感器、温感器、喷淋装置等。另外，还要注意不要影响其他商户的正常营业。

（6）广告宣传。商家为了宣传其商品，往往会做一些广告来吸引顾客，为了保持商厦的整体形象及特色，商户的广告一般由商户提出设计要求，由物业服务企业对广告的外形、尺寸等进行统一规划并管理，其费用分担应遵循"谁受益，谁负担"的原则。

（7）强化服务意识。要牢固树立"全心全意为客户服务"的宗旨，运用先进的管理手段，对物业的各种设备设施进行维修养护管理，保证系统的正常运行，提升管理服务水平，为顾客提供舒适的购物环境。

5. 商业物业管理与住宅物业管理的区别

（1）商业物业是指那些通过经营可以获取持续回报的物业。这类物业的购买者大都是以营利为目的，靠物业出租经营的收入来赚取收益，也有一部分是为了自用。

（2）住宅物业是指具备居住功能，供人们生活居住的建筑，包括住宅小区、单体住宅楼、别墅、度假村等，当然也包括与之相配套的公用设施、设备和公共场地。这类物业的购买者大都是以满足自用为目的，也有出租给消费者使用的。

（3）服务的时间段不同。住宅物业基本是 24 小时服务，而商业物业是根据租户的上班时间决定。住宅物业管理和商业物业管理的特点不同。

（4）服务对象不同。住宅物业的服务对象大多数是业主，即物业的所有权人；商业物业的服务对象主要是租户。服务对象不同，就决定了需求不一样。

三、 工业园区物业管理

工业园区是指一个国家或地区的政府根据自身经济发展的内在要求，通过行政手段划出一块区域，聚集各种生产要素，在一定空间范围内进行科学整合，提高工业化的集约强度，突出产业特色，优化功能布局，以工业生产用房为主，并配有一定的办公楼宇、生产用房（住宅）和服务设施的协作生产区。工业园区物业管理主要是对园区内厂房、仓库等房屋建筑及其附属的设施、设备的管理以及各种综合性服务的管理。

2011 年 9 月 27 日，上海市地方标准《工业园区物业管理服务规范》发布实施，规范规定了工业园区物业管理服务中的基本要求、建筑物/设施设备运行与维护、环境及绿化管理与服务、安全管理与服务、综合服务、突发事件处置、服务评估等要求。2017 年 12 月29 日，由通威集团旗下通宇物业牵头制定的我国首个工业 4.0《工业园区物业智能服务标准》正式出台，对于工业园区物业管理领域具有重要的借鉴意义。

（一）工业园区物业的管理特点

（1）生产用房的管理是工业物业管理的重点。工业物业一般以生产用房为主，辅以办公用房、生活用房和各种服务设施，如银行、邮局、餐饮、娱乐场所等。由于各生产企业都有其特殊的行业特点，专业性很强，因此管理者要了解不同行业的有关知识，有针对性地制定具有权威性和约束力的管理规定，保证生产的正常秩序。

（2）水、电、煤气等资源要确保供应。工业物业要保证生产的正常进行，因此，保证水、电、煤气的正常供应是工业物业管理工作的关键工作之一。

（3）辅助配套管理工作复杂多样。生产的进行需要配套部门的工作。例如门卫、餐厅、浴室等都要服务、受制于生产。同时对有毒有害、易燃易爆物品的管理运输，"三废"的排放和处理都要制定严格的管理办法和监督措施，并组织协调，积极配合生产的正常进行。

（4）保洁工作难度大。由于生产的特殊性，机器的油污，排放的废气、粉尘，原材料本身的污染性等都会给工业物业的环境清洁工作带来很大的难度。

（5）治安保卫和消防工作要求高。从企业产品的价值以及技术保密的角度来看，都需要加强安全防范措施。同时，作为生产企业，会使用一些危险品，如管理不善，容易发生火灾和爆炸事故。因此，物业管理公司需投入较大的精力，从制度到措施，从设备到人员，从领导到员工，全面地加强安全保卫工作，将其作为工作的重中之重。

（6）要确保物业辖区内交通畅通。工业物业内部原材料的运输、半成品的搬运、成品的入库出厂等离不开畅通的交通。因此，要注重物业内部的交通管理，包括货物的装卸管理、物品的堆放管理、车辆的停放管理、车辆的走向管理等。

（7）提供多方位的社会化服务。工业物业一般建在城郊接合部或郊区，离商业中心较远，使员工的生活有诸多不便。因此物业管理公司实施管理时，应尽量提供各类经营性服务，做好广大业主和使用人的后勤保障。

（二）工业园区物业管理组织机构的职能

（1）负责厂房区域内建筑物管理的日常事务，如清洁、绿化、治安、消防、车辆管理等；

（2）代表园区各企业统一对外联系，协助落实街道办事处交办的社会任务；

（3）建立和实施物业管理的规章制度；

（4）协调各生产企业对公用部分的使用，维护工业物业区域内的布局；

（5）负责整体性设备及附属设施、公用部位的管理、养护、维修工作；

（6）负责建立公用部位、附属设施及共用设备大修、维修基金，并设立专项账目；

（7）制定有关具体管理规定，定期召开会议，并定期公布账目，检查管理办法的执行情况和工作进度。

（三）工业园区物业管理的主要内容

1. 工业园区各企业的管理

按工业区内工业物业买卖或租赁合同的规定，各企业单位、车间要履行各自的权利和义务，管理好各自使用的建筑物，并应严格遵守园区物业管理规定：一是生产用物业不准用作生活居住；二是各企业根据生产需要，对厂房和仓库进行分割改造和内部安装设备时，不可损坏楼面结构和超过楼面允许的荷载；三是因使用水电不当而造成其他企业损失的，其损失由责任者承担；四是各企业的工业废弃物自行妥善处理，或由物业管理公司指定专业部门集中处理废弃物。

2. 工业区公用部位的管理

为确保厂房和仓库及附近建筑物群体协调和美观，满足给排水要求、消防安全规定及生产和人员安全，各企业不得在红线范围内的基地上或屋顶、外墙、技术层搭建和安装设备。为确保文明生产和绿化环境，无论购买或租赁厂房和仓库面积多少，均不可占用园林绿地面积，要加强对员工的环保教育。各企业不得以任何形式占用在购买或租赁合同中明确的公用部位。各企业应教育员工爱护公用部位的房屋结构和设备，如人为损坏，由责任者负责。厂房和仓库的公共场地，除由物业管理公司协商确定停放自行车和汽车外，各企业不得堆放货物等东西。

3. 工业区设施、设备管理

工业生产专用设施、设备，如机械加工厂的各类机床等，其管理的专业性强，应由工业企业自管。工业生活共用设施和设备以及工业物业附属设施和设备，如供水、供电、供气、供暖、通信等通用的设施和设备，可委托物业管理公司管理。因此，应建立健全工业物业设施、设备的使用、维护保养制度，保证其正常运行，定期维护保养。

4. 工业区环境管理

（1）工业区环境污染的管理。除了要求工业区内各有关单位认真执行国家有关环境保护的法律、法规以及接受环保部门监督、检查以外，物业管理公司应该结合实际情况，制定工业区内污染防治制度，并监督各企业认真执行，避免或减少工业区内环境污染事故的发生。

（2）绿化和环卫工作。工业区内的绿化能够净化空气、防尘、防噪音，改善工业区内小气候，并美化人们的工作、生活环境。因此，物业管理公司应抓好宣传教育工作，增强职工及住户文明意识和自觉自愿遵守规章制度的观念，把工业区的环境保护、环境卫生与建设文明物业工业区有机地结合起来。

（3）认真清理工业区内的违章搭建。违章搭建是对整个工业区和谐环境的破坏，它既有碍观瞻，又影响人们的日常生活、工作，还有可能带来交通不安全的问题。因此，物业管理公司要认真做好清理工业区内的违章搭建的工作。

（4）做好公用设施管理。公共设施是工业区物业的一个重要组成部分。公用设施一旦遭到破坏或损坏，便会影响人们正常的办公和生活。因此，物业管理公司必须加强公用设施的管理。

（5）努力建设新型的人文环境。和睦共处、互帮互助的生活环境，互利互惠、温馨文明的工作环境以及融洽和谐、轻松有序的办公环境等，能提高工作效率，促进社会的和谐进步。

5. 工业区治安管理

为了保障物业管理公司管理区内的人、财、物不受伤害和损失，维护正常的生产、生活秩序，应做到：一是建立健全安全保卫的组织机构；二是制定和完善各项治安保卫岗位责任制，配备相应数量的保安员，定期对保安员进行职业道德教育和业务培训；三是建立正常的巡逻、值班制度，明确重点保卫目标，做到点面结合；四是处理突发性的治安事件；五是联系区内群众，搞好群防群治，完善区域内安全防范设施；六是与周边单位建立联防联保制度，并与当地派出所建立良好的工作关系。

6. 工业区消防管理

做好工业区消防管理，为工业区业主单位、职工、住户的工作、生活提供安全保证，增强他们的安全感，保护其生命财产的安全。一是制定完善的消防制度和建设高素质的消防队伍；二是管理和维护好消防设备和器材；三是加强消防教育，定期进行消防安全检查和消防演习；四是保持消防通道畅通无阻，一旦发生火警，能及时疏散人群；五是制订紧急情况下的应急措施方案，能及时处置消防安全事故。

7. 工业区交通秩序和车辆管理

一是建立健全车辆管理制度；二是建设合适的停车场、棚、库房，配置相应的监控、防盗设施；三是检查、放行进出门卫的车辆，保证车辆在工业区内的正常行驶和停放；四是因地制宜地规划、设计出既能与工业区相协调，又符合实际需要的停车场地；五是要设置清楚而又足够的信号指示灯、指示标语，有充足的消防设备。

四、写字楼物业管理

写字楼是指供各种政府机构的行政管理人员和企事业单位的职员办理行政事务和从事商业经营活动的大厦。现代写字楼一般具有现代化的设备，环境优越、通信快捷、交通方便，有宽阔的停车场地，并且越来越专业化，如有些建筑只供给政府机关、企事业单位、文化教育、金融、保险以及律师等办公使用，并配备有相应的设施。

（一）写字楼物业管理的要求

（1）科学化、制度化、规范化、高起点。由于现代化的写字楼的技术含量高、管理范围广，因此，物业管理公司要积极探索制定并不断完善管理制度，让写字楼管理踏上科学化、制度化、规范化的道路。

（2）加强治安防范，严格出入制度，建立客户档案。写字楼的安全保卫工作十分重要，它不仅涉及国家、企业和个人财产与生命安全，还涉及大量的行业、商业、部门机密，所以治安管理难度非常大，必须加强治安防范，建立健全各种值班制度。同时，物业管理公司应全面建立客户档案，确保客户的人身和财产安全。

（3）加强消防管理服务，做好防火工作。写字楼规模大、功能多、设备复杂、人员流动频繁、装修量大，加之高层建筑承受风力大和易受雷击，火灾隐患因素比较多，因此，写字楼对防火的要求很高，应特别注意加强对消防工作的管理。

（4）重视清洁服务。清洁与否是写字楼物业服务水平的重要标准之一，关乎写字楼的形象。由于写字楼一般都采用大量质地讲究的高级装饰材料进行装饰，所以清洁难度很大，专业要求高。

（5）加强设备管理和设施的维修保养工作。保证设备、设施的正常运行是写字楼运作的核心任务。物业管理公司应重视对写字楼水电设施(包括高低压变电房、备用发电房、高低压电缆电线、上下水管道等各项设施)的全面管理和维修，供水供电要有应急措施。应特别注重对电梯的保养与维修，注重对消防系统的检查、测试和对空调系统的保养、维修。

（6）设立服务中心，完善配套服务。为方便客户，满足客户的需要，写字楼应设立服务中心。服务中心负责帮助客户解决相关问题，提供问询、商务等各类服务。

（7）加强沟通协调，不断改进工作。物业管理公司要加强与客户的沟通，主动征询、听取他们对管理服务工作的意见与要求，妥善处理各方关系。

（二）写字楼物业管理的内容

1. 写字楼使用前的准备工作

一是物业管理企业与业主或大厦业主委员会签订物业服务合同，明确责、权、利关系，并制定业主公约或用户公约；二是制订物业管理方案、各项管理制度、服务质量标准、物业服务收费标准、各工作岗位考核标准、奖惩办法等；三是根据业主或投资者投资这类物业的意向，成立大厦业主委员会；四是根据写字楼不同的标准和各部分的用途，编写物业管理维修公约，计算楼宇各使用者如何公平地负担管理费及管理专项维修资金的支出；五是物业管理企业根据写字楼的特点及周边环境制定出争创全国或省、自治区、直辖市物业管理示范大厦的规划与具体的实施方案并落实到各部门；六是按照有关规定，做好写字楼的接管验收工作。

2. 租售营销服务

写字楼是收益性物业，除了业主自用外，可用于出租或出售。为了使写字楼保持较高的出租率和较高的收益，物业管理公司必须做好营销服务。写字楼营销的市场调研和营销计划制订，整体形象设计、宣传推介，引导买、租客户考察物业，与客户的联络、谈判、签约，帮助客户和业主沟通等均属于写字楼的营销推广服务范畴。

3. 房屋建筑及附属设备设施的维修养护和管理

（1）房屋使用管理及维修养护

写字楼建筑的维修养护和住宅、商厦等其他类型物业的做法基本相同，要求有明显引路标志，无违反规划私搭乱建，建筑物外观完好、整洁，保证房屋的完好率和维修及时率、合格率，并建立回访制度和回访记录。物业管理公司还应监督业主和使用人对写字楼进行的二次装修，以确保楼宇结构和附属设施、设备不受破坏。

（2）设备设施使用管理及维修养护

写字楼的设备先进，智能化程度高，对维修养护和使用管理要求较高，所以，设施设备使用管理及维修养护是写字楼物业管理的一项重点内容。为了保证设备能够良好地正常地运行，延长设备的使用年限，应制定严格的设备养护和维修制度，下功夫做好设备的日常养护、检修工作，不能坐等报修。

4. 环境保洁与绿化美化服务

物业管理公司应实行标准化清扫保洁，制定完善的清洁细则，明确需要清洁的地方，所需清洁次数、时间，由专人负责检查、监督。写字楼内外的绿化、美化管理也是写字楼物业管理的日常工作内容之一。

5. 安全管理服务

（1）保安服务。一是制订全面的保安工作计划，建立有效的保安制度，消除一切危及或影响业主与使用人生命财产和身心健康的外界因素；二是根据大厦平面布局和总面积、幢数、出入口数量、公共设施数量、业主及客户人数，配齐保安固定岗和巡逻岗的位置与数量；三是确定保安巡逻的岗位和路线，做到定时定点定线巡逻与突击检查相结合；四是建立 24 小时固定值班、站岗和巡逻制度；五是完善闭路电视监控系统，在主要入口处、电梯内、贵重物品存放处及易发生事故的区域或重点部位安装闭路电视监视器，发现异常及时采取措施。

（2）消防管理。一是建立完善的消防管理组织，组建以保安部人员为主的专职消防队伍；二是根据《中华人民共和国消防法》的规定，制定防火制度，明确防火责任人的职责，制定防火工作措施；三是进行消防宣传，定期组织消防演习，及时消除火灾苗头和隐患；四是配备必要的消防设施设备，建立消防管理档案；五是定期组织及安排消防检查；六是制订灭火方案及重点部位保卫方案，明确火灾紧急疏散程序。

（3）车辆进出与停车服务。主要是做好停车场(库)各方面的管理工作，加强车辆进出与停车的引导服务和及时疏导来往车辆，使出入写字楼的车辆井然有序，保证车辆及行人的安全。

6. 写字楼的商务服务

写字楼一般设有商务中心，是物业管理公司为了方便客户，满足客户需要而设立的商务服务机构。首先，写字楼的商务中心应配备一定的现代化办公设备；其次，写字楼商务中心的服务项目应根据客户的需要设置服务内容。

（三）写字楼物业管理的方式

写字楼的规模不同、功能不同、用户要求不同、业主或投资者的目的不同，其管理方式也就不同。根据产权性质划分，写字楼物业管理方式可分为委托服务型和自主经营型。

1. 委托服务型物业管理

委托服务型物业管理是业主或投资者将建成的写字楼委托给专业物业服务企业进行管理，物业服务企业只拥有物业的经营管理权，不拥有其产权。此类物业服务企业为谋得较好的经济效益，可同时管理多幢写字楼乃至另一类物业，其主要职能是提供房屋及其附属设施设备的维修养护、安全、消防、保洁、绿化等服务，有时接受业主的委托也可以代理物业租赁业务。

2. 自主经营型物业管理

自主经营型物业管理是业主或投资者将建成的写字楼交由下属的物业管理机构进行管理和出租经营，通过收取租金收回投资。物业管理机构不仅拥有写字楼的经营管理权，而且拥有产权；其职能不仅是维护性管理，更主要的是对所管物业进行出租经营，以获取长期、稳定的利润；其经营职责不只是将写字楼简单地租出去，还要根据市场的需要和变化对所管物业的某些方面适时进行更新改造，如室内装修、外墙粉饰、空间的重新分隔、楼层交通、庭院美化绿化等，以改造和完善物业的使用条件，提高物业的档次和适应性，进而调整租金以反映市场价格的变化，从而获取更多的利润。

在以上两种类型的物业管理中，业主或全面接管写字楼的物业公司均可将某些服务内容要求明确、职责清晰或专业性强、技术要求高的服务项目委托给社会上专业的服务公司去做，如电梯公司、热力公司、清洁公司、保安公司、园林绿化公司等。专业化的服务公司一般具有专业性强、人员精干、技术水平高、技术装备全、服务质量好、服务收费合理的特点。各类专业服务公司在发达国家是相当普遍的，也是我国物业管理发展的方向之一。

第四节　物业管理的模式与发展趋势

一、我国物业管理的模式

物业管理的宗旨是规范物业管理服务活动，维护业主和物业服务企业的合法权益，改善人民群众的生活和工作环境。我国的现代物业管理是伴随着城市住房制度和土地使用制度改革，以及房地产经济市场化和住房商品化的产生和发展而发展起来的，它是房地产生产、流通、消费领域的延续。物业管理实行的是企业化经营、专业化管理、社会化服务和市场化运作的运行机制，适应了社会主义市场经济体制的需要。1994年3月23日，建设部颁布《城市新建住宅小区管理办法》(2007年9月18日第138次建设部常务会议审议废止)，明确了"住宅小区应当逐步推行社会化、专业化的管理模式。由物业管理公司统一实施专业化管理。" 2003年国务院颁布的《物业管理条例》(2007年、2016年和2018年三次修订)规定，"同一个物业管理区域内的业主，应当在物业所在地的区、县人民政府房地产行政主管部门或者街道办事处、乡镇人民政府的指导下成立业主大会，并选举产生业主委员会。"

我国的物业管理模式概括起来主要有以下类型：

1. 以社区居委会为主导的物业管理

物业管理的主体主要是社区及街道办事处的居民委员会。管理方式是由居民委员会出面组织，业主或居民委员会构成管理者和服务人员。其突出了地方政府的行政管理作用，专业管理机构在小区管委会领导下，各自履行自己的职责，能够做到统一安排、分工明确、专业协作、各负其责，使小区成为一个完整的管理体系。但这种以行政为主体的管理模式，容易形成管委会大包大揽的情况，应注意充分发挥专业管理部门的职责和功能。

物业类型主要是 20 世纪 90 年代国有企事业单位"房改小区"（或称"老旧小区"）。

2. 房地产管理部门转制而成的物业管理

这种模式的管理主体是房地产管理部门转制成立的物业企业。这种类似行政管理的模式可以发挥房地产管理部门的管房专业之所长，对房屋进行科学管理，保持房屋较高的完好率，有利于保护小区的整体风貌。但采用这种模式，在小区总体管理上各专业部门容易各自为政、难以协调，而房管部门又缺乏权威性，扯皮现象较多。

3. 房地产开发公司主导的物业管理

这种模式管理主体主要是专业的物业管理企业。管理方式是由房地产开发企业将住宅物业管理项目委托物业管理企业（可能属于房地产开发企业的下属公司），再由物业管理企业与住房购买者分别签署《前期物业管理协议》，履行管理合约；在合约到期后，由业主委员会与物业管理公司按照新合约进行管理（如业主组织缺位，或业主没有提出明确的主张进行合约变更则按照既有惯性延续管理）。若物业公司是房地产开发企业组建的，可发挥房地产开发企业的经营所长，从开发、建设到管理，为住户提供全方位服务，不仅包括市政、环卫、治安、供水、供电等公共服务，还可以为住户提供个性化服务。但这类物业公司自身独立性差，市场竞争意识差。

物业类型主要有商品住宅小区、公寓式的商业大厦、别墅等。

4. 单位直管的物业管理

单位直管的物业管理主体主要是政府机关、大型国有企业及公共管理部门。在国家补贴形式下开发的住宅，通常是由单位、职工和国家三方出资开发。因政府机关、大型国企及公共管理部门有其相对完善的后勤保障建制，故其管理方式通常是委托单位内部的后勤部门（或由其控股的独立法人物业管理企业）进行管理。这种管理模式的管理对象相对单一（以本单位职工为主），经费来源是以企业福利基金为后盾，比较充裕。但是这种管理服务合同契约的约束力相对较弱，更多接受来自其管理部门的指令，开展体制内自我服务的物业管理。从长远看，其并不能适应我国的住房制度改革和发展社会主义市场经济的需要。

5. 按照现代企业制度建立的物业管理

这种模式的管理主体主要是按照现代企业制度建立的物业管理公司，其按照"独立核算、自负盈亏、自我运转、自我发展"的方式进行管理，其管理思路清晰、市场意识强烈、机制灵活，能运用市场经济规律，采用优胜劣汰的竞争机制，对企业职工采用聘用制、合同工制，能充分调动员工的积极性，服务意识强，服务质量高。这种物业管理模式，一般是由业主大会选举的业主委员会为执行机构，再由业主委员会委托并配合物业管理公司进行物业管理，是我国物业管理行业发展的方向。

物业类型主要是一般商品住宅小区。

6. "三位一体"的物业管理

"三位一体"的物业管理是指由街道居委会、社区服务站以及物业管理公司联合组成物业管理委员会，实行社区服务的一种物业管理。这种物业管理的模式是将社区服务（如城市管理、治安联防等）与专项物业管理相结合，将居民、业主、其他社会成员的社区关系和公共财产进行统一管理。

物业类型主要有住宅与商业混用、商品住宅与老旧小区混杂的大型综合物业。

二、　我国物业管理的发展趋势

借鉴美国等发达国家市场发展经验，结合我国的行业现状和宏观机遇，预计我国物业管理行业将会呈现以下发展趋势。

1. 物业管理企业的专业化、规模化发展

从物业管理企业的运行机制上来看，不同类型的物业管理企业，在较长的时间内，所采用的物业管理模式大多属于一体化物业管理模式。一体化管理模式存在的主要缺陷有：一是混淆了物业服务与公共服务的界限，使得物业管理企业成了"万金油似的管家"。这种模式使得物业管理企业承担了很多本不应当承担的公共服务内容，有关部门规避了应当承担的公共服务责任；二是一体化管理模式扭曲了物业管理的核心价值。物业管理的核心价值是保证房屋建筑的宜居和使用安全，实现物业的保值增值，而目前物业管理企业却不得不将很大一部分人财物放在秩序维护、消防安全、园林绿化、环境卫生、供水供电、车辆管理等传统物业服务范畴的内容上，物业管理企业的管理与服务偏离了物业管理的核心价值。

因此，根据国外物业管理企业的发展经验，未来的物业管理行业将走向专业化道路，即物业管理公司仅仅是一个管理机构，其他如清洁、绿化、设备维护等专业管理以经济合同的方式交予相应的专业经营服务公司去实施。物业管理公司要想在激烈的竞争中形成自己的核心竞争能力，必须要有规模化的经营作为坚强后盾，必然要走兼并重组之路，扩大企业的规模和托管的物业面积，形成规模经营。

2. 物业管理的股权化与市场化发展

从一些经济较发达地区物业管理企业的经营者员工持股制试点看，股权化也是企业走向市场化的一个步骤，其优势明显：一是理顺了产权关系，增强了物业管理企业经营决策的独立性与自主性；二是使经营者、员工与公司以产权为纽带结盟，形成了牢固的利益共同体，增强了企业凝聚力；三是将一部分消费资金筹集并转化为企业的生产资金，以增强企业的经济实力。总而言之，企业的综合实力增强了才有资本参与市场竞争，而采取股权化将是目前改变企业资金不足、力量不强的一个重要方式。

随着我国物业管理市场化向纵深发展，特别是相关法律的颁布实施和物业管理师制度的推行，物业管理行业以业主自治为核心，以专业化服务为方向，以物业管理职业经理人为主导的新格局已开始显现，并逐渐成为时代发展的趋势。《中华人民共和国民法典》第二百八十四条规定，业主可以自行管理建筑物及其附属设施，也可以委托物业服务企业或者

其他管理人管理；对建设单位聘请的物业服务企业或者其他管理人，业主有权依法更换。因此，我国物业管理行业正面临重大的战略转型：一方面，物业管理行业正在与房地产业实行分业经营，从早期的建管合一向建管分离转变；另一方面，物业管理模式正逐步改变传统一体化物业管理模式一统天下的局面，而是根据受托物业的类型、建筑规模和建筑等级的差异选择实行不同的物业管理模式。

3. 物业管理的智能化与网络化发展

中国已经跨入信息化社会，人们的工作、生活与通信、信息的关系也越来越密切。信息化社会正在改变我们的生活方式和工作习惯，随着生活水平的提高，人们对居住环境的要求不断升级，希望有一个舒适、安全、便捷的家，智能化小区自然就成为 21 世纪住宅发展的主流。近些年来，智能化配套设施逐渐地进入社区，不同的智能化设施可能关系到物业管理公司中不同的部门和人员的监控管理工作，同时又与每一位住户日常生活息息相关。如何充分高效地利用这些设施为住户服务？如何将社区中的需求与系列基础设施的功能统一起来？这就需要物业管理的智能化和网络化。物业管理的智能化主要体现在防盗系统的设置、照明控制系统的完善、楼宇设备自控系统的处理、公共广播系统、小区管线系统、停车场管理系统和家庭智能化等方面。物业行业智能化的基础是数据积累整合，汇淀人流、物流、商流等相关数据，未来可基于数据提升管理效率，探索业务创新机会。数据积累整合需要依托智能化设备的应用和开放式平台的搭建，数据类型可涵盖业主信息、员工信息、设备信息、社区信息、日常运营信息等各方面。

网络化是依托数据建立一体化的信息化管理平台，整合客户、运营、财务等各类模块，能够有效降低服务成本，提升服务效率，支撑业务规模化扩张，以达到设备的应用管理、人的管理和住户的服务高效统一。基于大数据，开展业务模式创新，提升企业价值在全球很多行业均有所应用，也将是我国物业智能化发展的长期趋势。目前我国物业行业正处在数据整合的起步阶段，随着数据的不断积累，长期来看，基于大数据开展的业务模式创新也将逐步展开。

物业管理的信息化与网络化，将助力物业管理企业向服务集成商转型：一方面，物业管理的信息化网络化减少了决策与实施之间的时间延滞，加快了企业对市场竞争动态变化的反应，提高了对住户需求信息的反馈速度，从而使经营管理更加精干、高效；另一方面，在提供安全、舒适、可持续发展的生活环境的同时，通过研制开发社区安保、收费和各种服务管理于一体的信息大平台，提高社区物业管理的水平和效率。

在"互联网+"趋势下，大量创新服务模式正改变着传统物业服务的运营方式，以业主需求为切入点，搭建物业服务平台，如智能安防平台、管家服务平台、便民服务平台等运营平台。通过搭建一体化信息服务平台，创造一个生态系统汇集服务需求并创造商机，从而转变为价值和收入，形成物业管理公司、开发商、购房者、业主群体以及社会服务的各类供应商为一体的现代物业管理服务体系（如图 11-1 所示）。

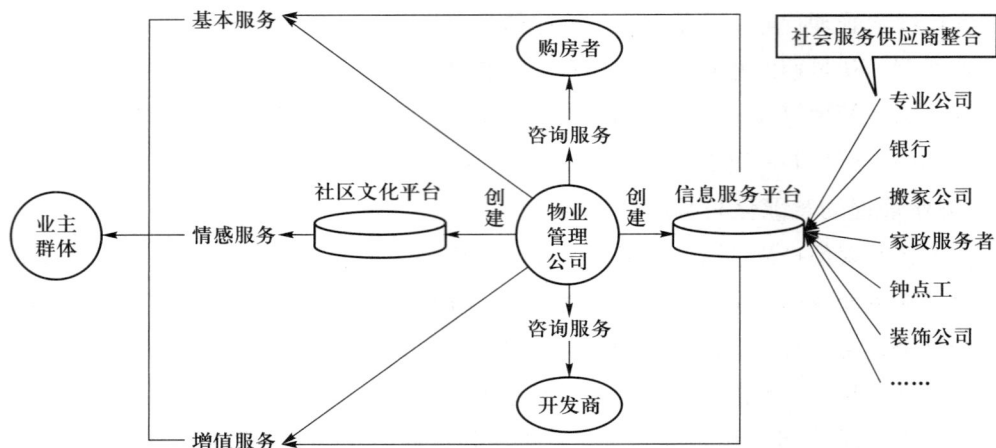

图 11-1   现代物业管理服务体系

4. 物业管理的多元化与定制化发展

无论是住宅物业，还是商写公建等非住宅物业，围绕客户需求，服务类型将趋于多元化。服务的多元化一方面体现为面向地产运营环节的服务横向延展，在"四保一服务"的基础服务以外，企业可拓展家装、房屋经纪、家政、财务运营管理、楼宇招商、市场营销管理等多元化服务；另一方面则体现为从运营环节向投资、设计、建设、销售等地产产业链上游环节延伸，提供相配套的服务，例如项目选址、资产评估、设计咨询、项目开发管理、案场服务等。

物业服务标准将进一步趋于定制化，即从目标客户的需求出发，制定清晰、可衡量的服务标准，在物业管理服务的功能及价格的设定、服务环节的建立以及完善的服务管理系统等方面，以便利住户为原则，最大限度使住户感到满意，实行多元化的全方位优质服务。服务标准的定制化能够为收费价格的调整提供充足依据，推进定价的市场化，同时也能够提升服务定价的透明度，减少物业公司和业主之间的潜在纠纷。

本章小结

本章首先介绍物业及物业管理的基本概念、内涵、特征，以及物业服务成本的构成；其次介绍物业管理的基本内容、环节，以及物业管理法律关系（主体、内容和客体等）；再次介绍包括住宅小区、商业物业、工业园区和写字楼等不同类型房地产的物业管理；最后介绍我国物业管理的模式和未来物业管理的发展趋势。

练习题

一、即测即评

二、思考题

1. 什么是物业？ 物业有哪些分类？

2. 物业的属性有哪些？

3. 如何理解物业管理的内涵和基本特征？

4. 物业服务的成本构成有哪些？

5. 简述物业管理的基本内容与环节。

6. 如何理解物业管理法律关系的三要素？

7. 物业管理法律关系的基本特征是什么？

8. 住宅小区物业管理有哪些特点？ 住宅小区物业管理目标是什么？

9. 简述住宅小区物业管理的内容。

10. 商业物业管理服务的内容和要求是什么？ 商业物业管理与住宅物业管理有什么区别？

11. 工业园区物业管理的主要内容是什么？

12. 我国物业管理的模式有哪些？ 简述我国物业管理的发展趋势。

第十二章

房地产开发项目信息化和一体化管理

本章学习目标

☐ 掌握：房地产业信息化的内涵和房地产信息管理的一体化；房地产信息化系统的主要功能模块；房地产业的互联网思维的内涵。

☐ 熟悉：房地产一体化管控模式；房地产企业客户关系管理（CRM）信息化；房地产企业财务管理信息一体化。

☐ 了解：互联网+房地产的开发模式；房地产业信息化管理的发展。

第一节　房地产业信息化管理

一、　房地产业信息化概述

（一）房地产业信息化的内涵

1. 信息化发展战略的提出

信息化是充分利用信息技术，开发利用信息资源，促进信息交流和知识共享，提高经济增长质量，推动经济社会发展转型的历史进程。20 世纪 90 年代以来，信息技术不断创新，信息产业持续发展，信息网络广泛普及，信息化成为全球经济社会发展的显著特征，并逐步向一场全方位的社会变革演进。

为此，我国房地产业必须统筹规划、资源共享，深化应用、务求实效，面向市场、立足创新，广泛应用信息技术，改造和提升传统产业，发展信息服务业，推动经济结构战略性调整。以需求为主导，努力实现网络、应用、技术和产业的良性互动，促进产业跨界和网络融合，实现资源优化配置和信息共享。促进我国房地产业由主要依靠资本和资源投入的传统模式向主要依靠科技进步和提高劳动者素质的创新模式转变，从而推进房地产业的持续、快速、健康发展。

2. 房地产业信息化

房地产业信息化是指在房地产开发项目管理活动的各环节全面开发与利用现代信息技术，广泛深入地开展信息资源生产、收集、交流、利用以及增值服务，不断提高房地产企业决策、开发、经营、物业管理的效率和水平，最大限度地发挥信息的社会效益和经济效益的过程。

房地产企业以市场信息为基础，通过深入挖掘先进的管理理念，大力发展以数字化、网络化为主要特征的房地产业，促进信息资源的开发利用，运用先进的计算机网络技术来整合企业现有的规划设计、开发建设、经营、管理与服务，及时地为企业的决策系统提供准确有效的数据信息，以便对市场需求做出迅速反应，其本质是加强房地产企业的核心竞争力。房地产业信息化的实施，可有效开发利用信息资源，发挥信息流对人员流、物质流和资金流的引导作用，可优化产业结构，促进行业科技进步，提高房地产业的服务管理水平，促进国民经济的快速健康发展。

（二）房地产业信息化是必然选择

1. 信息化是房地产行业实现集约型发展的必由之路

信息化带动产业化，是当今中国现代化建设过程中提出的一个极为重要的发展战略。从行业发展来看，信息化是房地产行业实现集约型发展的必由之路。信息化，不仅使信息成为房地产业发展过程中一种相对独立且日益重要的生产要素，更从根本上改变了房地产业利用土地、资金与劳动力等物质资源的传统方式。随着信息技术的不断创新，信息网络的广泛普及，信息资源日益成为中国房地产业发展中一种重要的生产要素和无形资产。信息化推动着中国房地产业分工深化和结构调整，重塑着中国房地产业的产业形态，对房地产经济增长的贡献度稳步上升。同时，房地产业信息化推进了房地产服务创新，现代化房地产服务体系形成。

2. 信息化是房地产企业实现数字化管理的重要途径

从企业发展来看，信息化是房地产企业实现数字化管理、科学化决策的理性发展模式的重要途径。无论是房地产企业内部管理的信息化，还是房地产信息服务企业为房地产企业提供的信息服务，都对房地产企业实现数字化管理、科学化决策具有重要而深远的意义。随着计算机硬件产品以加速度更新换代，各种管理软件不断开发和完善，以及网络技术、成像技术、数据存储和人工智能齐头并进，房地产信息服务大跨步向前发展。

3. 信息化是房地产行业运作模式向专业化和精细化转型的重要手段

从运行模式来看，信息化是房地产业运作模式向专业化和精细化转型的重要手段。通过建设房地产专业门户网站，不仅可以提供新闻、搜索、网络与数据库接入、免费邮箱、网络社区等功能作用，网聚中国房地产相关产业链的企业（包括开发商、供应商、服务商、投资商）、从业者，为他们提供最广泛的资讯服务，更重要的是，能有效整合资金、信息、渠道、营销、人才等有价值的资源。通过开发电子商务平台，为开发商、供应商、服务商、投资者、从业者之间相互进行 B2B 网络交易、信息交流等提供专业顺畅的桥梁与通道。

（三）房地产业信息化管理的发展

随着房地产行业市场的逐步成熟，行业竞争态势的日趋加剧，房地产行业已经进入向集团化、规模化、品牌化、精细化、规范化运作的转型时期，企业迅速扩张带来的内部管理滞后也日益凸显。因此，未来房地产业信息化管理的发展趋势也在发生变化。

中国的房地产行业信息化经历了多年市场化发展及考验，建设思路日益清晰成熟，在众多成功经验和失败教训下，房地产企业对信息化管理已经不再局限于网络、设备、软件的采购和使用上，更多的是结合企业的发展战略和经营管理思想，将信息化技术深深融入企业日常运营管理中。

1. 房地产行业管理的焦点变化

新的形势下，房地产企业出现了集团化管理的发展趋势，企业管理者的关注焦点也正在发生转变，从原来单一偏重企业外部资源的获取与整合回归到企业管理专业化能力提升上来。未来房地产行业管理焦点变化主要体现在：一是更加注重企业集团管控、资金链运转、市场预测；二是更加注重开发项目的全过程运营管控（三控四管一协调的工作，即过程三项控制（进度控制、成本控制、质量控制）和四项管理（合同管理、安全管理、信息管理、生产要素管理）以及项目组织协调的工作）；三是更加注重产品研发、产品品质、产品标准化；四是更加注重项目各业务之间的协同与动态管理。

2. 房地产行业信息化发展趋势

信息技术的引入以及其在房地产行业的广泛应用，给房地产企业变革与创新带来了新的手段。中国房地产行业信息化起步较晚，信息化建设从基本需求、急需先行、系统整合向统一规划和行业价值链整合方向发展，信息化应用也从个人级、部门级提升到企业级与产业链，基于统一技术平台的一体化管理信息系统成为房地产行业信息化建设的必然趋势。只有坚持一体化建设原则才能发挥出信息化在企业整体业务管理、信息共享、实现企业整体经营战略目标等方面的最大价值。伴随着新的信息技术创新，云计算、大数据技术、移动技术、社交化技术已经成为房地产行业信息化建设与应用的新热点。

3. 房地产行业信息化建设的目标

一是建立基于互联网的信息集中管理，各类业务协同运作的、统一监控的公司信息化统一管理平台；二是通过信息化统一管理平台，规范各类基础信息管理，在实现信息共享的基础上，规范化、标准化、模式化先进的管理模式和业务管理流程；三是通过信息化统一管理平台，在实现人财物信息一体化管理的基础上，为各级经营管理者和决策者提供各类经营管理和决策的统计分析与评价信息，以提高企业经营管理和决策的科学性；四是通过完整的系统安全解决方案，确保系统的运行安全和数据安全。

二、 房地产信息管理的一体化

（一）房地产一体化的内涵

作为我国国民经济的支柱产业，2000—2014 年间，房地产业持续高速增长。自 2014 年开始，伴随着我国宏观经济进入"新常态"，转型升级将是今后较长时期内我国经济的鲜明特征。结合房地产业具有资金密集、资源整合、周期长、环节多、高风险等特征，未来我国房地产业将呈现如下趋势：一是市场竞争日趋激烈，企业间的分化和重组加剧，并趋于开发经营的规模化，房地产业的市场集中度将进一步提高；二是随着大规模跨地域扩张，企业形成多项目运营、集团化管控模式；三是房地产企业业务间关联的复杂性加剧，开发经营由粗放型向集约型的精细化转变；四是房地产开发投资格局形成产业的跨界融合的多元化趋势。跨区域开发带来的市场风险控制问题间接给房地产企业管理带来巨大的挑战，因此，一体化战略管理模式成为房地产企业的必然选择。

房地产企业一体化管理模式是指企业产品创新、技术创新和管理创新提升企业集团的管控能力和核心竞争力，通过科学配置决策权限提高企业的协调能力和执行力，从而实现最大限度整合企业内外部资源、节约交易成本、降低管理和生产成本、提高市场竞争力的目标。房地产企业一体化可分为纵向一体化(价值链一体化)和横向一体化(资源一体化)。

1. 房地产企业的价值链一体化

价值链概念首先由迈克尔·波特(Michael E. Porter)于 1985 年提出。价值链是企业一系列互不相同但又相互关联的生产经营活动构成的一个创造价值的动态过程。价值链在经济活动中是无处不在的，上下游关联的企业与企业之间存在行业价值链，企业内部各业务单元的联系构成了企业的价值链，企业内部各业务单元之间也存在着价值链联结。因此，波特的"价值链"理论揭示：企业与企业的竞争，不只是某个环节的竞争，而是整个价值链的竞争，而整个价值链的综合竞争力决定企业的竞争力。

房地产开发的价值链，一方面可以了解房地产开发价值链的各个环节全过程(战略规划—投资决策—获取土地—项目建设—营销推广—售后服务与物业管理)的增值情况；另一方面，可以通过分析不同价值链组合，了解其增长和盈利特点以及对资源的需求状况，为确定房地产企业的战略定位服务。

房地产企业的价值链一体化是指房地产开发企业通过整合房地产产业链上各个价值主体和各项价值活动形成的产业价值创造和增值模式。即房地产开发企业通过全方位资源整合对开发项目全过程进行有效管理与控制，建立与项目参与各方的固定合作关系，降低交易成本和机会成本，提升企业在市场竞争中的核心竞争力，实现项目开发的各个环节的增值和企业的总体协同效益。房地产开发的价值链一体化(纵向一体化)模型如图 12-1所示。

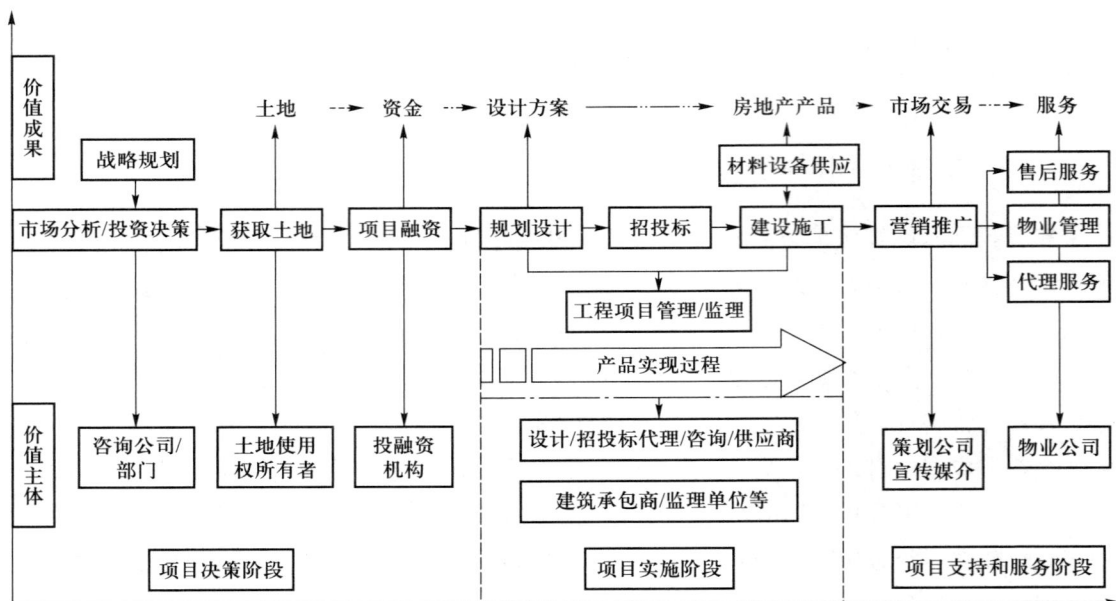

图 12-1　房地产开发的价值链一体化(纵向一体化)模型

由上述房地产开发的价值链模型可以看出，房地产企业的价值链一体化是房地产项目开发全过程中各参与主体的价值创造活动扩张与延伸，扩大价值创造空间。房地产开发企业通过高效的信息传递、技术交流以及较低的交易成本获取更高的产业价值空间。因此，在延伸价值链上的各个环节需要有效衔接、相互影响，通过信息化，实现价值链上业务空间的有效拓展和价值的合理流动，即价值链一体化。

2. 房地产企业的资源一体化

房地产企业的资源一体化是指房地产企业利用现有的成熟、标准、可复制的经营模式和战略合作关系实现对市场资源的整合、优化共享的过程，以降低生产成本和管理成本，价值链则由各个价值单元拓展而成，实现多元化、多领域扩张的发展模式。房地产开发的资源一体化(横向一体化)模型如图 12-2 所示。

应该注意的是，房地产企业的资源一体化在拓展价值空间的目标基础上，通过跨区域、多元化培育新的价值生长点，还应注意降低经营风险。房地产企业在横向拓展时应当重点关注房地产产业链上节点企业竞争优势的获取途径：一是企业拥有市场的稀缺资源(如土地、资金、信息、专业技术等)，实行差异化竞争战略，以获取市场竞争优势；二是企业通过提高集团管控能力，扩大规模，增加资金投入，以形成市场竞争优势。

(二)房地产一体化管控模式

从房地产企业内部管理来看，房地产业务流程就是由一个个工作阶段组成的，每个阶段由相关部门共同协作，共同达成阶段工作目标，每个阶段每个相关者工作达到最优的协同是管理精细化方向，这决定了房地产企业管理信息化支撑平台必须具备项目运营一体

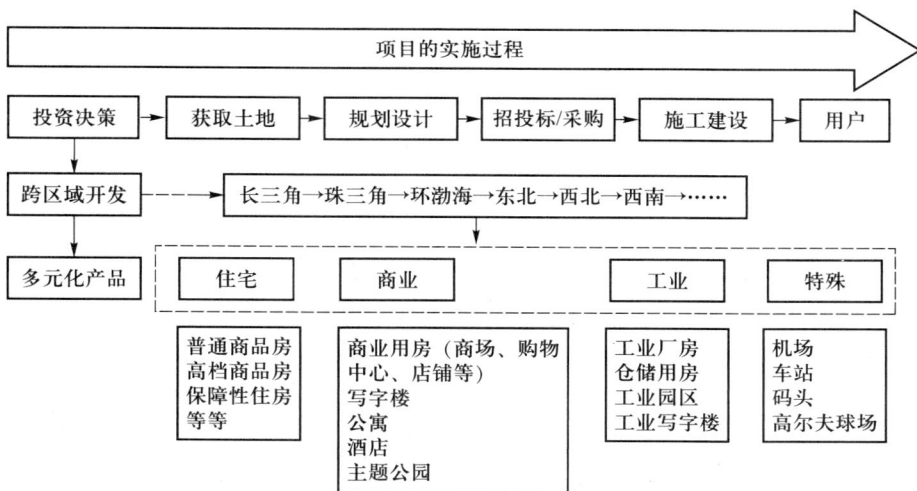

图 12-2　房地产开发的资源一体化（横向一体化）模型

化、财务业务一体化、集团管控一体化、技术平台一体化特性。

1. 集团管控一体化

通过对企业战略经营目标从集团向各层级组织和项目进行分解，将业务过程中各组织层级对业务的分工协同管理，落实量化绩效考核体系，实现不同组织层级经营目标执行动态跟踪，防范经营风险，实时监控企业经营绩效，实现企业目标闭环管理。

2. 财务业务一体化

基于全面预算管理将企业经营目标分解到最小业务组织单元（项目），根据项目开发计划，将各项目资金投入和收入计划纳入统一管理，通过企业资金集中管理，合理准备资金并监控资金具体状况、防范资金风险；项目运营过程中以项目为核算对象，将项目成本、销售收入与财务管理紧密结合，实现项目财务核算和业务执行绩效多维度动态管控。

3. 项目运营一体化

贯穿房地产项目管理全生命期，对房地产项目开发投资决策、规划设计、招标采购、工程施工营销策划、销售租赁、物业运营、客户服务等业务进行全流程管理。全面支持企业多项目、跨地域、精细化管理，实现项目收支一体化运营与多组织协同管控。

4. 技术平台一体化

技术平台一体化是实现企业全局一体化管理的前提。统一的技术平台为各业务管理系统提供统一的底层服务（流程服务、交互服务、信息服务、开发服务、管理服务等），实现各系统信息流、业务流、资金流合力驱动，消除信息"孤岛"，帮助房地产企业建立起一个安全稳定、随需应变的企业运营支撑平台。

（三）房地产企业一体化信息系统

房地产企业一体化信息系统是指创建设立一个房地产企业集团化的信息管理平台，实现财务与业务、业务与业务数据一体化集成和共享标准（项目、产品、财务、客户、采购、组织和人力等），整合信息资源（集团的核心资源）。通过统一的管理应用界面，实现业务管控、管理流程透明化、协同服务一体化，推动流程执行的效率，实现财务、成本、营销、人力、行政以及项目拓展、建设、经营等核心业务的全面管控。房地产企业一体化信息系统应用模式如图 12-3 所示。

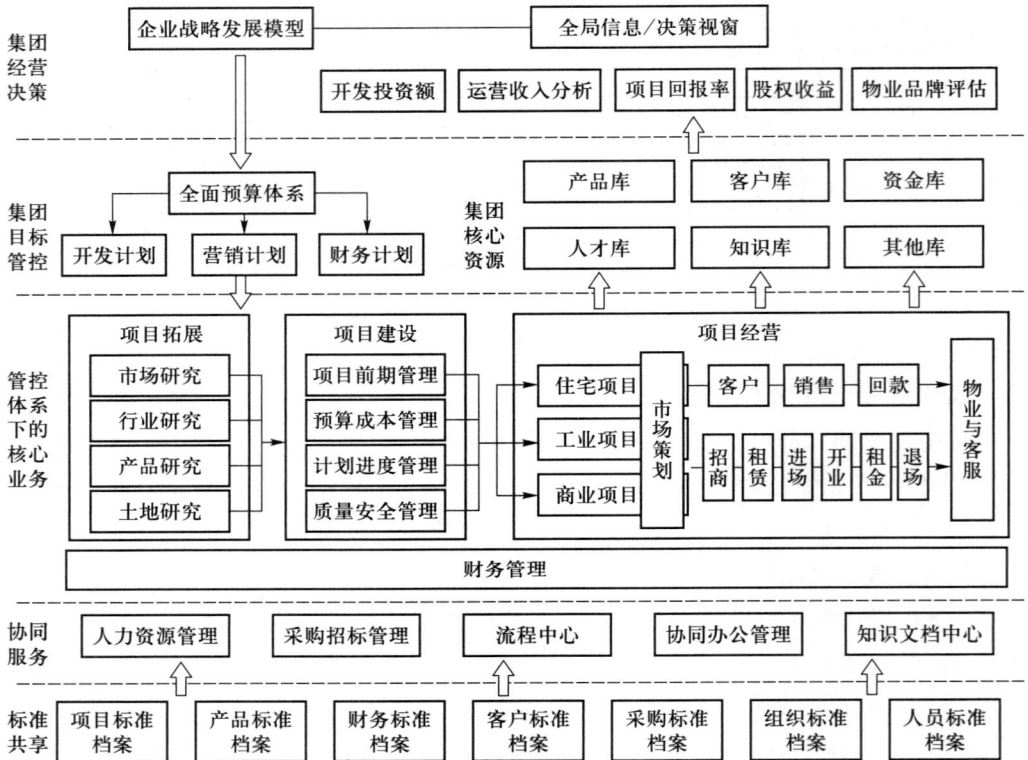

图 12-3　房地产企业一体化信息系统应用模式

房地产企业一体化信息系统的建设体现统一应用平台、集中信息资源、协同业务运作、强化风险控制等设计思想。其目标是实现管理高度集中、数据高度共享、信息高度安全、信息可视化、流程透明化和作业标准化。

房地产企业一体化信息系统具有以下特点：一是利用网络平台共享信息，进行权责划分，既确保信息分享的及时高效，又确保信息安全，提升协同办公效率；二是引入财务集中管理模式，实现了合同、成本、资金为主线的财务一体化和财务与业务的协同；三是通过系统抓住了成本源头，使得项目管理中主要业务流程都动态反映在成本中，实现了成本控制的动态管理；四是全面预算管理，明确并量化了集团的经营目标，实现了从集团、区域到项目子公司的管控。

第二节　房地产信息化系统的主要功能模块

房地产企业的信息化建设通过核心业务系统即项目管理系统、客户关系管理系统和财务管理系统的实施，逐步实现企业收支一体化管控，解决企业在项目管理中的核心问题——成本、进度、资金的管控，并以"战略—目标—执行—应用"为主线，以"产品、客户、资金、知识"四种核心资源为信息纽带，面向决策、员工、客户、合作伙伴、社会公众五大应用对象，全面覆盖核心业务与业务支撑两大信息平台，实现项目管理(PM)、客户关系管理(CRM)、财务管理(FM)三大核心业务管理信息化。

一、工程项目管理信息系统

工程项目管理信息系统(Project Management Information System,PMIS)是随着项目管理理论实践和信息技术的发展而产生的，在互联网技术产生前已得到应用，它为项目某一方(业主、设计单位、承包人等)的项目管理工作，提供相应的信息处理结果和依据。

(一)工程项目管理信息系统相关概念

工程项目管理信息系统也称为项目规划和控制信息系统，是一个针对工程项目的计算机应用软件系统，通过及时提供工程项目的有关信息，支持项目管理人员确定项目规划，以便在项目实施过程中达到控制项目目标的目的。

项目管理信息系统就是以计算机、网络通信、数据库作为技术支撑，对项目整个生命周期中所产生的各种数据，及时、正确、高效地进行管理，为项目所涉及的各类人员提供必要的、高质量的信息服务，使管理部门能够评价项目如何逼近目标，从而有效地利用宝贵资源及时做出决策。

项目管理信息系统的实现方式主要有两种：购买商品化的软件和重新开发。重新开发大多介于完全自主开发和完全委托开发之间。

(二)工程项目管理信息系统的功能模块

工程项目管理信息系统中采用的方法即工程项目管理的方法，主要是运用动态控制原理，对项目管理的投资、进度和质量方面的实际值与计划值相比较，找出偏差，分析原因，采取措施，从而达到控制效果。工程项目管理信息系统可以在局域网或基于互联网的信息平台上运行。

因此，PMIS主要包括项目投资控制、进度控制、质量控制、合同管理和文档管理等功能模块，如图12-4所示。

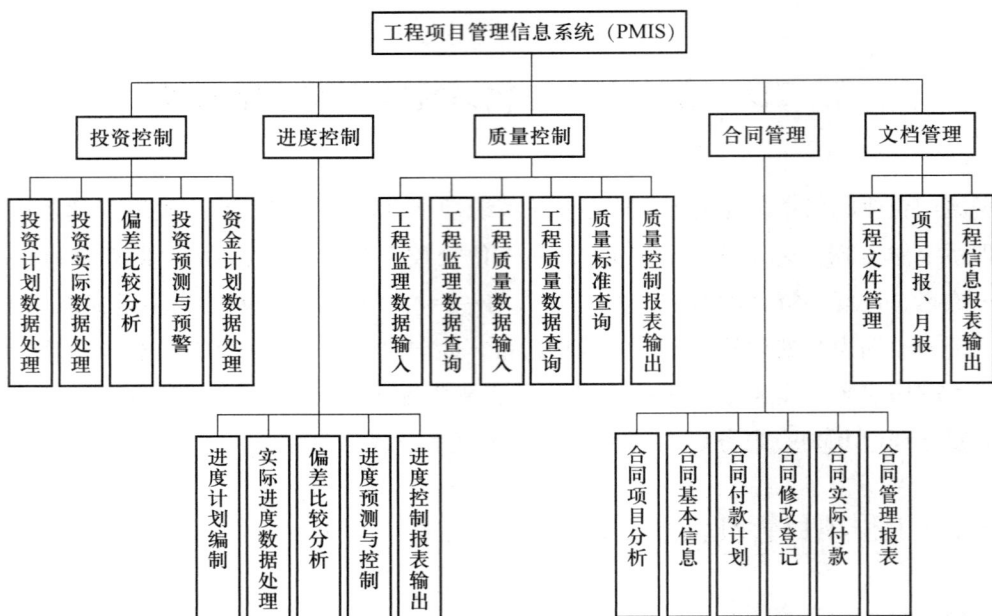

图 12-4　工程项目管理信息系统功能模块结构图

1. 投资控制子系统

投资控制子系统的主要目标是实现对工程投资进行优化的功能，使有限的资源更加有效地发挥其力量。

在这个系统中，通过运用运筹学及专家分析，提出投资分析方案；编制项目概预算；实现项目投资数据查询并提供多种项目投资报表；实现项目投资变化趋势预测；实现项目概算与预算、合同价与投资分配、实际投资与预算以及合同价对比分析等工作。

2. 进度控制子系统

项目进度控制的主要任务，是根据项目的进度目标(进度总目标和进度分目标)编制各种进度计划(横道图、网络图及时标网络图等)并用于指导实施；进度计划的优化，包括工期优化、费用优化和资源优化。

在实施过程中还需要利用现场收集的数据定期地、经常地进行网络分析，以便了解进度实施的动态，并将实际的进展状况及时告知有关部门，在进行全面分析的基础上还需要提出进度调整方案。

3. 质量控制子系统

工程质量控制是项目管理中的重要环节，它贯穿于施工的全过程，具有信息量大、综合性强、技术难度高的特点。

工程质量控制子系统在功能上应能够简洁方便地做出质量计划，实现项目质量相关信息、工程设计、施工规范及质量通病的查询；能够提供一个比较完整的质量检验、测试数据库，对工程原始质量信息进行统计和分析；实现对常见质量事故的预测，并提供事故处理方案；建立切实可行的工程质量评定模块，实现工程质量的评定。

4. 合同管理子系统

合同管理贯穿于工程项目的始终，是建设项目相关企业在经济活动中保证企业利益的重要环节。

合同管理子系统应至少包含以下三个功能模块：第一是合同台账功能，即系统地实现有详细资料信息支持的合同编辑和历史工程合同档案管理；第二是变更索赔管理功能，系统根据录入的合同变更或违约索赔信息，全程跟踪变更或索赔过程，以便用户今后查询和分析变更或索赔的原因和处理方法；第三是支付管理功能，系统通过制订计划与跟踪实际付款情况来监控项目的支付管理信息。

5. 文档管理子系统

文档管理子系统应包括几个基本功能：按照统一的文档模式保存文档，以便项目管理人员进行相关文档的创建、修改；便于编辑和打印有关文档文件；便于文档的查询，为以后的相关项目文档提供借鉴；便于工程变更的分析；为进行进度控制、投资控制、质量控制、合同管理等工作提供文件资料方面的支持。

工程项目管理信息系统虽具有非常强大的功能，但原始数据的选择和录入仍需要人工进行，所以该系统是否能有效运行，与使用者和项目管理信息系统密不可分，只有二者协调一致才能达到好的管理效果。

二、　房地产企业客户关系管理（CRM）信息化

1. 房地产企业客户关系管理（CRM）

客户关系管理（Customer Relationship Management，CRM）是先进的服务营销管理理念与信息技术相结合的一种新型管理模式，是企业信息化建设的重要组成部分。房地产企业客户关系管理是指辅助房地产企业建立以客户价值为核心的管理流程，提升房地产企业在市场营销、楼盘经营销售与客户服务方面的管理能力，促进营销效率，提高服务品质，降低项目总体成本，增强客户满意度与对企业品牌的忠诚度。

2. 房地产企业客户关系管理系统应用模式

房地产企业客户关系管理系统是支持房地产企业实施 CRM 体系的信息化平台，建立以客户为中心，实现跨区域、跨部门的业务信息共享与集成的体系。CRM 动态管理客户、房产、项目等相关信息，实时掌握业务状态，灵活配置业务流程；监控业务运作流程，降低经营风险；辅助评估营销效果，选择有效营销手段，提高营销效率；促进意向转换，缩短销售周期，提高经营销售的成功率；建立一站式服务模式，控制服务水平，提高客户满意度；完善会员管理，挖掘会员价值，增强口碑效果，提升企业品牌影响力。集成便捷的电子沟通手段，增强内外沟通效率，降低沟通成本。协助建立企业知识库，积累企业业务经验，提升整体业务水平，提供丰富的决策支持手段。可基于经营数据进行科学决策，为房地产企业带来长期价值。可完善企业与客户接触的各部门管理，辅助建立以客户为中心的

经营模式，提升客户体验，从而增强企业的核心竞争力。房地产企业客户关系管理系统应用模式如图 12-5 所示。

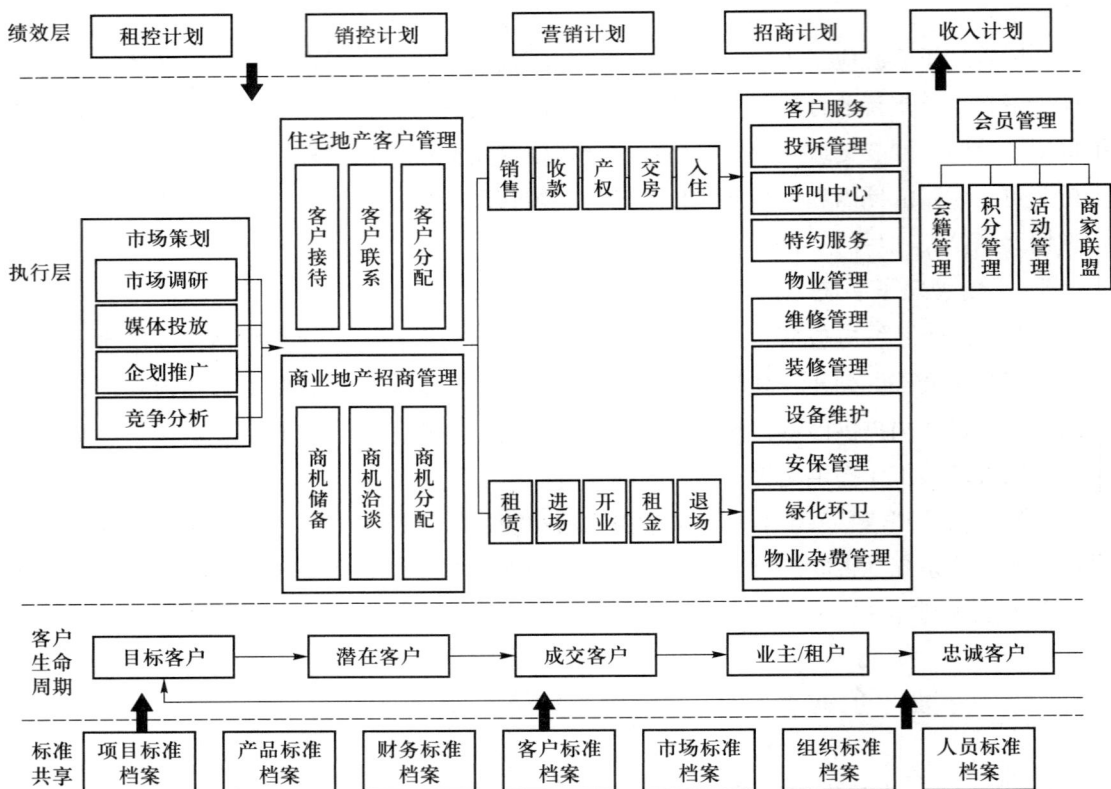

图 12-5　房地产企业客户关系管理系统应用模式

三、 房地产企业财务管理信息一体化

（一）财务管理信息一体化概述

在整个信息化过程中从管理角度重新梳理财务会计核算基础规范和业务管理流程，以标准、统一的财务、业务数据结合点作为信息化突破点，实现财务管理和房地产开发业务的信息一体化集成，完善内外部信息共享平台，实现在共享平台上的动态决策和动态管理才能真正提高房地产企业管理的效率。

财务管理信息一体化以房地产企业总部为主导，从多组织、多法人、多层次、跨区域的特征出发，满足房地产企业在财务管理主体、目标、对象、方式以及环境等方面的要求，为各种房地产企业财务管理提供了一揽子解决方案。

财务管理信息一体化通过对房地产企业集团财务基础政策、集中核算、预算管理、资金管理、财务报告、战略管理等核心内容进行统一整合，实现集团财务政策的集中统一，规范财务核算，加强全面预算管理，集中控制资金，随时掌握财务报告，达到集团资源整合，发挥集团的整体效益，实现企业价值最大化。房地产企业集团财务管理信息一体化架构如图 12-6 所示。

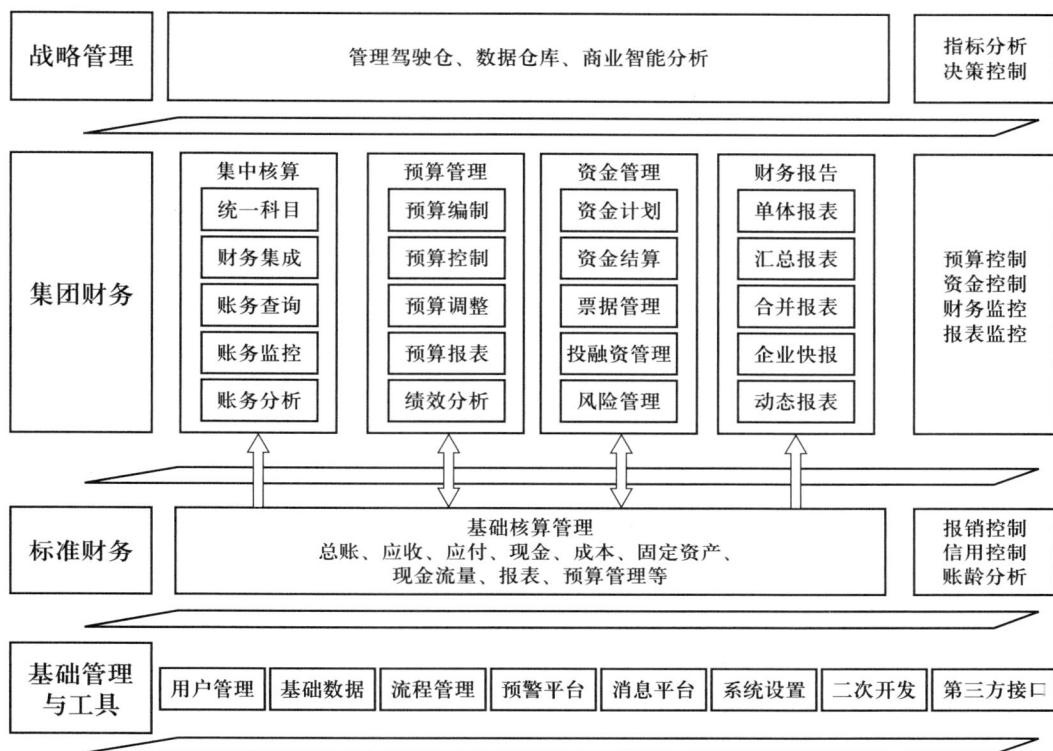

图 12-6　房地产企业集团财务管理信息一体化架构示意图

（二）财务管理信息一体化的特点

1. 满足房地产企业集团多种管理模式需求

通过集中的财务数据管理，能够将系统所有的基础资料进行统一管理，统一科目表、统一会计期间、统一会计处理方法，可以按照管理单元将不同行业、不同地域等类型的企业进行类别划分，进行逐层统一和分散管理，设置灵活的基础体系，完全满足集团财务控制型、战略控制型、运营控制型多种管理模式的要求。

2. 实现房地产企业集团财务数据的集中管理和实时查询与监控

通过集团所有数据采集自动化，存放在同一数据库内，实现集团所有单位的财务核算统一管理，集中实时监控业务费用的发生，可以跟踪查询到每个业务的原始凭证和业务单据，搭建满足项目成本管控和分析的企业成本核算管控体系，实现财务业务数据一体化集中管理和集团对各级分公司的全面穿透查询与监控。

3. 实现集成化的系统应用和协同化的业务处理，实施人性化系统设计

在集团统一的协同平台之上，将集团的业务系统数据进行统一集成，实现各种集成化

的应用方案。通过跨组织、多级业务审批处理，进行灵活强大的工作流管理，实现集团内部单位之间固定资产调拨、往来抵消等协同业务处理。系统彻底改变传统财务工作模式，自动进行推式管理，提高人性化设计，实现项目四算一体化的管理（预算、估算、结算、核算与成本的一体化管理），提高协同业务处理效率。

4. 支持房地产企业集团复杂组织架构管理

财务管理信息一体化能够支持多组织架构下的业务处理，为处理集团内多公司的复杂业务奠定了基础。为各种业务设置不同类型的组织架构，便于从不同的利润中心、成本中心、财务组织角度进行汇总、统计，制定策略。支持基于组织架构的灵活的职位汇报关系管理，适应企业的各种复杂汇报关系。

第三节　互联网思维与房地产开发项目管理

一、　房地产业的互联网思维

（一）"互联网+"行动计划

2015年3月5日，李克强总理在向第十二届全国人民代表大会第三次会议所作政府工作报告中，首次提出"互联网+"行动计划。"互联网+"是指利用互联网的平台和信息通信技术，把互联网、云计算、大数据、物联网等和包括传统行业在内的各行各业结合起来，在新的领域创造一种新的业态，打造新的产业增长点。2015年7月1日，国务院颁布《国务院关于积极推进"互联网+"行动的指导意见》（国发〔2015〕40号）指出，加快推进"互联网+"发展，有利于重塑创新体系、激发创新活力、培育新兴业态和创新公共服务模式。"互联网+"为房地产业转型发展提供了前所未有的机遇。

互联网思维是针对传统行业自身的行业属性，利用互联网使用者的习惯，遵循互联网的社会规则，基于传统行业产品本质，使用互联网技术、用追求极致的态度创新改造本行业产业链的规则，快速形成口碑传播，达到符合互联网用户认同的颠覆性改造。

互联网思维对传统行业的升级改造，一般经历三个阶段：首先是互联网成为营销推广传播的手段，也就是利用互联网推广卖货；其次，互联网渗透到传统行业的主要业务模式，核心是产品及供应链的重构；最后，互联网思维改造企业的战略选择，重构企业经营的价值链。

（二）互联网+房地产

互联网给房地产业带来的是思维的转变，以改变开发商的强势为主，利用技术手段，抓住并满足客户的需求，给客户绝佳的体验，这将是房地产未来生存之道。

"互联网+"背景下，中国房地产市场迎来了普遍的金融投资创新，市场参与者也勇于通过互联网方式运行融资及推广，为整个融资市场注入更多的创新活力。房地产业意识到传统粗放的开发模式已经过时，需要利用互联网思维，借助互联网技术，对开发经营进行颠覆性创新。因此，"互联网+金融+房地产"模式将成为房地产企业的标配。2015年在北京举办"中国房地产'互联网+'战略与实践高峰论坛"，围绕中国房地产"互联网+"战略路径、产业、金融及城市四大版块等议题展开了深入讨论。

"互联网+房地产"是指在互联网发展的新时期，通过把互联网精神植入房地产业，用互联网思维对传统房地产业进行改造，以"以人为本"作为经营核心理念，尊重用户思维和用户体验，通过互联网技术的移植和应用，重塑项目的市场分析/投资决策、规划设计、项目融资、施工建设、市场营销、产品创新、运营服务等环节。此外，房地产业的互联网思维模式，对于客户而言，不仅需要物理的空间和住房，还需要交流、文化等精神的层面，即还需要教育、健康、商圈、便捷服务等。

（三）互联网时代的房地产

互联网思维中最根本的价值是"用户思维"，强调关注人的各种需求。在房地产开发的各个细分领域，包括因即将迎来老龄化社会而备受关注的"养老地产"，面向年轻人出售的青年公寓，不同家庭生命周期内所需"全龄化复合社区"、"亲子教育"主题社区，满足现代化企业办公需求的智慧园区等，都亟待产品创新升级。因此，应该注重客户生活方式、社交互动、生命质感和自我价值等，不断挖掘各个细分领域客户的深度需求。

1. 业务流程的全面互联网改造

在企业内部，互联网已经渗透到企业运营的整个链条中，从基础应用（如发电子邮件、用微信发通知、在百度查信息）到商务应用（如在线协调办公、在线客服），乃至企业经营的整个价值链条。

在设计环节，领先的开发商已开始运用3D技术进行虚拟搭建，3D虚拟模块在搭建上更细化，可细致到道路景观、平面布局，甚至户型。

在运营和信息系统环节，实现了业务财务一体化以及覆盖项目开发全生命周期的协同管理，并打造了全面的战略经营管控模式。房地产开发企业需要打破传统信息系统搭建的割裂性，着眼全价值链进行系统开发，将招投标、设计、施工、营销、交付等业务流程整合为全周期项目管理。这将使企业的运营效率显著提高，各业务环节耗时缩短，并与财务数据无缝集成，实现数据及信息实时共享和动态管理、资源整合、经营集约、资源优化配置。

2. 互联网+房地产的商业模式

（1）以客户为中心的开发模式。即一切围绕客户的需求，重塑地产开发的流程，并搭建线上、线下的专业系统，帮助客户通过互联网实现地产定制化设计和订单化生产。在这种模式下，客户才是整个开发流程的中心，资金、土地、运营开发、销售等资源和流程都由客户通过线上平台和众筹等方式来进行整合控制，而传统开发商则可能仅作为这些资源和链条中的一环，发挥专业技能的优势，角色由资源整合者转变为专业服务提供商。

2011 年 1 月，随着"新国八条"[1]的出台，房产市场受限购限贷等从紧宏观政策影响，逐渐走向低迷，购房者观望情绪日渐浓厚，多地商品房库存量创新高，开发商销售压力逐渐增大。在此背景下，新浪乐居与 SOHO 中国在 4 月首次合作，推出网上卖房，成功拉开房产电子商务帷幕，随后搜房、搜狐焦点和淘宝纷纷加入。房产电商逆市成长，成为房产营销渠道的补充。万科、碧桂园、绿地、保利、旭辉等企业纷纷推出基于微信平台的全民互动营销工具，微信营销平台实现了线下推荐客户到线上推荐的转变。

（2）住宅+智能家居+社区商业的住宅产业链生态系统。今后房地产行业的商业模式可能是住宅以成本价提供，但要预装开发商平台上的智能家居，绑定社区商业服务。开发商的利润来源从一次性的住宅销售回款，变成了智能家居和社区商业平台的服务收入、广告收入等，打造一条全新的、完整的住宅产业链生态系统。

■ 二、 互联网+房地产的开发模式

（一）互联网+房地产的战略思维转换

1. 房地产开发企业的转型升级

房地产开发企业通过互联网+房地产的开发模式，可以转型为城市配套服务商。例如，万科通过跨界合作的互联网思维，与百度签约，宣布万科商业策略联盟成立，启用商用地产科技化运营，搭建大数据平台，分析会员消费次数、额度、喜好等，帮助后期招商与业态调整；万科与阿里巴巴旗下淘宝网合作促销房地产项目；万科签约链家地产为"全面渠道服务战略合作伙伴"。同时，万科提供更多的配套服务，在网络平台中不断添加插件，体现"卖服务"的理念，让服务更加精细化，如第五食堂、菜市场、托老所、和中信书店的合作、融入咖啡与书吧的万科城市客厅等。

2. 搭建房地产电商平台，推动营销模式的快速升级

（1）房地产商与互联网结合，搭建房地产电商平台，提供房地产置业一体化服务，如搜房网、新浪乐居等。

（2）新兴网络媒体以 O2O 运营模式，通过与二手房门店合作，拓展专业经纪人，促进开发商线上房源销售，如房多多、好屋中国等。

比如，青岛万科米公寓推出了一款 25 平方米的迷你户型，在互联网上拓宽营销渠道，在"双十一"购物狂欢日，于北京、深圳、青岛三地同时线上放盘，吸引年轻人通过微信

---

1. 2011 年 1 月 26 日，国务院常务会议再度推出八条房地产市场调控措施，简称"新国八条"。

支付、淘宝抢购等方式认购，首批推出的房源在 1 小时内全部售罄。

3. 社区 O2O 战略：由产品模式向服务模式的战略转型

通过线上和线下融合的移动互联网平台，利用互联网手段实现物业管理的自动化、系统化、信息化服务，并糅合大量增值服务业务，以移动终端平台呈现，构建社区 1 公里微商圈。将线上 APP、微信、4008 电话+线下物业服务、快递柜、服务站，以高频消费需求（如生鲜、早餐等的配送）为基础吸引并留住住户，以低频但利润空间较大的个性化需求（如美甲服务等）来盈利，实现 O2O 商业闭环。APP 内容有社区交友、物业信息、相关服务和商家评价等功能，实现了社区生活移动化。

万科幸福驿站推出的"住这儿"线上平台主要功能是直接整合了物业的资源，包括社区交友、物业信息、相关服务和商家评价的功能。绿城也推出了园区服务体系、绿城生活微信服务平台，同时使用"来往"APP 建立移动虚拟社区，包括社交服务、居家生活、医疗保健、文化教育等。碧桂园已开通在线购物、智能安防、管家服务、物业服务、便民服务、家庭百科、休闲娱乐及智能家居八大平台。

新橙社产品运作思路和模式解读：业主家居生活数据库系统，通过大数据更精准地了解客户需求，为客户提供更好的服务；社区与商业一站式平台，将住宅与商业的区隔彻底打通，具体是通过积分联盟的形式实现资源共通；居家生活解决方案，围绕"幸福一公里"，将 APP、微信、4008 电话等线上手段，配合物业服务、社区智能柜、终端服务站等线下渠道，搭建一个多方位立体化的社区生活服务平台。

（二）互联网+房地产的未来趋势

未来，房地产企业业务流程各个环节的互联网改造将会持续并加速，大数据、3D 打印等新技术将成为房地产企业的标准配置，房地产开发行业的生产效率和技术水平也将随之提高。

（1）房产出租销售更加灵活。通过网络和移动客户端，人人都可以租房卖房，加上 O2O 理念的移动 APP 即时响应快速服务，可实现从简单促销到快速营销、移动互联网营销，节省了开连锁门店和销售人员的成本。

（2）房产定制化。即消费者根据自身需求定制产品和价格，生产企业根据消费者需求进行定制化生产。产品定制在工业和日常消费领域较为多见，而大众型房屋定制却非常稀少。随着经济发展和生活水平的提高，个性化房屋需求会更加明显。

（3）房地产金融产品创新、融资渠道多元化。一方是承受巨大库存压力的房地产商，另一方是未达资金门槛的房地产需求者，借助互联网将市场上的需求双方联系起来。通过房地产虚拟分散、零散资金跨时空集合以及金融信贷服务来最大限度地满足供需双方。互联网投融资平台可以为房地产开发商提供量身定制、不需要抵押、非常灵活、复制性强，同时兼具营销特征的融资产品。

（4）传统房地产企业积极寻求与互联网融合之道。互联网的跨越性、及时性、交互性、低成本、受众广等特点给房地产的发展带来了无穷无尽的想象空间。近年部分房企向互联网转型，挖掘市场空间。多数房企寻求与互联网企业合作，试图实现突破性的发展，未来房地产与互联网的融合发展将有无限可能。

本章小结

　　本章首先介绍房地产业信息化的内涵、房地产业信息化是必然选择、房地产业信息化管理的发展及房地产信息管理的一体化等；其次介绍房地产信息化系统的主要功能模块，包括工程项目管理信息系统、客户关系管理信息化、财务管理信息一体化等；最后介绍房地产业的互联网思维、互联网+房地产的开发模式等内容。

练习题

　　一、即测即评

　　二、思考题

1. 如何理解房地产业信息化的内涵？
2. 未来房地产业信息化管理的发展趋势会有哪些变化？
3. 如何理解房地产一体化的内涵？
4. 房地产一体化管控模式有哪些？
5. 什么是工程项目管理信息系统？其包含哪些模块？
6. 房地产企业客户关系管理是什么？
7. 财务管理信息一体化的特点有哪些？
8. 简述互联网+房地产的开发模式。
9. 简述互联网+房地产的未来趋势。

主要参考文献

1. 吕萍，等. 房地产开发与经营[M]. 4版. 北京：中国人民大学出版社，2016.

2. 中国房地产估价师与房地产经纪人学会. 房地产开发经营与管理[M]. 北京：中国建筑工业出版社，2011.

3. 刘洪玉. 房地产开发经营与管理[M]. 北京：中国建筑工业出版社，2015.

4. 温海珍，张凌，杨英楠. 房地产开发与经营[M]. 杭州：浙江大学出版社，2012.

5. 周小平，熊志刚. 房地产开发与经营[M]. 2版. 北京：清华大学出版社，2014.

6. 徐勇谋，王仁涛，董旭操. 房地产金融学——房地产投融资分析[M]. 北京：中国建筑工业出版社，2008.

7. 曹振良，等. 房地产经济学通论[M]. 北京：北京大学出版社，2003.

8. 高波. 现代房地产金融学[M]. 2版. 南京：南京大学出版社，2019.

9. 张红. 房地产金融学[M]. 2版. 北京：清华大学出版社，2013.

10. 龙胜平，方奕. 房地产金融与投资概论[M]. 2版. 北京：高等教育出版社，2018.

11. 胡晓龙. 房地产投资与分析[M]. 北京：中国电力出版社，2008.

12. 陈琳，潘蜀健. 房地产项目投资[M]. 2版. 北京：中国建筑工业出版社，2004.

13. 刘圣欢. 房地产投资分析[M]. 武汉理工大学出版社，2011.

14. 谭术魁. 房地产开发与经营[M]. 3版. 上海：复旦大学出版社，2015.

15. 任宏. 房地产开发经营与管理[M]. 北京：中国电力出版社，2008.

16. 张红. 房地产经济学讲义[M]. 北京：清华大学出版社，2004.

17. 刘洪玉，郑思齐. 城市与房地产经济学[M]. 北京：中国建筑工业出版社，2007.

18. 施建刚. 房地产开发与管理[M]. 3版. 上海：同济大学出版社，2014.

19. 兰峰，等. 房地产开发与经营[M]. 北京：中国建筑工业出版社，2008.

20. 殷世波. 房地产投融资实务[M]. 北京：北京大学出版社，2011.

21. 代春泉，徐青. 房地产开发[M]. 北京：清华大学出版社，2011.

22. 丁烈云. 房地产开发[M]. 3版. 北京：中国建筑工业出版社，2008.

23. 姚根兴. 房地产企业项目管理指南[M]. 北京：化学工业出版社，2014.

24. 尚宇梅. 房地产开发与经营[M]. 北京：化学工业出版社，2012.

25. 刘薇，滕一峰. 房地产开发与管理[M]. 北京：北京大学出版社，2010.

26. 孔凡文，何红. 房地产开发与经营[M]. 3版. 大连：大连理工大学出版社，2012.

27. 田杰芳. 房地产开发与经营[M]. 北京：清华大学出版社，北京交通大学出版社，2011.

28. 史贵镇. 2014房地产开发经营与管理考点精析及模拟题库[M]. 北京：机械工业出版社，2014.

29. 张跃松. 房地产开发与案例分析[M]. 北京：清华大学出版社，2014.

30. 方建国. 房地产投资与融资简明教程[M]. 北京：清华大学出版社，2014.

31. 丁祖昱. 信息化带动产业化是中国房地产业集约发展的必然选择[J]. 中国房地产, 2009(10).

32. 李英, 周宇, 杨世赛. 房地产市场营销[M]. 2 版. 北京: 清华大学出版社, 2016.

33. 陈林杰. 房地产开发与经营实务[M]. 4 版. 北京: 机械工业出版社, 2017.

34. 李菁. 房地产金融[M]. 2 版. 北京: 首都经济贸易大学出版社, 2018.

35. 葛春凤, 李贵良. 房地产金融实务[M]. 2 版. 武汉: 武汉理工大学出版社, 2017.

36. 王重润, 张超. 房地产金融[M]. 2 版. 北京: 北京大学出版社, 2019.

37. 乔志敏, 宋斌, 李德峰. 房地产金融与投资[M]. 上海: 立信会计出版社, 2015.

38. 余佳佳, 郭俊雄. 房地产开发经营与管理[M]. 成都: 西南交通大学出版社, 2018.

39. 袁志华, 温桃. 房地产开发与经营——项目驱动教学法[M]. 北京: 北京理工大学出版社, 2017.

40. 刘学应. 房地产开发与经营[M]. 3 版. 北京: 机械工业出版社, 2017.

41. 陈琳, 谭建辉. 房地产项目投资分析[M]. 北京: 清华大学出版社, 2015.

教学支持说明

    建设立体化精品教材，向高校师生提供整体教学解决方案和教学资源，是高等教育出版社"服务教育"的重要方式。为支持相应课程教学，我们专门为本书研发了配套教学课件及相关教学资源，并向采用本书作为教材的教师免费提供。

    为保证该课件及相关教学资源仅为教师获得，烦请授课教师清晰填写如下开课证明并拍照后，发送至邮箱：yangshj@ he. com. cn，也可加入 QQ 群：184315320 索取。

    编辑电话：010-58556042。

证　　明

    兹证明_____大学_____学院/系第_____学年开设的_____课程，采用高等教育出版社出版的《　　　　　　　　　　》（　　　　　　　主编）作为本课程教材，授课教师为_____，学生_____个班，共_____人。授课教师需要与本书配套的课件及相关资源用于教学使用。

    授课教师联系电话：_____ E-mail：_____

                         学院/系主任：_____（签字）

                          （学院/系办公室盖章）

                          20 __年__月__日

高等学校房地产开发与管理专业系列教材

本书教学资源码

扫描二维码
访问本书配套
教学资源

ISBN 978-7-04-058181-2

9 787040 581812 >

定价 48.80 元